ピア・パワー

子どもの仲間集団の社会学

パトリシア・A.アドラー＆ピーター・アドラー［著］
住田正樹［監訳］

Patricia A. Adler and Peter Adler
Peer Power: Preadolescent Culture and Identity

九州大学出版会

目次

謝辞

本書は、大部分が一九九〇年代に調査し、執筆したものである。当時は文化的にも社会的にも急激な変化が起こっていた時期であり、その影響は、とりわけ子どもたちに色濃く現れて、子どもたちが著しく変化していった時期である。ケーブルテレビの発達、電子ゲームやビデオゲームの普及、広範囲にわたるインターネットの使用、保育所や幼稚園での早期の仲間入り、運動競技への女の子たちの参加機会の拡大といった現象に加えて、男女の役割の平等主義的な考え方が普及してきたこともあって、子どもたちは同一年齢であっても前の世代よりもずっと多くの知識を持つようになってきた。しかしそうはいっても、子どもたちの仲間関係は変わらないままである。友情は、今日においてもなお子どもたちの生活の中心である。私たちは幸いにも子どもたちの社会的世界の内部を垣間見ることができたが、日々の生活のなかで、そのような機会を快く与えてくれた子どもたち、先生方、管理者の方々、そして両親の方々に感謝したい。

これまで一〇年以上にわたって多くの研究者の方々が私たちの研究にさまざまなアイディアを提供してくれた。私たちはそうしたさまざまなアイディアや意見のすべてに注意を払うことはできなかったけれども、適切な助言には得るところが大きかった。偶然かもしれないが、本書の執筆に合わせるかのように「子ども社会学」という独立した研究領域が学問分野のなかに新たに生まれてきた。同僚の方々、特に、ビル・コルサロ、ドナ・エーダー、ゲイリー・アラン・ファイン、ジュリー・グリカー・ビッシャーズ、ゲリー・ハンデル、カレン・ヘクトヴェド、ドナ・キング、ダヴィッド・キニー、ナンシー・マンデル、ミカエル・メスナー、ティム・オーエンズ、マーティ・パワー、ジェフリー・テッソーン、フラン・ワクスラーといった方々は知的な援助を与えてくれた。一九九六年の春、私たちはノルウェイとデンマークに招待され、研究者を前に連続講演を行なった。パー゠エギル・ムギャートバン、フレミング・モーリツェン、イェンス・クヴァートラップといった方々、そして特に主催者であるイヴァール・フレーヌを中心にして意見交換を行ったが、それが本書の最終段階に生かされている。

他の多くの方々も、これまでに私たちの研究を積極的に支援してくれた。深夜の電話やメール、手紙にもいつも快く応じてくれたおかげで、行き詰まった問題を解決することができたこともたびたびあった。ミッチ・アレン、デビッド・アルトハイド、スペンサー・カーヒル、アンディ・フォンターナ、ルース・ホロウィッツ、ジョン・ジョンソン、シェリル・クレインマン、ジョー・コターバー、ドニリーン・ロセケ、ピーター・マニング、ペッパー・シュヴァルツ、デビッド・スノウ、キャロル・ウォーレンの方々は、二〇年近くの間、私たちの人生の模範でもあり、同僚でもあった。デイル・ダネファー、ノーム・デンジン、ロザンナ・ヘルツ、エド・ロウラー、ビリ・ステイプルズ、ジュリア・リグリーといった同僚の方々は編集について細かなところにまで行き届いた助言を与えてくれたが、そのおかげで私たちは研究を軌道に乗せていくことができた。私たちは教えることは学ぶことなりという名言をよく思い出す。実際、学生たちのなかには私たちの考えを嫌がりもせず熱心に聞いて、そのつどに自分の感想を述べるという、私たちにとっては反響板のような役割を演じてくれる学生たちもいて、大いに参考になった。キャシー・フライ、ジョアナ・グレグソン、スティーブ・クレス、ケイティ・アーウィン、ジェン・ロイス、ローリー・スカーボロー・フォスの学生諸君である。他に、パウル・コーロミー、ダン・クレス、ディアーヌ・ダフィー、チャック・ガルマイアー、ジョン・アーウィン、ダナ・ラーセン、マーシャ・ローゼンバウムの諸君もいて、彼らとは私たちの研究の社会学的な問題に限らず、友情、誠実、信頼、愛情といった人生の問題についても話し合ったりした。

私たちが居住している地域のなかで研究するためには、多くの友人や近隣の人々の援助に頼らなければならなかった。私たちは子どもたちのさまざまな活動を通して研究を進めていったのだが、そうした方々が子どもたちと面接するための お膳立てをしてくれたり、子どもたちと会うための約束を取り付けてくれたり、対象とする子どもたちを推薦してくれたりして実に誠実に対応してくれた。特にベニー・バーナウとバリー・バーナウ夫妻、リンダ・ヤコブセンとビル・ヤコブセン夫妻、シネブ・ジョウンズとチャーリー・ジョウンズ夫妻、ベティー・ケリーとジョー・ケリー夫妻、コーンク・リンチ、ジェリ・リンチ・パット・リンチといったリンチ家の人たち、ティム・ペテロスキーとローゼ・ペテロスキー夫妻、ビンス・ポレカーとカレン・ポレカー夫妻、アデア・ウィリアムソンたちの好意に感謝したい。このような長期にわたる重要な仕事に従事するために私たちにはそれぞれの領域での支援が必要だった。私たちが調査の現場にいてコンピューターを使用しているときにはドリーン・ミラーとスティーブ・グラハムが手間のかかる細かな仕事を引き受けてくれた。この研究のいろいろな面について私たちは新聞・雑誌やテレビ・ラジオといったマスコミ関係者といろいろと議論し合ったが、その論議からも多くの見識を得ることができた。ピーター・コイーとマリアンネ・グッドランドは私たちの研究書が必ず多くの人に読まれるに違いないと確信してくれた。

私たちはラトガーズ大学出版会が私たちの研究書の出版には最適の出版社だと思っていた。編集長のマリー・ワッサーマンは、この研究計画がまだ初期の段階にあったにもかかわらず早いうちから評価してくれた。彼女の、この先見の明のおかげで私たちは研究を当初の計画通りに継続することができたのである。ラトガーズ大学出版会が私たちの研究をバリー・トルンの『ジェンダー・プレイ』とドナ・エーダーの『スクール・トーク』と並んで「子どもの社会学的研究」の第一線に立っているとして、「子どもの社会学的研究」の三部作の一つに挙げてくれたことを私たちは光栄に思っている。編集者のマーサ・ヘラーはすでに社会科学の分野では非常に優れた編集者の一人になっているが、私たちには編集者としての義務以上の支援をしてくれた。彼女は専門書の編集者としてだけではなく、本書の文体や構成、論調、形式全般についても見てくれた。本書のタイトルが評判だというのはマーサのおかげだといわねばならない。ブリギッテ・ゴールドスタインやヴィクトリア・ヘアーのような出版会の人たちは最終段階で原稿をチェックし、編集者としての貴重なアドバイスをしてくれた。

この研究には私たち自身の子どもの頃の経験も情報として含まれている。また私たちの親の、ベン・ヘラー、パット・ヘラー、ジュディ・ヘラー、そしてベア・アドラー、ジェリー・アドラーにも感謝したい。彼らは私たちが育児や子どもの世話というものを知る上での手がかりを与えてくれた。良い育児というものに終わりはなく、生涯にわたって努力すべきものであるということを教えてくれたのである。私たちが親になれたのは愛情深く、援助してくれる人たちのおかげだということに感謝しなければならない。このような人たちがきょうだいだけではなく、親との関係も一層深まっていくような家庭的雰囲気を醸し出してくれたのである。私たちが経験を重ねるに従ってさらに理解を深めていくことができるようになったのは、きょうだいのロイス、ディーディー、ウッディ、ロブ、ニクコー、キラのおかげであり、彼らにも感謝したいと思う。また私たちは、姪や甥のアダム、ジョシュ、マイケル、レベッカ、ウィットニー、トラビス、ソシエ、アレックスを対象に観察調査をしたが、そうした観察調査の結果も本書の分析に生かすことができた。義理のきょうだいであるケビン・ベーコンは多忙なスケジュールをぬってカバーを描いてくれた［原著のカバーのイラストのこと］。もっともそれは彼の芸術的才能が多方面に及んでいることを示す機会を与えることにもなった。このような人たちが一緒になって本書をまさに「家庭内の出来事」に作り上げてくれたのである。

最後に私たちの娘のジョリと息子のブライにも賞賛の言葉を贈りたい。二人は夕食がピザ、ツナ缶、ピーナッツバターとジェリーのサンドイッチ、またテイクアウトの中華料理だったことがたびたびだったから嫌に感じたこともあっただろうが、我慢するしかなかった。娘のジョリは青年期の後期で息子のブライはちょうど一〇代の初めの頃だったが、二人とも生活の細かなことまで調べられ、鵜の目鷹の目の監視の下でずっと生活してきた。私たちが詳しく調べたいと思うような類いの質問に対しても抵抗するようなことはあまりなかった。二人は子どもの生活のエスノグラフィーという意味では誠実な協力者だったが、そのような協力者というスポットライトを浴びたままであるにもかかわらず力強く成長していったことは素晴らしいことだった。私たちは子どもたちに感謝し、愛情をこめて、謹んで本書を捧げたい。

最後に付言しておきたい。地域の、ありのままの生活のなかで子どもたちを注意深く見守り、観察し、分析してきてから感動的ともいえる一〇年が過ぎた。私たちの研究についていえば、共感してくれるところもあるだろうが、違和感を覚えるところもあるかも知れない。しかし本書を読めば、前青年期の渦中にある子どもたちの、秘密めいた生活をより深く理解することができるだろう。私たちは当然のことながら子どもたちに敬意を払いつつ、彼らの世界を研究しようとしてきた。不注意な誤り、勘違い、誤解、問題点があれば、私たちがその責めを負うべきだと思っている。しかしそうした問題はごくわずかで、英知を得られることの方がはるかに大きいことを望みたい。

第1章、第2章、第3章、第4章、第5章の各部分は、それぞれ次の論文による。

Patricia A. Adler and Peter Adler, "Parent-as-Researcher: The Politics of Researching in the Personal Life," *Qualitative Sociology*, Vol. 19, No.1（January 1996）.

Patricia A. Adler, Steven J. Kless, and Peter Adler, "Socialization to Gender Roles: Images of Popularity among Elementary School Boys and Girls," *Sociology of Education*, Vol. 65, No.3（July 1992）.

Patricia A. Adler and Peter Adler, "Dynamics of Inclusion and Exclusion in Preadolescent Cliques," *Social Psychology Quarterly*, Vol. 58, No.3（September 1995）.

Patricia A. Adler and Peter Adler, "Preadolescent Clique Stratification and the Hierarchy of Identity," *Sociological Inquiry*, Vol. 66, No.2 (Spring 1996), テキサス大学出版会の掲載許可。

Patricia A. Adler and Peter Adler, "Social Reproduction and the Corporate Other: The Institutionalization of Afterschool Activities," *Sociological Quarterly*, Vol. 35, No.2 (June 1994), 中西部社会学会『ソシオロジカル・クォータリー』の掲載許可。

凡例

1 “children”は、原則として「子どもたち」と訳しているが、文脈によって、適宜、「子ども」と訳している。“boy”は、調査対象者が八～一二歳の子どもであることを考えて「男の子」と訳しているが、文脈によって適宜「少年」、「男子」と訳している。“girl”も同じ。

2 原著のイタリック体には、傍点を付してある。

3 原著の（ ）および［ ］は、本文では（ ）にしている。

4 本文中に［ ］とあるのは、訳者の注である。また文中で説明が必要と思われる事項については、巻末に［訳注］として示した。

5 文脈から判断して強調のために訳者が独自に「 」で示した箇所もある。

6 本文中に掲載されている文献は（ ）内に、著者、出版年、頁の順で示している。著書名は巻末の参考文献を参照のこと。

序章

マークとラリーは友人同士である。小学校一年生のときにラリーがマークの家の近所に引っ越してきて以来である。マークはラリーを一番の親友だと思っているが、ラリーにとってはマークは親しい友人の一人である。ラリーは子どもたちの間で人気が高い少年グループの下位集団を構成している少人数のクリーク〔訳注1〕のリーダーだった。この大勢のメンバーから構成されている少年グループのリーダーはブラッドで、彼はこの少年グループの集団意思決定をしたり、集団の方向を決めたり、集団の行動を決定したりして集団を支配していた。ブラッドとラリーは何年間かの間、グループ内での権力や支持をめぐって小競り合いをしていたので二人の間の関係はぎくしゃくしていた。学校側も長年二人を同じクラスにしないようにしたりして注意をしていた。しかし小学校五年生のときにブラッド、マーク、ラリーの三人は、一般の生徒と混じってグループの中心的な子どもたち数人と同じクラスになってしまった。新たなクラス分けは思った通り、グループ内に緊張を生んだ。あるときブラッドとラリーがケンカをして、ブラッドはラリーを仲間はずれにしてグループから追い出してしまった。それからはマークとリック（ラリーの別の親友）はそのグループを避けて関わらないようにし、ラリーの味方をして彼を庇った。しかし次の週になって新たなグループの動きがあった。ラリーと仲間のマーク、リックがグループに戻ったのである。

このグループの分裂を機にブラッドは新たな戦略を考えた。彼はラリーと争うのではなくて逆に彼を味方にして好意を得るようにし、ラリーを従順に従うようにさせてその支持を得ようとしたのである。この絆を結ぶためにはブラッドは競争を避けなければならなかった。ブラッドはラリーのところに行ってマークのことについて話をし、マークに何か悪いうわさでもないかと聞き込もうとした。それからブラッドはマークのところに行って、その悪いうわさを漏らし、マークがそのうわさをどう思っているか、彼はラリーのことをどう感じているかを問いただした。ブラッドはラリーとマークの間を行ったり来たりして互いに疑念や恨みを抱くようにさせて二人の間を引き裂こうとした。初めは二人とも互いに悪感情など抱いてはいなかった。しかし互いに相手が自分の悪口を言い立てていると絶えず聞かされているうちに二人は互いに相手が自分の悪口を言い触らしていると思い込むようになって互いに非難し合うようになった。二人は一緒にいても気まずい思いをするようになり、共通の話題もなくなって互いに近づかなくなってしまった。ブラッドはラリーとマークの間を引き裂く一方で、どちらの仲間にも取り入って自分を本当に誠実で信頼できる友人であると思わせた。とうとうラリーとマークの間には緊張が張り詰めるようになった。

だが、ある月曜日にその緊張は限界に達した。その前の週末にマークとブラッドは一晩中電話で話し続けていた。電話をしている間にマークは勇気を出してアマンダに電話をして「デート」に誘ってみようと思い立った。アマンダはマークが好意を寄せている女の子である。アマンダはデートを承知したけれども条件を出してきた。もし誰かに知られたら、それで終わりにするというのである。デートの申し込みがうまくいったことをマークから聞き出したブラッドは直ぐにラリーに電話をした。そしてブラッドとラリーは女の子たちに電話をしてデートに誘ったのだが、デートをするのは「キスする」ために女の子を利用するだけだと皆に言いふらしたのである。月曜日になってブラッドとラリーの二人は学校でクラス中にマークのうわさを広めた。そのことを知ったアマンダはマークと絶交してしまい、彼女に振られたマークは気落ちしてしまった。彼は何とかして報復してやろうと思い、ある企みを謀ってラリーとブラッドのそれぞれのガールフレンドに告げ口をしたが、彼女たちはその企みに気がつかなかった。彼女たちは学校で人気のある二人の少年たちとの交際に満足していたからである。ブラッドは有利な立場に立った。彼は自分を裏切ろうとしていたマークを責め立てて、ラリーとマークの友情を断ち切ってしまった。そして他のクリークのメンバーも一緒になって全員でマークに背を向けるようになり、彼をクリークから永久に追放してしまったのである。ラリーはブラッドの新たな親友になった。

秋になり六年生になると、[訳注2]人気のある女の子のクリークが二つの下位グループに分裂した。それぞれのグループのリーダーはティファニーとエミリーである。二つのグループのメンバーの女の子たちは互いに好感を抱いていたが、しかし二人のリーダーはそうではなかった。ティファニーはいつも自分が舞台の中心にいたいと望んでいたにもかかわらず、エミリーの方が仲間の女の子や人気のある男の子から関心を集めていたので、それを妬んでいた。エミリーはティファニーの出しゃばった態度や小手先のごまかしに我慢がならなかった。二人はそれぞれのグループを率いて互いに対立するようになった。

半年後の春までの間に、ティファニーは憎しみをつのらせ、もう我慢ができなくなっていた。ティファニーはあまり評判のよくない一人の男の子にエミリーのバックパックをこっそりと盗ませた。そして中身をトイレに捨てさせて空っぽにし、バックパックに汚物をなすりつけて汚させた。エミリーはバックパックがなくなっているのに気付き、教師に知らせて探そうとした。バックパックは結局、男子トイレで見つかったのだが（とうていティファニーにまで跡を辿れなかった）、バックパックのためにトイレは詰まり、汚物が溜まってしまっていた。学校管理者がいろいろな人に会って事実を明らかにしようとしたけれども、問題を解決することはできなかった。

ティファニーはエミリーが狼狽している姿を見てあざ笑ったり、またエミリーが愚かな人間のように言いふらして大勢の子どもたち（男の子や女の子）に彼女に対する反感をもたせようとした。翌年、エミリーの両親は彼女を全寮制の学校に入れてしまった。

ある日、ラリー、ブラッド、トレバーはリックの家に集まった。ラリーは一二歳になったばかりで財布には誕生祝いのお金がたんまり入っていた。ラリーは財布をリックのベッドの上に置いたのだが、そのことに気がついたブラッドはベッドにあがって財布を尻の下に敷いた。ラリーは財布をリックのベッドの上に置いたのだが、そのことに気がついたブラッドはトレバーに一緒にやるように合図をした。ブラッドはベッドに座ったままラリーに財布はどこかと尋ねた。だが、ラリーは財布がどこにあるか分からなかったのでブラッドはリックが財布を盗んだのではないかと責め立てた。リックは懸命に否定したが、結局、ブラッドはリックが財布を盗んだとラリーに思い込ませ、ラリーを煽り立てて、かんかんに怒らせた。ラリーはリックの部屋中をかき回して財布をくまなく探した。ブラッドは尻の下に敷いたままの財布をトレバーにこっそりと見せて、黙ったまま目配せして自分と一緒にやるように誘い込んだ。

ブラッドの非難、お金をなくしてしまったのではないかというラリーの不安とリックに対する怒り、そしてリックが必死になって否定したために事態はエスカレートして、とうとうラリーはもしリックが財布を渡さないと、リックの持ち物をぶち壊すぞと脅し始めた。リックは困り果てたが、身の潔白と［財布のありかを］知らないことを主張するだけだった。ラリーはリックの電気スタンドをぶち壊し、それから彼の部屋の（誕生日の贈り物の）電話機を床に叩きつけて粉々にしてしまった。ビデオゲームも踏みつけて壊した。リックは溜まらずに声をあげて泣いた。それでもラリーは怒りを抑えることができず、部屋から出て台所へ走って行ってもっと壊すものはないかと探した。リックは彼の跡を追いながら、声をあげて泣き、すっかり怖がってしまった。ラリーがミキサーを投げ捨てようとしたとき、ちょうどリックの母親が帰ってきてラリーを止めた。状況を見極めてから彼女は三人の子どもたちを家に帰した。それから家中を探して彼女はベッドの上に財布があるのを見つけて、ラリーの母親に電話をした。

　次の日、学校でブラッドとトレバーは自分たちの悪事を有頂天になって皆に自慢した。リックはグループから離れていってしまった。


　四年生のとき、ダイアンとジュリーは大の親友だった。ダイアンは転校生だったけれどもクリークのリーダーになった。彼女たちは一緒になって、ある女の子たちに対しては気配りして持ち上げたけれども、他の女の子たちに対しては付き合わないようにしたりしてクラスを支配していた。二人はいつも一緒にいて毎週のように遊んだり、夏の間は町の外へ一緒に出かけたりした。

　新学期が始まり、町に帰ってきてから一週間がたった頃からダイアンはジュリーにしきりに連絡してくるようになった。ダイアンはジュリーと別々のクラスになったので寂しくなって気落ちしたのである。ダイアンは何とかして放課後に二人で会えるようにしたかったのだが、ジュリーは会おうとはしなかった。ジュリーは次の日も、その次の日も会おうとはしなかった。ダイアンは惨めな気持ちになって、どうしたらいいか分からなくなってしまった。ジュリーは親友なのにダイアンを避けているのだろうか？　ジュリーは自分のクラスの友だちとは付き合っているようだが、ダイアンとは付き合わないようになったのだろうか。ダイアンは五年生と六年生が合併した新しいクラスでは誰とも友だちにならなかった。金曜日になるとダイアンはもう我慢ができなくなった。再び会うことをジュリーに拒否されてからダイアンは学校の外でやっとジュリーに会い、「どうして私と一緒に遊ばないの？」と問い詰めた。

　ジュリーは困った。ダイアンは一番の親友だし、何でも一緒にやってきた。しかし学校が始まる前に彼女は母親からもうダイアンと一緒に遊んで欲しくないと言われたのである。四年生のとき教師との懇談の後でジュリーの母親はダイアンは悪い子で娘に良くない影響を与えると考えたのである。そしてジュリーはダイアンと一緒に遊ぶことを禁じられた。ジュリーは親友のダイアンにこのことをどう話していいか分からなかった。それでともかく一緒に遊ぶことができなくなったことについての言い訳ばかりした。しかしジュリーはダイアンと最後に会ったときにうっかりと本当のことを喋ってしまったので、すっかりうろたえてしまい、自宅に飛んで帰った。

ダイアンはひどくショックを受けて落ち込んでしまった。どう考えればいいのか分からなかったし、その理由も理解できなかった。ダイアンの両親はジュリーの母親と話し合おうとしたが、母親を説得することができなかったし、母親の言うことも理解することもできなかった。ジュリーと同じクラスの友だちの女の子たちもジュリーと一緒にいて同じようにダイアンを避けるようになった。ダイアンは以前はクリークのリーダーだったものの、ジュリーの母親が干渉したこととクラス編成が変わったことのために、グループから追い出されてしまった。結局、ダイアンはグループの状況が新たに変わってきたために一掃されてしまったのである。ダイアンとジュリーはもう話をすることはなかった。

本書は、八歳から一二歳の間の前青年期に位置する子どもたち、学年でいうと小学校三年生から六年生くらいの子どもの仲間文化を取り上げている。この時期の子どもたちは大人の指導に邪魔されることなく自分たちなりの生活の仕方をするようになっている。私たちは、子どもたちの生活にとって重要な社会的対象、社会的行動、社会的経験が持つ意味に焦点を当てて研究した。この意味は子どもたちが成人文化のなかにおいて、あるいはその周辺において築き上げているサブカルチュア〔下位文化〕のなかに見いだせる。しかしサブカルチュアであっても、子どもたちにとっては、それは第一義的なものである。コルサロは「仲間文化とは子どもたちが創造し、共有している一連の持続的な活動、慣例、産物、価値、関心などである」と定義している（Corsaro, 1992, 162）。また仲間文化は子どもたち同士の相互作用を通して生まれたもので、子どもたちが成人文化を元にしつつも、いつでもどのような事態にも適合するように変形したものだとコルサロは述べている（Corsaro, 1985, 250-254）。ファインも述べているように、仲間文化は「子どもたちが所属している対人関係集団のメンバーに共有されている体系的な知識、信念、行動、習慣から構成されており、それがさらに相互作用の基盤として機能している。メンバーは相互に経験を共有していることが分かっているから、こうした経験のためにメンバーは他のメンバーも自分のことを理解しているだろうという期待を持つことができる」（Fine, 1987, 125）のである。子どもの仲間文化は、子どもたちの世界のなかから生まれるが、その子どもたちの世界のなかで起こっている出来事を子どもたちがどのように理解しているのかを子どもの仲間文化は具体的に説明し、解き明かしていく。メンバーは同じ第一次集団に所属していても、その全員が友だちだとは限らない。だが、メンバーが仲間として共通の第二次集団に所属している場合もある（Rizzo, 1989）[訳注3]。ペンスは、われわれは子ども団体や子どものグループの内部についてほとんど何も知らないと述べている（Pence, 1988）。

本書では、前青年期の子どもたちの世界を子どもの視点から描いて「子どもの世界」という未知の世界の事実を明らかにしていきたいと思う。私たちが注目したのは、研究すべきだと子どもたちが話してくれたこと、つまり子どもたちが最も大事なことだと語ってくれた出来事である。子どもたちの意見を参考に私たちは、以下のような問題を取り上げて考察した。友だちや友人関係（子どもたちはどのようにして友だちを作るのか、またその友だちはどのような人たちなのか）、人気や社会的地位（何が子どもたちの人気を集めるのか、何が人気と不人気という結果をもたらすのか）、時間の使い方（子どもたちは自由な時間には何をしているのか、また大人からスケジュールが決められている時間には何をしているのか、そしてこれらの活動によってどのようなタイプの組織的な体系や経験がもたらされたのか）、男の子と女の子との関係（何がプラトニックな関心とロマンチックな関心とのバランスを取っているのか、異性に対するこのような関心は前青年期の過程を通してどのよう発達していくのか)。

前青年期という概念は、年齢期間としては、比較的新しい概念である。子どもという概念は、乳児期、幼児期、児童期、青年期と順次経ていく概念と考えられてきた。前青年期は小学校高学年に当たる時期で、これまでは児童期の部分だと考えられてきた時期である。フレーヌは次のように述べている。「最も変化を受けやすい時期は、近年、児童期の後半と青年期の前半(年齢でいえば一一歳から一四歳、一五歳)になっており、この二つの時期が融合して新たな段階を形成し、児童期の文化統合という変化が生じている。子どもが個性化していく過程において最も多感な年頃は、この年齢の時期であり、思春期前の、おおよそ潜在期[訳注4]に相当する時期に当たる。この潜在期は社会的発達にとって決定的に重要な時期であり、この時期にさまざまな能力が獲得されなければならない」(Frøne, 1994, 162-163)。年齢期間として前青年期が生まれたのは、社会の専門化が進行してきたからである。社会が専門化してくると、メンバーは円滑に機能するような高度な知識や技術を若い時に獲得しなければならない。前青年期は重要な学習期間なのである。その前青年期の仲間文化は、子どもたちが社会からの期待のうち不必要な部分を取り除いて精製し、いわば純化したものなのである。

1 子どもの仲間文化の研究

私たちは八年間にわたって私たちの居住している市の子どもたちを研究してきた。市の人口は約九万人であり、白人の中流階層や中流の上層階層が多く居住している。マイノリティ・グループではヒスパニック系が最も多いが、それでも一〇パーセント以下である。市内には大規模な州立大学があり、市は市内の中小企業をも含めて、研究開発を重要な施策とする方針を打ち出している。積極的なリサイクル計画といった環境に配慮したクリーンな町、ゆっくりと成長していくリベラルな政治的環境、そうしたことがさまざまな種類の屋外運動競技、とくに個人的な、伝統にとらわれないレジャーを促進し、市民の健康を増進させていく。市には新旧の住宅が混在しており、中心地には古くからの単身世帯用の住宅があるが、中間地帯には小さな平屋住宅、アパート、トレーラーパーク[訳注5]があり、さらにその外縁には大きなモダンな住宅が立ち並ぶ住宅地帯というように、市は扇形に広がっている。市のコミュニティにある三つのリクリエーション・センターとＹＭＣＡは運動、社交、芸術、音楽などのプログラムを市の補助金を受けて地域住民に提供している。市には二つの高等学校、六つの中等学校（かつての中学校）、一〇の小学校からなる公立学校制度が整備されており、高い評価を得ている。若い人たちはほとんどがこれらの公立学校に通っている。私たちが研究対象とした子どもたちは七つの公立学校と五つの私立学校の生徒たちである。

私たちは深層面接を含むエスノグラフィー的アプローチを用いた。ディーガンが述べているように「通常は実験的な調査や意識調査によってでも可能だが、社会学的データを作成するためには、むしろ子どもたちの直接的な声や直接的な参加を考慮すべき」（Deegan, 1996, 11）だからである。私たちには五歳の息子と九歳の娘の二人の子どもがいるので、まず親としてこの子どもたちと彼らの活動するコミュニティの研究から始めていった（第1章「調査者としての親」参照）。子どもたちが生活している世界ではメンバーの役割は自然に決まっていくので、私たちは親として行動するというよりもむしろ子どもたちの生活のなかで積極的に振る舞うようにしてメンバーの役割を展開していこうとした。私たちは、調査を私たちの娘や息子から始め、それからその友だち、私たち自身の友だちの子どもたち、私たちが「住んでいたところ」で活動をしている子どもたちへと進み、そして教育組織や放課後の組織へと対象を移していった。私たちは、初めは小学校の高学年、学年で言えば三学年から六学年の子どもたちに焦点を当てていた。しかし四年後に市の教育委員会の教育制度改革によってジュニア・ハイスクール［中学校］は廃止され、ミドル・スクール［中間学校］が設置された[訳注6]。この改革によって六年生は小学校から中学校に移ることになった[訳注7]。そのために私たちは小学校三年生から五年生に焦点を当てることにした。私たちの娘や息子は計画していた調査対象の枠から外れることになったが、二人もその友だちも引き続き調査対象にして調査を継続していった。しかし新たに調査対象となるような子どもも見つかった。ちょうど私たちが望んでいるような、近隣、学校、友人仲間、またいろいろな活動をしている年齢集団に参加している子どもたちだった。八年間の間に私たちは文字どおり何百人もの子どもたちと知り合い、気軽に話し合いながら観察を続けていった。さらに私たちは何十人という子どもたちと親密な関係を築き、親密さを深めつつ、積極的に関係を持つようにして、非構造的な深層面接を行い、ときには繰り返し行っていった。こうした方法については第1章で詳細に論じている。

2 子ども研究のパースペクティブ

子どもは大人とは違って社会のなかでは何の権利も与えられていない無力な存在である。調査者が具体的にしろ観念的にしろ、子どもと関連する立場に自分を位置づければ、調査者が立てた仮説や提起した問題、また求めている回答のタイプにも影響を及ぼすばかりでなく、調査の結果にも重大な影響を及ぼすことになるだろう。

2-1 不完全な大人としての子ども

子どもについての伝統的な見方は、子どもを不完全な大人と見なすことであった。クボートラップが洞察に富む指摘をしているように、子ども期は将来の成人期にとってどのような前兆を示しているのかを理解するために研究されてきた（Qvortrup, 1990）。同時に成人期は過去の子ども期の観点から分析されてきた。このようなアプローチはいずれも成人期を理解するためのパースペクティブから子ども期を考察しており、成人期は世代構造の中核的な段階だという価値観に強く組み込まれていたのである。このような一連の仮説は、子どもについての発達上のパースペクティブを活気づけたもので、例えば、そこでは子どもは一段階ずつ大人の性質を帯びていくものと考えられていた。こうしたパースペクティブはまた子どもを受動的存在と見なしていることでもあった。子どもを子ども自身の社会化には関与しないものとして描いており、大人の性格を子どもに与えれば、子どもの内部から目的論的に発達していくものと考えられていた。このような立場から見れば、子どもにとって唯一の確実な、価値のある活動は遊びである。子ども期は人間が社会の「正規の」構成員へと移行していく変化の局面であることを示している。こうしたことを考慮に入れてハードマンは問題を提起している。果たして子どもには「単に成人文化の初期の発達段階を再現しているものではないという自律的な自己制御の世界があるのだろうか」(Hardman, 1973)。

2-2　行為主体者としての子ども：子どもを独自に研究することの価値

子どもについての第二の、新たなパースペクティブがハードマンの問題に対して肯定的に答えている。子ども期を独自の研究領域として提唱している研究者は、子ども期は社会の単なる一つの移行段階なのではなく、恒久的な社会的カテゴリーであることを表していると主張する。たとえ一人ひとりの子どもたちが成長し、子ども期から抜けていったとしても子どもはいつの時代でも社会に存在しているし、しかも社会から広範囲に及ぶ影響を受け、大人以上に社会から決定的な影響を受けていると主張する(Qvortrup, 1990 ; 1993)。ソーンは、私たちは目標とした関心のある集団に直接焦点を合わせるべきだとして子どもという「概念の自律性」を支持している(Thorne, 1987)。続いてサットン＝スミスも「仲間との相互作用は生活していくための準備ではなく、生活そのものである」(Sutton-Smith, 1982)と指摘している。こうした主張はどれもが子どもを能動的な観点から見ている。そのために子どもは自立的な思考や活動が可能な存在となり、大人の見方や関心に拘束されることのない自由な社会関係や仲間文化を持つことができるのである。私たちはこのようなアプローチの有効性を固く信じている。それゆえに私たちは、思うがままに行動している子どもを研究すること、子どもを不完全な大人と見ることを止めること、および子ども期の生きた経験を現象学的に検証してみること、というワクスラーの提案に同意したいと思っている（Waksler, 1986）。

しかし、このように子どもを見るパースペクティブが二つの異なったアプローチに分かれていることがさらなる問題を生んでいる。これまで子どもが大人とは別個に研究されるべき理由を論じてきたが、そもそも私たちは子どもを大人とは別個に研究する必要があるのかどうかについても問題としている。私たちは子どもに大人の影響が及ぶように、成人期や大人社会に子ども期の影響が及ぶこともあることを考慮することが重要だと思っている。歴史的にも、学問的にも、そして知性的にも、子どもを独自の存在として研究していくところに研究の価値があるという考え方が子ども研究を正規の研究領域として確立していく上で決定的に重要なことであった[1]。子ども研究が確立されたからには、私たちはこうした二つのパースペクティブの統一を考えていきたいと思っている。

3 社会心理学的枠組み

前青年期の研究を進めていく際に、私たちは社会心理学的アプローチをとりたいと思う。私たちは子どもたちの日常生活を彼らの社会的世界のなかで観察しつつ、子どもたちの一人ひとりのパターン化された態度や行動を記述し、分析する。仲間集団という枠組みのなかで私たちは子どもたちの行為に対する認知、解釈、および判断について考察する。この微視的な、相互作用論的アプローチによって社会化の特質および個人と社会との関係についての社会心理学的理論が確実に進展し、理論的発展に大いに貢献すると思われる。

3-1 発達モデル

歴史的に見れば、発達モデルは社会心理学的な枠組みとして最も中心的な位置を占めてきた。この発達モデルのパースペクティブについて、フレーヌはほとんどの社会的発達論は子ども期を成人のパーソナリティが形成されていく心理学的な過程だと見なしていると述べている（Frønes, 1995）。これらの理論には段階モデルが用いられているが、いずれの理論も子ども期を社会的・文化的要因に影響されつつ社会的発達段階を経て進んでいくものと見なしている。しかし生得的・認知的・生物的な基礎に基づいての理論がほとんどである。社会の役割は子ども期の社会的・文化的環境を形成していくところにあるとする（Gelman and Bailargon, 1983）。このアプローチの代表的な先駆者にヴィゴツキーがいるが、彼は臨界期〔訳注8〕を経ての子どもの発達、そして社会の諸力による子どもの社会的発達の構造に焦点を合わせている（Vygotsky, 1978）。ピアジェの「発生的認識論〔訳注9〕」は生物学的に未熟だという事実を子どもの社会的側面に結びつけている（Piaget, 1965）。彼は認知的発達の四段階説を唱えているが〔訳注10〕、それはそうした認知的発達段階を経て子どもは生物学的に成長し、社会的経験を積み重ねていき、それに伴って子どもの思考はパターン化された変化を経験していくというものだった。コールバーグの理論は子どもの道徳的発達は三つの段階を経て進んでいくことを説明したものだった（Kohlberg, 1981）〔訳注11〕。最後にエリクソンの発達理論は社会構造の分析と精神分析を結合させようというものだった（Erikson, 1950）。彼の考えによれば、文化は第一次的には心理的力を水路づけていくための道具だという。

ソーンによれば、こうした発達モデルは、子どもの本性というものは年をとるに従って、つまり成熟していくに従って次第に明らかになっていくものであり、社会環境のなかでの経験を段階的に身につけていくものであることを意味している（Thorne, 1993）。しかしスパイアーによれば、このようなモデルは伝統的な成人というイデオロギー的な見方に難点がある（Speier, 1970）。精神生物学的に厳密に言えば、これらの発達モデルは社会的圧力をそれぞれの発達段階の社会的文脈や内容に影響を与えるものと見なしている。社会的圧力が特定の段階、その段階の位置、各段階の間のさまざまな関係に明確な形を与えているからである。先に論じたように、社会変動は新しいカテゴリー、例えば前青年期というカテゴリーを生み出したが、同時にそれに伴って生じた個人的な発達の現れ方をも示している（Frønes, 1994）。この社会化のモデルと関連する問題には、役割そのものが社会的内容や社会的文脈と同一のものを意味するといったような不十分な役割の問題が含まれている。階級やジェンダーあるいは異文化間の相違を十分に説明できないこと、子どもがそれぞれの年齢段階においてそれぞれ異なった方法で、こうした発達段階をどのように通過していくのか、またそれはなにゆえなのかを説明できないこと、成人モデルを発達の完態と見なすというような偏った見方が一般的になってきたことなどである。

3-2　規範的社会化モデル

社会心理学の規範理論は、社会化についての心理学的パースペクティブとマクロ社会学的パースペクティブに基礎を置いている。その規範理論の社会化のパースペクティブは個人と社会のマクロ的な、実証主義的なモデルを基礎にしており、子どもが社会の規範や価値を内面化して将来のために役割を学習していくことを強調する。研究者は人間を、古典的な考え方ではあるが、タブラ・ラサ［訳注12］として生まれると考えている。そこにおいては社会の構造や文化は人間に対する、いわば「命令」であり、その命令によって人間を社会化された社会のメンバーの型に入れ、形成していくのである（Brim 1960 ; Inkeles 1966 ; Merton 1957 ; Parsons and Bales 1955 ; Watson 1970）。規範的社会化の第二のパースペクティブは行動主義理論であるが、それは人間は一連の肯定的な、あるいは否定的な刺激を通して社会の望ましい行動を学習していくものと考えている。パヴロフの古典的条件づけモデルは人間を客観的環境に対する受動的な反応体と見なしている（Pavlov, 1927）。それは解釈とか創造性が介入する余地のない理論である。スキナーの体系的な結論によれば、人間は社会的に容認されている規範、価値、および行動を正の強化や負の強化を通して学習し、形成されていくという（Skinner, 1953）。規範的社会化の第三のパースペクティブは社会的学習論である。社会的学習論は行動主義と同様に「刺激—反応アプローチ」をとる。個人にとって周囲にいる人々は役割モデルとして役立つが、そうした人々の行為や行動を模倣することによって個人は価値や規範を取り込んでいくとする（Bandura, 1969 ; Bandura and Walters, 1963）。このパースペクティブでは、発達モデルと同様に、社会化を受動的に見ているので子どもを社会化機関との関連において考えてはいないし、子どもの形成過程における役割についても全く考慮していない。事実、社会化それ自体は、ほとんどの場合、一方向的過程のみを意味する受動的な概念とされている。つまり一方の社会化する方が強力であればあるほど、他方の社会化される方は微力になっていく。それゆえに大人は常に子どもを社会化していくものと見なされているのである（Thorne, 1993）。

3-3　社会構築主義のパースペクティブ

モースによれば、発達理論は一九世紀初期の生物学的理論や心理学的理論を根拠にしているために経験的な科学的基盤が十分でないという欠点がある（Morss, 1990）。彼は、子ども期が社会的構築物だという考えが広まってくるに従って、心理学が「普遍的な子ども」の探求から離れて社会的文脈のなかで活動している社会集団としての子どもという観点に方向を向けていった動向について述べている。

こうした観点は第三の理論として台頭してきた、ごく最近の社会心理学的理論と結びついている。社会構築主義である。社会構築主義は一九二〇年代と一九三〇年代にプラグマティズム哲学から生まれ、ボールドウィン、クーリー、デューイ、ミード、そしてブルーマーといった重要人物にまで系譜を辿ることができる。社会構築主義は象徴的相互作用論の一分野であるが、その基本的な考え方は子どもは能動的であり、創造的であること、そして社会化は集団過程であるということである。それは発達と社会化のモデルに対して相互作用論者がこれまで表明してきた批判的な見解だった。子ども期は社会的に構成されたカテゴリーなのであり、両親、国家、市場ばかりでなく、子どもたち自身もまたその構成に貢献しているのである（Qvortrup, 1990）。このパースペクティブによれば、社会化は個人が他者の役割取得の能力を次第に高めていき、「鏡に映った自己」[訳注13]を発達させ、自分の行為を他者にうまく適合させていくように相互作用能力を発達させていくことを表している。この能力は個人が相互作用を通して社会を経験することから生じてくる。一般に相互作用論者は段階モデルに否定的であるが、それは段階モデルがあまりにも整然として直線的であり、しかもすべての人間が全ての段階を通って進んでいくとは限らないからである（Musolf, 1996）。しかしコルサロとエーダーによれば、解釈的モデルは、段階モデル論をすべて否定しているわけではなく、「子どもの認知能力や言語能力の発達に伴って、また社会的世界における変化に伴って知識の緻密さや再編が進み、拡大していく」（Corsaro and Eder, 1990, 200）という生産―再生産過程の枠のなかで、段階モデル論を修正しているという。［解釈的モデルは］子どもが言語技術を獲得し、相互作用経験を蓄積していくことを非常に重視するが、それは子どもがある段階から他の段階に移行していくことが、これらの領域においてはしっかりと定着していると見なされているからである。コルサロは子どもにとって最も重要な公的領域は仲間集団であると指摘している（Corsaro, 1985）。デンジンは「社会システムの価値と目的が子どもの行動レパートリーに浸透しているところでは社会化は構造的に決定されるだけの過程ではない」（Denzin, 1977, 2-3）と強く主張しているから、そういうときには相互作用論者のパースペクティブにとって彼は良きスポークスマンである。相互作用論者は社会構造を人間の営為を制限するものと見なしているが、しかし規範的社会化論者とは異なり、構造的拘束を決定的なものだとは見なしていない。相互作用論者は構造と人間の営為とのダイナミックな緊張関係を強調する（Musolf, 1996）。社会構築主義者が構造と人間の営為を同時に結びつけるような理論に向けていこうとすれば、その一つの方法は、大人中心の見方を避けて個人よりも集団生活から始めることであり、社会関係、社会的状況の組織や意味、また集合的実践について考えてみることである。そうした社会関係や社会的状況、集合的実践を通して子どもは日常的な相互作用のなかで主要な構成概念を構築し、また再構築していくのである（Thorne, 1993）。もう一つの方法は、信念を持続的な文化的構築物と考えて、焦点を合わせて考えてみることであり、またそうした信念を構築するうえでの言語の役割について考えてみることである（Eder,1995）。本書では私たちは仲間文化という構築物から考えていく。仲間文化は現在の構造や変動によって形成されるが、今なお新たな信念や行動パターンをも継続的に構築している。そうした仲間文化のなかで子どもはどのように社会化されていくのかという問題である。

4　子ども期の四つの次元

フレーヌは子ども期の社会学に対して四つの一般的なアプローチ、つまりパースペクティブがあるとしている（Frønes, 1994）。子ども期をその歴史的発達のなかで十分に理解し、本研究を適切な文脈のなかに位置づけるためにそれぞれのアプローチを簡単に概観しておこう。

4－1　年齢集団としての子ども期

子ども期は、世代や社会階級などと同様に、明確に区分される集団として概念化されている。このパースペクティブは人口統計学的研究に多く採用され、子どもの人口の経済的変化およびこれと関連する諸変化を分析しているが、その一方で子ども期の発展や進化のモデルを想定した歴史的な研究にも採用されている。こうした研究の第一人者であるクボートラップは子ども期とマイノリティ・グループとは類似した概念であり、メンバーを明確に見分けることができるし、また子どもと他の集団との関係をはっきりと確認することができるという共通の特徴を有していると述べている（Qvortrup, 1987; 1990; 1993; 1995）。さらに彼は大人中心の社会では子どもはほとんど人目につかないし、社会的地位は低く、何の特権もないと述べている。そのような分析は、もし集団が大人あるいは社会のメンバーとの関連において分析されうるとすれば、集団を規定するのはどのような関係的な特徴なのかというジンメル学派の疑問をもたらすことになる。それに対してクボートラップの回答は、集団として子どもは保護と排除が同時に要求されていることに気づいているという点で他の集団とは区別されるというものだった。子どもは貴重な資源でもあるが、しかしまたコストのかかる重荷でもある。子どもは表向きは保護されているが、しかし社会的な意思決定や賃金収入からは事実上排除されており、その一方で就学義務を要求されている地位にいるという依存的な存在である。子どもは、このように評価され、尊ばれ、保護され、私たちが投資している集団なのであるが、その一方では抑圧され、統制され、権利を奪われ、自由選択を剥奪されている。スグリッターは子どもに対するこうした態度や扱いには構造的な矛盾が含まれているという（Sgritta, 1987）。保護と統制という社会の二重制度が依存性を高め、受動性を高めているという意図しない結果を生み出し、そして子ども期を社会から引き離しているのである。クボートラップはその意見に同意して、子どもには能力がないと規定すると子どもは親の努力によって左右されてしまうことになると付け加えている（Qvortrup, 1993）。このように状況に依存するようになると福祉対策の対象範囲から外れたり、福祉の受給資格に関わってくるという重大な結果を招くことになる。成人期と関連させて言えば、子ども期は周辺化、保護、パターナリズム［訳注14］、個別化、組織化、馴致化によって特徴づけられることになる（Qvortrup, 1994）。

4－2　子ども期の制度的条件

子ども期についての第二のパースペクティブは、子どもと関係する機関や制度に焦点を合わせるという見方である。フレーヌが述べているように、子どもに関わる制度的条件を分析することは、その制度の内容、形態、発達を調べることなのである（Frønes, 1994）。

そのような研究は制度的発達の全体的な枠組みに主要な焦点を当てているが、それだけでなく個々の制度にも焦点を当てている。クボートラップは歴史的に見れば学校が子ども期の形を作り上げた最初の重要な制度だと指摘している（Qvortrup, 1990）。子どもはかつては仕事と家庭に縛りつけられていた。だが、就学義務化によってこうした束縛から解放され、それに替わって大規模な組織、組織化、時間計画、あるいは現代社会に見られるようなさまざまな特徴が見られるようになった。学校が子どもを社会化し、社会に向けて「正常化する」ようになったのである。研究者は、学校のさまざまな特徴やそうした特徴が子どもにどのような影響を及ぼすかに関心を向けるようになった。ハリナンはクラスの大きさや構造（開放的か因習的か）が子どもの友人関係の形成や性格にどのような影響を与えているかについて調査しているが、その一連の研究のなかで小学校児童は人数が多く開放的なクラスほど伝統的な人気取りのやり方にとらわれることなく、うまが合う仲間を見つける機会を増やしていると述べている（Hallinan, 1976; 1978; 1979; 1980）。彼女はまたクリークの構成や規定要因をソシオメトリーの方法によって図式化し、クリークの内部構造の拘束力をクラスの性格と関連づけて捉え、友人関係の形成の機会に結びつけて考察している。ディーガンの研究はクラスのなかの文化的多様性の問題を取り上げ、小学校児童が階層化されていく方法について調べたものであるが、それによれば第一にはジェンダーによって、次には人種、民族、社会経済的集団によって階層化されていくという（Deegan, 1996）。しかし同時に子どもたちは、こうした境界線を越えて友人関係を結んでいこうとしていることについても調べている。子どもに友人関係を形成しようという気を起こさせる要因は厳密な人口統計的差異というよりも、子どもの生活状況の多様性であることが証明されている。正規の教育制度に加えて、子どもに対する他の重要な制度的条件には保育をも含まれているが、とくに最近では放課後のさまざまな活動も含まれるようになった（第5章参照）。このような制度的条件によって子どもたちの生活は正式なものになり、メンバーの資格についての制度、社会統制、管理、正規のルール、会員であること、学校の時間割、年齢の分類を通して子どもたちは社会化されていくのである（Frønes, 1994）。

4-3　世代間の関係

第三の主要な研究は、世代間の文化的・社会的関係に焦点を合わせた研究であるが、それは歴史的な世代間の問題だけでなく家族内の世代間の問題（子ども、両親、祖父母）をも含んでいる（Frønes, 1994）。家族は子どもにとって重要な制度であり、人生の記録としての伝記と継続感の拠り所となっている（Kovarik, 1994）。ハンデルは家族集団は影響力の非常に大きな社会化機関であるとし、階級レベルが異なった五つの家族を分析したヘスとの共著（Hess and Handel, 1959）のなかで、家族の社会化のパターンにいろいろなバリエーションがあることを見いだしている（Hess and Handel, 1959）。（家族は子どもに重要な影響を及ぼすが、本書では主な焦点ではない―原注）。ポストマンとホルトはこのような文脈のなかで保護され統制された期間としての子ども期が歴史的に出現してきたことについて論じ、子ども／子ども期を相対的に見ることによって子どもが家族や労働市場から撤退し、学校に委ねられるようになった状況を分析している（Postman, 1994. Holt, 1974）。ポストマンとホルトはまた子ども期の経験を普遍化していくために、こうした変化の結果にも注意を向けている。歴史的に見れば子ども期は子どもが職場や仕事から撤退して教育的な保護下に委ねられるようになってから出現したが、それに伴って子どもは、いわば経済的資産から感情的資産へと移るようになり、そしてそれと同じように子どもに対する関心や規制は男性の領域から女性の領域へと移ってきたのである。イェンセン（Jensen, 1994）はそうした子どもの変化を分析している。彼女はこうした変化の結果、ひとり親家族、貧困の女性化、子どもの貧困化が増加したと述べている。長い年月の間に家族機能の多くは他の専門機関や制度に委譲されるようになったことをこれまでの研究は明らかにしている。だが、両親の影響は全く失われてしまったわけではない。放課後の施設のような新たな組織のなかには、参加するために時間と金銭が必要であり、そのために参加は親の経済的条件の如何によるというような組織もある。子どもは家族と固く結びつけられているのである（Frønes, 1994）。しかし現代の家族は産業革命以前の時代にあった専制的な権威構造をもはや持ってはいない。現代の家族は民主的な関係から成っており、ボランタリーであれ有給であれ日常の雑用についても世代間で話し合うという文化が築かれている。そのために両親の統率力は次第に弱くなってきたのである。こうして子どもたちは現代家族のなかでは個性化（子どもたちは高度の自主性、自由を持ち、きょうだいと比べて個々に対応した扱いを受けている）、相対化（子どもたちは家族という範囲の外側でさらに活動する）、そして民主化（権力や意思決定が家族のメンバーの間に広まっていく）という特徴的な経験をするようになったのである。

4-4　子ども同士の関係

子ども期研究の最後の次元は、子どもが集団のメンバーとの間で形成しているさまざまな関係に関することで、仲間関係、子ども文化、子どもの活動や時間の過ごし方に焦点を定めている。これには子どもの発達や子ども文化のエスノグラフィックな研究に根ざした研究も含まれている。これらの研究は、社会化していく上での遊びや仲間関係の重要性、そして相互作用能力の発達を強調している。こうした研究は子どもたちが遊びを通して、その意味をどのように構築していくのかという方法について考察している。コヴァーリークはこれまでの制度的分析は仲間の役割や重要性を見落としてしまっていると述べている（Kovarik, 1994）。ハリスは仲間集団は家族集団以上に社会化にとって決定的に重要であると主張しているが、それは仲間集団が自己と他者という二者関係ではなく、集団内および集団間の過程を通して文化を伝達し、また環境的要因として子どものパーソナリティ特性を修正していく能力を有しているからであるという（Harris, 1995）。フレーヌは、子ども文化を研究していくなかで、子ども文化はある世代の子どもから次の世代の子どもへと進んでいく構築物であると述べている（Frønes, 1994）。オーピー夫妻は子どもの民俗についての研究のなかで、この子ども文化の伝達を記録している（Opie and Opie, 1959; 1969）。そしてある特定の物語やゲームが世代を越えて繰り返され（Sutton-Smith and Rosenberg, 1961参照）、また子ども文化がある中心点から急速に、かつ広範囲にわたって拡散していくことを示している。

　エスノグラフィックな文献には子ども同士の関係、遊び、文化に焦点を置いた研究も一部含まれている。リーヴァーは小学校児童を対象に観察やインタビューを行い、男の子や女の子の遊びや社会組織を調査して性別による違いを分析している（Lever, 1976; 1978）。彼女は、男の子の遊びは勝敗を争うゲームが中心で戸外で行われ、年齢の異なる子どもを含んだ人数の多い集団の遊びであるが、女の子の遊びは同年齢で親密な、少数の友人をメンバーとする集団の遊びであり、そのために集団内の序列もなく、遊びも室内で行われていると述べている。ベストは、小学校で三年間にわたって参与観察を行い、広範囲にわたる教育制度のなかで子どもたちがインフォーマルに習得していく仲間関係や仲間文化の次元に重点を置いた研究をしている（Best, 1983）。彼女は、「隠れたカリキュラム[訳注15]」のさまざまな側面に注意を払ってクリークの形成やその排他的な性格について述べているが、また男の子と女の子を分離している性別文化についても述べている。ベストによれば、その性別文化によって子どもたちは、インフォーマルな仲間規範を習得し、男の子や女の子はどのように行動すべきなのか、性別に従った態度や行動をどのように発達させていくのか、そして三学年以降になると、こうした仲間規範はどのように変化し、どのように「潜伏していく」

ようになるのかについて知るようになる。そしてさらに男の子も女の子も全く違ったステレオタイプ的な見方で互いを見るようになるので一緒の仲間になることは全くないが、そうしたステレオタイプを作り出すやり方について知るようになる。このような発達によって男の子と女の子は「中級」学校やそのインフォーマル・カリキュラムに対する準備をすることができるのである。〔訳注16〕

コルサロはイタリア人の幼稚園児たちとクラスのなかでともに過ごしながらビデオ録画して、彼らと一緒になって言語や文化的技能を身につけていった（Corsaro, 1985）。彼は幼稚園児たちとコミュニケーションを取ろうと一心に取り組んでいたので園児たちも自分たちの仲間のように扱い、何かと協力的だった。そこで彼は子どもがするのとほとんど同じようなやり方で一連の学習段階を追って進んでいった。こうしてコルサロは幼い子どもたちの集団内部の友人関係や仲間文化を調べていったのである。子どもたちは自分たちの遊び集団や遊び空間に好きでもない他の子どもたちが侵入してくるのを防ごうとする一方で、自分たちの遊び集団や遊び空間に寄ってくる一部の子どもたちが仲間に加わるのは認めていた。コルサロはそれがどのようなやり方なのか、そしてまた子どもたちは連帯意識や相互の信頼を高めていくためにどのようなやり取りをしているのかに焦点を当てて研究した。コルサロはこの研究のなかで、またリッツォとの共同研究のなかで、幼稚園児の社会化過程について調査しているが、その研究には子どもの仲間文化の創造的な産物は大人の世界を模倣することによってどのような影響を受けているか、またそうした仲間文化の産物は大人の世界を模倣することにどのように役立っているのかという問題を含んでいる（Corsaro and Rizzo, 1988）。リッツォは、引き続き一年生を対象に子どもの仲間の相互作用や友人関係の形成と性格に焦点を当てた研究を続けている（Rizzo, 1989）。とくに彼は、どのような類いの事柄が子どもの友人関係に影響を与えているのか、そして子どもの友人関係が発達していく過程、つまり子どもたちが関係を形成し始めようとする初期の行動から、これらの行動が時間の経過とともに変化していく様子までの、発達の過程に焦点を当てている。彼は子どもが自己を発達させ、連帯意識を形成していくうえで友人関係がどれほどの助けになるかについて論じているが、一方でこうした友人関係の否定的な、葛藤的な、また排他的な側面が第一次的な友人関係よりも強く作用し、個人の向社会的行動を妨げていることもあると結論づけている。

ファインは前青年期の男の子たちを対象に研究しているが、それは五つのリトルリーグのチームと一緒に過ごしたものだった（Fine, 1987）。彼はこれらチームの男の子たちの友人集団が男らしさというサブカルチュアをどのように構築していくかについて調べている。その男らしさというのは、集団の誓いを守ったり、女の子たちを吟味したり、性について話したりというような、いわば道徳的な発達上の問題に取り組んでいくところに見られる。そして男の子たちが野球に関連した活動に向けての集合的な態度をどのように形成していくのか、また例えば、ケンカをするといったような暴力を適切に表現するための集合的な態度をどのように形成していくのかについても調べている。さらに彼はそれぞれの集団によって形成されている規範が広範なアメリカ文化のなかでそれぞれに特有な「独自文化」をどのように表現しているかについても述べている。

ソーンはミシガン州とカリフォルニア州のそれぞれ一つずつの小学校のクラスを観察し、その観察に基づいてジェンダーに焦点を合わせた研究を進めている（Thorne, 1993）。彼女は、学校活動においては子どもたちの間に性別による差はなく、うまくまとまっているが、しかしその一方でインフォーマルな関係においては明確に区別された対立的な性別文化に分かれている、それはなぜかということを調べている。そして子どもたちはこのような性の障壁を性の「交差」を通してどのように克服していったのかを観察している。子どもたちは、同性の仲間を異性の仲間と一緒に遊ばせるといったような極端な行動をとったり、あるいは異性の活動にちょっと手を出したりといったような行動をすることもある。小学校高学年になってくると、異性愛の文化が持っているロマンチックな動機が恋愛関係の高まりを促進して、男の子と女の子は改めて互いを紹介しあうような策を講じるようになるのだが、しかしそうした異性愛文化の、ロマンチックな動機が異性間のプラトニックな友情関係を妨げているとソーンは述べている。

　エーダーは中学校における青年の仲間文化を調査しているが、それはこれらのテーマを取り上げつつも、もう少し年長の一一歳から一四歳の年齢幅の子どもたちを継続的に調査したものである（Eder, 1995）。エーダーと三人の研究助手は食堂や休憩場所に集まってくるさまざまなインフォーマルな友人集団のうち高い地位にある男女の友人集団と低い地位にある男女の友人集団を対象にそれぞれの集団の内部構造とダイナミックスを調査している。彼女は、異性愛のロマンチシズムと異性の人気をめぐる話題で持ち切りの社会的世界に入っていった子どもたちを継続的に調査して、それぞれの性にふさわしい自己呈示を求められているような性別文化のなかで、男の子や女の子がどのようにして自己を創造し、調整しているかについて調べている。このようなイメージが小学校文化のように、伝統的な性役割を再現し、狭く限定された保守的な行動レパートリーを拡大していくのである。男の子や女の子がからかっているとか、侮辱しているとか、うわさ話をしているとか、交際しているとか、あるいは張り合っているとかといったようなことをしているとしても、彼らは容認されている会話やジェンダーや文化の範囲のなかで脆弱な自己を表出し、それを守ろうとするのである。エーダーは、これらの伝統的な地位やジェンダーが階層化と差別化によって権力を確立しながら、言語を通して社会的に作り出され、また再生され続けていく様相を明らかにしている。

　最後になるが、エーダーの年齢集団の研究に続いて、マーテンは洞察力に富んだ一連の論文のなかで、中学生、つまり青年前期の社会生活について二年以上にわたってエスノグラフィックな資料を収集し、分析している（Merten, 1994; 1996a; 1996b; 1996c; 1996d）。彼は私たちが本書で取り上げている同じような仲間の社会問題に焦点を置いているが、特に仲間がアイデンティティに影響を与えるような社会階層、グループ分け、カテゴリー化に関心を向けている。これらの問題は階層的地位の高いチアリーダーたち［つまりクィーンビー（女王蜂）］の行動や象徴的な位置から階層的には最下層の少年たち、いわば「雄蜂」[訳注17]と呼ばれる少年たちの、社会的排斥や孤立、そして認知度の高まりに至る連続したつながりを表している。彼はまたロマンチックな関係、とくに「交際」という社会形態について調べている。そして交際というロマンチックな絆といっても初期の頃は気まずかったり、見かけだけだったりすること、また小学校から中学校への過渡期では文化的文脈や構造的枠組みのなかでではあるが、青年期の攻撃性が高まっていることを立証している。

本書の概要

私たちの研究は子ども文化のエスノグラフィックな研究であるが、この一連の研究をさらに高めつつ発展させていきたいと思っている。私たちの研究はその範囲と深さの点でユニークだと思っている。私たちは親としての役割と研究者として役割を並行してこなしながら地域に居住している前青年期の子どもたちを八年間にわたって観察し、インタビューしてきた。しかしこの役割のお蔭で私たちは学校の内外を問わず、また平日であれ週末であれ、昼であれ夜であれ、穏やかな時であれ危機が生じた時であれ、前青年期の子どもたちと一緒に過ごすことができた。私たちはさらに多くの子どもたちを調査した。親密な数十人の子どもたちに対しては個人的なやり取りや深層面接によって調査していったが、それほど親密というわけでもない大勢の子どもたちに対してはありふれた会話や長年の知り合いということで得られた知識、また観察によって調査を進めていった。こうしたアプローチによって前青年期の社会的世界をさらに詳細に調べることができた。私たちはこれまでの研究で明らかにされてきた多くの要因や特徴について考察することができたが、また子どもたちが「何を」しているかについて論じ、さらに子どもたちが「どのように」、「なにゆえに」行動を展開しているのかについても明らかにすることができた。私たちの関心は前青年期の仲間文化にあり、仲間文化が個人と集団とをどのように媒介して地位や人気、友人関係、活動といった要因に影響を及ぼすのかということに注目した。私たちは仲間集団生活の構造やダイナミックス、その全体的な設計図、子どもたちの行動の漸進的な発達について数年間にわたって調査してきた。

第1章では、この研究で私たちが採用した研究方法によって実際にどんなことができたのか、また親として研究者役割を演じることにどんな意味があったのかについて幅広い論議を重ねた。私たちはこのような立場をとることによって生じた倫理上の問題だけでなく、実用的な面や認識論的な面における利点についても考えてみたいと思っている。この研究アプローチは、時には倫理的にきわどい問題を抱えているように見えるけれども、私たちにとっては子どものサブカルチュアにアクセスする有力な手段であるし、他の多くのアプローチよりも子どもの生活の内面をさらに踏み込んで理解させてくれる。

経験的な問題を取り上げた第1章では地位、階層、および権力について論じたが、第2章では男の子たちにとっての重要な問題と女の子たちにとっての重要な問題を比較しながら子どもたちの間では何が人気を高めていくのかに焦点を当てている。私たちは人気のある子どもと人気のない子どもを分けているのはいかなる変数なのか、また男の子と女の子を分けているのはいかなる変数なのかについて調査した。第3章では人気のある子どもとクリークの特質に焦点を当てている。この問題に関心を向けるようになったのは、このタイプの集団形成が普遍的に発生していることやクリークのリーダーに備わっている権力を観察するようになってからである。長い間、私たちは一握りの人間がどのようにして権力を獲得し、権力を行使するようになったのか、そして他の人たちは彼らが要求する屈辱的な行動にどうして従うようになったのかという問題を考えてきた。第3章はこの問題に対する私たちの回答を示している。すなわちクリークの権力は、いわば包摂と排除〔訳注18〕というダイナミックスのなかに存在しており、そこでリーダーは選択基準を変えつつも誰を承認し、誰を拒否するかを決定することによって影響力を行使し、それを維持しようとしているのである。第4章では階層システムがすべての層に広く行き渡っていることを調査することによってこの問題について詳細に論じた。階層システムは上位に位置しているクリークから、そのクリークを取り巻いているファンの連中、大部分の子どもたちが位置している中間的な友人仲間、そしてヒエラルヒーの下位にあって社会的に孤立した子どもたちに至るまでの層を成している。私たちはリーダーシップ、意思決定、忠誠心と信頼、安定性といった各層の内部の特質、そしてまた各層間の関係について記述し、詳細に分析した。しかし社会的評価と自尊感情は相互関係にあるにもかかわらず、それらの結びつきは強いものではないことが分かったことは皮肉なことだった。

以降の章では、前青年期の子どもたちが繰り広げている活動や子どもたちの間で構築されてきた仲間関係に焦点を置いている。第5章では放課後の活動について検討している。課外活動歴の跡をたどってみると、子どもたちは自然発生的な遊びから、社会的なレクリエーション活動から始まって技能開発を特徴とするような活動へと移行していくという大人に組織された一連の段階の活動を経て、次いでさまざまなレベルの競争的活動に進み、そして最後に選り抜きの子どもが参加するという活動へと移っていく。第6章と第7章では前青年期に形成されるさまざまなタイプの友人関係について考察している。友人関係は個人の幸福や自己価値の感情にとって不可欠なものであり、親密で、打ち解けたものであって、いくつかのタイプに分けることができる。私たちはこのようなさまざまなタイプの友人関係の特徴と構成、子どもたちがそれぞれのタイプの友人関係を形成していく方法、そして子どもたちの間に広く行きわたっている友人関係のパターンについて論じている。最後の第8章と第9章の二つの章は異性関係の問題を実証的に取り上げている。この二つの章では既存の論文の主な関心事、つまりプラトニックでロマンチックな性質を備えた性の分離や性の統合が私たちの関心となっている。男の子も女の子も初めのうちは性別にかかわらず一緒に行動しているが、そのうち別々に行動するようになり、そして再び結びつくという過程を通して、仲間の性規範をどのように受け入れていくのかを明らかにしながら私たちは子どもたちの発達経路を辿っていった。しかしこうした性規範や、また性規範を強化する仲間の厳しいサンクションにもかかわらず、子どもたちは用心しながらも初めからずっと性規範を破ろうとしているのである（あるいはそうしたいと考えている）。この第8章と第9章では、子どもたちが心のなかで抱いている異性に対する秘密の感情がどのようなものなのか、また男の子の「男らしい」気取った態度や身体的特徴、女の子たちのおしゃれや控え目な態度といった表面に現れた態度の、その裏で男の子と女の子との間でどのような類似点が見られるのかについて私たちは理解を深めていこうとした。

　結論の第10章では、以上の研究によって見いだされた新たな知見やその意味について論じている。私たちは前青年期の生活に顕著な人口統計学的変数、とくに年齢と性にウエイトを置いて、その役割を考えてきた。放課後の遊びが制度化されていくことによって大人の組織や労働の価値観が前青年期の子どもたちの間に不当に侵入しているのではないかということについても私たちは考えてきた。最後に私たちは、前青年期の仲間文化が個人と社会とを媒介している役割について論じた。前青年期の仲間文化は子どもを社会化し、アイデンティティ形成を強力に進めていくうえで決定的に重要な役割をもっている。にもかかわらずその役割は、これまであまり評価されてこなかった。

第1章　研究者としての親

子どもエスノグラフィーの研究は、今日次第に社会学的関心の注目を集めるようになってきた。エスノグラフィーの研究者は、子どもたちの世界に難なく入っていけるような場面では、さまざまな役割を演じることによって子どもたちと自分との間のギャップを埋めようとしている。[1] コルサロは幼稚園児の調査について論じるなかで「[研究者が]子どもたちの活動に参加していくためには、彼らの日常の相互作用のなかで何が最も重要なことなのかを見抜く力を身につけることが必要である」（傍点は原文強調）(Corsaro, 1981a, 130) と述べている。大人と子どもの間の身体的な違いおよび人口統計的な違いのために、大人が子どもたちの世界のなかで引き受けることのできる参加型役割の範囲は限定されている。[2] このような役割は、子どもたちの世界のなかで自然に生じるものではなく、研究者が子どもたちの間に人為的に作りだして浸透させていったものであって例外はない。さらにそのような役割は、例えば学校のような、子どもたちの姿がいつでも見られるような制度化された世界のなかで構成されるのが常である。[3] そのような世界では、研究者にとって意味のある子どもたちの行動は、その範囲が制限されてしまうので、子どもたちの文化や経験についての研究者の理解にも広がりや深まりが欠けてしまいがちになる。

これまで見過ごされていた調査役割の一つに「研究者としての親」という役割がある。親は自分の子どもを通して子どもの世界に容易に入っていくことができる。親は、自分の子どもが所属している若者のコミュニティを「ご都合主義的に」［自分の都合がちょうど良いように］研究の焦点に合わせることによって（Riemer, 1977）、この「完全なメンバー役割」［つまり親としての役割］をフルに生かすことができる（Adler and Adler, 1987）。このアプローチは伝統的なエスノグラフィーの役割と関係にさまざまなチャンスを与える。第一に、親としての役割は、子どもたちに非常になじみのあるメンバー役割を自然に作り出していく。第二に親としての役割は、子どもたちがさまざまな場面に広く参加していくことによって学校、家庭、リクリエーション活動、社会生活へのアクセスを容易にする。研究者自身の個人生活に焦点を当てた優れた研究も多い[4]。また、少数ではあるが、自分の子どもを対象に社会化や発達に焦点を合わせて研究を進めていった研究者もいる。クーリーやピアジェ、エリクソンなどである[5]。「研究者としての親」は、これらのさまざまな焦点を取り入れて、自分の子どもたちや同じ子どもの社会的世界に住んでいる他の子どもたちを調査している。しかし「研究者としての親」はただ発達に関わる問題だけを研究しているのではない。むしろ彼らは子どもを研究するためには子どもの言葉で研究すべきであり、子どもを不完全な大人と見るのではなく、子ども期の生き生きとした経験を現象学的に研究するべきであるというワクスラーの要請に応えているのである（Waksler, 1986）。

親による研究は、自身の個人生活を活用する多くの研究のように、二重の研究者［親としての研究および研究者としての研究］の焦点を含んでいる。そのような役割融合的な態度はまた、研究者としての教師[6]や研究者としてのカウンセラー[7]などのようなアプローチを通して子どもの研究に適用されている。しかしこれら他分野の二重のアプローチも、まだその輪郭についてさえほとんど何の考えも示されてはおらず、その利点や問題点についても、またあまり吟味されていない問題に対する解決策についても、残されたままである。こうした役割融合的なアプローチには、倫理的な意味として特有の考え方があっても当然である。例えば、私たちの社会やその社会の研究者は、公的領域と私的領域の明確な定義とか、研究者の要求や権利に対する被調査者の要求や権利といった問題に向けられた集合的な道徳的態度を新たに打ち出している。社会科学者は、親の役割と研究者の役割という二つの活動をすることによって研究者と被調査者の間の距離が小さくなるという状況のなかにいることに気づくかもしれないし、またそうした状況では研究者と被調査者という二つの役割を遂行していこうと努力することが必ずしも簡単に一致するとは限らないことに気づくかもしれない。これまでの研究においても微妙な問題がいくつか提起されているが、それは研究主題についての研究者の潜在能力（Corsaro, 1981a）や調査中に得た知識についての研究者の責任に関するものだった（Fine and Sandstrom, 1988; Glassner, 1976; Mandell, 1988）。さらに親としての研究者であることの道徳的責任や法的責任の問題、また研究者でもあり被調査者でもあるという二重の役割を遂行することについての最終的な結果についての問題もある。

本章では、以上のような問題について考察する。私たちが研究対象としたコミュニティ、またコミュニティのメンバーと私たちとの関係、さらに私たちが収集した各種の経験的データについて詳細に述べ、私たちが実施してきた調査を説明する。次いでこの調査における役割上の利点、役割位置、役割関係の詳細やそれらの意味に焦点を当てつつ調査役割の若干の概念的な特徴について、その要点を述べる。そしてこうしたタイプの調査によって引き出された倫理上の問題を提起することで結論とする。

1　調査設定と戦略

調査を実施している際にも、私たちはさまざまな場面において親の役割に従事していることがあった。学級でボランティア活動をしたり、野外見学旅行に同行したり、学校祭や他のイベントを組織して実行したり、カープール〔車の相乗り〕でドライブしたり、PTAの役員を務めたりして子どもたちや親たち、教師たち、また学校の保護者のような学校管理者の人たちとも交流を続けた。さらに私たちは青年のスポーツチームを指導したり、試合のレフェリーを務めたり、メンバーの親としてチームに奉仕したり、チームのカメラマンをしたり、売店を作って販売したり、あるいは私たち自身の少年野球リーグを設立・運営して子どもたちや親たち、他の大人たち、そしてコミュニティの保護者のような都市行政関係の人たちとも交流を続けた。そしてまた私たちは子どもたちとその親たち、近隣の大人たちや子どもたち、そして家庭の保護者のような大人の友人たちとその子どもたちとも交流を続けた。彼らは私たちの隣人であって、コミュニティに友人を持っており、私たちの子どもの隣人や友人集団と交流し、食事や憩いの場を提供し（私たちの家は近隣の遊び場と隣り合っていた）、子どもたちの病気やケガ、薬物乱用などを治療し、学校の決定したことや学校の勉強について子どもたちを手伝い（文献検索を手伝ったり、下書きに手を入れたり、パソコンやコピーのサービスを提供したり）、相談相手や模範的な大人としての役割を果たし、友人や親友としての役目を果たし、子どもたちが拘置されたりトラブルに巻き込まれたときには救い出し、また子どもたちが親と話し易いように手伝ったりした。私たちは、子どもたちや彼らの友人たちが頼れるようなグループの「クールな親」になった(8)。

これらのさまざまな役割が私たちのありのままの育児活動や子どもたちとの接触、子どもたちに対する関心、そして生活スタイルをもとにして形成され、私たちは子どもたちが住んでいる場所や子どもたちが起こした出来事に関心を向けるようになった。私たちはありのまま自然に生まれてきた役割も計画的な調査戦略として考えだした役割も受け持ったけれども、ときにはこの二つの役割を結びつけて家族の義務だからとか、仕事／学校の要請だからという理由をつけて子どもたちとやり取りするための機会に利用することもあった。私たちは夫婦だから当然のことに性が違っているが、そのことが役立ったこともあった。というのも子どもたちが私たちのところに来て性についての相談をしようとしたこともあったからだし、また私たちはそれぞれの性別に基づいての経験や見解を持っていたから性についてのさまざまな問題を論じることに大いに関心を抱いていて、とても参考になったからである。

私たちはまた、さらにはっきりとした「研究者としての親」役割を取ることにして、自宅に来た子どもたちや自分の家にいる子どもたち、また学校での子どもたちをインタビューしてテープに録音した。私たちはこうしたインタビューをそのまま継続していきながら参与観察を進めていった。親役割を演じつつ私たちは子どもたちとのやり取りや何げない会話を通して、特定の領域や通常の領域に関わる研究課題や概念上の課題を提起していった。私たちはある特定の問題について論文を執筆しようとするときには、集中的な非構造化インタビューを行った。そして広範囲にわたっての視点が得られるような知識、また身近な話題に関する経験に基づいてインタビューできるように子どもたちのなかから理論的にサンプルを抽出した（Glaser and Strauss, 1967）。インタビューの対象者を選ぶときにはコミュニティの子どもたちについての自分たちの情報に頼るしかないが、そのときは私たちの子どもやその友だち、親、隣人、私たちが知っている教師、既にインタビューを終えた子どもたちから紹介して貰って対象者を選んだ（Biernacki and Waldorf, 1981）。私たちは調査対象者として可能性のある子どもたちに連絡したり、また彼らから連絡を受けたりして親の同意を得て、調査対象の子どもたちが好む場所でインタビューを行った。

学校では子どもたちを対象に個別にインタビューしたり、集団でインタビューをしたが、教師（そのなかには私たちの子どもを教えた教師も何人かいた）の計らいで第三学年から第六学年までの生徒を対象にクラス全体のインタビューを行ったことも何回かあった。親の同意を得て私たちは子どもたちに調査に協力してくれるように依頼し、インタビューのスケジュールに従って問題を追究していった。こうした手法には、さまざまな社会集団から子どもたちを呼び集めて質問をし、社会学的問題に対する集団ごとの異なるパースペクティブを明らかにしていくことができるという利点がある。さらに私たちは学校を、こうした集団の子どもたちや他のクラスの子どもたちを対象に個別にインタビューするための拠点として使用した。私たちは全クラスにインタビューする代わりに、時にはいくつかのクラスに出向いていって今日の話題になっている関心事についていろいろと話をすることがあった。インタビューを快く承知してくれた子どもたち（教師から推薦された）からインフォームド・コンセントを得て、私たちは空き教室や事務室で個別に子どもたちにインタビューをしてテープに録音した。全体で二〇〇人以上の子どもたちを観察したり、普段のままの気軽なやり取りを続けたが、さらに別の一〇〇人の子どもたちに対しては集団でのインタビューや個別のインタビューを行った。それから私たちは三つの別々の小学校の七人の教師を選んでインタビューを行ったが、そのおかげで子どもたちの社会生活に関して全体的な見通しを得ることができた。また長年にわたって子どもたちのさまざまな集団の世話をしてきた教師一人ひとりから子どもたちの社会生活のダイナミックスを聞き取ることができた。

私たちはこのような個人生活と学校生活環境を組み合わせて調査をし、さまざまな経験的資料を収集した。学校外で私たちに情報を提供してくれたインフォーマント［内部のことに通じていて情報を提供してくれる現地の人々のこと。情報提供者］は、参与観察の場合であれインタビューの場合であれ、コミュニティのなかでの私たちの個人的な立場によって影響されることもあった。私たちは娘や息子、その友だちやライバルたち、近隣の子どもたちやその友だちに注意を向けたが、さらに学校や課外活動の経験を通じて青少年の余暇活動との関連で知り合った他の子どもたちにも注意を向けた。私たちの娘や息子は、偶然かもしれないが、全く異なったタイプの社会集団に参加していたのでさまざまなタイプの経験をしていたから、私たちにとっては願ってもないことだった。娘は、次々に変化していくものの、強く結ばれた友人たちの輪に取り囲まれた（時には圧倒されるほどであったが）人気グループのなかで前青年期を過ごした。娘の関心は、仲間からの支持と人気を守り続けることであり、グループのメンバーを自分の都合のいいように仕向けていくことであり、地位や力によって引き起こされるような葛藤を避けることであり、人を巧みに扱うようなリーダーと折り合いをつけることだった。息子はいろいろな社会的地位を幅広く経験した。彼は、一時期、人気はあるが質《たち》の良くない仲間と一緒にいたことがあるが、激しいケンカをしたためにグループから抜けた。そのケンカのために一年近くの間社会的に孤立した地位の周辺をさまよっていたのだが、しかし流動的で不安定ではあるけれども、中間的な立場に位置する友人の輪のなかに入ってようやく友だちを作ることができた。私たちは娘や息子、その友人、私たちが知っている他の子どもたち、学校でのインタビューのために集まってくれた子どもたちといった全く異なった社会的位置にいる子どもたちを対象にしてデータを収集し、トライアンギュレーション（三角測量的方法）［訳注1］（Denzin, 1989）によって子どもたちの姿を多面的に組み立てていこうとした。

1-1　見せかけの役割の縮小

伝統的な研究者の役割においてはフィールドワーカー［現地に赴いて調査をする現地調査者］はしばしば現地に入って、自然の過程によっては生じないような独自性を確認しようとする。フィールドワーカーは現地の人々を調査することによって彼らが付与している一連の行動と意味を見いだすのであるが、しかしとりわけ初めの頃は、実際とはかけ離れたような、あるいは無理にこじつけたような考え方に陥りやすい。研究者の役割をこなしていくにつれてフィールドワーカーは、現地の人々に調査に参加してもらったり援助してもらったりするのと引き替えに、そのお返しとして何事についても彼らに戻さなければならない［調査結果の報告の義務として］という内部からの、あるいは外部からの、あるいはまた両方からのプレッシャーを感じるようになるかも知れない。しかしこうした経験の積み重ねによってフィールドワーカーは現地調査の任務を遂行することができるようになり、またそうした任務に関心を持つようになり、さらにはまた本来の方法ではないようなやり方で現地に関与していくのである。子ども研究のエスノグラフィー研究者はまた、調査対象である子どもたちを簡単に見いだせるような現地の制度上の性質によって自分たちの役割の選択が制限されていることに気づくようになるかもしれない。例えば、学校現場でのみ子どもたちを調査することはエスノグラフィーの研究者がすでに知っていて観察することができるようなタイプの相互作用に限られることになる。そしてエスノグラフィーの研究者はともかく見知らぬ大人としての権威を回避して、友人としての大人という近づきやすさを生み出すような役割を作り出さなければならない(Fine, 1987; Mandell, 1988)[9]。これはやっかいな、難しい問題である。インフォーマルな余暇の場面においてさえ大人の研究者たちは観察者や監督者、あるいは友人といったような、ある程度は限定された、また人為的な役割を見いださなければならない。

これに対して「研究者としての親」の役割は、現場の人々にとってはすぐに見分けがつくし、なじんだものになる。私たちの場合は自分を偽る必要もなかったし、あるいは何か扱いにくい研究者だと思わせる必要もなかった。現場での私たちの存在や役割は調査関係者には理解されていたし予想されてもいた。子どもたちも、また周りの大人の人たちも日常の業務を行っている間は私たちと普段通りの関係を続けてくれた。私たちは親として、このように現場にいることを期待されてもいたし、関心を持つべきだとも思われていた。親としての愛情や責任が現場に対する私たちの関与の仕方を成り立たせているのであって、これ以上の説明や「貢献」は必要ではないと思われる。

1-2 役割への熱中

「研究者としての親」という役割のもう一つの利点は、現場への全面的な参加を意味しているということである。他の研究者であればインフォーマントと接触する時間は制限されているが、私たちが研究対象にしている子どもたち、とりわけ自分の子どもたちにはいつでも接触することができる。平日であれ週末であれ、昼間であれ夜間であれ、周期的に危機が訪れているときであれ日常のありふれたときであれ、私たちは子どもたちを観察することができる。エーダーとその調査チームは、中学校の子どもたちの研究に取り組んでいたとき（Eder, 1995）、ランチタイムの間カフェテリアで学生を観察するという方法をとっていたが、これとは対照的に私たちの家はいつも「出入り自由」だった。私たちは、私たちの出すおやつが町では最高だというのが自慢だったが、そのために私たちの家は子どもたちが放課後に、あるいはスポーツやゲームをするときに集合するという中継地点になった。

家のテラスや居間からは裏庭の公園に子どもたちが集まっているのが見えて何時間もの間観察したりしたが、時には特に注意を払わなくても子どもたちが互いに交渉したり、妥協したりするのを観察することができた。娘も息子も、夏の間に近隣の子どもたちが、自分たちがいないときであっても、私たちを訪れるために自宅に立ち寄るようになったことに心の底から驚いたようだった。これらの子どもたちは夏の間に身につけた社会性の発達について私たちが知りたい思っていることをよく認識していたから最新の出来事についての情報を提供してくれた。こうした子どもたちの熱心さのおかげで私たちの研究意欲はさらに高まったのであるが、同時に非参加型の深層面接ばかりでなく他のタイプの現地調査と比較しても、「研究者としての親」という立場からの調査は十分にその有効性を高めてくれたと思う。

1-3　役割のトライアンギュレーション

「研究者としての親」という役割の第三の利点は、現地で得たデータをトライアンギュレーションという戦略によって事実を確証するという優れた手腕に関わっている。たまたま子どもたちのいる場面に遭遇したときであっても彼らのことについて直接観察したり質問するのではなく、むしろ私たちは子どもたちについての経験的な客観的情報を入手することができるようなさまざまな方法を取り入れるようにした。当然ながら私たちは主要なインフォーマントとして息子や娘に頼るようになったが、それは彼らをすぐに利用できたし、いつでも積極的に話に応じてくれたからであり（もっとも彼らが成長して青年期近くになると難しくなってくるけれども）、また調査の過程を理解することができたからである。しかし、他の人と同じように、息子や娘たちも自分自身の価値観を持っているし、調査対象であること自体にも限界がある。こうした限界を補うために私たちは、先に述べたように、コミュニティのなかにくまなく散らばっている、さまざまな手づるとも言うべき有力な知人を持っている。これらの収集した資料はすべて私たち自身が観察したという事実によって確証されている。私たちは、フォーマル・インタビューではビデオに収録してデータを収集したが、インフォーマル・インタビューではスポーツ競技の際に他の親たちやその子どもたちとおしゃべりなどをしてデータを収集した。

2 役割位置の選定

2-1 役割への愛着

研究者と地域のメンバーという二重の役割を受け持っている人にとって、その役割のある側面に対する関与や責任は他の側面に対する関与や責任よりも強くなることがある。地域の完全なメンバーとしての研究であれば、どのような研究であれ、私たちは親としてのメンバー役割の方に強く傾倒するようになる。地域の完全なメンバーになることは私たちの中核的なアイデンティティや目標にとって最も重要なことであって、より深く、より長く継続し、より中心的なものであるから、私たちはこの側面により強く傾注しているのである。このことが私たちの調査や調査関係に影響を及ぼす可能性が十分にある。例えば、あるハロウィンの夜、息子は近所の何人かのいじめっ子たちにいじめられたので、お菓子をねだりながら近所を回る途中で帰ってきてしまった。私たちはいじめっ子の仲間集団の背景にとりわけ大きな関心を持ったのだが、それは特にそのなかの一人が他の子どもたちを思い通りに操って息子を侮辱するような悪口を大げさに言いふらそうとしていたからである（その他の子どもたちも結局は息子を「見捨てた」のだが）。その夜遅くなって息子の悪口を言いふらした子どもの母親が電話をしてきて、子どもが未だ帰ってこないが私たちがその子を見かけたかどうか、あるいは「行方不明」の我が子の面倒を見てくれているのかどうかと尋ねたのだが、私たちは怒りを抑えることはできなかった。私たちは今の気持ちをはっきりと述べ、彼女の息子の行動を説明してわが家ではいかに不愉快な思いをしているかということを話した。当然のことに母親は自分の息子を庇った。翌朝、私たちは落ち着きを取り戻して母親に電話をして謝ったが、まだこの時もダメージは残ったままだった。私たちは調査の目的を追求していく上で、もうこの家族とは直接アクセスする機会を失ってしまったのではないかと心配した。[10] このような場合、私たちは一時的にせよ研究上の関心を放棄してしまい、擁護者としての親の役割を注意深い観察者としての役割と取り替えてしまっているのである。私たちが調査対象にしている人々との葛藤は、実際、「研究者としての親」という役割への傾倒から起こるシリアスな問題であるが、そうした役割への傾倒は子どもについての研究であっても、「研究者としての親」という立場から離れていればまず起こり得ないだろう。

2-2　役割義務

ところで調査地においては「メンバーとしての役割」には義務と責任が伴う。私たちは研究目的に照準を合わせつつメンバーとして努力していくが、しかしいつもこうしたケースばかりとは限らない。メンバーとしての役割義務は時には他とは関係なく、それだけで遂行されていく場合もあるが、私たちが「研究者の役割」として発展させ推進してきた価値や信条に反して遂行されていく場合もある。例えば、この研究の進行中に私たちは他の二組の夫婦と一緒になって競技的な少年野球組織を設立した。以前に私たちは共同執筆で、大人が少年のリクリエーション活動をコントロールすることによって生じるマイナスの影響やこうしたコントロールが子どもたちに及ぼすプレッシャー、それも幼いときでさえスポーツが過度の競争心や目標指向的態度を助長することについて発表したことがある（Adler and Adler, 1994）。さらに私たちは子どもにとってマイナスの側面を抑えると同時にプラスの側面を組み入れるようなスポーツのプログラムを考案しようとしたことがあった。しかし他の少年スポーツリーグと同じように、私たちのリーグでも期待はずれの面が見られ始めたのだが、それは特に驚くほどのことでもなかった。私たちはリーグのことで苛立ったり、がっかりしたこともあったが、すでにリーグの役員会のメンバーに対して義務を負っているので手を引くことができなかった。私たちは新たな組織の経営から引っ込みがつかなくなったのである。

こうしたメンバーの役割義務は、家庭の場合と全く同じようなやり方で遂行されている。私たちはクラスの子どもたちが成績の良い子どもをからかったり、自分たちは教育を受ける価値がないといって学校を敬遠して学校の重要性を軽く見ているようなことをよく聞いた。私たちは、クラスのこのような子どもたちが決めたことや考え方を中立的な立場に立って受け入れたり、また彼らが決めた範囲内での生活や選択自由な行動について話し合うことができた。だが、その一方で私たちの娘や息子には同じようなアプローチを取ることができなかった。親の立場から言えば家族の価値や目標を擁護しなければならない。私たちは他の親たちから親としての権限を行使して家族員としての義務を遂行するために手を組もうと呼びかけられたこともあった。例えば、真夜中に起こされて、娘と友人がある人の家からこっそりと抜け出していったのを見たということを聞けば、私たちは直ちに追跡して捕まえるように求められるだろう。女の子たちが自動車のトランクいっぱいにビールを積み込んで町に向かったことが目撃されたと聞けば私たちは捜索態勢を取り、捜索隊に加わって市外に出ないように市の境界のところで彼らを見つけて止めさせるだろう[11]。このようなケースの場合、私たちは他の親たちと連絡を取り合いながら親としての態度を共有し、親としての規範を共同で実行する。親としてのメンバーの役割には避けることのできない一連の責任や要件が伴っている。

このような役割義務のために私たちの方法では、ある種のデータについては入手できなかったけれども、計画的な調査協定による義務についてては、形式的には、私たちが負わなければならないような義務はほとんどなかった。フィールド調査においてエスノグラフィーの研究者は、善悪の判断についてのやり取りを一様に行うために、被調査者の人たちに取り入らなければならないこともたびたびある。私たちの役割は、ありのままの自然な形で生じたものであるから、このような方法で被調査者の人たちに「借りを返す」必要もなかった。私たちは、フィールドとして期待されるような地域では他の人たちに対しても好意的に振る舞ったが、期待できないような地域では互いにやり取りするようなことはしなかった。フィールドにおける調査関係において重要なことは互恵的な交換関係が必要だということである。メンバーの役割として私たちの間での違いは「親である研究者と親ではない研究者との違い」、私たち「親である研究者」の義務の内容は明確に述べられ、日常生活の責任の一部とされているのに対して「親ではない研究者」の場合は地域の人々と交渉したり彼らに要求することだけだということである。

2-3　役割同一化

他の研究者の役割とは対照的に「研究者としての親」は調査対象である子どもたちとの関係に強い一体感を感じている。このことが現場において「研究者としての親」の位置をしっかりと支えているのであり、また彼らのアイデンティティに反映されている。

調査対象である子どもたちと友好関係を結ぶことが、現地において何人かの子どもたちとの結びつきを高めることになる。例えば、私たちの娘や息子の友人と親密な関係になると、他の親や研究者には決して漏らさないようなことであっても彼らは私たちに話してくれたりした。例えば、私たちがあるクリークのダイナミックスを調査しようとしたとき（第3章参照）、クリークの実力のあるリーダーは、他のメンバーに働きかけるやり方について実際にはどのように感じているのか、あるいは自分の巧みな操作を十分に意識しているのかどうかといったようなことについて調査できないのではないかと私たちは懸念したのだが、しかし娘やその友だちはこうした問題について、まるで内部の詳細な事情通ででもあるかのように進んで話してくれた。同じようにして私たちは地元の学校の教師たちにも容易にアクセスすることができた。教師たちとは、私たちの娘や息子を教えていたときから連絡を取っていたので、娘や息子が卒業してから後も何年間かの間は自由に教室に入っていくことができた。彼らは私たちのために他の親たちにも連絡を取ってくれたし、調査対象の子どもたちを確かだと請け負ってもくれたし、さらに私たちが教室のなかで調査していることを地元新聞が記事にした際には、その記事を誇らしげに張り出してもくれた。私たちは他の親たちからも大いに助けてもらったが、こうした親たちは私たちと同じように自分の子どものことについて内に秘めた感情や欲求不満を抱いていた。そして私たちが親として彼らの心配事や不安を十分に理解することができており、そうした心配事や不安を自分のことのように感じてくれていると思っていた。また子どもたちの全体的なネットワークも私たちの役割同一化を通して、とりわけ私たちの娘や息子が参加していた放課後の活動を通して、私たちには開放されていた。私たちは、データがさらに必要になったとき、特に厄介な問題の回答を必要としていたとき、また子どもたちについてのデータや疑問を感じていた出来事についてのデータをトライアンギュレーションの手法によって検討することが必要だと思ったときには、何年間かの間は、土曜日にリトルリーグの野球場に行ってリトルリーグの集団の間を渡り歩くだけでよかった。そうすれば私たちは、数時間後には最新のちょっとした情報をすべて収集して、一二人のインタビューを計画し、さらに調査を必要としている別のタイプの子どもたちを探してくれる協力者を集めることができたのである。

子どもの親であることは、コミュニティのなかでは、私たちの娘や息子を知らない子どもたちとのつながりを作り、さらに深めていくことになる。例えば、妻のパティ［パトリシアのこと］が、ある日学校の外で三年生の女の子に同じ三学年の子どもたちの間の序列がどのように階層化されているかについてインタビューをしていたとき、彼女は初めクリークの特に意地悪なリーダーをファーストネームで呼んでいたのだが、だんだんと会話に慣れてくるうちにそのリーダーがあたかも傍を通り掛かっているかのように指を指しながら説明するようになった。パティはそのリーダーが息子を殴って目にあざをつくった意地悪ないじめっ子の弟だと分かって、彼女に彼を知っていると言った。彼女は目を見開いて「あら、知ってるの」と叫ぶように言った。それからパティの方に向いて、ここだけの話だとしてこれまで誰にも話さなかった秘密や好ましくない話をとめどなく並べ立てたのである。

他方、私たちは、娘や息子、そして彼らの友だちに対して親密な一体感を抱いていたために、現地では他の子どもたちにアクセスすることが減ってきた。おまけに娘や息子を嫌っている子どもたちは私たちを避けるようになった。このなかには娘や息子と対立している子どもたち、その彼らがひどい目に遭わせていた子どもたちの親、また先に述べたように私たちが娘や息子を擁護しようとして口論となった親たちも含まれていた。娘や息子を良く思っていない子どもたちから直接に情報を得ることは難しいと感じることもあった。息子を担任していた教師の一人やその教師の友人の一人にインタビューしていたとき、彼らはインタビューが息子に関連することだと思い込んでいたためか息子の良くないことを話すことにためらいを感じ、自分たちが何らかのダメージを与えるのではないかと思っていた息子の行動について説明を微妙に避けているようだった。さらに調査者である私たちには守秘義務があることを説明し、秘密保持の約束をしたにもかかわらず、私たちの娘や息子に、あるいは娘や息子を通して他の子どもたちに、自分たちの言ったことが跳ね返ってくることを恐れて何も話したがらない人たちもいた。またタバコやセックスなど逸脱との境界線上にあるような行動を私たちに隠そうとする人たちもいた。この人たちは、そうした境界線上の行動が、子どもたちに対する私たちの印象に影響を与えるかも知れないと考えたために隠そうとしたのである。このようなアクセスすることが難しいタイプは「親ではない研究者」が子どもたちを調査する場合にはまず見られないことである。

3 役割関係

3-1 役割の影響

以前から存在していた「メンバーの役割」〔親としての役割のこと〕に研究の側面〔研究者としての役割のこと〕を加えれば、現在の役割やそれと関連する諸関係にさまざまな影響を与えることになる。いくつかの点でダメージを与えることになることもある。子どもたちやコミュニティを調査することは、子どもたちやコミュニティの他のメンバーと研究者との関係に何らかの影響を与えることになる。研究者がさらに突っ込んで情報や意識について聞こうとすると、メンバーの私生活に立ち入り、私的領域に侵入することになるかもしれない。だが、そうしたメンバーの私生活や私的領域に対する私たちの関心や好奇心を娘や息子が妨げることもあった。娘や息子は、とりわけ異性のメンバーとの関係についてはどのようなことについても敏感だった。メンバーの役割を伴った関係に「研究者の役割」を加味することは娘や息子に対する私たちの責任が増えることでもある。娘や息子は友人に対する私たちの研究関心を面白がっていることもたびたびあったが、一方では、私たちが情報や見通しを求めているのを手助けすることに飽きてもいたのである。要するに調査関係は情報交換によって特徴づけられるのである。このことは、いくぶんかは、情報交換が関わっている関係に否定的な影響を与え兼ねない操作的なニュアンスが含まれていると見なされるかもしれない[12]。

別の点から言えば、新たな役割が加わると、研究者は自分の子どもや他の子どもたちとの関係を親密さや関わり合いを深め、そして理解を深めていくことによってさらに高めていくことになる。親が子どもの生活に関心を持ち、積極的に関わっていれば子どもは安心して育っていく。私たちは子どもたちの内に秘めた感情や移り変わってきた社会的世界をよく知っている。私たちは子どもたちの疑問や問題を自分たちの問題として取り組んでいった。子どもたちが何らかの援助を必要としていたときには、私たちは彼らの体験のなかに深く入り込んでじっくりと考えて検討した。私たちは自分の娘や息子を研究対象とすることの責任を負うことによって子どもたちの世界に時間をつぎ込む機会を得たのである。そうでなければ私たちは調査地を他に変えなければならなかった。また私たちは娘や息子の友人たちとの親密さをさらに深めていくことができた。そのなかには自分と親との関係は、娘や息子と私たちとの関係のような親密さはあまりないと話す子どもたちも何人かいた。彼らは親に対する感情や態度をこれまでは決して話そうとはしなかった。彼らの親は子どもたちの生活にあまり関心を払わなかったので子どもたちをよく理解することができなかったのである。娘や息子だけでなく、こうした子どもたちも自分たちの個人生活についていろいろと話してくれたり、あるいは何らかのアドバイスを受けたいと思って私たちのところに来ていた。新たに「研究者の役割」が加わることによって私たちは娘や息子、そして彼らの友人たちの生活との関わりを深めることができたし、高めていくことができたのである。

3-2　役割の混乱

「親の役割」と「研究者の役割」という二重の役割を受け持つことが混乱の原因になることがたまにある。知り合いではあるが浅い仲でしかない人たちのなかには、私たちの役割を理解していないし、私たちの行動に疑問を感じているような人たちがいる。私たちに会うために、また娘や息子に会うためにやってきた子どもたちは、私たちが子どもたちの生活に非常に高い関心を持っていることを知ると意外な感じを持つようだった。あるとき、夫のピーターと息子が夕方に買い物に出かけていったとき、息子のクラスの数人の知り合いと出会った。彼らは立ち止まって挨拶をしたのだが、ピーターはそのうち彼らと長話をするようになった。その間ピーターは学校での他の子どもたちのことや自分たちのことについておしゃべりをしていた。翌日、学校で彼らは息子に会ったとき、お前の親父はどうして友だちのことや自分たちの生活のことを知りたがっているのかと息子に尋ねた。彼らは日頃から親とあまり話をしなかったが、親の方は彼らのことをよく知っていたし、彼らに対しても高い関心を持っていた。また親のなかには、子どもたちと私たちとの関係を表面的に垣間見ただけで、誤解している人たちもいた。例えば、娘と何人かの友だちが、ある夜、私たちの家にいたときに、何かのトラブルが起こったのだが、その後で一人の母親が私たちがあまりにも放任的ではないかと電話で非難してきた。他の親なら禁止するようなことを私たちが止めさせもしないで好き放題にさせている、だから女の子たちが私たちの家に集まるのだと彼女は言うのである。しかしこれは事実ではない。実際、私たちも他の親と同じように門限も設けているし、行動規範を守るようにしている。しかし私たちは、一方的な厳しい規則を課す場合よりも、かえって女の子たちは一体何をしているのか、彼女たちは誰になぜに嘘をつくのか、そして自由とコントロールの釣り合いをいつどこで取っているのかということについてよく承知している。自分の娘にいろいろなことを隠したり、母親のところから逃げ出したりするほどの厳しい規則に頼らなければならないような母親とは異なり、私たちは自分たちの知識や判断によって過度にならないように、子どもたちが身につけている教養の範囲内で活動するようにしている。このような場合に「研究者の役割」と「親の役割」との関係を誤解している人たちがいるのである。私たちはこの二つの役割を統合して考えている。

役割の混乱は、とりわけ親密な人々からもたらされるのが通例である。彼らは私たちの一見矛盾するように見える行動を理解できなかった。このような行動は、私たちの、親としての価値観と子どもたちがありのまま自然に振る舞うところを観察したいという研究者としての熱望との間の不一致から生じている。「研究者の役割」という客観的な価値態度と「親の役割」という道徳的義務との間でもめごとが起こるたびに私たちは態度を入れ替えているのである。例えば、私たちは子どもたちの間での人気について関心があったが、その調査結果によれば、学業成績は人気の階層を示す重要な特徴にはならない場合もあることが分かった（第2章参照）。私たちが娘や息子に難しい本を読むように強いたり、彼らのレポートに手を加えたり書き直したりし、また家にいて勉強することを強いたりするとすれば、彼らの友人たちのなかには戸惑う子どもたちもいるだろう。流行の衣服が欲しいとか、R指定の映画［成人向けの映画］を見たいとか、週刊テレビ番組のことが頭から離れないとか、あるいは自分専用の電話が欲しいといった子どもたちの要求について私たちは（娘や息子の友人たちの親よりも）十分に理解していると思っている。だが、その一方で私たちは、そうした要求が子どもたちの学業に対する関心を奪うことになるような時期について確かな道徳的判断力を備えていると思っている。

3-3　役割統合

「研究者の役割」と「メンバーの役割」を同時に演じながらも私たちは、たいていの場合は、両者の役割を統合することができた。時間、場所、行動に関して、個人生活と研究生活との間を明確に分けていたが、「研究者としての親」のアプローチのなかでは一体となっていた。「親の役割」がベースにあり、「研究者の役割」はその外側に位置するという形になっていた。これは一般的に言えば、その場の状況によって「メンバー―研究者」に入れ替わるといった関係なのだが、「メンバーの役割」の方が優先しているので「研究者の役割」に何らかの意味を持って変更されるということはあまりない。私たちの研究姿勢の特徴は、いくつかの点でメンバーとしての、ありのままの自然な気持ちが反映されているところにある。私たちは子どもたちの言い争いの仲裁を避けたり、子どもたち自身に自分たちの経験の「当然の結果」から（可能な限り）学ばせようとしたりして無干渉主義的な親の姿勢（Adler and Adler, 1984）を崩さないできた。

「研究者の役割」と「メンバーの役割」を統合することによって、私たちはさまざまな利点を得ることができた。第一に、私たちは日々の生活を送りながら、その間に資料を収集することができた。第二に、注にも記したが、資料を探さなくても重大な出来事が起こるつどに資料が直ちに、定期的に私たちの手元に届くようになった。このようにして私たちは後からあれこれ推測したものではなく、子どもたちが初めに起こした感情的な反応やそうした反応を子どもたちが個人的に、また集合的に起こしていくやり方を調べることができた。第三に、研究上の疑問が毎日の生活のなかで次々と起こってくるのだが、そうした疑問は同じ日々の生活領域のなかで即座に対応し、解決できるものだった。子どもであれ大人であれ、現場の人たちは、この点、特に協力的だった。というのも私たちの疑問は、彼らにとっても興味をそそるものだったから私たちと一緒にその疑問についていろいろと論じることが面白かったのである。第四に、私たちはもっぱら資料を収集することを目的に（学校のような）現場に入っていったのだが、そうしたときにラポール［調査者と被調査者との間の友好的な関係］を確立するためにメンバーの知識を適用することができた。例えば、小学校に「めんこ」（子どもたちの間で人気になっている遊びの玩具）を持っていってクラスで子どもたちにインタビューしている合間に運動場で、それを使って子どもたちと一緒に遊んだりした。

このように「研究者としての親」の役割は、自己の統合がほとんどは研究者の部分から成り立っていることを表しており、仕事と遊び、個人的次元と職業的次元を合成している。「研究者としての親」は、研究の焦点を自分たちの生活に重要な関心を持っているテーマに当てることができるとともに、個人的な関心事の理解や分析を追跡していくためにさまざまな調査技術を駆使することもできる。

3-4　役割分岐

このような役割は、たいていはうまく調和し合っているが、場合によっては適切に分離され、区別されなければならないこともある。これらの役割が分岐していくきっかけは私たち自身か他の人たちのいずれかによってもたらされる。

このような役割の区分が始まるのは、私たちが同じメンバーとしての関係を築いている人々に対して研究上の関心や目的を明らかにしたいと思うときである。例えば、私たちの娘やその友人の何人かはライバル高校の「学園祭」のダンスに数人の男の子たちから誘われたことがあった。だが、彼女たちはその男の子たちとは「つき合った」ことがなかったし、そのような誘いは彼女たちの仲間のなかではめったにないことだった。私たちの疑問は、これらの男の子たちはいったい誰なのか、なぜ娘や彼女の友人たちを誘おうとしたのかということだったので、「彼女たちに」いろいろと質問をしたのだが、ことごとくはねつけられ、断られてしまった。ダンスの日の朝、もう一度質問をしてみたのだが、うまくいかなかったので、妻のパティはとうとう娘に「わかった、もう母親として質問しないわ。ただ社会学者として知りたかったのよ」と言った。すると急に娘の顔が変わって、あの男の子たちはフットボールチームのスターで学校ではトップクラスの成績だと説明してくれた。娘や彼女の友人たちは、学校では非常に人気のある女の子たちのグループのメンバーだった。娘の学校は、地元ではそのライバル校よりも高い地位にあったので、これらの男の子たちは、自分たちと同じ学校で人気のある女の子たちには見向きもしないで、町で最高の女の子たちを見つけようとしたのである。たとえ女の子たちを誘うのにロマンチックな雰囲気に包まれていなくてもよかったのだ。それはあたかもインフォーマントとしての役割が娘としての役割から分離されたかのようだった。

同じことは息子にもあった。ある日学校で私たちは友だち作りが下手な息子が「すてきな」少年と一緒にぶらぶらしているのを見かけた。私たちは息子になぜこの少年を誘って遊ばないのかと尋ねたのだが、そうすると息子はこの子は「学校の友だち」で家で一緒に遊ぶ友だちではないと答えたのである。このことに好奇心をそそられた私たちは息子にさらに説明するように求めたのだが、彼はむっとして関わり合いになるのを避けるかのように立ち去ってしまった。このような関係［息子と少年との関係、つまり学校の友だちと家で遊ぶ友だちとは別という関係］が研究の関心を引くものであると分かっていても、すげなくはねつけられるだけだろう。親から研究者へと態度を変えることは、データを引き出すという点ではいつもうまくいくとは限らないが、目的の転換を明確にしてはっきりと示すということなのであり、その目的の転換を明確に示すことによってコミュニケーションの守秘性、非個人性、一般的な関心を高めることができるのである。

ある時、役割葛藤の結果、役割分岐のきっかけが生じたことがあったが、また別の時には他の人たちから研究者か親かの、どちらか一つの役割に専念することを求められたこともあった。このことは、私たちにとっては、親としての要求、娘や息子の要求、彼らの友人たちの要求、そして私たちの研究上の要求のバランスを取りながら個人的に解決しなければならないというジレンマに陥っていることを示している。ある場合には、私たちは他の親たちと連携したり、また親としての立場を共有したりした。私たちは、例えば、息子たちのバスケットボール・チームの会合を他の親たちと一緒に開いて、男の子たちに彼らの集団行動がいかに不当な行動で人を傷つけるものであるかということを話そうという要請に応えたりした。これは私たちにとっては難しいことだった。というのも私たちは、男の子たちがお互いについて話をしたり、複雑なクリークを巧妙に操作したりしているのを観察したり、彼らと情報のやり取りをしたり、自動車に相乗りしたりして豊富なデータを収集していたけれども、それは男の子たちに何の干渉もせずに、ありのままの生活を追跡することによって得た調査の成果だったからである。また別の時には、私たちはある母親の娘が門限までに私たちの自宅に来なかったので、そのことを母親に知らせて母親の疑念を直接解こうとしたことがあった。このようなことは実のところ私たちと子どもたちとの信頼関係に対する背信行為であり、いずれ信頼関係を取り戻すことはできるにしても、そのためには何らかの困難を伴うことになる。「親ではない研究者」の場合には、周囲の大人のコミュニティに対して同じような道徳的義務を負わなければならないというようなことはない。

私たちはしばしば役割葛藤を感じることがあり、研究者とメンバー双方からの牽引力の間でバランスを取らなければならないことがあった。私たちは子どもたちとともに調査行為の指針となる基準を確立していた。たいていの場合、私たちはメンバーとしての役割の方に傾倒するが、特に自分の子どもに関わるような行為の場合にはそうである。私たちは自分の子どもの幸福とか道徳上の発達が危機にさらされていると感じたときには公平とか価値中立といった立場を放棄する。しかし他の子どもの場合であれば、私たちは問題行動であっても黙認してしまうだろう（しかしもちろん積極的に認めるというわけではないが）。例えば、私たちは子どもの親を探し出して調査で知り得た情報を自発的に提供しようとは思わないけれども、さりとて親をごまかそうとも思っていない。そのことはインフォーマントである子どもたちにもはっきりと言いわたしている。ただ先に述べたように親から直接尋ねられた場合には話すことにしている。また私たちは、逸脱行動についての知識を持っていることとそれを実際に実行することとの間に境界線を引いている。私たちは、アルコールやドラッグを使っている子どもたちがいることを知っているが、しかし私たちの家では、禁制品を使うこともそれを入手するのに手を貸すことも認めてはいない。そして私たちは、インフォーマントとともにどんな逸脱行動に走ることをも禁じているし、どんな禁制品（アルコールを含む）を使用することをも禁じている。このために結局のところは、私たちはこれまでの研究歴のなかでもメンバーとして最も強い姿勢を取らなければならなかった。たとえ研究からテーマを除外しなければならないようなことがあってもである。

クリークのダイナミックスについてインタビューしているとき、私たちは何人かの子どもたちから、クリークのメンバーにドラッグのことをインタビューすべきだとか、ドラッグが入ってきてクリークはバラバラに分裂したとか、ドラッグは地位の階層やメンバーが誰々かという集団の範囲をはっきりとさせるという点で重要だということを聞いた。私たちは連邦保健社会福祉省からの「守秘性の証明書」を得ていたので、そのドラッグの話題を追ったのだが、その証明書のおかげで私たちは収集した資料を詮索好きの親たちや法執行機関の召喚状から守ることができた。しかし私たちは長い間そのドラッグの調査計画を検討していたのであるが、最終的にはそれが役割葛藤とか倫理的問題を生じさせる可能性が生じてきたために、その調査計画をあきらめざるを得なかった。私たちはインフォーマントの秘密を守るという研究者としての忠誠心とインフォーマントや彼らの家族を危険な行動から守るというメンバーとしての忠誠心との間で、いずれを選択すべきかと迷うような事態に身を置きたくはなかった。

役割分岐は、私たちがある役割を別の役割から意識的に切り離そうとするときに生じるのであるが、その結果、「研究者の役割」と「メンバーの役割」の間に区別をつけるようになる。その役割分岐が、私たちのそれぞれの目的を明確にするだろうと考えたとき、またそれぞれの役割の権威と役割間の間隔を主張しなければならなかったとき、あるいは特定の行動に関してある倫理的な立場を取ったとき、私たちは研究者の役割とメンバーの役割との役割融合から抜け出すことができるのである。

3-5　役割背信

ロフランド夫妻とパンチが述べているように、新たな分野へ進出しようとすると、どのような場合であれ、裏切られたという背信の感情を抱かせることになるかも知れない（Lofland and Lofland, 1995; Punch, 1994）。研究者が人々の生活について詳細に知ることができて、そのことを執筆するとなると、その対象となった人々はあたかも裏切られたかのように感じるかも知れないのである（Rochford, 1985; Vidich and Bensman, 1964）。研究者が調査地域を去るときには、特にその研究者がメンバーの役割を担っていたなら、人々はまた裏切られたような感情を持つかも知れない。このように研究者が辞めるかも知れない「メンバーの役割」に「積極的に」関わっている場合とは対照的に（Adler and Adler, 1987）、「親である研究者」の場合にはその「メンバーの役割」はそのままに継続する。研究が終了しても調査関係者は調査地にそのまま留まっている。それでもやはり役割背信（他の人々に対する研究者の背信やその逆の場合の背信）は研究者が完全なメンバーとして調査している最中であっても、なお生じ得るのである。どのような関係者であっても、ある役割を通して相互作用するときには、彼あるいは彼女は自己と他者との関わりを代替役割でごまかそうとするかもしれない。

役割背信の問題は、自分の子どもたちとの相互作用においても繰り返し生じている。私たちが子どもたちに対して親として振る舞っている間、子どもたちが私たちに向けている生活を調査できればと期待したことがたびたびあった。逆に子どもたちは、私たちに向けている生活を個人的なものとして受け止めている間は、私たちが（彼らの友人に示したような）研究者としての立場に立って価値中立的な態度をとることを私たちに要求した。このように私たちは「親―子という関係」と「研究者―友人という関係」の間で、子どもたちも含めて板挟みのような形になったのである。こうしたことがたびたび起こって、そのおかげもあって私たちは子どもたちの友だちになれたのであるが、そのことがまた時として互いに対して役割背信の感情を抱かせることにもなったのである。そうした例のなかには、私たちが研究者の基準とは対立する親としての基準を子どもたちに適用すれば、彼らは裏切られたと感じるようになる場合もあった。他方、親としての基準よりも研究者としての基準を適用する義務があるように感じたときには、私たちは何らかの影響を受けることになると思われた。この二重の基準が、私たちの二重の役割という、実に紛らわしい側面なのである。

もう一つの背信の要因として考えられるのが操作である。私たちの行動が、時に手段的な目的にあまりに偏っているようであれば、私たちは自問してみなければならない。私たちは、子どもたちにも適用した「サイドベット論[訳注2]」(Becker, 1960) のために、子どもたちを手段的に扱っているかどうかについて考えることがたびたびあったが、彼らが時に同じようなことを考えていたかどうかは分からなかった。子どもたちが家に連れてきた友人や知人のなかには、私たちの好みのタイプではないけれども、経験的には研究の関心を引くような子どもたちもいたが、私たちは彼らを受け入れたことに疑問を感じることもあった。同時にそうした子どもたちの友人や知人が私たちに提供してくれた情報や私たちの頼み事についても疑問を感じたのである。

4 倫理的問題

4-1 権　力

研究者が調査対象者よりも強い社会的権力を持っているという非難が、エスノグラフィーに対して浴びせられていることはよく知られている。この権力のアンバランスは、研究者が子どもたちを研究する場合に特に顕著に現れる (Corsaro, 1981a)。私たちの場合で言えば、年齢、地位、教育、資産、潜在的影響 (親を通して子どもたちに対する)、また時には直接的な権威 (自分たちの子どもに対する) といった領域に力の差が見られる。エスノグラフィーにごく普通に見られる権力の差　すなわち「スタディ・ダウン[訳注3]」(Nader, 1972) は研究者と調査対象者との間の関係という、これまでよく論じられてきた類いの関係である。[13] しかし「教師－研究者」あるいは「カウンセラー－研究者」の関係は例外としても、他の研究関係の場合、研究していくうえでの直接的な権威の問題は、「親－研究者」の役割ほどには際だった問題とはされてはいない。

私たちの役割で言えば、権力の問題では事実を話すように子どもにプレッシャーをかけたり（権威の力）、個人生活では子どもたちに悪影響を与えるような調査をして収集したデータを使用したり（知識の力）といった問題と深く関わっている。ファインとサンドストロムは、前青年期は子どもたちが研究者の言いなりになりつつも、自分たちを対象とする調査を規制したり、阻止したりする力を発達させるようになり始める時期であると述べている（Fine and Sandstrom, 1988）。研究者がある特定の問題について、調査のきっかけを求めたり、尋ねたりすれば、単に研究者からの依頼というだけでも威圧感があるが、しかし前青年期の子どもたちは強いプライバシーの観念を持っており、意に沿わない質問には答えなかったりする。だが、親の友人、あるいは友人の親という大人の役割は、フォーマルな権威を伴った役割ではないから、私たちは他の子どもたちからデータを無理矢理に収集するというようなことはなかった。研究者の研究テーマがどのようなテーマであろうと、研究者には何の対応もできないのと同じように、私たちは親の友人や友人の親という調査協力者の人たちに秘密の情報を明かすように強制するような力はなかったし、私たちが集めた資料を使って彼らに損害を与えるような力もなかった。

「研究者としての親」の能力は、主として自分の子どもとの関係にかかわっている。これが役割葛藤の問題であり、「研究者としての親」が研究者の立場とメンバーの立場との間のバランスを崩して研究者の立場の方に傾倒し過ぎた場合に生じる。不完全な社会であれば、研究者が自分の子どもを酷使したり、利用したり、あるいはある場合には傷つけたりすることも考えられるかもしれない。しかし私たちは、今はこのようなことが起こる可能性はほとんどないと思っている。子どもたちが私たちにいろいろしてくれたように、ほとんどの研究者にとって親の役割を情緒的で家族第一だとすることは、保護、安全、愛情の問題が手段的な利益や経歴上の利得よりも優先するということを示している。[14]

4-2 犯罪知識／犯罪行動

第二の起こりうる倫理的な問題は、「研究者としての親」が他の子どもたちの行動について何らかの犯罪知識を持っている場合に生じる。そのような犯罪知識はまた、潜在的に問題を孕んでいるような出来事についての情報を公表しなかったり、あるいは何も報告しないといったような場合には、犯罪行動と見なされるかも知れない。子ども研究のエスノグラフィーの研究者は、こうした問題に出くわすことがよくあるが、それは青年期がその境界を確認したり、検証したりすることによって知ることのできる期間だからである。子どもの行動の研究者は、子どもたちが規範や規則に違反したときに、その秘密を知ることになったことから生じる道徳的責任について慎重に考えなければならないし、また研究対象である子どもたちのことを漏らしたことから生じる信頼の失墜に伴う道徳的責任についても慎重に考えなければならない。たいていの場合、子どもを研究している研究者は、自分の研究テーマに対する信頼性を維持していくための倫理的規範を定めている（Fine and Sandstrom, 1988; Glassner, 1976; Mandell, 1988）。ファインとサンドストロムは「子どもたちが研究者を困らせるような行動に走ったり、物言いをしたりしても、それは容認されるべきである。さらに場合によっては研究者は、これらの困難を感じざるような行動であっても少なくとも支持しているように振る舞わなければならない」と述べている（Fine and Sandstrom, 1988, 55）。ポルスキーは、大人の犯罪や逸脱の研究についてさらに一歩踏み込んで論じている（Polsky, 1967）。彼は、そのような逸脱的なグループを調査している研究者は、もしこのような犯罪や逸脱を単に当局に届け出ないだけだとしても、犯罪や逸脱にさえ手を染めることを厭わないというほどの心積もりがなければならないし、このような犯罪や逸脱の行動が信念と一致していることをインフォーマントに示さなければならないと述べている。しかしこのような倫理的問題は、研究者のテーマが子どもである場合には一層こじれることになる。子どもを研究する場合の行動基準は、大人を研究対象とする場合の行動基準とは異なり、法律的な問題に道徳上の問題が加わるからである。子どもたちの道徳性は社会によって規制される部分もあるが、何と言っても子どもたちは親の道徳的指導の支配下にある。どの家族にもその家族に特有の基準があり、それが研究者の基準と異なっている場合もある。このことが先に論じたように、研究者は子どもたちをどのように扱わなければならないかという問題に繋がってくるのであるが、その子どもたちの親は子どもたちの行動に対してそれぞれに異なった基準を持ち、異なった期待をいだいているのである。

研究者が質《たち》の悪い、逸脱的な行動や非行行動を目撃したときに、いつも親とか他の機関に頼るというのは、研究者にとって現実的でないばかりでなく、研究のプロセスを途中で打ち切ることにもなる。さらにそうした行為は、親の行動を規制しているメンバーとしての規範を破ることにもなる。親は、自分の知っていることだからといって何でもかんでも他に話すのは不適切なことだと判断しているからである。しかし研究者は、報告する場合でも、間に入って仲裁する場合でも適切な場合があることを知っている。ここで危険にさらすかどうかのガイドラインが、経験則として役立つのである。研究者は、子どもたちが自分自身に対してであれ、他の人たちに対してであれ、危険な恐れのある行動をとっているのを見たときとか、あるいは子どもたちに危険が及ぶ恐れのある行動を他の人たちがとっているのに直面したときには、中立的な姿勢から離れて子どもたちを助けなければならない。このことは、そのような行動を適切な担当者に報告し、そして／あるいは、直接に子どもたちに介入するという手順を取るべきであることを示している。

このような判断をする責任は研究者だけにある。官僚的規則の枠組みでは、関係している子どもたち一人ひとりの解釈的な判断の代わりになることはできない。子どもたちの行動は、その状況の文脈のなかで理解され、意味を与えられるからである。もし研究者が、これらの行動は子どもたちの「平均的な」逸脱の枠内に入ると考えるとすれば、研究者はある程度は子どもたちの自由に任せることができる。こうして私たちは、子どもがいじめたり、排除したり、嘘をついたりすることについても沈黙を守ったままでいたのであるが、それはマンデルが、子どもたちが教室の隅っこで放尿するのを教師に言わずに黙っていたり（Mandell, 1988）、ファインが子どもたちの盗みを目撃しても報告しなかったこと（Fine, 1987）と同じことである。研究対象にしている子どもたちが、そうした反社会的行動をとった場合であっても、私たちはそれを止めさせようとはしなかった。私たちは前青年期の男性文化には格闘を伴うような遊びが支配的であることが共通していると考えているので、子どもたちが反社会的行動や格闘をしていても彼らを止めさせようとか、遊びを止めさせようというつもりはなかった。しかし別の場合には、私たちは子どもたちの行動について情報を提供してくれたインフォーマントとともに直接介入することもあった。私たちは、子どもの福祉という観点に基づいて行動しているので、特にアルコールの摂取、性的搾取、過食といった問題行動の場合には直ちに介入した。私たちは、もっと安全な遊び方や健康問題、問題行動のパターンについて子どもたちにアドバイスしたが、しかし彼らのことを親に話しもしなかったし、彼らを厳しく非難することもしなかった。子どもたちは、こうした行為をいろいろ試してみたいのだろうというのが私たちの考えだった。そしてもし子どもたちの信頼を得ることができるのであれば、私たちは強制的に注意するよりも自制を求めて、実際にはもっと役に立つような情報を伝えることができたと思われた。ワイスは、肢体不自由児の研究のなかで、こうした子どもたちが家族から虐待されているのを見て、そうしたときは社会福祉機関に報告しなければならないと言っているが（Weiss, 1994）、私たちは、親にも関係当局にも報告することが当然だというような子どもたちの行動に遭遇したことは、これまでに一度もなかった。

4-3 責 任

第三の問題は、「研究者としての親」の道徳的責任と法的責任に関してである。「研究者でない親」と「親でない研究者」との間で道徳的責任と法的責任に仮に違いがあったとして、それは実際にどのような違いなのかという問題である。親としての責任と義務が研究者次元に加わることによって、それは変わったのかどうか、変わったとすればどのように変わったのかということについては、これまでは特に取り上げられることはなかった。このような問題に対してのガイドラインは、推測して考えるしかなかった。

私たちの計画した調査を審議した大学の制度審査委員会でも、調査においては「親の役割」という範囲のなかで自然にやり取りするというように自分自身で制限している限り、親の慣習的な行動に従うことは妥当なことだと述べている。私たちが、この「親の役割」から離れてインタビューを録音しようとするときだけは、正式に再審査を受け、親の同意を得る必要があった。その場合、私たちは公開、同意、匿名といった問題の扱いについて具体的に指示されたし、微妙な問題や関係者の法律違反、研究テーマの倫理的な取り扱いといった関連領域についても調べられた。取り扱いが困難な問題については取り上げないこと、性、犯罪、薬物などの問題については質問を避けること、調査対象者の法律違反について収集したデータを守り通すことができないような場合にはそのことを報告することと私たちは告げられていたし、またもし私たちが児童虐待や乱暴な扱いを目撃した場合には、たとえ調査対象者の信頼を損ねることがあっても関係当局に知らせなければならないことも告げられていた。私たちは、いったん親の役割から離れれば、州機関の関係者として振る舞わなければならなかった。(15)〔訳注4〕

長年にわたって私たちは、公務としての行動が次第に拡大し、官僚化して、規則や義務が正式に発動され、多くの人々に負担を負わせるようになったことを見てきた。同時に私たちは、人々の私的生活に公的介入が多くなってきたことを州政府によって義務づけられた報告を通して見てきた。それぞれに異なった役割を担っている大勢の人たちは、以前であれば巻き込まれることを避けられたような情報、とりわけ女性や子どもに対する身体的虐待や性的虐待が疑われるような問題に関わる情報を進んで明らかにするべきだという責任を負わされることになった。このことはもはや医療関係者や教育関係者だけに当てはまることではないし、今にだけ社会調査者にも当てはまるというわけではない。そして親も、たとえ道徳的責任を同じように感じるとしても、生活のなかに調査計画を持ち込もうとすれば、別の社会的責任や法的責任を取ることを求められるようになる。

学界における道徳的基準や道徳的問題は、この一〇年の間に劇的とも言えるほどに大きく変化してきた。以前であれば問題にはならないと考えられていたような分野にも高い関心が集まるようになり、社会的弱者という概念が前面に押し出され、これまで普通のこととされてきた多くの慣例が道徳的な理由で問題にされるようになってきた。このような変化は、干渉主義に対しての倫理的責務と倫理的運動のなかから起こってきたのだが、それは個人の利益と権利を重視することから離れて、全体の利益とニーズに向けられていくようになった広範な社会倫理の全般的な変化を反映してのことである。私たちは、全体の福祉としての自由に対抗して個人の自由という関心事にはあまり重きを置かないように求められるようになり、[訳注5]そうした傾向が強まってきている。

「研究者としての親」の倫理的責任についての結論を導き出すために、「研究者としての教師」や「研究者としてのカウンセラー」といった人々は、同じような二つの役割をどのように発達させてきたのかを見てきたが、あまり参考にはならなかった。このような専門職の人たちは、伝統的な研究者ほどに自分たちの振る舞いについて深くは考えていないようだった。[16]「親である研究者」は二組の基準が同時に働くような研究領域で仕事をしている。「研究者の役割」という公的な場と「親の役割」という私的な場である。私たちは、時には対立することさえある、これら二組のガイドラインの間のバランスを取ることを求められている。現に変化しつつある社会倫理規定のガイドラインと一定状態のまま変わることのない個人的倫理規定のガイドラインである。つまり個人の気まぐれな判断から社会的弱者を保護するために入念に作成された規則やガイドラインを求めようとする社会倫理のガイドラインと、そして家族、相互の忠誠、信頼といった伝統的な目標を支持するための融通性や自由裁量を求めようとする個人的倫理規定である。そうした綱渡りのようなバランスを取る必要のない、明確に統合された規範が形成される時まで、私たちにできることは、道徳的な集団主義者が意図した利益と道徳的な個人主義者の本心から生まれた集団への忠誠心や判断との平衡をできるだけ最良の状態で保てるように、「研究者としての親」に両方の立場「研究者の立場と親の立場」の利益になるようなアドバイスをすることだけである。

第2章　人　気

前青年期の子どもたちは、日々の生活のなかでさまざまなものと格闘しているが、自分自身の人気はそのなかでも最も重要なものの一つである。彼らはいつも、誰が人気者で、誰が人気がないのか、どうしたら人気が出るのかについて話し合っている。子どもたちは、人気を得るために常に努力しているのだが、両親がたいそう残念がることに、かなりの出費を伴うこともある。この努力の過程で子どもたちが影響を与えることもあるし、逆に自分でコントロールできずに、失敗に至ることもある。子どもたちの人気の有無に影響を与える要因は、男の子と女の子とではかなり異なる。こうした要因は、青年期に急速に進んでいく性別に分化した仲間文化に根差している。子どもたちは大人の性別の特徴を見分けて、自分たちの年齢の文化へと関連づけようとする。性別文化の分離は早くは就学前の段階から観察される（Berentzen, 1984; Cahill, 1994; Corsaro, 1985; Gunnarsson, 1978; Joffe, 1971）。男の子と女の子とは別々にそれぞれ独自の興味関心や行動を発達させ始める。前青年期および青年期の性別に分化された仲間文化に関する研究は、これまでに性役割の構造に影響を及ぼすような、遊びの影響（Lever, 1976）や友人関係の排他性（Eder & Hallinan, 1978）、会話のルール（Maltz & Borker, 1983）、課外活動（Eder & Parker, 1987）、異性関係（Eizenhart & Holland, 1983）などについて明らかにしてきた。

教育機関においても子どもたちは、階層的な社会秩序を発達させるが、それは仲間や親、他の社会的要因との相互作用によって決定される（Passuth, 1987）。コルサロによると、子どもたちの社会的状況に関する知識は地位に関する概念によって影響を受けるが、その地位に関する概念は人気や威信、「社会的名誉」（Weber, 1946）によって決定される（Corsaro, 1979）。学校環境のなかで男の子と女の子は、性役割期待においてそれぞれに異なった態度や行動を示すようになり、また仲間内での地位や人気を獲得しようとする方法においても異なったパターンを示すようになる。

本章では、性別仲間文化のなかで、人気に影響を与える諸要因に男の子と女の子との間でどのような差異が見られるのかについて検証する。

1 男の子の人気に影響を与える要因

地位階層のなかで、男の子の人気やランクは複数の要因から影響を受ける。男の子の人気の順位づけの秩序は女の子ほど明瞭ではないが、彼らの日々の相互作用や集団関係のなかに階層化の背後に潜む理論的根拠がある。

1-1 運動能力

男の子の人気を左右する重要な要因の一つに運動能力がある。(1) それは決定的に重要で、スポーツの得意な男の子は仲間内の評判も上昇移動も勝ち取ることができる。複数の学校で運動能力の最も優れた男の子が、その学年で最も人気を獲得していることが観察された。

三年生と四年生の男の子二人は何が子どもの人気を左右するのかという問いに次のように回答している。

ニック：クレイグは貧乏だけど、本当にスポーツが上手なんだ。だから彼は人気があるんだよ。

ブライアン：みんなゲイブと友達になりたがってるよ。彼にはいつもファンがいっぱいいるんだ。周りの奴らはゲイブを自分たちのチームに入れて友だちになりたがってるよ。よく自慢してるけど、ゲイブはすごくスポーツが上手だからね。彼は人気者だよ。

学年が上がると、たとえ運動技術が熟達していなくても、人気のある男の子はみんなスポーツに熱心に取り組み始める。運動にあまり興味を示さなかったり、運動能力が劣ったりする子どもは地位の低い集団へと転落してしまうからである。運動の苦手な男の子たちは「除け者」にさえされてしまう。

こうした肉体志向のゆえに身体的接触を伴うスポーツは、参加者同士の闘争にまで高まっていくこともある。正式の決闘であろうと、インフォーマルないさかいや乱暴であろうと、ケンカは男の子の間では社会秩序を形成する手段の一つなのである。人気のある男の子が自らの優位性を身体活動によって誇示する一方で、人気のない男の子は受け身になってしまう。ケンカの勝者は学校内の大人からは否定的なサンクションを受けるものの、子どもたちの間では敗者よりも高い地位を獲得するのに対し、ケンカの敗者はその重要な地位を失ってしまう。人気のない男の子たちはケガをすることが多いが、試合中であっても誰かが助けてくれるというようなことはほとんどない。例えば、マイキーはいつも体調がすぐれず弱々しい、喘息もちの、人気のない男の子なのだが、フットボールの試合では激しいタックルの犠牲になるし、サッカーの試合ではプレーを阻まれることがよくある。男の子たちは、マイキーからなら簡単にボールを奪い取れることをよく知っている。ケガをし、泣きながら地面に倒れ込んだときですら、彼はケガをしたことを非難されたばかりか、笑いものにさえされたのである。

1-2　クールさ

男の子たちにとって「クール」であることは、仲間内の地位を獲得するうえできわめて重要な要因である。ライマンとスコットが述べているように「クールさを示すことは、特定の社会集団に加入する、あるいはその成員でいるための前提条件である」(Lymann & Scott, 1989, 93)。クールさというものは社会的な構築物であるが、その定義は常に流動的である。クールでいることは個々人の自己呈示能力、洋服のような自己表現のための装備品の確保、そして印象操作の技術と関わっている (Fine, 1981)。

クールさをめぐっての継続的な話し合いの過程や子どもたちがクールさの意味について合意していく過程において、さまざまな社会的圧力が作用する。六年生を担当しているスレイド先生は次のように述べている。「人気のあるグループは社会が『クール』だと考えているものが何なのか知っているのよ。その子たちはスケートもするし、スケボーもするし、もっとクールに見える洋服だって着るわ。そういうのはね、雑誌やなんかの広告で見たものなのよ。テレビをつけてコマーシャルをご覧なさいよ。リーバイス[訳注1]のコマーシャルでやっているようなルーズな洋服を着て、スケートをして、同じことをその子たちはやってるのよ。その子たちが作るアイデンティティって、メディアや広告からとってくるものなのよ。何がクールで、何がクールじゃないのかって」。

子どもたちの間では、どのような表現の型が社会的にクールだと定義されているのか、コンセンサスができあがっている。クールな服装は主に人気のある男の子のグループによって着用されているが、他のグループがそれを真似ることもある。次のようなスタイルである。①ナイキのエアジョーダンやリーボックのようなハイトップのテニスシューズ。よく一番上の紐を緩めたり、結ばずに履かれることがある。②折り返しを作っただぶだぶのデザイナーズ・ジーンズ。③だぶだぶのボタンダウンシャツ。ズボンには入れないで（あるいは前だけ入れて）、シャツの裾が出ている。サーフ用、スケート用、あるいはフィルフィガーやモシモ、カルバン・クライン、ポロ、バッド・ボーイのロゴがデザインされたTシャツ。④ヘアスタイルは、スポーツ刈りのようなものやムースを使って濡れ髪風にしたり、まっすぐに立たせたりしたもの。⑤デニムのジャケット。⑥ソニーのウォークマンや他のブランドの携帯型音楽プレーヤー。⑦スケートボード。

1-3　タフさ

調査したほとんどの学校で、特に高学年において人気のある男の子たちのなかには、大人の権威に挑戦したり、既存のルールに異議申し立てをしたりして、他のグループの男の子たちよりも頻繁に懲戒処分を受ける者もいた。こうしたタイプの行動をする男の子たちは仲間内での地位が非常に高かった。このような行動はミラーが述べている「トラブル」と「タフさ」が「関心の的」となる下層の文化と関連している（Miller, 1958）。トラブルはルールを破る行動を伴い、ミラーが述べるように「特定の状況下では、『トラブルに巻き込まれること』は威信を示すものとみなされる」（Miller, 1958, 176）のである。教師を前にしても権威や規則に無頓着な態度を示す男の子たちは、仲間内での地位を高めていった。ファインは、この点についてリトルリーグの少年たちを対象とした研究で明らかにしている（Fine, 1987）。

四年生の男の子二人が彼らの学年で人気のある男の子がどんな振る舞いをしているのかについて話してくれた。

アンディ：あいつらはいつも先生に向かって口答えしてトラブルに巻き込まれてるよ。

トム：そうだね。いつも互いに目立とうとしてるよね。自分たちは先生に何を言っても怖くないとか、自分たちは先生たちのペットじゃないなんて言ったね。あいつらがすることはどんなことでも、先生がしていることよりマシだと見せかけてるんだ。先生がしていることはくだらないことばっかりだと思ってるからね。

アンディ：前にジョシュとアレンが音楽の授業中に騒ぎを起こしたことがあるんだ。先生が見せようとしたディズニーの映画にはうんざりだなんて言ってね。それで（懲罰用の）ピンクのリボンをつけさせられたんだよ。

トム：そんなことがあったよね。ジョシュは今年だけで三回もリボンをもらってるよ。そんなにリボンをつけるのは感謝祭のときだけだよ。

タフさとは、体力や運動技能、そしていわば交戦行為とも言うべきやり取り、とりわけ仲間や大人との当意即妙のやり取りを誇示することと関連する。地位階層において男の子たちは仲間からタフであることを認められるような「マッチョな」行動パターンを誇示する。高い地位にある男の子は、学校内では「学級のピエロ」や「トラブルメーカー」を演じていることが多い。みんなから注目されるからである。

対照的に「女々しい」行動をする男の子は、「オカマ」とか「ホモ」といった差別的な言葉で呼ばれて、地位を失っていくのである（Thorne & Luria, 1986）。ある男の子はいつも陰で笑いものにされていた。彼はいつもすぐに取り乱す「ドジな奴」だったからである（そういうとき彼は冷静さを失い、机に物をたたきつけたり、教室のなかをドタドタと歩いたりする）。そして決まって泣き始める。

五年生の二人の男の子が典型的な「オカマ」だと見なされている、あるクラスメイトについて話してくれた。

トラヴィス：レンはホントにバカなんだよ。ちびで、耳もとんがってるし。

ニッコー：あいつは椅子に座るとき、片脚をもう一方の脚の上で交差させて、ふくらはぎでつま先を巻き込むようにするんだ。二重に交差させてんだよ。こんなふうにね（実際にやってみせる）。「女みたいな」靴も履いてるから、ほんとオカマっぽいんだよ。それでいつも完璧な姿勢でまっすぐ立ち上がるんだよ、こんなふうに（実際にやってみせる）。

トラヴィス：あいつはいつも先生に当ててもらいたくて手を挙げるんだよ。

ニッコー：そうだね。先生がちょっと外に出なきゃいけないとき「私がいない間はレンに任せるわね」って先生に言われるようなタイプの子だよ。

1-4　機転が利くこと

機転の利く子どもとは社会的スキルや対人関係的スキルが洗練された子どもたちのことである。これは対人関係上のコミュニケーション・スキルと関連がある。例えば、遊びを始めることができる、行動を繋げていくことができる、友情を肯定することができる、役割演技をすることができる、社会的な知識や認識を持っている、仲間に建設的な批判や援助を提供することができる、肯定的な方法で感情表現ができるといったようなことである。男の子たちは、学校の内外で仲間や大人と関係を築いていくために社会的スキルを用いている。したがってこうした能力を持つ子どもは人気を高めていくのである。

機転の利く子どもたちの行動の多くは、その子どもの成熟度や機転の良さ、周りを取り巻く社会的世界に対する現状認識に依拠している。社会的意識の高い男の子は自分の社会的スキルをもっと効果的に用いる方法を知っている。こうしたなかで仲間や大人とのコミュニケーションがより洗練されていく。

四年生を担当しているホフマン先生は、集団のリーダーについて気づいた点を次のように述べている。「対人的なスキルにはすごく違いがありますね。人気のあるグループの子どもたちのなかには、しっかりとした眼差しでアイコンタクトをとってきて、しっかりとした対応をする子もいますよ。一対一のときでも。でも（人気のないグループにいる）子どもたちは視線を反らしたり、少しそわそわしているところがあって、一対一になることが苦手な子が多いですね」。

親たちも、人気のあるリーダーとそうでないフォロワーたちの違いについて述べてくれた。それはある強盗をめぐる一件で、ある日いつもより早く帰宅した三年生の男の子たちのグループが家にいた泥棒たちを驚かして事件をうまく未遂に終わらせた出来事だった。「子どもたちはみんな二人組をよく見てたのよ。でも警察が来たとき、カイルとデヴィンだけがお巡りさんに何が起こったのか話すことができたわ。あとの子どもたちはうろつき回って、ちょっと興奮して神経質になっていたわね。その子どもたちは何が起こったかを説明できなかったし、何が起こったのかも理解してなかったようね。手配書を見せるために警察が彼らを駅まで連れて行ったとき、カイルとデヴィンが全部話していたわ。私の息子ときたら自分たちが何をしたのか、全然分かってなかったみたい。彼は少し離れたところにいたわ。特にカイルは、他の子どもたちより落ち着いていたみたいね」。

さらに、子どもたちのなかには、自分たちの役に立つように「機転の利く子どもたち」を利用する者も多い。子どもたちは、人気者になりたいために、ずるがしこく、横暴で、統制の取れた行動を取ることがよくある。彼らは、友だちになれそうな子どもたちを比較して、その可能性のある子どもたちを奪い合うのである。彼らは他の子どもたちを唆して授業中に行動するように仕向け、面倒を起こさせたりした。彼らはすべてに従順な態度を取りつつ、自分は従わないで、結局はルールを変えてしまうのである。トレバーの母親は、息子のトレバーと人気のあるグループのリーダーであるブラッドとの友人関係について話してくれた（序章参照）。「今年はブラッドと同じクラスじゃなくてよかったわ。毎年トレバーはブラッドの後を追っかけているの。ブラッドの一番の親友になろうと思ってね。そうしたらいろんなトラブルに巻き込まれたこともあったし、ブラッドのために他の子どもたちとも随分と競争もしたわ。でもね、ブラッドが誰か他の子を一番大事な友だちにしたいって決めてからは一人取り残されたままなのよ」。

機転の利く子どもたちと一緒の集団のリーダーは、他の排他的な社会集団との境界を自分たちで決定して、その境界を強調することがよくある。そうしたリーダーに好意的な子どもたちは、だいたいは誰もがその集団に入りたがっているけれども、彼らは自分たちが望む者しか仲間に入れない（第3章参照）。彼らは他の子どもたち、とりわけ人気のない男の子たちに対して、一緒に遊んでいても友人関係ではないこと、一緒に遊んでいるといっても一時的なものであることをはっきりと伝えるのである。周辺に位置していたり、境界線上の地位にある他の子どもたちとの距離を保つことで社会的な境界を維持しているのである。社会的スキルに富んだ子どもたちは、発達の連続体に沿って現れるわけではなく、ある特定の子どもたちが他の子どもたちよりも抜きん出ているという形で現れるのである。むしろある特定の子どもたちがより卓越した社会的な識見や相互作用的な識見を持っていて、それが年齢や学年を越えて維持されているのである。

対照的に全く機転が利かない子どもたちは、問題含みの社会生活を送ることになり、人気もない（Asher & Renshaw, 1981参照）。彼らの対人的スキルはぎこちなく、貧弱であり、仲間と高く評価されるようなやり取りをすることはまずない。彼らのなかには引っ込み思案だったり、あるいはきわめて反社会的であったりする者もいる。また無意味な振る舞いをし、「威張り屋」と呼ばれる者もいる。こうした子どもたちは仲間から全面的な承認を受けていないにもかかわらず、より威信の高い集団が受け入れてくれることを望んでいることが多いのである。

二年生の男の子たちのグループが、クラスメイトのバドの振る舞いについて話し合っていた。

スティーブ：バドはね、この学校で一番ゲスな奴だよ。あいつはいつもみんなを手こずらせるんだ。
ティミィ：いつもみんなに乱暴に指図なんかするんだ。みんなを口汚くののしったりもするんだ。

質問：バドは人気者なの？
全員：いいや。
サム：彼はみんなに悪態をつくんだよ。みんなに文句を言ったり、みんなに無理強いしたりするんだ。
スティーブ：彼が一番のこと、分かる？（え、なに？）うるさいことだよ。

全く機転の利かない子どもは、だいたいが仲間との話し合いにおいても何とも不愉快でならない存在なのだ。彼らは、人気のあるグループにおいて必要とされている社会的スキルを欠いているだけでなく、他のあまり人気のない子どもたちとさえ関係を維持していくことができないのである。

1-5 異性関係

異性との友人関係は就学前までは普通だが、小学校に入ると遊びやゲームはほとんどが性別に分かれて行われるようになり、教室においても異性とのやり取りはだいたいが見られなくなる（Hallinan, 1979）。幼稚園や小学一年生を過ぎると、男の子も女の子も異性と一緒の活動をしたがらなくなる。「汚《けが》れの儀式」や「ボーダーワーク」（Thorne, 1986）[訳注2] といった社会統制のメカニズムが、同性同士の活動を強化するようになるのである。[2] 仲間からは、異性間の活動はロマンスと見なされるようになるが、それは彼らに汚名を着せることになるので異性との活動を継続していくことは難しくなる。小学生の男の子たちは、秘密裏に「好きな女の子」を選んでいるが、［仲間から］いじめられる恐れがあるために彼女と長い時間話すようなことはしたがらないし、自分の感情を明かすようなこともしない。この秘密が明らかになると、仲間のからかいの的になってしまう。ほとんどの男の子は自分の人気の有無にかかわらず、人気のある集団に加わっている女の子を選ぶことだけに関心を持っているのである。

四年生か五年生頃になると、男女ともに思春期による変化が生じてきて異性間の相互作用に関する社会的規定を再吟味するようになり、年上の子どもたちの行動を模倣するようになる（Thorne, 1986）[3]。エーダーとパーカーによると、前青年期の子どもとは「異性間の相互作用が顕著になり始める」（Eder & Parker, 1987, 201）段階なのである。第9章で論じるように、小学校高学年の頃になると男女の集団のメンバーが異性との交際を続けても社会的に受け入れられるようになるのが一般的である。このような交際は、社会集団という保護された領域内で男の子が女の子に話しかけるという形態を取る。男の子たちは女の子をからかったり、女の子たちにつまらないことを聞いたり答えにくい質問をしたりする。友達と一緒に密かに思いを抱いている女の子に対して匿名のふざけた手紙を書いたりすることもある。そこでは思春期の「ミステリアスな」特徴について女の子に尋ねたり、女の子を挑発したりするのである。

六年生になるまでには、男の子は女の子に強い関心を抱き始め、特に最も人気のある男の子のなかには異性との交際を始める者もいる。五年生を担当しているクラーク先生は、次のように述べている。「男子が女子と一緒にいるようになるというのが大きな変化だと思います。彼らはクラスのなかで女子と関係を築いて交際しようとしているのです。人気のないグループの男子たちは、そんなことは全くできませんが」。

ファインが述べているように、性的な関心は、前青年期の男の子の成熟の兆候である（Fine, 1987）。しかし男の子のなかでも関連する規範について十分に認識できていない経験不足の者は問題である。男の子たちは、自分の関心が報いられそうかどうかを確認するために女の子にアプローチする際、仲介者を通して行うことが多い（Eder & Sanford, 1986）[訳注3]。直接面と向かってという危険な方法が取られることはめったにない。男の子たちは放課後に友だちと集まって、互いに女の子に電話をしたり、メモを渡したり、自分の意中の女の子に友だちから伝えてもらったりする。互いに関心があると分かると、彼らは女の子に「デートしよう」と誘ったりする。

六年生のある男の子は、友だちと過ごした土曜日のことについて次のように述べていた。「僕らはボブの家に集まってね、一人ずつ好きな女の子に電話をかけるんだ。それも他の子が好きな女の子にみんなでそれぞれに電話をして、その他の子と付き合いたいかどうか聞くんだ。それで電話を切るんだけど、もし彼女がイエスと言わなかったら、電話をかけ直して理由を聞くんだ。普通はあんまり答えてくれないけどね。彼女の一番仲のいい友だちに電話することもあるよ。彼女が僕らのことを何て言ってるか知るためにね。そしたら彼女の友だちが電話をし合ってから僕らに電話をかけ直してくれるんだ。何回か電話して彼女が本当に嫌がってるって感じたら、次の女の子にいくんだ。次があればね」。

自分の思いが受け入れられたという確認が女の子から得られれば、学校での彼らの交際にもある程度影響を与える。男の子と女の子の関係は、冷静さを示すことが求められる「革新的な状況」(Lyman and Scott, 1989) が表れるまではかなりのリスクを孕んでいる。しかし男の子が女の子と交際するようになると、彼女に家で電話しようが、彼女を男女のパーティーや映画、あるいは一組か二組かカップルと一緒にショッピングモールに誘おうが、自由である。

一度結びつきができると、男の子は女の子との関係を「採点」されるというプレッシャーを受けることになる。女の子とうまく「やっている」(あるいはそう主張している) 男の子は、仲間から高い地位を得るのである。このことは、六年生のマットが述べているように、男の子と女の子の関係に大きなプレッシャーをかける。マットは次のように述べている。「僕はエイミーが好きで数カ月付き合ったんだけど、たいていは週末に他の仲間たちとショッピングモールやボーリングに行っただけで、大したことはなかったんだ。だけど他の奴の何人かは女の子とうまくやってたんだ(キスをしていた)。あるカップルなんて学校でキスしてたんだぜ。ホントだよ。みんなの前で。だから他の奴なんかは僕にもエイミーと一塁を踏む[訳注4][キスをする]ようにプレッシャーをかけるんだ。僕は、彼女がそんなことは嫌だと言ってくれたから分かったんだ。だけど、あるパーティーですごく盛り上がって、それで他の奴らは僕をはやし立てて、彼女にキスしなきゃあ駄目だと言えと僕に言うんだ。そしたら彼女、取り乱して、泣き始めたんだ。それから彼女の友だちがやってきて彼女をみんなで囲んじゃってパーティーから帰っていったんだ。これで終わったなって思ったよ」。

うまく彼女ができて交際するようになった男の子は、「色男」という評判を得て、仲間のなかでの地位を獲得するのである。

1-6　学業成績

学業成績が男の子の人気に与える影響は、標準から大きく外れるような場合にはネガティブなものとなる。しかしほとんどの男の子にとっては、それは小学校の間に肯定的な影響から品位を貶めるような汚名を着せられるものへと変化していくのである。

どのような年齢層であっても成績の連続線上の、どちらか一方の方に偏っている男の子は社会的に苦しむことになる。したがって成績をめぐって悪戦苦闘している男の子や、教育課題を遂行していくのに自信がない男の子、補習授業を受けなければならない男の子は仲間からの評価を失ってしまうのである。例えば、三年生のある男の子は放課後に塾に行っていたのだが、からかわれるのを恐れて仲間には隠していた。深刻な学業上の問題を抱えた男の子はよく「馬鹿」などと呼ばれることがある。もう一方の、成績の連続線上の対極にいる非常に成績の良い男の子は、クールさやタフさ、運動能力などのような地位を高める特徴に欠けているために「ガリ勉」とか「ナード」などという汚名を着せられるのである。〔訳注5〕

五年生の男の子二人が、勉強が良くできて非常に良い成績をとったためにネガティブな状態に陥った男の子のことについてはっきりと述べている。

グレン：あいつらがセスに意地悪をするのは、セスが眼鏡をかけていて、とても優秀だからだよ。あいつらはセスのことを頭がいい「ガリ勉」だと思ってるのさ。
セス：お前も頭がいいじゃないか、グレン。
グレン：うーん、でもね、僕は眼鏡をかけていないし、フットボールもやってるよ。
セス：だから、お前はガリ勉じゃないんだよ。
質問：どうしてセスは、ガリ勉なの？
グレン：眼鏡をかけてるし、とても頭がいいからだよ。セスはホントはガリ勉じゃないんだけど、眼鏡をかけているからみんながいつもからかうんだよ。

小学校低学年のときには、これらの〔成績の連続線上の〕両極端の間での学業成績は社会的地位と明らかに正の相関関係を示していた。幼い男の子たちは、課題をこなすことに誇りを持っているし、学校が好きだし、先生を慕ってもいる。先生たちの多くは習慣的に、一日の終わりにドアから子どもたちを見送るとき子どもたちを抱きしめている。しかし三年生くらいの中学年になってくると、男の子は学業に対する集合的な態度を変化させ始める。これは周りの大人たちから距離を取り、仲間集団に志向が向けられるなかで起こる変化である。こうした変化のために学業成績があまりにも良いと、まず汚名を着せられることになる。クールさやタフさへの志向を孕んでいるマッチョな態度は、男の子たちを無法者や乱暴者という集団アイデンティティに傾けていく。こうしたスタンスは、彼らの学業に対する努力にも影響を及ぼす。すなわち、達成すると危険と考えられるレベルを超えないように一定の基準を形成するのである。他の社会的スキルがないのに学業達成を追求しようとする男の子は、「文化的判断力喪失者」(Garfinkel, 1967) としてからかいの対象になるのである。〔訳注6〕まじめに勉強に取り組んでいる者は、たとえ他の文化的な取り柄となるもので挽回したとしても価値の低い行動としか見られないのを恐れて、潜在能力を十分に発揮したがらなくなる。彼らは、学業に対する努力を緩めることによって周りの男の子たちからの軽蔑を回避しようとする。ある五年生の男の子は、なぜ割り当てられた最小限の課題にもあまり取り組まないのかを次のように説明している。「これ以上はできないよ。これ以上やったら周りの男の子たちにからかわれるし、ガリ勉って呼ばれちゃうよ。ジャックなんていつも宿題を遅れて出すし、チャックは宿題なんかいつもやってこないよ（二人とも人気のある少年）。僕は一人になりたくないんだ」。

このように学業に対する努力を緩めることは、男の子を人気のあるグループから排除されないようにするというだけではなく、むしろ学業成績が良くない他の男の子に対して支持と結束を示すようになる。このことは集団のメンツを保つ手法として機能している。「出来の悪さ」が高い地位に位置づけられるように集団アイデンティティが確立されているのである。五年生を担当しているモラン先生は、男子集団のダイナミックスについて次のように述べている。「彼らはみんな集団アイデンティティを持っているのね。そして誰もしないようなこと、誰もしそうもないようなことを彼らはみんなで一緒になってするのよ。できることなら課題を半分にしたいわ。でも半分でもいいって分かったら、もっと悪くなっていくわね」。

良い成績を収めている男の子のなかには、汚名を着せられないように自分の努力を隠そうとする者や、学業成績が良いことを地位を高める別の要因で埋め合わせ、うまくやっていこうとする者もいる。彼らは、先生から指された友だちに答えを教えたり、また友だちとやり取りしたり、ときにはクラスのおどけ者になりながら、授業時間中であっても勉強を中断したりして混乱させたりする。こうした振る舞いによって、すなわち大人の権威に反抗的な態度を示すことによって、「優等生」や「先生のペット」といったラベルが取り消されるのである。このように小学校も半分を過ぎる頃になると、男の子たちを取り巻く環境は教育的な機能というよりも社会的な機能を強め始める。

このことは学業成績を良くしたいという彼らの欲求に否定的な影響を与えることを意味する（Coleman, 1961）。

2 女の子の人気に影響を与える要因

男の子と女の子とでは人気という地位階層に対して別々の要因が影響している。両者の間で同様の要因もいくつかあるが、女の子は自分たちの社会的環境を組織化するのに男の子とは違った方法を用いる。結果的にそれらは彼女たちの地位階層に男の子とは異なった影響を及ぼす。

2-1 家族的背景

エーダーが小学校中学年の女の子を対象にした研究で明らかにしたように（Eder, 1985）、小学生の女の子にとって家族的背景は人気に影響する最も重要な要因の一つである。親の社会経済的地位と寛容さの程度、この二つが彼女たちの人気に最も大きな影響を及ぼしている。

社会経済的地位

マコビーは、子どもたちの間で人気に最も強力な影響を及ぼしているにもかかわらず、ほとんど理解されていないものとして親の収入、教育、職業をあげている（Maccoby, 1980）。一般的に人気のある女の子は上流階層あるいは中流の上層階層出身のことが多い。こうした階層出身の子どもたちは「スタイリッシュ」や「ファッショナブル」と社会的に位置づけられるような洋服に高額な費用をかけることができる。「お金持ち」の女の子は、幅広い範囲にわたる物質的財を所有している。例えば、高価なコンピュータやゲーム、自室用のテレビや電話の子機などである（自分の電話番号を持っている子も何人かいた)。彼女たちは、選り抜きの課外活動にも参加している。乗馬、スキー、高級リゾート地への旅行などである。こうした女の子の家族のなかにはリゾート地にセカンドハウスを所有している者もおり、週末には友だちを招いたりしている。家族の社会経済的地位によって、これらの女の子は高い威信と見なされているシンボルにアクセスすることができるのである。あまり恵まれていない階層の女の子のなかには「甘やかされている」と彼女たちのことを呼ぶ者もいるが、彼女たちの生活スタイルや持ち物を密かに妬んでもいる。人気のないグループに所属している四年生の女の子二人が、人気と不人気という問題について話してくれた。

アリッサ：ママがいい仕事についてたら、人気があるよね。でも、ママが割に合わない仕事をしてたら、人気がないわ。

ベティ：もし福祉なんか受けてたら絶対人気出ないわよね。だってお金をほとんど持ってないってことだからね。

アリッサ：お金があれば自分でソフィア(人気のある子どもたちが「よく行く」近所の「小さなお店」)へ行って、欲しい物なんか何でも手に入れることができると、あの子たちは考えているのよ。あの子たちみんなにも物を買ってあげることができるのよ。

ベティ：私はテレビは持っているけど、もしケーブルテレビを持ってなかったら、人気はないわ。だって、人気のある子はみんなケーブルテレビを持ってるのよ。

家族的背景は、居住地という要因を通しても女の子の人気に間接的な影響を及ぼしている。近隣住民は学区によって差があり、同じような経済的階層の女の子はだいたいは近所に住んでいる。このことは同じような階層の子どもが一緒に遊び、異なった階層の子どもは疎遠になるという傾向を強めるだけでなく、放課後に行っている社会的活動も地区によって似通ったものとなり、彼女たちの両親同士が仲良くなる機会も増やしている。加えて家の違いは、かなりの程度他人を威圧したり、バツの悪い思いをさせたりもする。地区内の貧困地域に住んでいたある女の子は、クラスメイトの家を「お屋敷」のようと言っていた。彼女は、このようなクラスの女の子を自宅に招いたとき自分の部屋に入れることにかなり躊躇したのである。というのも彼女の洋服は、母親がドレッサーとして作っていたパンパースの段ボール箱〔赤ん坊の紙おむつの箱〕に入れられていたからである。彼女の母親は次のように述べている。「アンジェラにとっては、クラスの他の女の子と友だちになるよりも、近所の女の子と遊ぶほうがよっぽど楽なのよ。クラスの女の子たちは評判がいいし、それに彼女たちはアンジェラも夢中になってやりたがってるような楽しそうなことを何でもしてるわ。だけど、アンジェラは彼女たちがここにきて家をじろじろ見るのに耐えられないのよ。それにアンジェラはみんなと同じようにお金を使えないことも分かってるし」。

人気はあるが、裕福でない女の子もいることはいるのだが、人気のある女の子はだいたいが社会経済的地位の高い家柄の出である。女の子たちは、お金を持っていることは社会階層における位置に影響を及ぼすと信じている。

レッセフェール

ここで言うレッセフェール〔自由放任主義〕とは、親が子どもを監督する程度や許容する程度、すなわち子どもにどれぐらいの幅広い活動を許すのかといったことを示している。お泊まり会の日に子どもたちに夜更かしさせているような親を持った女の子は、さまざまな種類の社会的活動に友だちと連れ立って出かけていく。家のなかで遊んでいるときでも全く自由に振る舞える女の子は、さらに人気を得ることが多い。（特に週末の夜に）家にいて「就寝」しなければならないような女の子、男女混合のパーティーに参加することを許されていない女の子、門限が厳しい女の子、あるいはまたパーティーに参加するのに前もって電話をして大人が「監視する」ことを確認するような親を持った女の子は、羽目を外した悪ふざけもできず、ほとんどの排他的な社会的集団からも除かれて仲間外れにされることが多い。

仕事上の理由、社会的な理由、あるいは単なる個人的な理由であろうが、子どもに甘い親や不在がちな親は、子どもたちの日々の生活上の微妙な違いを細かくは捉えてはいない。こうした親は家族生活をしっかりとまとめてはいないし、社会秩序のなかでの子どもの責任、活動、位置についての認識が欠如している。このような親を持つ女の子たちは、自由という価値ある資源を有しており、それを使うこともできれば、他人に与えることもできる。彼女たちは、家から離れたところで社交的な交際をする時間を持つこともできるし、他の人たちが楽しいとか魅力的だと思っているような友だちとの活動を組織化することもできる。このような自由や甘やかしという親の許容的な態度のために彼女たちは、タブーとされている活動を試してみようという気持ちになるのである。そうしたタブーとされている活動が仲間内での人気の源泉となることもある。彼女たちの活動は、集団を自由奔放な遊び好きな仲間に変えていくが、そのことが彼女たちの地位を高めていくのである。

家族からの支援も受けず、監督もされていない女の子たちが「統制の及ばない場所」（Good and Brophy, 1987）を作り出して、名目上ではあれ人気のある仲間のなかで中心的なリーダーになった例がいくつかある。彼女たちは、仲間集団を支援のメカニズムとして利用することによって自分たちの中心的な位置を確立し、集団の境界を確定するために集団内で他の子どもたちとうまく付き合ったりするのである。

このような首謀者たるリーダーのせいで、そのクリークのメンバーは試練を与えられているようなものである。人気のある集団の一員である五年生のダイアン（序章参照）は次のように嘆いている。

「今年は、ほんとうにティファニーと決別しようとしたことがあったの。彼女ったら本当に意地が悪いのよ。私が学校にいるときに毎日他の女の子たちを呼んで私の陰口を言ったり、私に反感を持っているかどうかみんなに聞くのよ。もし私が毎晩クリークの誰かに電話しなかったら次の日にはクリークから外されていたかもしれない。あとは私がティファニーの嫌がることをしたとき、みんなが私の敵に回るように学校で決めたのよ。それで私も彼女から決別しようと思ったんだけど怖かったわ。彼女はみんなをコントロールしているし、私の友だちがもういなくなるんじゃないかって思ったから」。

2-2 外見

身体的魅力も階層的秩序における女の子の位置を決める重要な要因の一つである。(4) 外見や身だしなみは、女の子の会話の主な話題でもあるし、人気の源泉でもある。(5) 外見の人気を決める基準は、カルバン・クラインやギャップ、バナナ・リパブリック、J・クルー〔訳注7〕のようなデザイナーズ・ブランドの服を着ているかどうかである。上級生になると化粧もステータス・シンボル〔地位の象徴〕として用いられるようになる。だが、エーダーとサンフォードが述べているように、化粧が濃過ぎることは女の子の社会的移動を妨げることになる（Eder & Sanford, 1986）。集団の他のメンバーは厚化粧に対してことのほか批判的だからである。結局のところ社会的に構成された基準に照らして、かわいいと見なされる女の子が男の子にとっては魅力的なのであり、人気を獲得する可能性が高いのである。

女の子は、こうした外見上の基準に合うようにかなり幼いときから社会化されていくのである。二年生の女の子五人のグループが同じクラスの別の女の子に悪感情を抱いていたのであるが、それは彼女が人気者なのに自分たちはそうでないと思っていたからである。

ジェン：ほんとうに彼女ったらいっぱいお金持ってるのに、私たちには全然ないわ。だから、彼女は一番かわいい服を着て一番かわいいお化粧をしてるのよ。

リズ：彼女は絶対、自分が学校中で一番かわいいって思ってるのよ。ブロンドの髪だし、男子はみんな彼女のことが好きだからね。

アニタ：彼女は自分だけがエリン（人気者の女の子）を友だちにできるって思ってるのよ。私たちを友だちとは思ってないし、一緒に遊んだこともないのに。その辺が嫌なのよ。

人気が身体的特徴によって決定されるということは、こうした二年生の女の子の例を見れば、明らかである。着るものや髪形、男の子を引き付ける魅力といった外見上の要因は上級生になるほど顕著に表れてくる。フィールドノートから一部抜粋すれば、それには次のように記されている。「五年生のコート用クローゼットまで歩いていく。デビーがヘアスプレーとムースをポーラの髪とメアリーの髪にかけているのを見た。誰かが通りがかりに言った。『メアリー、私、あなたの髪、好きよ』。彼女は応える。『私は嫌いよ。ダイアンの方が好き』。ダイアンはクラスで最も人気のある女の子で、人気のあるクリークに受け入れられるような正式の美容用品の使い方を彼女たちに教えている。私は、女の子が不人気になるのはどうしてかとダイアンに尋ねた。ダイアンは次のように述べた。『その女の子たちはあまりお金を持ってなくて、かわいくもないのよ。私と同じ種類のムースを使っていないし、同じタイプの洋服を着てない子もいるわ』」。

女の子は、外見上の基準を知って、それと社会的地位を結びつけるようになると、とりわけ異性関係においては今後の態度や行動の指針となるような価値を形成していくようになる（Eder & Sanford, 1986参照）。このことは、外見が仲間を獲得することと密接に関連していること、自分のことを魅力がないと思っている女の子は他者との関係を築くことが難しいこと、職業的成功の機会と身体的魅力とは相関関係にあることを示しているという他の研究結果とも一致している（Berscheid, 1971参照）。

男の子たちと一緒にいるとき、ませた女の子は支配的な社会的位置を占めるが、彼女たちは包摂と排除の問題に関しても敏感である。早熟性や排他性は、女の子の友情の形成や人気のヒエラルヒーにおける位置づけに影響を与える決定的な変数である。

2-3 社会的発達

早熟性

早熟性とは、女の子が早い時期から大人の社会的特徴を獲得することを指している。例えば、自分自身を言葉で表現する能力、集団内あるいは集団間の関係のダイナミックスを理解すること、他の人たちに自分のやり方を見せて納得させること、自分の望むことを遂行するように他の人たちを操作していくスキル、より成熟した社会的関心事への興味（化粧や男の子のこと）などである。男の子たちと一緒にいるときには、こうした社会的スキルは部分的にしか発達しない。初めて幼稚園に来たときからすでに早熟しているように見える女の子もいる。

アップルヤード先生は、女の子の社会的発達における差異やそれが相互作用に与える影響について次のように述べている。「コミュニケーション・スキルにははっきりとした違いがあるわね。人気のないグループにいる女の子で社会的スキルが洗練されている子はいないわね。人気のある子は、ライバル意識を持っているからかなり早くから中学生のような振る舞い方をしているわね。彼女たちは放課後すごく活動的よ。特にスポーツなんかわね。彼女たちが対立するのは、遊びというよりジェラシーなのよ。誰が彼らの家を訪れるのか、誰が友だちなのかと誰が尋ねたのかというようなことよ。私が今まで言ってきたこととは逆のようだけど、何だかうんざりする感じがするわね。人気のあるグループのメンバーは成熟しているわ。だけど成熟というのではなくて、彼女たちの行動は洗練されているのよ。人気のない女の子は、仲間内だけのコミュニケーションや関心というだけなのでごく単純な感じよ」。

最も早熟な女の子になると、小学校低学年の頃から男の子に興味を示し始める。(6)彼女たちは男の子のことについて話し、自分たちに注意を払ってくれる男の子を手に入れようとし始める。(7)こういった類の女の子のグループは人気のあることが多く、(女の子に興味のある)男の子が好みそうな服装をしたり外見を繕ったりする。彼女たちは秘密を語り合い、男の子のことをクスクス笑い合うのである。そして教室やホールなどで男の子を当惑させたり、興奮させたりするようなメモを手渡したりする。また電話で男の子を呼び出して、彼らを見てクスクス笑ったり、たわいない、取るに足らないような質問をしたり、先生みたいな振りをしたり、彼らにラジオのジングル〔コマーシャルソングなどの短い歌や音楽〕を歌ったり、「セクシーな」言葉を出し抜けに言ったりする。

ラリー(序章参照)が三年生のとき、人気のある女の子のグループが彼に電話をしてきたのであるが、そのときに彼女たちが彼に言ったことについて、次のように述べている。「ええと、彼女たちは電話をかけてきて、だいたいこんな風に言うんだ。『こちらはKNUP・ラジオステーション。あなたに電話をかけています』。だけど、こんな風に言うこともあるよ。『ベイビー、今夜私と付き合わない？』って。あるときね、ジム(ラリーの兄)が電話に出たら、こんなこと言ってたよ。『たった今、電話でセクシーなお兄さんをゲットしました』。去年のあるときなんか、家族で夕食に出ているときに電話をかけてきていたんだけど、留守番電話がメッセージで一杯だったことがあったよ。二〇分ぐらいかな。母さんが彼女たちの母親に電話をして、止めるように言ったんだ」。

こうした類のやり取りに参加しない女の子は、彼女たちを男の子のことばかり考えていると見下しているが、しかしこうしたやり取りが男の子に対する興味を高めていく。男の子は自分の好きな女の子のことを仲間に知らせるようなことはしないが、彼女たちはそうした心遣いに感謝しているのである。そして男の子が女の子に応えたということが、その女の子の人気をますます高めていくのである(Sanford, 1981参照)。

四年生から六年生ぐらいになると、女の子は異性関係に入っても、仲間から非難されることもなく、社会的に受け入れられるようになる。早熟な女の子は、男の子とベタベタしたり、電話で呼び出したり、「交際」したり、パーティーに出かけたり、最終的にはデートをしたりといった、さらなる経験を積み重ねるようになる。男の子をデートに誘うというほどに大胆な女の子もいるが、ほとんどの女の子は伝統的なやり方に従って最初に自分に言い寄ってくる男の子を待っている。四年生の人気者のカラは、男の子と「交際する」ことにどんな意味があるかについて次のように述べている。「おしゃべりをしたり、学校で手をつないだり、教室でメモを渡したりして、それで交際するようになって、映画に行ったり、泳ぎに行ったりするのよ。だいたいはダブルデートね」。

高学年になって女の子が、人気のある男の子とデートするようになれば、彼女は男の子が持っている威信や社会的地位の分け前にあずかることができる。女の子のなかには、この可能性を夢見て、友だちに憧れや見通しを述べる者もいる。[8] 人気のある女の子が人気のある男の子とデートすると、二人の地位は強化され、さらに上昇する。これはよくあることで、ある五年生の女の子は次のように述べている。「人気のある女子はたいてい人気のある男子と交際するようね。なぜだか分かんないけど」。また、ある四年生の女の子は、そのような組み合わせを「ワウウィー」[訳注8]（高い威信を持ったカップル）と呼んでいた。それは周りの者が、そのスター性の大きさから「ワウ」と呼ぶからである。

しかし地位の低い男の子と交際すると、女の子の威信は失墜してしまう。四年生の女の子三人は「もし人気のある女の子が人気のない男の子と交際したらどうなるか」という質問に、次のように答えている。

アリッサ：その女の子は格下げになるわ。もっと下がるわ。
ベティ：そんなことしないだろうけど。人気のない男子と交際する女子なんていないわよ。

リザ：もしそんなことが起こったら、その子の地位は下がるし、誰もその子と遊ばなくなるわ。

高い地位の女の子は、どのようなタイプの関係であれ、低い地位の男の子と交際するようになると、一種の社会的自殺をすることになる。女の子たちは、この問題に関して自分たちは非常に敏感になっていると認めているが、その一方で人気のある男の子が地位の低い女の子と交際したとしても、社会的ヒエラルヒーのなかでの男の子の地位には影響しないと思っている。彼女たちは、男の子はこの問題にはあまり重きを置いていないと考えているのである。

排他性

排他性とは、ゴシップやうわさ話、威張ることや意地の悪い言行といった、いわば卑劣な策略を用いて上位のエリート集団を形成していこうという個人的な欲望や欲求、能力を指す。各学年には、一つか二つの女の子のエリート集団があり、そうした集団は一緒になって校庭での遊びや課外活動を排他的に行っていた。このことが明確に規定された社会的境界を形成していたのである。というのもそうした集団に属する女の子は限られた友だちしか近づけないようにしていたからである。

ある四年生のクラスに強い集団アイデンティティを持った女の子のクリークがあったが、彼女たちは自分たちの集団を「スウィスターズ」[訳注9]と呼んでいた。そして秘密の言葉を使っていた。三人のメンバーが自分たちの集団について語っている。

アン：私たちは一緒に楽しんでるの。スウィスターズとしてね。よくローラースケートに行ったり、一緒に家へ帰ったり、一緒に誕生日パーティーをやったりしてね。

キャリー：秘密のアルファベットもあるのよ。

アン：「A」なんかも違った風に書くの。

デビー：シンボルなんかもあるのよ。

アン：でも、私たちは何もしないままいるんじゃないのよ。ホントに忙しくて行ったり来たりして歩き回っているの。「私たちはスウィスターズ。あなたはそうじゃない。あなたは入れないし、何もできない」って言ってね。

キャリー：私たちは魅力的に振る舞おうなんてしてないわ。私たちはホントに仲が良いのよ。何もしないでそれを「スウィスターズのメンバーとして仲が良いこと」自慢しようなんてしてないわ。

このような女の子たちの集団は、遊びや友だち同士の活動に入ってくることを制限している。しかし彼女たちは思い上がった態度を取っているとか、見下した態度を取っていると受け取られたくはない。あまり人気のないグループの女の子には、高い地位の女の子が人気を得ていることを認めてはいるが、そうしたグループを好ましく思っていない者が多い（Eder, 1985参照）。メロディという六年生の女の子は、人気のない集団に属しているのだが、次のように述べている。「少数の例外もあるけど五年生の女子は気取っている人が多いし、六年生も気取っている人が多いわね。特に、キャロルなんかそう。でも彼女たちは人気があるの。そういうところが彼女たちを人気者にしているのよ」。

地位の低い四年生の二人の女の子は、女の子の社会的ヒエラルヒーについて次のような意見を述べている。

ベティ：人気のある女子は、人気のない女子を嫌ってるわ。

質問：どうして？
ローレン：人気のない女子は自分で見た目が良くないと思っているし、きちんとした服装をしていないからよ。アニー、キャリー、デビー、みんな態度に問題があるわ。
質問：どういうこと？
アリサ：態度の問題っていうのは、ただ他の子どもたちに自分のことを印象づけようとしたり、いつも他の子どもたちを打ち負かしたいと思っていたり、根っから意地の悪いやり方が好きだったりってことよ。
ベティ：人気がない子は、ほんとうに愚か者みたいに扱われるわ。彼女たちったら、じろじろ見て、「あー」とか言うの。もし誰かが何かしたら、人気のある子たちは他の仲間にそのことをみんなしゃべるし、「私はあんたのことなんか嫌いよ。あんたなんかまるで子どもじゃない」とか言うの。それでグループの仲間のみんなにしゃべるのよ。そしたら、仲間の子もみんなその子のことを少しも好きになれないじゃない。

このように友人集団の間の境界を維持するのに最もよく見られる形態は、集団内にしろ集団間にしろ、うわさ話やゴシップを用いてなされるものなのである（Parker & Gottman, 1989）。共有された秘密は、友だちの間に広がっていき、彼女たちの関係の絆を固くする（Simmel, 1950）。そして、嘲笑するようなうわさ話は外部の人たちへと伝わっていく。授業時間中に女の子たちの多くは、お互いにメモを渡すことに夢中になったりする。こうした行動が、人気のない集団の子どもたちをよく嘲っているような女の子たちを人気のあるクリークに巻き込んでいく。こうしたやり方は、集団を分離させるだけでなく、社会的ヒエラルヒーの上位に位置する人気のあるグループの地位を維持していくのにも役立っている。ジンメルが述べているように「疑いもなく虚言は、それが目的を貫徹すれば、すなわち看破されなければ、精神的な優越を作用させて、より狡猾でない者を操縦し抑圧するのに用いる手段である（仮に精神性が社会的状況に関する知識として測れるなら)」(Simmel, 1950, 314)[訳注10]。

2-4 学業達成

男の子とは対照的に、小学生の女の子は学業を軽蔑したり、学業から離れることを強いるような、いわゆる男っぽさを感じさせるような文化を発達させることは全くない。人気のある女の子全員が賢明なわけではないし、学業が優秀なわけではないが、彼女たちは成績が良いからといって汚名を着せられるようなことはない。小学校時代を通してほとんどの女の子は、教師からの好意を獲得しようと努力し、割り当てられた任務をうまくこなそうとし続けている。彼女たちは良い成績を修め、難しい任務をこなすことによってクラスメイトから地位を獲得するのである。学校の方針として同等の能力を持つ生徒を集めて同質的な学習集団やクラスに編成することをどの程度進めていくかということが、女の子の集団の場合には、学業による階層化に影響を与えるのである。学業成績が同質的な集団は、小学校低学年の頃は稀だけれども、六年生に近づくにつれて、次第に増加し、その能力曲線は大きく広がっていく。そのために五・六年生頃までには、女の子たちは自分と同じような学業成績の子どもたちと友だちになることが多い。学校規模によっては各学年に、学業成績が良くて人気のある女の子のグループと、学業成績も良くないし学校の課題についてもほとんど目立つことのないにもかかわらず人気のある女の子のグループの両方がある場合もある。

以上のような性別仲間文化についての知見は、先行研究ともよく一致している。小学生児童に関する研究では、女の子は社会的な、慈愛的な役割に価値を置くことが指摘されているが(Best, 1983; Borman & Frankel, 1984)、一方で外見やロマンチックな問題にも重点を置き始めていることが指摘されている(Eisenhart & Holland, 1983)。男の子は競争的で、攻撃的な業績志向の活動から地位を獲得するが、小学校高学年になるとロマンスにも関心を示し始めるようになると理解されてきた（Best, 1983; Eisenhart & Holland, 1983; Goodwin, 1980a; 1980b; Lever, 1976）。しかし私たちの研究によれば、こうした仲間文化の中心的な関心事は、先行研究で示されたものよりももっと早くに生じ、もっと早くに分化していることが示されている。つまり青年期の性別文化というよりもむしろ小学生の文化と言ってよい。私たちが調査した女の子たちは、身なりを整え、「正しい」服装をしたことが功を奏して地位を得ていたが、また外見に関連した変数、例えば、社会的洗練さや友人関係の絆、人気や男の子との交際によって評価されるようなロマンチックな出来事の成果、物的所有物や余暇の豊富さとその関係、学業成績などといった事項などからも地位を得ていた。私たちの調査対象だった白人の中流階層が支配的な学校においてさえ、男の子たちは、権威に服従することや学業的努力に傾注することから自分を切り離して、タフであること、トラブルを起こすこと、支配的であること、クールであること、対人関係において自慢すること、「ボクシングの」スパーリングの腕前を示すことというような特徴を示すことによって、人気や尊敬を与えられていたのである。

第3章　クリーク［仲間集団］のダイナミックス

子どもたちの生活を著しく特徴づけているのは、彼らの社会的世界を組織しているクリークの構造である。他者との関係の構造、活動の水準や種類、友人関係への参加、自己についての感情がクリークの内部のみならず、その周辺や外部とも密接に関連し、そうしたクリークが子どもたちの社会的風景を構成しているのである。クリークは、基本的に仲間同士のグループであり、メンバーは互いに繋がりあっている者として一体感を持っている。[1] しかし彼らには、それ以上の結びつきがある。クリークには階層的構造が作り上げられており、リーダーによって支配されている。そしてその本質は排他的であり、そのためにメンバーになりたいと思っても誰でもが受け入れられるわけではない。クリークが学年のなかで権力の源泉として機能するのは、最も人気のある子どもを加入させており、非常に興奮に満ちた社会生活を提供し、クラスメイトから非常に幅広い関心や注目を集めるからである（Eder & Parker, 1987）。そのようにしてクリークは、前青年期の経験のなかでも活気に満ちた構成要素であることを示しており、子どもたちに重要な影響を及ぼす強い力を発揮するのである。[2]

クリークに関する研究は、小学校児童の友人グループ［仲間集団］に関する広範な研究領域に位置づけられて行われている。クリークの研究には、第一に、子どもたちの友人グループ［仲間集団］の特徴に影響を及ぼす独立変数を調べる研究がある。[3] 第二に、子どもたちのグループ内外での関係性を調査する研究がある。[4] 第三に、特にクリークに関連づけて行動のダイナミックスに焦点を合わせる研究がある。[5] これらの研究の焦点はさまざまであるが、いずれもクリークの機能を中心としたいくつかの特徴を明らかにしようとしている。だが、これまでのところ、クリークの役割や内部関係、その境界維持やメンバーの定義（排他性）、人気のヒエラルヒー（地位階層と差異化の力）、内集団と外集団との関係（凝集と統合）について十分に研究されてはいない。

本章では、クリークのダイナミックスや結合に焦点を合わせ、クリークのリーダーがその権力や権威をどのように生成し、維持しているか（リーダーシップ、権力と支配）、フォロワーがリーダーの要求にいともたやすく従うというリーダーの支配力とは何なのか（服従）について分析する。ただし、このような相互作用のダイナミックスはすべての子どもの友人集団［仲間集団］に適用できるものではなく、排他的で階層的な特徴を持ったクリーク（子どもたちの四分の一から二分の一ぐらい）のみに妥当する。

1 包摂の技術

メンバーを念入りにふるい分けることは、クリークが排他性を維持するうえで決定的に重要な方法である。クリークは、決して静的な統一体ではなく、メンバーが集団から離れていったり、排除されたり、他の者に置き換わったりして、メンバーシップを流動的に変化させながら発達していく。加えてクリークには、グループ活動を頻繁に行うという特徴がある。そうした活動は、特定のメンバーを繋ぎ止めるために企画される（その一方では他の者を排除する）。クリークは、曖昧ではあるけれども、新しいメンバーを誰にするのかを検討し、受け入れる（あるいは拒否する）方法を備えている。その方法は、重大な集団意思決定をする際の、リーダーの絶対的な権力と結びついている。リーダーは自らの人気を通して権力を得るが、その権力を用いて集団のメンバー間の関係や社会階層に影響を及ぼすのである。こうした階層構造は、クリーク内にさまざまな段階や下位集団という形になって現れ、クリークのメンバーをリーダー、フォロワー、取り巻きといったレベルにランクづけしていく（第4章参照）。クリークは支配のシステムを具体的に表しており、そのシステムによって地位と権力を持った子どもは、他の子どもたちの生活をコントロールするのである。

1-1　勧　誘

クリークに加入する最初のきっかけは、メンバーの紹介やメンバーによる仲間入りへの勧誘である（Blau, 1964, 小集団と組織に関する研究、参照）。この過程で最も大きな影響力を持っているのは、クリークのリーダーシップの中心に位置する子どもたちであり、彼らはメンバーとして受け入れるべきか否かを投票で決め、それからグループの他のメンバーにその結果を受け入れさせるのである。クリークのリーダーが誰かを好きだと決めれば、その子どもとのちょっとした友人関係であったとしても、その子どもにグループ内での地位やメンバーシップを与えることになる（Eder, 1985, 人気のある中学生の女の子に関する研究、参照）。

すでにメンバーである子どもが、以前に会ったり、好ましいと思っていた子どもをメンバーの候補者として連れてくることもある。そうしたときリーダーは、その子どもを受け入れる見習い期間を認めるかどうかを決め、その見習い期間中に、その子どもをインフォーマルに評価していた。もしメンバーがその子どもを気に入れば、その子どもは新入りのメンバーとして友人グループ［仲間集団］に残ることが許されるが、メンバーが拒否すれば、その子どもは去らなければならない。

人気者で強い影響力を持っている女の子ティファニーは、自分と親友のディアーヌが行ったグループの境界を維持する方法について話している。二人はクリークのリーダーで、五年生のときのことである。

質問：誰を入れたり出したりするかっていう境界は誰が決めてるの？

ティファニー：だいたいはリーダーね。もし誰か一人のメンバーが誰かを好きになって、その子を紹介したいと思っても、別の一人か二人のメンバーがその子のことが嫌いなら、メンバーのみんなには諦めてもらうわ。五年生のとき、ドーン・ボルトンという子がグループに新しく入ってきたの。私たちのグループで彼女のクラスにいる子たちは彼女のことが好きだったんだけど、ディアーヌと私は彼女のことが好きじゃなかったの。それで、彼女を追いだしたわ。それから、彼女は別のグループへ行ったの。エミリーのグループよ。

新しくメンバーを補充しようとする際に決定的に重要なのがタイミングである。学年のはじめにクラスが再編成され、新しい社会地図が作られるときは、クリークが新しいメンバーの補充を考える重要な時期なのである。いったんクリークの同盟ができあがってしまうと、クリークは再び境界を閉鎖して、クリーク内でのグループ活動に打ち込むという傾向があった。五年生の女の子カラは、自分の意見を次のように述べている。「秋に学校が始まってすぐね、みんなが勢ぞろいして、お互いにチェックしあって、そのときにみんなでランクを上げるのよ。学年の途中ではなくてよ。もしみんながあの子のこと嫌いって決めたら、その子はその学年の間はランクが下がるだけで、上がることはないの」。

クラスが違っても昼食や休憩時間、始業前、放課後に友だちとして一緒に遊ぶ子どもたちもいるが、小学生たちは中学生や高校生よりもさらに緊密な、同じクラスメイトとの関係を築いていた (Hallinan, 1979; Hansell, 1984)。学年の初めに、クラスの主要なクリークに入っていない子どもは（学校の意図的な教育方針によることもよくある）、クラスの新たな適格者として評価され、クリークに入るように勧誘されるのである（リッツォは「友人関係の競売価格」と呼んでいる。Rizzo, 1989）[6]。

子どもたちは、ほとんどが人気のあるグループのメンバーに勧誘されることを非常に魅力的な申し出と感じていた。彼らは、人気のあるグループは加入させたいという子であれば誰でも加入させることができるんだと繰り返し述べていた。そのために使われる方法の一つは、好ましい子どもたちを新たに選び出し、その子どもたちを獲得しようとすることだった。このことは、その選び出された子どもたちを従来の友人関係から分離させることを意味している。

メロディーは、人気のない四年生の女の子なのだが、人気のあるクリークから勧誘のターゲットとされた自分の親友を手放すまいと奮闘した様子を次のように語っている。「［その親友の］彼女は『彼女たち［人気のあるクリークのメンバーたち］ってホントに素敵よ』なんて言ってたわ。私は本当に心配したの。もし彼女がそのグループに入ったら私を置いていっちゃうわ。でも彼女は向こうのグループに行っちゃったの。そして私にこんなことを言うの。『彼女たちは私を物笑いの種にしてる』って。彼女はそのままそのグループにいて、グループと一緒に行動するようになったの。それで私はそんなことをする彼女に腹が立ったのよ。『なんで私をかばってくれないの？』って。そしたら彼女ったら『だって、彼女たちはあなたのことを好きじゃないからよ』って言うのよ」。結局、メロディーはそのグループに親友を奪われることになった。

ある集団に参加しようとしてその集団のメンバーの同意を得ようとするときには、子どもたちはたいてい自分の行動の良い面だけを見せようとする。新入りのメンバーがグループにあくまでも忠実に従うようになるまでは、リーダーの支配や地位の階層化に結びついた行動には何の変化も見られなかった。

ディアーヌは人気のあるグループに取り込まれたときのことと、その直後のことを思い出して次のように話している。「五年生のとき、私は新しいクラスに入ったんだけど、知っている人は誰もいなかったの。前の年からの友だちがクラスには誰もいなかったの。それで、一週間遅れて学校に行ったんだけど、そしたらティファニーが私のところに来て、こう言ってくれたの。『はーい、ディアーヌ。元気？ どこに行ってたの？ あなたとてもかわいく見えるわ』って。それで私も、わあ、彼女もすてきだと思ったわ。二週間ぐらいずっとお世辞を言ってきて彼女はすごくご機嫌なの。そしたら彼女は自分の仲間を動かし始めたの。彼女が親切だったのは一カ月ぐらいかな。それで彼女は私を自分のクリークやグループに引っ張り込んだの。彼女はそうやって私を味方にしたんだけど、グループのなかにいるときは彼女は嫌な女だったわ。私には他に友だちがいなかったからグループから出られなかったの。私はそのグループにいて、既にその人気のある［ティファニーの］グループに受け入れられているとみんなに思われていたから、クラスの他の子はみんな私のことを好きじゃなかったの。それで私は他にどこにも行くところがなかったの」。

エーダー（Eder, 1985）も、人気のある女の子たちは、その排他性とエリート的な振る舞い（彼女たちの地位にふさわしいとされている）のために人気のない女の子たちから嫌われることが多いと指摘している。

1-2 適　応

子どもがクリークに入会するために採る第二の方法は、自分から積極的にクリークへの加入を図ることである（Blau, 1964）。ある子どもがグループのメンバーとして受け入れられるかどうかという可能性には、さまざまな要因が影響している。四年生の人気のある女の子ダーラは次のように述べていた。「グループに入るのって、本当に大変なの。本当に大変なんだから。すごく素敵だと思うような人たちに向かっても、彼女たちはこんな風に言うわ。『あの子は何ができるの？（苛立っている感じで）』って。あまり図々しすぎるとダメなの。私もよく分からないけど、たとえ押しつけがましくしたとしてもグループに入るのって本当に難しいんだから。彼女たちの機嫌が良くて、良い雰囲気になっているときに、そのタイミングに合わせてそこに行かなきゃ駄目なのよ」。

五年生の男の子リックは、人気のあるクリークに入っているものの中心的なメンバーではないのだが（序章参照）、クリークへの適応は集団で行うよりも個人で行う方が簡単に達成されると述べている。彼によれば、個人がクリークに加入するルートを見つける方法は次のようなものである。「どこでもチャンスはあるよ。誰かから尊敬されるとか、何か良いことをするとか、クリークのメンバーがその人を好きになり始めるとか、その人が彼らと一緒に何かをし始めるとか。クリークの別のメンバーについていくようにすればクリークに入れるようになるかもって感じだよ。そしたらそのメンバーが『一緒に遊ばないかい？』って言うよ。それでクリークの奴らとしばらく付き合ったり、一緒に何かすればいいんだよ。そうすればいつも誘ってくれるよ。それからしばらくすると、一週間くらいかな、ホントにクリークに入ってるよ。それだけだよ。だけどもし別のグループに入っていて、そのグループごと「クリークに入ろうと思っても」一緒には連れて入れないよ。グループの他の人たちは残して自分だけで入らなきゃいけないんだ」。

うまくメンバーとして加入することができた子どもたちのなかには即座に人気が出たことに戸惑う者も多かった。クリークに加入するにはリーダーの承認が必要だったから、彼らはクリークに加入して組織的な地位を獲得することになったからである。

1-3　友人関係の再編

クリークの地位と権力は、階層と関連している。リーダーと緊密に結びついている子どもたちほど人気は高い。

クリークの内部の中心的な地位に就きたいと思うのなら、自分の位置を維持し、改善するために常日頃より働かなければならないこともよくある。

このことは、クリークに初めて加入するときのように、子どもたちが上昇移動に向けて自ら努力することによって達成されることも時々ある。四年生のときダニーは、マークが長い間メンバーになっているクリークに連れてこられたのだが(序章参照)、そのときマークはダニーと仲良くするためにいろいろと力を尽くしていた。しかしダニーはクリークに参加してからすぐにマークを見捨ててしまった。それはクリークのリーダーであるブラッドがダニーに関心を持ったからである。マークは、この傷つけられ見捨てられた体験を味わったときの感情について次のように述べている。「本当に気分が悪かったよ。誰もあいつのことを知らないし、あいつを好きになる奴なんか誰もいなかったのに僕が友だちになってやったんだから。あいつのために友だちみんなのところに連れて行ってやって、グループに入れてやったんだ。なのにあいつは僕を捨てたんだよ。ダニーは僕の初めての友だちだったんだけどブラッドが彼を欲しがったんだ……。ダニーは地位が上がって僕を追い越したんだ。僕じゃもう十分じゃあなかったみたいだよ」。

クリークの階層構造と、そのなかでの位置と関係の変化のために、これらのグループのなかでの友人間の忠誠は、別のグループに属していたときよりも信頼できなくなっている。子どもたちは上位を目指しているので、自分たちよりも人気のある子どもとの友人関係を得られるとなれば、そのことの影響を受けやすい。上位の者から命じられれば彼らは人気のない友だちをいとも簡単に蹴落すだろう。

クリークの階層構造は、さらに大きな包摂を求めて下位のメンバーを駆り立て、支配的な中枢グループに向けて前進させようとするかも知れない。しかし、こうしたクリークのメンバーシップは、ダイナミックで、それを維持していくためには積極的な努力を要求される。人気のある子どもたちでも、自分たちのすぐ下の子どもたちと比べて、中心的な位置を維持するために友人［仲間］との団結を保つ努力を繰り返さなければならない。彼らのすぐ下にいる子どもたちも地位が上がってグループのなかで尊敬を得るようになるかもしれないのだ。［自分たちの地位に向けて］他の子どもたちが侵入してくるかも知れないが、そのことから自分自身を守るために必要な取り組みにはいくつかのタイプがある。例えば、新入りのメンバーを取り込むこと、位置を維持すること、フォロワーを再編成すること、メンバーの資格を問題にすることなどである。これらのうちのいくつかが包摂のダイナミックスを招くことになる。(7)

フォロワーを再編成するということには、クリークの別のメンバーが人気や地位を得て、リーダーの地位を張り合うかも知れないという見方が含まれている。しかしリーダーは、自身の地位を保とうとしたり（地位の維持）、集団からメンバーを排除しようとしたりする（メンバーシップへの挑戦）のではなく、自分の支持基盤を変えようとするのである。リーダーは、あまり忠誠心があるとは言えないが、それでもまだ忠実なメンバーを自分の活動に取り込み、また支持してくれはするものの問題のあるメンバーを新入りのメンバーに入れ替えるのである。五年生のクリークのリーダーであるジョーは、デイヴィーが自分のクリークのなかで圧倒的な人気を得てきているのではないかと感じ始めたときに、このような方法を取った。デイヴィーはジョーではなく自分だけに忠誠を誓ったフォロワーを増やしていたのである。ジョーは、デイヴィーを放課後自分の家や家族と一緒に行くスポーツ・イベントに招待するのを止めてしまった。そしてクリークの他のメンバーと遊び始めたのだが、そのメンバーはデイヴィーの仲間の輪の外にいる子どもたちだった。こうしたフォロワーの再編成によってデイヴィーと彼の仲間は、クリークの中心から追いやられ、ジョーの新しい友だちが注目を集めて地位が引き上げられていったのである。

メンバーを新たに取り込むということのなかには、リーダーがメンバーを自分の勢力範囲に引き込んだり、自分に対する忠誠心を植えつけたり、メンバーの独立心を失わせたりすることによって自分の地位に対する他のメンバーからの脅威を軽減していたということも含まれている。人気を得ているクリークのメンバーには特別の注意が払われることもあった。同時にリーダーは、他の友だちから支持を得ているライバルの独立した基盤を切り崩そうとしていた。

　四年生のダーラは、親友のクリスティとともに二番手の地位を占めていた。彼女は、クリークのリーダーであるデニーズが干渉してきて、以前に長年にわたる自分たちの友人関係が引き裂かれたときのことを次のように説明している。「私とクリスティはずっと親友だったの。でもデニーズはそのことを嫌ってたわ。彼女はリーダーだったけど、私たちは人気があって男子全員を独り占めにしてたの。彼女は私たちが友だちであることをことごとく嫌ってたの。でも、私とクリスティは彼女のことが段々と怖くなってきたの。そしたらデニーズは私たちの間に割り込んできて私とクリスティを引き裂いたの。それで私たちは友だちじゃなくなってしまったの。デニーズはクリスティに私を完全に物笑いの種にさせたわ。それから二人は私に意地悪するようになったの」。デニーズや他のクリークのリーダーによるこうした戦術は、ジンメル（Simmel, 1950）の「ほくそ笑む第三者」[訳注1]という概念によく示されている。分裂させたり征服したりすることによって生じた他者との紛争から利益を引き出そうとする人のことである。

　ディアーヌの経験は、人気の高いグループへと再編成されると子どもは、どのような感じを抱くかを説明している。彼女は五年生のときにクリークの有力なリーダーであるティファニーから以前に［自分の］親友だった子を脱落させるように唆された。「そうね、ティファニーは私とジュリーの間を引き裂いたわ。私はジュリーの友だちのままでいたかったけれど、ティファニーがこう言うの。『ジュリーは嫌な女よ。私たちは彼女とは友だちになりたくないわ。彼女はブスだし、意地悪よ』って。それで私も『そう、そのとおりね』って言ったの」。このように友人関係を再編成することは、クリークのメンバーが中心的な地位にいる子どもとの関係を主張するために以前からの友人関係を断ち切ったり、既存の関係をかき分けて進んだりすることなのである。これらの行動はすべて、火付け役の子どもの立場を向上させ、それを包摂するのに合わせて調整していくことになる。その結果は、予期されるかどうかにかかわらず、たいていの場合、子どもたちの分離と関係の破壊を招いた。

1-4　ご機嫌取り

これまで述べてきた集団への包摂の試みと同じように、集団の子どもたちの機嫌を取ることは、上位の子どもたちにも（懇願）、下位の子どもたちにも（操作）向けられている。ドッジらの研究によれば、子どもたちはリスクの低い戦術を用いてグループへの加入を試みることが多い（Dodge et al., 1983）。つまり彼らは、初めは周辺のメンバーに受け入れてもらおうとし、その後で地位の高いメンバーに目を向けて直接に包摂してもらおうとする。私たちが観察した子どもたちも同様だった。子どもたちは、クリークのフォロワーと友好的になることを提案し、それから中心に位置するメンバーに受け入れられることを望んでいたのである。

だが、集団のメンバーにとってもっと有力な行動は、リーダーの機嫌を取って自分たちの人気を高め、グループの別のメンバーから大きな尊敬を得ることだった。彼らが行った方法の一つは、グループのリーダーのスタイルや関心を真似ることだった。五年生の二人の男の子マーカスとアダムは、境界上の子どもたちがクリークやそのリーダーに包摂されようとして、彼らに媚びへつらうやり方について述べている。

マーカス：僕らの周りにくっついてくる子もいるよね。そして、こう言うんだ。「あのね。彼［マーカスのこと］がどんなことを言っても、彼がどんな種類の音楽が好きでも、それは僕の好きな音楽なんだ」ってね。

アダム：その子たちが僕らが好きなものを同じように好きなら、そしたら自分たちももっと多くの子から尊敬されるだろうと思ってるから、もっと望んでいるような地位にいるかも知れないよ。クリークのメンバーのなかには、その子は自分たちのお気に入りのREM[訳注2]っていうロックバンドのグループを［自分たちと］同じように好きなんだと思っているメンバーもいるんだよ。バド（クリークのリーダー）もそうなんだけど、その子は、僕らの好きな音楽は何かとか、して良いことと良くないことはどんなことかとか、そういったことを知らないと駄目だと思っているメンバーがいるんだ。だったら放課後に僕らのところに来て一緒に何かすればいいと言ってあげればいいんだよ。

人気のある子どもたちに媚びへつらうことは、外部の子どもたちや周辺の子どもたちだけではなく、クリークの正規のメンバーの間でも普通に行われていた。地位の高い子どもたちでさえも行っていた。四年生のダーラは、前に述べたように二番手の地位にいるのだが、彼女は以前はよくクリークのリーダーに従って、リーダーの意見をオウムのように繰り返していただけだったが、そのやり方について、気後れした感じで次のように述べていた。「私は同じ学年の子たちに意地悪なんか絶対にしなかったわ。私はデニーズが彼女たちのことを好きだと思っていたからね。それで私はすっかり騙されちゃったの。私が嫌いなのに彼女が好きだったりする子たちがいたのよ。でも私はその子たちを好きな人のように装っていたわ。それに私も［一緒になって］年下の子にちょっと意地の悪いことをしたことがあったの。もし彼女が『あの女の子、すてきね』って言ったら、私も『ええ、本当にすてきね』って言うの」。つまりクリークのメンバーは、グループのなかで地位や位置を維持していこうとすれば、リーダーの次々と変わっていく好みや気まぐれに敏感に対処していかなければならないのである。メンバーの仕事のなかには、リーダーの一時的な気まぐれや流行をきちんと認識しておくということが含まれている。そのためにメンバーは、自分たちの行動や意見を時機を逃さずに最新の動向に的確に合わせていくのである（Eder & Sanford, 1986参照）。

外部の子どもたちが内部のメンバーに頼み込んだり、内部のメンバーがさらに地位の高いメンバーに頼み込んだりするということのほかに、トップに立つ子どもたちは自分たちの行動が下位のメンバーの立場にどのような影響を及ぼすかについて考えなければならなかった。リーダーはフォロワーのスタイルや好みを真似る必要は全然ないが、フォロワーは自分たちのお世辞や忠誠が有効になるようなやり方で行動しなければならなかった。このようなことは、トップの子どもたちが、自分たちのすぐ下にいる子どもたちが当てにすることができるような位置にしっかりと配置されていることを確認することから始まる。特にクリークのなかで人気の高い子どもが背信的な行為に及ぶと、トップの子どもたちの立場は大きく揺るがされることになる。

リーダーは、クリークのメンバーからの注目と忠誠を維持するために、巧みに操縦することがよくあった。(8) 操縦のテクニックとして、人それぞれに応じて異なる方法が用いられた。クリークのリーダーだった五年生のブラッドは自分の位置している中心的立場を維持するために、こうした戦略をよく用いていたが、そのことを思い出してリックは次のように述べている。「ブラッドはいつも、トレバーはムカつく奴だって言ってたよ。『あいつはバカで、間抜けな奴だ』って。それで、みんなも『そうだ、あいつはホントにムカつく奴だ。僕らもあいつのことは好きじゃないよ』って言ってたよ。それでみんなはトレバーに意地悪したんだ。だけどその日のうちにブラッドは態度を変えて、トレバーと遊んでるんだ。そして他のみんなはトレバーのことを好きじゃないと言ってたのに、自分はそうじゃなかったって言ってんるんだ。こうやってブラッドはトレバーをコントロールしてたんだよ」。ブラッドは、クリークのメンバー全員が自分を依然として同じように信頼しているかどうかを確認するために同じような操縦テクニックを用いていた。多くのリーダーと同じように、彼も当初はクリークのさまざまなメンバーに注意を払っていた。そのためにメンバーの誰もがリーダーの好意的な態度と結びついた権力や地位を経験していたのである。だが、その後、リーダーに気に入られなくなると、フォロワーは自分たちの特権的な地位を奪われたように感じて、その地位を取り戻そうと奮闘するのである。こうして忠誠と順守が確保されていくのである。

それほど重要なことではないけれども、クリークのメンバーが外部の子どもたちと友人関係を持つこともある。

クリークのメンバーは、外部の子どもたちをグループのなかに受け入れることはないけれども、ときには彼らを活動に巻き込み、彼らの意見に影響を与えようとした。リーダーには集団内にフォロワーがいるが、地位の低いクリークのメンバーは［集団内にフォロワーがいないから］、外部の子どもたちとの関係をうまく深めることができれば、彼らから尊敬や賞賛、模倣の対象として見て貰うことができる。しかしこのような態度や行動はどのような状況でも見られるわけではなく、人気のあるクリークのなかには外部の子どもたちに対して尊大で意地悪なことをする者もおり、そのためにメンバーでない子どもたちはそうしたクリークのメンバーを嫌っていた。

ディアーヌ、ティファニー、ダーラの三人は二つの別々の小学校に通っている人気者の女の子なのだが、自分たちが通っている学校の同じ学年のクリークが地位の低い子どもたちとの対立的な関係をどのように感じているかということを次のように振り返っている。

ダーラ：もしダサい子たちが私たちのことを嫌っていたり、私たちに一緒にいてほしいなんて思ってたりしたら嫌よね。私たちは一番人気があったわけじゃないから、いつもそういう子たちに私たちを尊敬させるようにしなくちゃいけなかったのよ。その子たちが私たちを尊敬しないようなら、私たちがその子たちに優しくしなくちゃ。
ディアーヌ：中間の子っていつも私たちのことを嫌ってるよね。
ティファニー：その子たちは私たちのことをものすっごく嫌ってるわね。その子たちが嫌い始めたらいつでも私たちだって嫌ったわよね。
ダーラ：私たちは気にかけないように振る舞ったりしたこともあるけど、私は困ってたわ。
ティファニー：私たちはいつも勝ってたけど、そんなの関係ないことね。

注目すべき例外もあるが（Eder, 1985参照）、このように多くの人気のあるクリークのメンバーが自分たちよりも人気のない子どもたちに迎合しようとすることもたまにあった。それは自分たちの境界を越えて、つまり学年全体にわたって支配と称賛が広がっているのを確実なものにするためである。

2　排除の技術

包摂の技術は、グループの排他性や階層性を維持する一方で、子どもたちの人気や名声を強化していくが、クリークの本質に関わる別の特徴に対しては機能しないこともある。その特徴というのは、凝集、統合、内集団と外集団の関係性の管理、クリークのリーダーへの従順といったものである。これらの諸特徴は、支配と権力という源泉とともにクリークの排除のダイナミックスのなかに根差している。

2-1　外集団の服従

クリークのメンバーが集団外の外部の子どもを自分たちの勢力圏から遠く離しておこうとしても、それがうまくいかなかった場合、彼らは外部の子どもによく排除と拒絶を味わわせる。(9) 彼らはこうした地位の低い子どもたちをいじめることを気晴らしにしていた。あるクリークのフォロワーは次のように述べている。「要するに人気のない子をいじめ続けることが一番なんだ。面白いからね」。エーダーによれば、このような「からかい」はターゲットがグループのメンバーではないから、「からかいの」笑いに加わることを求められることもないタイプであるが、このようなタイプの「からかい」と、友だち同士が気楽な気持ちで互いにからかいあったり、ターゲットは同じグループのメンバーだけれども冗談めかして自分たち自身を物笑いの種にするという「からかい」のタイプとは、対照的である（Eder, 1991）。四年生のクリークのリーダーであるディアーヌは、彼女が外部の子どもたちに向けて行ったやり方について次のように述べている。「私と友だちで、クリークに入っていない外部の子に意地悪したの。エリナー・ドーソンなんかは、いつも私たちと友だちになろうとしていたけど、『あっちへ行け、ブス』って言ったの」。

やり取りに慣れたクリークのメンバーは、外部の子どもたちにひどい仕打ちをするだけではなく、クリークの他のメンバーにも彼らに反感を抱かせるように仕向けていた。パーカーとゴットマンは、子どもたちがこうした類いのことをする方法の一つにゴシップを用いることがあることを観察している（Parker & Gottman, 1989）。ディアーヌは、女の子だけでなく男の子も含めてクラスの全員が外部の子どもたちに反発するように仕向けた、そのやり方について次のように述べている。「私はね。クリスタルとかサリー・ジョーンズみたいな、私のグループに入っていない子にいつも意地悪してたの。彼女たちは二人とも転校したわ。私はグミベアネックレス［訳注3］を持っていたんだけど、周りにパールがついてクマの形をしたのをね。クリスタルが、いつだったか、私のところに来てネックレスをはぎ取ったの。私は『それは私のお気に入りのネックレスなのよ』って言ってやったの。そしたら、私の友だちみんなも、クラスの男の子たちだってみんなが、彼女にむかついたのよ。彼女のことを好きな子なんて誰もいなかったわ。それで彼女は転校したのよ。彼女は私のグミベアネックレスを引きちぎって、みんなから嫌われたのよ。『ホントにひどい。あんまりだ。嫌いよ』って感じよ」。

メンバーの子どもたちが外部の子どもに対して反発するように仕向けることは、集団の結束を強め、弱者の脆弱性に対して強者の影響力を確立するという働きをした。他のクラスメイトたちは、服従している子どもよりも支配的な立場にいる子どもたちに味方しがちである。それは、彼らが支配的な立場にいる子どもたちの高い評判に感心しているからでもあるが、強者の影響力を気遣い、恐れているからでもある。

クリークのメンバーが外部の子どもをいじめようとしてグループを先導していくという巧妙な操作には、いじめを煽ったり、他の子どもたちに泥をかぶせたりすることがある。前述の五年生のクリークのフォロワーだったデイヴィーはかつて、クリークのリーダーだったジョーの手慣れた策略について、ある種の神秘と畏怖の念に駆られながら、次のように述べている。「彼がケンカを始めたんだけど、みんなをケンカに巻き込んでいったんだ。みんなは彼に従っていたからね。それから彼はケンカを止めたんだけど、だけど彼は面倒なことには巻き込まれなかったよ」。

質問：彼はどうしたの？
デイヴィー：前にジョーがモーガンって子のところに行ったんだ。モーガンは誰からも好かれてなかったんだ。ジョーはモーガンにこう言ったんだよ。「さあ来いよ、モーガン。何かケンカのことで話があるんだろ？」って。そしてモーガンを蹴り始めたんだ。そしたらみんなが同じようにモーガンを蹴りだしたんだ。ジョーは蹴るのをやめて、［みんなが蹴るのを］眺めていたんだ。それから先生が何人かきて「ここで何をしてるんだ？」って言ったんだ。それからみんなは面倒くさいことになったんだけど、ジョーだけは別さ。
質問：どうしてジョーはモーガンをいじめたの。
デイヴィー：モーガンはケンカったって何にもできないんだよ。ナード［間抜け］[訳注4]だからね。

こうして外部の子どもたちをいじめて、恐怖を植え付け、彼らを自分たちより低い立場に押しやって虐げ、彼らが集結して権力のヒエラルヒーに異議を唱えることのないようにさせるのである。[10] クリークのメンバーと外部の子どもたちとの間で対立が生じると、たいていの子どもたちはクリークの側に味方した。子どもたちは、クリークのメンバーは外部の者に対して団結することを知っていたし、またもし自分たちがクリークのメンバーに楯突こうものなら自分たちはすぐに次の攻撃対象になることを知っていたからである。クリークのメンバーは、外部の子どもたちをいじめても対立や反響についてほとんど気にすることはなかった。彼らはまた、いじめの被害者は報復を恐れて教師にも学校管理者にも告げ口など決してしないということを知っていた（彼らは他のターゲットに対してもそのように思っているかも知れないが）（Sluckin, 1981参照）。五年生のクリークのフォロワーだったマイクは、次のように述べていた。「もし告げ口なんかすると、『ぶちのめされる』ことになるってことをみんな知ってるんだ。だから絶対告げ口なんかしないし、すべて分かってるっていう感じで、関わらないんだよ」。

2-2　内集団の服従

クリークに入っている子どもをいじめることは、影響力を行使する別の方法でもある。クリークの中心に位置するメンバーは弱い立場のメンバーに対して日常的に嫌がらせをしたり、意地悪をしていた。[11] 外部の子どもたちに対して容赦仮借のない対応を取るように駆り立てのと同じ要因が作用して、クリーク内部の高い地位のメンバーが力のないメンバーをいじめるような気を起こさせるのである。五年生でクリークのフォロワーであるリックは、地位の低い子どもに対する嫌がらせを集団で継続的に行っていたことについてはっきりと述べている。「人気のある子どもたちはね、グループに入ってるんだけれども人気のない子どもたちを遊び場以外のところで、いじめてることが多いんだよ。だけどみんなはもっと人気者になりたいと思ってるから［いじめられても］グループに留まるし、グループにはあくまでも忠実だし、楽しいし、我慢してるし……。地位の低い子だっていつもグループに来るけど、からかわれてばっかりだよ。だけどもっと人気を集めたいからじっと我慢してるんだよ。それに彼らだってホントはみんなのことが好きなんだよ。みんなは彼らのことが好きじゃないけどね。グループのなかで起こるのはたいていこんなことだよ。誰かをからかっていれば、もっと人気が集められるよ。彼らが好きなのは恥をかかせることだからね。恥をかかせることが好きなんだよ」。

からかいの矛先は、リーダー以外の誰にでも向けられる。それは、からかわれるほどに注目されるようなことをしたメンバーかも知れないし、クリークのリーダーが個人的に恐れを感じるようになったメンバーかも知れない。あるいは、はっきりした理由もないのにたまたま選び出されたメンバーかも知れない（Eder, 1991参照）。前述の、四年生で二番手のダーラは、以前に彼女がからかわれたことと、クリークのリーダーが彼女の髪のことをあざ笑い、バカにしたときの屈辱感について述べている。「よく覚えてるけど、あの日、彼女は私のことをもの凄くバカにしたのよ。本当にイヤ。彼女を殺してやりたいほどよ。私たちが音楽室にいて向こうの方に立っていたら彼女が来て、『ゲー、あんたの髪の毛、汚らしいわね』って言うのよ。クラスのみんなの前でよ。ホントに恥ずかしかったわ。髪にフケか何かがついていたんだと思うけど」[12]。

内部のメンバーをからかうことは、リーダーが流れを作り出してフォロワーがその後についていくというパターンに従うことが多かった。このことはさまざまな力が混ぜ合わさり、嘲りが刺激となって高まっていくことを意味する。リックはクリークの子どもたちが行動するやり方を鎖の輪に喩えて話している。「鎖みたいな反応なんだ。もし誰かが中心メンバーとケンカになったら、そのメンバーのすぐ下にいる奴がその誰かを嫌いになって、その次は、その下の下の奴がその誰かを嫌いになって、というみたいに続くんだ。そうなったらグループ全体がその誰かを敵にしてしまうようになるよ。まだ自分の気持ちで、その誰かを好いてくれる奴も少しはいるかも知れないけど、ほとんどの子どもは自分のすぐ上の位置にいるメンバーの言うことをそのまま実行するよ。それで連鎖反応みたいになるんだ。鎖みたいだよ。一つの鎖が向きを変えると、それに合わせて他の鎖も向きを変えるんだ。でないとゴチャゴチャしてもつれるんだよ」。

2-3　コンプライアンス

リーダーやクリークの地位の高いメンバーが他のメンバーをバカにしたような行動を取ると、その行動に付いて行く場合、積極的に関与する場合と消極的に関与する場合とがある。積極的に関与する場合というのは、扇動するメンバーがいて、彼が他のメンバーをけしかけて彼の友だちをいじめようとする場合である。例えば、リーダーは他の子どもたちに嘘の電話をかけるというアイデアをよく考え出すのであるが、その嫌な仕事をフォロワーにさせようと急き立てるのである。電話をかけるのはリーダーなのだが、電話が終わる直前にフォロワーに替わるのである。あるいはリーダーは初めから終わりまで他の子どもに無理やり電話をかけさせるのである。このようにしてリーダーは、被害を受けた子どもの親が苦情を言ってきても、それに巻き込まれないように一歩距離を置いているのである。

消極的に関与する場合というのは、リーダーが意地悪をしたり、思いどおりに操作したりするときに生じる。ブラッドの企みに従順に従ったトレバーがラリーのお金を盗んだのはリックだと思い込ませようとした場合などが、これに当てはまる（序章参照）。トレバーはブラッドがずっとお金を隠していたことを知っていた。しかし彼は、ブラッドがラリーをけしかけて逆上させ、ラリーがリックを侮辱したり、リックの部屋や持ち物を壊したり、他の人のものを盗んだ容疑をばらすぞとリックを脅したりするように仕向けている間、ずっとそれを見ていたのである。リックの母親が帰ってきてやっとお金を発見して混乱を収め、ラリーの暴力を止めさせたのである。次の日学校でブラッドとトレバーは意地悪い喜びを抑えることができなかった。前述したように、リックはこの出来事で打ちのめされてクリークから追い出されてしまった。だが、トレバーはブラッドの悪巧みに荷担し二人で共謀することによって、ブラッドの大親友という地位に上りつめたのである。

クリークのメンバーの多くは、このような排他的な活動を一緒に行う機会を楽しんでいた。それは、特権、権力、包摂といった感覚を味わうことができるからである。他のメンバーは、自分がターゲットにならなかったことをただありがたがるだけだった。サンフォードとエーダーが述べているように（Sanford & Eder, 1984）、このことはとりわけグループの新しいメンバーに当てはまる。彼らはグループのなかで自分の立場についてしばしば不安を感じているからである。五年生のクリークのフォロワーであるマーカスとアダムは、前に取り上げたことがあるが、こうした新たな参加に対する異なった感情について述べている。

質問：グループの誰かがいじめられるときって、どんな感じ？
マーカス：もし、嫌いな奴や以前に僕をいじめた奴がいじめられていたら、いい気味だと思うよ。気分がすっきりするね。
アダム：僕は全然楽しいなんて思えないよ。僕がいじめられないんならいいけどね。だけど、いじめのことで余計なことはできないし、そのうちある程度いじめに慣れてくるよ。

外部の子どもと同様に、クリークのメンバーは権威のある子どもに対して文句を言うことが彼らにとって何ら利するところがないことを知っていた。逆に、そのような抵抗するという戦術は攻撃者に対して自分たちの脆弱性を示すことになり、立場を悪くするのである。[13] 人気のある五年生の女の子カラは、なぜそのように文句を言うことが意図したこととは逆の効果を持つようになるのかを、次のように説明している。「私たちはどんなことが力のある子［権威のある子どものこと］を困らせることになるのかを知ってるからよ。だから私たちはその子たちに反対して困らせてやるのよ。その子たちを苦しめたり、ムカつかせるときに困らせてやるの。そしたら気が晴れるのよ。つまらないことだけどね」。

友だちが危うい状態にあるのを見ても、子どもたちは消極的な反応を示すことが多かった。人気のある子どもが別の人気のある子どもとケンカすると何人かのフォロワーを味方につけることができるかも知れないが、たいていの子どもたちにはそのような忠誠を要求するようなことはできなかった。五年生の男の子ジェフはなぜ子どもたちが人を傷つけるような行動を取るのかについて次のように説明している。「もし誰かを庇いたいと思っても本当に危ないんだ。グループなんかから拒絶されたりするからね。そういうことをする子もいて何も起こらないこともあるけど、それはその子らが地位が高くて他の子がその子らの意見に従うからだよ。だけど、ほとんどの子は自分たちが同じ状況にいるって分かっているよ。みんなずっと前からそこにいるからね。だから、それってどんな感じか知ってるんだよ」。

このようにしてクリークのメンバーは、自分たちの友だちをいじめていたのだが、彼らはそれがメンバーを傷つけることだと分かっていても怖じ気づいてやってしまうのである（Best, 1983も参照）。彼らは、力のダイナミックスが人を傷つけることになるかも知れないような社会的世界のなかで暮らすことに慣れており、またそれを受け入れているのである。

2-4 スティグマを負わせること

クリークのメンバーは、いじめという個人的な出来事というだけでなく、長い間にスティグマ［汚名］の対象になることもよくあった。外部の子どもたちは長続きするような関心を持つことはあまりないが、そうした外部の子どもたちとは異なってクリークのメンバーは友だちをいじめることに一層深く関わっていた。不快と感じる友だちにはすぐに注目が集まる。リックは、この否定的な注目を浴びる期間にはかなりばらつきがあると述べている。「普通はね、ある時期に、ある特定の子なんかがその間ずっといじめられるんだよ。もしその子たちが何か悪いことをしたらね。一度に一カ月とか、一週間とか、丸一日とか、ほんの数分とかだけのときもあるけど、いじめられるんだよ。そしたら、その子はまたみんなに気を遣うようになるんだ」。スティグマの対象になると、リックの身に起こったように、友だち全部から拒絶されることになる。このようにスティグマの対象となった子どもたちが無力化していくのをクリーク全体が面白がって喜んでいた。スティグマの対象となった子どもたちはどのようなときでも孤独を感じるようにさせられていた。ただし彼らの以前からの友だちだけは、自分たちが団結していることや孤独から抜け出していることを具体的な形で示そうとして、休憩時間には腕を組んでクリークのメンバーの前を一緒に歩いて運動場に行ったりした。

無視されることよりも質が悪いのは侮辱されることである。侮辱は言葉による攻撃から人を貶めるような一本調子の抑揚のない歌まで幅広く存在する。人に侮辱を浴びせることができる者は誰でも、みんなから注目されて気に入られ、模倣されるのである（Fine, 1981参照）。通常はクリークのメンバーをいじめる特権など与えられていない外部の子どもたちでさえ、そうした侮辱に加わって自分の地位を高めることができる（Sanford & Eder, 1984参照）。

格下げの最たるものは身体的なものである。女の子たちはメンバーに対して言葉による屈辱を与えることが一般的であるが、男の子たちは男らしさという文化のために互いに身体を攻撃しあうことを認められていた（Eder & Parker, 1987; Oswaid et al., 1987; Thorne, 1993参照）。ときたまケンカが起こると、男の子たちはあばらや腹を殴られたり、蹴られたり、目を殴られて黒あざを作ったりした。これが学校で起こると、大人たちがすぐに介入してくるのであるが、放課後やスクール・バスのなかであれば男の子たちは攻撃し合うのである。物理的な攻撃は家や持ち物にも加えられた。子どもたちは互いに相手に向かって唾を吐いたり、相手の本やおもちゃなどにも唾を吐いたり、さらには相手の家の車に向かって卵を投げつけたり、家の前でカボチャをたたき割ったりした。

2-5 追放

厳しいいじめの時期が終わると、子どもたちはたいていクリークに再び受け入れられるような状態に戻るのだが（スラッキンはこの目的を達成するために子どもたちが用いる戦術について述べている（Sluckin, 1981））、必ずしもいつもがそうだとは限らない。なかにはクリークとのコミュニケーションから永久に排除される子どももいた。また段階的に排除していくという移行過程を経ることなく、直接的に排除される子どももいた。クリークのどの階層のメンバーもそのような運命にさらされる可能性があった。ただし地位の低い子どもに起こることが多い。

前述のデイヴィーは六年生だが、ヒエラルヒーのランク付けの当然の結果として追放がどのように行われたのかについて述べている。そこでは人気の序列の段階で下位の子どもが追放された。彼はクリークの行動のよくあるダイナミックスについて次のように述べている。

質問：クリークのメンバーはどうやって、その日にいじめる相手を決めるの？

デイヴィー：本当は、みんなが誰でもからかいの対象にするんだよ。地位の低い子はもっと地位の低い子をからかうし、高い地位の子は低い地位の子をからかうんだ。誰も自分より地位の高い相手をからかおうとはしないけどね。ホントに。そんなことしてもはねつけられるだけだし、そんなことをすると絶対にこう言われるよ。「おお、あいつはこんなことしたり、あんなことしたんだ。こんなことやあんなことだぞ。もうあいつなんかと仲良くしちゃあ駄目だぞ」ってね。そしたら、みんなが「そうだ、そうだ。分かったぞ」って言うんだよ。地位の低い子はみんなその子のことが好きだけど、地位の高い子はみんなそうじゃないからね。だから、地位の低い子は地位の高い子に従うんだよ。もし誰かが何か悪いことをしたとしたら、みんなは「おお、そうかい。消え失せろ。じゃあな」って言うんだよ。

非常に腹立たしい違反をしたり、支配的なリーダーに逆らって自分たちの権利を要求したりすると、メンバーには追放されるという結果が待ち受けている。

友人や友人関係の再編成は、メンバーの資格を問題にすること（前述のように）［メンバーシップへの挑戦］にも繋がってくるが、その過程で生じた分裂の結果、追放ということが生じることも時々ある。そこでは、地位の高い子どもたちが自分たちでグループを作り、以前からの友人を除け者にしてしまうのである。ブラッドは、ラリーの人気が上昇するのを低下させ、ラリーの長年の友人であるマーク（序章参照）との友情を断ち切って［ラリーを］自分の友人に引き入れてしまったのである。ブラッドは、ラリーとマークの両方の親友のふりをして、しかも両方が互いに悪口を言うように密かに仕組んだのであるが、そのためにマークはひどく傷ついたのでブラッドに対抗したのである。それはブラッドが以前にラリーやクリーク全体をマークに敵対させるように仕向けたやり方だった。その結果、マークは集団から追放されてしまったのである。

非常にまれなケースであるが、地位の高いクリークのメンバーやリーダーでさえもがグループから追放されることもある（Best, 1983参照）。六年生のクリークのリーダーだったティファニーは相も変わらず怒りっぽくて身勝手なことをするタイプだったので、かつてのサブリーダーだった子どもに追い出されてしまった。

質問：誰があなたを追い出したの？

ティファニー：ロビンとターニャよ。彼女たちはハイディをクリークに入れて、私を追い出したの。二人はハイディと友だちだったのよ。カフェテリアで一度口論したことを覚えてるわ。私はピザを頼んだんだけど、もう私の言うことなんか聞いてないのよ。それで私は腹を立てて、その間中ずっと不機嫌でいたのよ。それから私は彼女たちにピザを少しちょうだいと頼んだの。そしたらロビンが「待って。ちょっと待ってよ。ハイディが食べているところよ」なんてことを言うの。それで私は頭に来たから言ったの。「だったらハイディに全部あげなさいよ」って。そういうことを言ったの。そのときから彼女たちは私のことを嫌いになったのよ。私に「くたばれ」なんて言ってたわ。

クリークのメンバーがグループから追い出されると、彼らはこれまでの友だちの輪からは立ち去って、新たな友人の輪を作ろうとすることがよくある。子どもたちのなかには、デイヴィスが「当面の友人」（人気のある友人の代わりの暫定的な友人）と呼んでいるものを何の苦労もせずに作る子どももいる（Davies, 1982）。五年生の担任のある先生によると、そうした子どもは人気のない集団にとっての「人気商品」なのだという。六年生のクリークのフォロワーであるジェイムズは、人気のあるクリークから追放された子どもがクリークに入っていない子どもたちの間で非常に歓迎されている理由を次のように説明している。「クリークに入っていない子どもたちは、もっと有力で、もっと繋がりのある仲間を欲しいと思ってるからだよ。グループから追い出されても、その追い出された子はまだグループのなかに友だちがいてグループと繋がりを持っていることが多いから、クリークに入っていない子どもたちはこう言うんだ。『うん、そうだね。たとえこの子がもう一目置かれなくなったって、僕らのなかではとても人気があるんだ。少なくともグループのなかでは、まだ力があって繋がりのある仲間を大事にしている一人だからね。だから彼の地位はもっと高くなるか、もっと人気が出るか、でなければ僕らが彼にチャンスを与えるかだよ』ってね」。

しかし追放された子どもの多くは、新たな友人関係を築くことが難しいことを思い知るのである。彼らは拒絶され、スティグマを負わされ、かつての社会的グループや地位からはじき出されたように感じて自分の殻に閉じこもるような時期を経ることになる。以前に取っていた行動や他のクラスメイトとの関係のために、彼らが人気のない子どもたちから受け入れられることは難しい。彼らが、人気のあるグループにいたときには友だちとして受け入れられるように敷居を最低限にまで下げた子どもたちもいたが、［さりとて追放されてから］人気のない子どもたちと友だちになろうとしてへりくだった態度を取ることも難しかった。マークは、五年生のときにクリークからはじき出されたのであるが、そのときに人気のない子どもたちと友だちになることに失敗した理由を次のように述べている。「そこには僕が好きな子は誰もいなかったんだ。どいつもこいつも嫌な奴ばかりだったよ。僕が人気のあるグループにいたとき、みんなのことを物笑いの種にしていたから、みんなだって僕のことが好きじゃあないと思うよ。だからみんなは僕の周りにはいたくないんだよ。僕もこれまでにみんなに意地悪をしていたからね」。

人気のあるクリークから拒絶された子どもたちが、クラスのその他のメンバーとの間で友だちを作ろうとしてトラブルになることもしばしばあった。かつての友人が干渉してくるからである。もしクリークのメンバーが友だちの一人に怒って、その友だちを追い出してしまうと、クリークのメンバーは誰もその子とは絶対に仲良くなって欲しくないと思うだろう。そしてクリークの外の子どもたちに友人になろうと誘うことによって、クリークのメンバーは外部の子どもたちの行動に影響を及ぼすことができるのである。彼らはその追放された子どもを中間的な子どもたちの集まりという立場を飛び越して、除け者、あるいは孤立者という地位へと引き下げたりするのである。ダーラは子どもたちがこうした操作を行う理由や方法について、次のように述べている。

質問：誰かを追い出したことってある？

ダーラ：あるわ。グループのみんなでその女の子をからかうみたいなことをしたの。もしその女の子が中間グループに受け入れられなかったり、もしグループのみんなが「くそ、なんてグズな女だ」なんて言ってたことや、ホントにその女の子にはどんな友だちも持って欲しくないと言ってたことを中間グループの子が知ってれば、みんなで中間のグループのところに行って、こう言うのよ。「どうしてあんな負け犬と一緒にいるの。あの女の子はホントにグズよ。私たちはあんな女の子、大嫌いよ」って。そう言ってから、みんなで中間グループの子に優しくするのよ。そしたら中間グループの子たちはその女の子を追い出して、それで彼女はホントにグズになっちゃうのよ。私もちょうどそんなことをしたことがあるけど、そしたらその女の子はホントにナード〔間抜け〕になっちゃって、誰も彼女のことを相手にしなくなったわ。みんなでその女の子たちに腹いせをしたのよ。それからみんなが言ってたとおりに、中間グループの子たちが彼女を追い出したのよ。だからみんなは中間グループの子たちを思うままにしたのよ。何か欲しいものがあれば、グループのみんなはこうやって手に入れるのよ。

グループから追い出された子どもは、しばしば休憩時間に遊び場から離れたまま友だち付き合いを避けたり、一人で下校するようになる。彼らはバスで学校まで行き、授業に出て、しなければならないことはするが、友だちがいないのである。自分自身の捉え方も変わって、そのことが身繕いや振る舞い方にも反映されていることが多い。このようにクリークから追放されることは、排除の究極の形態であり、個人の社会生活や容姿、アイデンティティに容易ならざる結果をもたらすのである。

包摂と排除の「技術」は、クリークの行動上のダイナミックスが作り出される方法を表している。包摂と排除は、クリークの機能の共通モデルを構築するうえでの基礎となるが、そこでは包摂と排除のプロセスが排他性、権力と支配、地位の階層化、凝集と統合、人気、服従、内集団と外集団の関係といったクリークの本質的な特徴が織り交ざっているのである。

レマートは、妄想癖のある人たちがインフォーマルな集団や組織からどのように追放されるのかに焦点を合わせ、排除のダイナミックスの特徴についていくつかの要点を述べている（Lemert, 1972）。彼は、排除のプロセスの重要な特徴として、グループ内の意思決定の秘匿的な性質、リーダーの方針に反対するメンバーの孤立、これらのメンバーを情報や権限を入手する機会から切り離すことを挙げている。しかし彼は、排除のプロセスについて詳細に述べてはいないし、排除のプロセスをそれに対応する包摂のダイナミックスと明確に結びつけてはいない。

これら二つのダイナミックスは緊密に関連して起こっている。包摂のダイナミックスはクリークの魅力の中心的基盤である。クリークは、その境界を維持することによって排他的になる。クリークはメンバーに入れたいと思う子どもたちを勧誘し、競合している友人関係から引き離してでも獲得しようとするが、クリークが価値なしと判断した子どもたちに対しては入りたいと懇願しても、それを拒否することができるのである。メンバーの人気（リーダーに権力を与えるために地位とフォロワーを与える）は活動の中心である地位を強化する。クリーク内の変動や友人関係の再編は、威信や影響力のヒエラルヒーの配列を流動的にし、駆け引きに成功したメンバーは仲間の間で高い評価を得て、トップの地位の近くに留まるのである。子どもたちが中心的なメンバーに向けて行う意図的な迎合、また中心的なメンバーが下位のメンバーに気軽に取り入ろうとする能力、そのことの結果として下位のメンバーが望んでいるような友好が確保され、クリークの包摂という魅力が高まっていくのである。

一方、クリークの凝集の中心的基盤となるのが排除のダイナミックスである。グループのメンバーであれば外部の子どもたちに対して遠慮なく振る舞うことができることを知って、クリークのメンバーは外部の子どもたちを非難するような際には一致して結束する。結局、クリークのメンバーは、外部の子どもたちに対して受け入れられるかもしれないという新たな可能性を与えるだけなのである。彼らは、グループのメンバーにはあるやり方で、外部の子どもには別のやり方で振る舞いながら、グループの境界が変化することに気を配るようになる。こうした分別が、クリークの外縁部だけではなくてクリーク内においても出てくるが、それはメンバーが好意の範囲を狭めたり広げたりして、注意深く自身を優位な位置に置きながら、嫌われることから生じるスティグマを何としても避けようとするからである。彼らは、グループを反映している地位と位置を共有するためにクリークのリーダーの支配に服従しながら、グループの位置のヒエラルヒーやそれらの役割に伴う尊敬や影響力といった特権を身につけていく。排除が短い周期で繰り返し行われるためにフォロワーはリーダーに依存し、従属するようになるが、そのことは同時にリーダーの中心性と権威を高めることになる。追放という究極のサンクション〔制裁〕は、排除の効果を示しているドラマチックな例である。それは潜在的なライバルを弱体化させ、権力の座から引き下ろす一方で、クリークの他のメンバーを結束させるのである。包摂のダイナミックスはメンバーをクリークに引き入れるが、その一方で排除のダイナミックスはメンバーをそのままに限定してクリークを維持していくのである。(14)

このようなダイナミックスは、クリークのなかでのメンバーの役割や自己意識に影響を及ぼしながら、周期的な効果をもたらしている。エーダーとブラウは、この周期的なモデルをクリークや小集団、組織的なダイナミックスについての記述のなかに位置づけている（Eder, 1985; Blau, 1964）。エーダーは、女の子がクリークの内部に入り込んでいく様子を観察し、いったん内部に入ると、彼女たちはその直前まで得ていた人気を失っていくことを明らかにしている。それは彼女たちが見捨てた、かつての友だちが奮起して、彼女たちに打撃を与えようとするからである。ブラウは、メンバーは初めはグループに受け入れられようとして自分の価値を高めていくが、その後は、グループの統合と安定を促進していくために、その価値を低めていくと述べている。これらのモデルのいずれにおいても、メンバーはグループに加入した直後には人気や受容感がピークに達するが、しかしその後は外部の子どもたちの評価やメンバー自身の自己縮小のために低下していくことが示されている。本章で提示した包摂と排除のサイクルも、子どもたちはクリークの仲間入りをした直後には受容感や自尊心を最も強く感じる経験をしているという点で、この一般的なパターンに沿っている。もし子どもたちがグループのリーダーから声をかけられて仲間入りしたのなら、子どもたちはフォロワーとしてリーダーの現在の好みに後れを取らないようにして、自分の立場を維持している限りは、注目を浴びるのである。もし子どもたちの仲間入りの希望が受け入れられて、クリークのリーダーに承認されれば、同じように子どもたちは新しい友だちとして熱烈に歓迎してくれる世界に引き入れられることになる。しかしこの蜜月期間は長くは続かない。クリークのリーダーやメンバーの関心が別のところに移っていけば、好意的な扱いも段々となくなっていく。それからは、地位の高いメンバーは自分の地位を確保して絶対に狙われないようにするために新入りのメンバーを服従させようとする。そしてフォロワーは地位と人気をめぐって新入りのメンバーと公然と自由に張り合うようになる。子どもたちは、グループのなかに引き入れられ、外部の友だちから切り離され、服従者の地位に追いやられ、そして取り決められた地位を他の子どもたちと張り合って自分の立場を維持していくというサイクルを経験する。その後、リーダーの関心が新たに変わってくると、メンバーは中心に向かっての方向を見直すようになり、この包摂と排除のサイクルが繰り返されることになる。ただ新入りのメンバーはリーダーの新たな関心に合わせようとするたびに、そのつど周辺へと追いやられるようになる。

このモデルは、部分的にはエーダーやブラウのものと類似しているが、以下の二点で異なっている。第一に、このモデルは反復的であるという点である。第二に、クリークに取り込まれるプロセスや下位に追いやられるプロセスは、クリークのメンバーによって操作されるのであって、（エーダーが述べているような）外部の子どもたちによる操作でもなく、また（ブラウが述べているような）関わりのある子どもたちが随意に操作したものでもないという点である。外部の子どもたちにはクリーク内に変動を生じさせる力はないし、関わりのある子どもたちにはそもそも動機がない。加えて、リーダーが自身の地位を維持していくことができるのは、彼らが集団に提供できるような魅力的な性質や重要な役割を通してではなく、ブラウが述べるように、これらの巧妙化していくダイナミックスを把握する生来の能力やそうしたダイナミックスをうまく巧みに操作していく能力を通してなのである。

第4章　クリーク［仲間集団］の階層化

人気のあるクリークのメンバーは、厳格に統制されているために集団との一体感を持っており、集団内で起こる新たな出来事に常に通じているが、その一方で別の友人集団［仲間集団］のメンバーは全く異なる社会的経験をしている。子どもたちの集団は、人気のあるクリークの影響が及ばないところで形成されるが、しかし就学によって規定されている社会的世界の範囲のなかにある。前青年期の子どもの集団は、親密で誠実な友人から構成されているので、こうした集団に加入することは、子どもたちに大きな影響を与えるのであるが、そのことは活動的で刺激的な、かつ安定した社会生活と不確実で不安定で、退廃に満ちた社会生活との違いを物語っている。子どもの集団はまた、その特徴と構成によってもさまざまに異なる。青年を対象とした調査によれば、彼らの友人集団は学校での経験に関して、もっとも際立った構成要素を成しており、仲間文化を形成し、仲間文化と結合する基盤を提供している。だが、これは前青年期の友人集団に関する記述としては十分ではない(1)。前青年期の友人集団は組織化されているだけではなく、高度に階層化されてもいるのである。

中等教育および中学校から高校にかけての青年期の友人集団［仲間集団］に関する研究から、一〇代の子どもたちは、多次元尺度に沿って、個々の社会的タイプや関心に応じて構成された集団に振り分けられていることが明らかにされている。[2] このように子どもたちが集団に分化することは、小学校段階では指摘されておらず、利用できる集団のタイプやランク付けにはほとんど違いはない。その代わりに友人集団のヒエラルヒーという、名声や権力が高いものから低いものへと下降していく一次元尺度があって、人気のあるクリークはその頂点に位置しているのである。[3] 小学校段階の年齢の子どもたちの友人集団の形成に関する研究では、性別による集団形成（Thorne, 1993）や集団内の分化（Best, 1983）に焦点を当てるか、または社会階層にわずかに触れる程度（Kless, 1992）に焦点を当てるくらいだった。これらの研究から概観できるのは、前青年期の子どもたちは地位を構成する要素である認識と敬意に基づいて集団内においても集団間においても互いをパターン化して見るという洗練された見方についてである。

社会心理学者は、子どもたちの自己概念やアイデンティティを自分自身に対する意識、つまり子どもたちが社会との対話を経験している存在としての自分自身について心に抱いているイメージのことであるが、そうした自分自身に対する意識に基づいていると見なしてきた。[4] 人文科学系の研究者は、例えば、外見であったり（Stone, 1962）、出来事であったり（Hughes, 1971; Snou And Anderson, 1987）、言語の構造であったり（Goodwin, 1990）、相互作用の相手であったり（Robinson and Smith-Lovin, 1992）といったように、アイデンティティの基盤に関与するさまざまな原因を探ってきた。

本章では、前青年期の友人集団〔仲間集団〕の階層化、集団間の複雑な内的関係と変動、そして自己概念に影響を与える集団の役割に焦点を当てる。子どもたちは友人集団内や友人集団間における友人との関係を通して、自分が持つ社会的能力、信用、カリスマ〔人を引き付ける強い個性〕とはどのようなものなのかを知るようになる。こうした取り組みの結果、子どもたちは仲間内での地位のヒエラルヒーに従ってはっきりと識別できる地位に位置づけられるのである。

1 地位のヒエラルヒー

私たちが調査した学校では、どの学校の子どもたちも、同じ学年のメンバーは仲間の地位に基づいたヒエラルヒーのなかに位置づけられていると語っていた。これらの階層の性質や構造の変化は、学校の規模や地域の子ども数、学年のレベル、学級構成（開放的か閉鎖的か）に影響を受けている（Hallinan, 1979）。それぞれの性別集団のなかでは、どの年齢段階においても、また一学年の生徒数が八〇人以上の学校であればどこの学校においても、学校での社会体制は四つの主要な階層から構成されていた。上位層、取り巻き、中間層、下位層である。[5] 上位層は「人気のあるクリーク」であり、排他的な仲間たちから構成されている。その下の層が「取り巻き」で、人気のあるクリークに入ることを希望しながらも［入ることができず］、その周りを取り巻いている子どもたちのグループである。その下の層は「中間ランク［中間層］」で、より少人数ではあるが、独立した友人集団から構成されている。下位層は「社会的孤立者」で、たまに遊び相手がいるくらいでほとんどの時間は一人で過ごしているような子どもたちである。[6]

1－1 人気のあるクリーク

組織と特徴

人気のあるクリークは学年で最も大きな友人集団を形成している。ある学年では学年全体が一つのクリークに統合されているが、別の学年ではクリークはいくつかの下位集団に分化し、それらが相互に関わり合い、重なり合っている。クリークの規模は、小学校では少人数から始まって毎年新しいメンバーを増やしていくというように、学年が上がるにつれて大きくなる。[7] 四年生か五年生までには子どもたちのおおよそ三分の一までがクリークに入っている。

五年生の男の子タイラーは、学年に四つのグループがあるとして、それぞれの規模を大まかに比較し、次のように述べている。「カッコいいグループはトップにいる子たちなんだけど、だいたい三五パーセントくらいだよ。それからカッコよく振る舞っているフォロワー（取り巻き）で、カッコいい子の周りにいる奴なんだけど、それがだいたい一〇パーセントくらい。中間の子が一番多くて四五パーセントくらい。小さな集団に分かれてるけど、たくさんいるんだ。残りの子が『除け者』にされたグループの奴らで一〇パーセントくらい」。

人気のあるクリークのメンバーは、学校でも学校外でも最も活動的な社会生活を送っており、友だちも最も多く、最も楽しい時間を過ごしており、エーダーが述べているように、学年中から高い注目を集めていた（Eder, 1995）。人気のあるクリークのメンバーはおしゃべりをしたり、ひそひそ話をしたり、次々と活動を繰り広げていったり、友だちと忙しく過ごしたり、放課後や週末にはデートやパーティーをしたりして日々を送っていた。この集団のなかでは異性との交際も盛んに行われており、放課後、男の子と女の子が電話をしたり、パーティーで親睦を深めたり、一緒に映画を見たり、「親密な仲」になったりすることもあるとベストやマーテンは述べている（Best, 1983; Merten, 1996b）。人気のあるクリークがどんな活動をしているか、誰と誰が付き合っているか、誰と誰が別れたかというようなことは集団のメンバーのみでなく、外部の他の同級生たちの間にもうわさとなって広まっていた。

この人気のある子どもたちの集団が、いろいろな方法で影響力を及ぼし、学年全体の行動を方向づけていくのである。四年生担任のモーラン先生は、人気のあるクリークの「支配」についての意見を次のように述べている。「人気のあるクリークはクラスの他の子どもたちを支配しているように思います。中間の子どもたちは、クリークに入ってはいませんが、強力なクリークの言うことに左右されて、ある特定の方法で対応するし、一定の行動をとるのです。中間の子どもたちは、［人気のあるクリークと］全く別々ではないんです。何か聞かれて気楽に受け答えしている限り、人気のあるクリークは何でも支配するし、クラスの雰囲気も支配します。非常に強い力を持っています。だから、人気はないけれどまあまあ心地良い立場にいる子どもたちでも、人気のあるクリークからいつも目が離せないのですよ」。メンバーでない子どもたちは、人気のあるクリークのメンバーと一緒に活動したり、ジョークを言い合ったり、ゲームをしたりするわけではないが、彼らのことを気にしているし、自分の態度や振る舞い方を彼らに結びつけて決めている。

　人気のあるグループを学年の他のグループから区別している、もう一つの特徴はその排他性にある。クリークは親しい友人から成る集団であり、強引に入り込もうとする者が侵入しないように集団の境界を守っている[8]。地位のヒエラルヒーの頂点に位置していて人気のあるクリークのメンバーは、メンバーとして価値があると判断した子どもたちだけを友人[訳注1]［仲間］として受け入れる。ベストの研究に登場する排他的な「テントクラブ」のメンバーがしたように（Best, 1983）、メンバーである子どもは、他の子どもたちの目の前で、自分がその人気のあるクリークの一員であることを見せびらかしたりする。しかしそれは彼らがクリークに、その他の子どもたちを受け入れようとしていることを示しているわけではない。

　リックは、クリークのリーダーの排他的な行動についての考えを次のように述べている。「僕はクラブって呼んでる集まりのことをいろいろ知ってるよ。あのリーダーの子たちはいつも入団テストみたいなことをするんだ。きついテストもあったし、つまらないテストもあったし、バカみたいなテストもあったよ。でも、いつもリーダーの子は他の子たちを笑い者にしたり、他の子たちを支配したりするんだよ。だけど、リーダーの子が入団テストみたいなことをするし、他の子たちもそのテストを受けたりして、それで他の子たちはリーダーに『分かったよ。何でも言われるようにするよ』って言ったりするんだと思うよ。それで仲間に入ったら、リーダーの子たちはいろんなことを言ってくるようになるし、他の子はその言うことを聞くようになるし、そしたらリーダーの子はもっと言ってくるようになるし、他の子はもっとその言うことを聞くようになるんだよ。その繰り返しだよ」。

子どもたちが自己の価値を低下するように仕向けられれば仕向けられるほど、集団に受け入れられる機会は乏しくなっていく。そしてそのことがまたリーダーを面白がらせたり、リーダーの影響力を強くしたりするのであって、子どもたちがメンバーの地位を獲得しようとすることには何の役にも立たず、かえってバカにされるだけなのである。ほとんどのクリークは特定の場合にしか新しいメンバーを受け入れない。その特別な場合とは今のメンバーが新人を保証し、それをリーダーが承認した場合、転校生や近隣地域に引っ越してきた子どもが非常に好ましく見えた場合、あるいは攻撃的行動やケンカが起こったときに争っているメンバーが自分たちの助太刀になるような子どもを加えて新しいメンバーにしようという気になった場合である。

役割階層

クリークのなかではメンバーの移動は流動的であり、次々に変化していくが、子どもたちはある種の系統だった性質を特徴とする地位群の間を移動する。(9) 人気や権力、統制の違いによって、メンバーは周辺の位置から集団の中心に向けての位置にそれぞれ振り分けられている。

クリークのなかでもっとも権力が強くて中心的な役割を担うのはリーダーである。クリークでは、通常はリーダーは一人の形が取られ、その一人だけが集団のなかで最も強い統制力を持ち、他のメンバー全員を支配する。リーダーは、集団のメンバーを決定し、メンバーになる可能性のある子どもを加入させるか排除するかを決定し、自分の好みでメンバーの地位を上げ下げし、集団全体の方向性や意見を決める権力を持っている。リーダーが一人という形のクリークでは、メンバーはリーダーである中心的人物の周りに集まり、下位まで配列された従属的な各層が重なり合い、はっきりとしたピラミッド型の構造をなしている。

あまり一般的な形態ではないが、クリークに二人のリーダーが存在することもある。二人のリーダーは、友人であるか、あるいはそれぞれが独立的であるためにしばしば張り合ったりすることもあるが、互いに連携してクリークを動かしている。二人の友人がクリークを一緒に運営する場合、二人は最高の友人になったり、問題に対して統一して取り組んだり、力を合わせて他の子どもたちを支配したりする。四年生のデニーズはエミリーとそんな関係だった。別のケースでも一つのクリークに二人の強力なリーダーがいる場合もあった。だが、二人のリーダーが完全に手を組むとは限らない。四年生のマークは、自分が所属していたクリーク全体が、ブラッドとラリーの二人のリーダーに率いられて大きな集団から下位集団に分裂していった経緯を次のように説明している。「ラリーにはブラッドよりも自分のことを好きでいてくれる子たちがいたんだ。でもラリーはブラッドのことが好きだったんだ。ブラッドにもラリーよりも自分のことを好きでいてくれる子たちがいたんだけど、でもブラッドもラリーのことが好きだったんだよ。二人は一つのグループを一緒に作って一緒に遊んでいたんだよ。でもブラッドにはラリーよりももっと自分を支持してくれる仲間がいたから、それでブラッドの方が力を持つようになったんだ。ラリーのグループは本当はブラッドのグループの一部だったんだ。でもブラッドはラリーとラリーの仲間をずっと従わせることができないこともあったんだよ」。

リーダーのすぐ下の地位にいるのが二番目の層のクリークのメンバーである。この層は一度に一人か二人の子どもで占められているのが常である。この地位にいる子どもたちはトップのすぐ近くにいてリーダー層に次ぐ重要な地位を占めている。この第二の層を友人とともに占めていたダーラは、同じ四年生のクリークの構造について次のように述べている。「私たちは、だいたい三つの層になっているのね。中心にデニーズがいて、その中心近くに私とクリスティがいて、それから私たちのずっと下にもう一つの層があるの。ずっと下の方よ。でも私たちはデニーズをすごく怖がってるの」。

子どもたちが第二の階層の地位を得るには、二つの方法がある。リーダーの一番の親友になれば、この高い地位につける。しかしこの関係的地位は、クリークのリーダーの好みによる。よくあることだが、友人関係や連携関係が変われば、第二の階層の地位にいた子どもは別の新しい子どもにその地位を取って代わられる。ダーラは、四年生のときに大の仲良しだったリーダーから見捨てられ、彼女が占めていた役割から追い出されたのだが、そのやり方について次のように述べている。「あのね、デニーズは私のことが大好きだって。しばらくの間はね。その間はデニーズと私はとっても仲良しだったの。だからデニーズがリーダーでも、私が一番近くにいると思ってたのよ。でもそれから男の子たちがクリスティが金髪だからって、彼女のことが好きだって言い始めたの。私のボーイフレンドも私を振ってクリスティの方に行っちゃったの。そしたらデニーズもクリスティと大の仲良しになって、私に意地悪するようになったのよ。私は捨てられちゃったのよ」。

トップに近い第二の階層の地位を得るもう一つの方法は、子どもたち自身が自分の力を尽くすことである。自分を好きになって支持してくれるような仲間を持つこと、新たなリーダーが台頭してくる前に高い地位を獲得しておくこと、あるいは今のリーダーの座を奪うために何らかの力を使うことである。

第三の層のクリークの役割は、集団のほとんどの子どもたちから構成されているフォロワーが占めている。リーダーほどには目立たないが、フォロワーはクリークにとっては欠かすことのできない存在であり、リーダーの行為や権威を躊躇することなく受け入れてリーダーの役割を正当化している。彼らは一人あるいは複数の中心メンバーとの関係によって集団と結びついており、地位の異なるさまざまな位置を占めていた。

五年生のブレイクは、二つの上位層とフォロワーの違いに特に留意しながら自分のクリークのメンバーのヒエラルヒーについて次のように述べている。「ボブはトップにいて、ナンバーワンで、マックスはナンバーツーだよ。二人は超人気者なんだ。この二人とグループの他のメンバーとは層が全然違うんだ。三番目の層は誰もいないよ。でも、マーカスが三番目の層の中くらいってとこかなあ。他に三人の子がそうだよ。それから何人かが三番目の層の下の方。ジョシュが四番目の層でジョンも同じ四番目の層。他のみんなは三番目の層の中くらいから四番目の層の間をうろついてるよ。僕も含めてね。移動は激しいよ」。フォロワーの構成はわずかな違いによって決まるが、それは流動的で、中心的なメンバーの好き嫌いによって標的にされたメンバーの地位が上がったり下がったりする。地位の安定しているフォロワーもいるが、不安定なフォロワーもいる。フォロワーにはそれぞれに親しい友だちがたくさんいるが、彼らはみんなリーダーとの繋がりを得ようとしているのである。

人間関係

人気のあるクリークのメンバーは、学年内での自分の社会的位置だけでなくクリーク内での自分の社会的位置にも敏感である。人気のある集団のなかでの人間関係やそのなかで高いランクを維持していくためには協調しようとする努力が必要である。[10] 友人関係は地位に関する基本的な考えによって強く影響される。人気のない子どもは、集団内での地位を良くするために人気のある子どもの機嫌を取ろうとする。彼らは確実に受け入れられ承認されるためにリーダーの行動を真似たり、リーダーの意見を支持したりする。一方、リーダーは他の集団メンバーから引き続き承認を得て自分の人気と支配力を維持していこうとする。このようにクリーク内の行為と友人関係は、リーダーとメンバーが権力や地位についてどのように考えているかということによって常に敏感に影響を受けるのであるが、逆に言えばそうした行為と友人関係は、リーダーとメンバーを意識的に巧みに操っていると言える。

人気のあるクリークのメンバーの間で作り上げられてきた強い忠誠の絆を弱めるような要因がいくつかあるが、そうした要因がメンバー間の人間関係を脆弱な性質にしていく。第一に、メンバーが受け入れられて高い評価のままでいることを求めていけばメンバー間に対立が生じるようになるが、このように立場や地位にあまりに強く執着すると競争的な雰囲気が生まれるということがある（例えば、Best（1983）のテントクラブを参照）[訳注2]。第二に、リーダーが自らの権力を築き上げ、それを維持しようとすることによって生じるダイナミックスが忠誠心を弱めていくということがある。リーダーが支配力を維持していく主要な方法の一つは、自分の好みでフォロワーを選択して贔屓したり、フォロワーの意に反してクリークの別のメンバーに入れ替えるというようなやり方である。そうすればそのうちにメンバー全員がこのやり方の犠牲になる経験をすることになる。贔屓されて有頂天になることもあれば、仲間はずれにされて屈辱を味わうこともあるというわけである。こうしたリーダーの次々に変わっていく取り扱い方がクリークのフォロワーに対するリーダーの支配力を強固にしていくと同時に、リーダーになる可能性のあるライバルが影響力を持たないように、それを阻止していくのである。クリークのメンバーは、リーダーに好意を持ち、賞賛もするが、リーダー自身やメンバーの生活を惨めなものにするリーダーの権力を恐れている。メンバーや彼らの友だちがいじめや排除の標的になったときに、リーダーに楯突いたり、リーダーに対抗しようというような勇気を持っている者はほとんどいない[11]。彼らは汚名を着せられたクリークのメンバーに同調すれば、そのメンバーと同じ屈辱を味わうような地位に落とされてしまうことを知っているからである。その結果、彼らはそうしたメンバーに忠誠を尽くすことの代償はあまりにも大きく、友だちを庇うよりも自分のことに気をつけることの方が平穏であることを知るのである。こうして彼らはリーダーと一緒になって集団の他のメンバーをからかうのである。人気のあるクリーク内の関係のなかで忠誠の絆を弱めていく第三の要因は、クリークのメンバーを選ぶやり方である。集団のリーダーはどこにでもいる普通のメンバーよりも新しいメンバーを選ぶ。フォロワーも新しいメンバーを受け入れるが、それはフォロワー自身が新しいメンバーに好意を持ったからというのではなく、新しいメンバーはリーダーに人気があるからである。そのためにこのような子どもが好ましくない立場に追いやられたとしても、他の子どもたちはその子どもを守ろうとはしない（Eder, 1995参照）。

中間ランクの四年生の女の子トレイシーは、人気のある子どもは人間関係が不安定なことが特徴だとして次のように述べている。「人気のあるグループのなかには、友だちじゃないけど、人気があるというだけでその人と一緒にいるだけの子もいるわ。もし誰かがいじめられたら、その子たちはただこう言うだけよ。『私は気にしないわよ。彼女は人気があるけど、ただそれだけで本当の友だちじゃないもの』って。人気のあるグループがホントに嫌っている人たちなら、他の子がその嫌な人たちに同じことをしても、その嫌な人たちを助け出そうとするような子はあまりいないわよ。その嫌な人たちは他の子にとっても嫌なんだから」。

　こうして人気のあるクリークのメンバーは、自分がいる集団のなかで自分が少しは好かれているのか、あるいは全く好かれていないのかを知るのである。

　しかし人気のあるクリークのメンバーのなかには、長く継続していく人間関係を結ぶ子どもたちもいる。親友間の結びつきが変わらずに継続していく場合もあるし、小さな下位集団のなかの繋がりが継続していくこともある。しかし地位や位置と同じように、人気のあるクリーク内の子ども同士の関係やメンバー間の関係は流動的であることが多い。人気のある子どもたちは、数人のメンバーとたむろすることに飽きてしまい、集団内の別のメンバーとの関係に移ったりして、絶えず友だちを取り替えたりしている。[12] 五年生の人気のある一人の子どもは、子どもたちの友人関係のパターンが流動的なことについて次のように述べている。「あの子たちは友だちの間をよく転々としてるよ。友だちが同じ子だって人もいるけど、ほとんどは違う子が友だちなんだよ」。さらに子どもたちは集団に出たり入ったりしている。既存の集団から抜け出して新しい友だちと手を組む子どもたちもいるが、一方で排除される子どもたちもいる。

　集団から排除される可能性は、クリークのメンバーの誰にもある。子どものなかには他の子どもよりも、排除されるという被害を受けやすい子どももいるが、このような認識は広い範囲に広まっている。フォロワーの子どもたちは支持基盤も弱く、力も全くないから簡単に追い出されてしまう。リーダーがある子どもを攻撃するようになり、他のみんなにも攻撃させるようになると、その子どもは追放されてしまうこともある。

しかし、リーダーもまた、あまりにひどい行動をすると、放り出されることがある。ベストの研究では、「テントクラブ」のリーダーだったビリーがお払い箱にされて、リーダーの地位から転落していく様子が記述されている(Best, 1983)。五年生の人気者のトッドは、あるクリークのリーダーが排除されたことを振り返って次のように述べている。「プレストンは、以前は学校で一番の人気者だったんだ。だけど彼は怠け過ぎて周りの仲間を裏切ったんだ。だから仲間は彼を放り出したんだよ」。

質問：一番の人気者の子を追い出すのは簡単じゃないでしょう?
トッド：そうだけど。みんなが彼を嫌ってたからね。「じゃあね、またね」って感じだよ。
質問：みんなが対抗できたのはどうして?
トッド：その子が付け上がって誰かを利用しようなんて考えていればね。そうだな、プレストンはいつもこんな風に言ってたよ。「あの紙切れ、取って来い」って。もしその紙切れを取ってこれなかったら、そいつはダサいんだよ（大げさな調子に言葉を変えて）。みんなはダサいことを嫌うからね。だからみんなは誰かの言いなりにはなりたくないんだよ。
それでプレストンは放り出されたんだよ。

プレストンの排除は、重大で長期にわたるものだった。六カ月たっても以前の友だちは誰も彼を再び受け入れようとはしなかった。彼は完全に脱落してしまい、フォロワーや「取り巻き」を通り越して中間ランクの三つの下位層[訳注3]にまで落ちてしまった。

しかし、このような長期にわたる追放よりもよく見られるのは一時的な追放である。子どもは友だちから追い出されることもあるが、その後ですぐに再び受け入れられる。四年生の男の子ライアンは人気のあるクリークの関係から追い出されて再び加入するという浮き沈みの経験をしたことについて次のように語っている。「以前に、僕に起こった出来事なんだけどね。僕は追い出されたんだよ。他の何人かの子も。何を着るかとか何を言うかということにまで気をつけなきゃならないんだ。大変だよ。でも切り抜けないと駄目なんだよ。本当に何日間かはみんな嫌な気分だよ。ちょっと前にグループに入れたんだ。その場の気分次第だよ」。

このように人気のあるクリークのメンバーの関係は、その特徴が排他的であるというだけに、脆弱で不安定なのである。

1-2　取り巻き

組織と特徴

先に取り上げた五年生の男の子タイラーによれば、「カッコ良く振る舞っているフォロワー」、つまり「取り巻き」は学年の一〇パーセントくらいだとかなり正確に述べていた。クリークのメンバーは、集団に入っていない外部の子どもたちも加えてゲームや遊びを一緒にすることもある。このときに声をかけられる子どもたちは、クリークのメンバーではないが、集団の周辺をうろうろしているので、周辺的な、つまり境界線上の地位にいるのである。

フォロワーは完全に受け入れられている集団のメンバーであるから、彼らは、集団の外に何人かの友だちを持っているといっても、階層的ヒエラルヒーから言えば、クリークのフォロワーの下に位置することになる。「取り巻き」は、集団の外に多くの友だちを持っていることが普通だが、集団の内部では一部の数人のメンバーにしか受け入れられていない。

五年生担任のクラーク先生が「取り巻き」の形態について次のように述べている。「この子どもたちの多くは、人気のある子どもに気に入ってもらいたいと思っているのですよ。そのために人気のある子どもが受け入れてくれるまで彼らの周りをうろついているのです。だからグループが受け入れてグループに入れるようなことがあると、ほんのしばらくの間であっても、人気のある子どもが突然に自分の友だちになるのですから満足するんです。トップグループの子どもと知り合えることが満足なんですよ。もし人気のある子どもがグループを大きくしたいのなら、こういう子どもに頼ることになるでしょうね。そのような人気のある子の周りにいる子どもは本当にグループに入れるわけではありませんが、全く駄目というわけでもありません」。

「取り巻き」はクリークの近くにいるメンバーのなかでも一番低い地位にいる。

包摂の試み

クリークのメンバーが周辺にいる外部の子どもたちと遊んでくれるということになれば、外部の子どもたちは直ぐにそれに応じて一緒に遊ぶ。四年生の人気者の女の子ステイシーは、クリーク周辺にたむろしている子どもたちがクリークへの仲間入りを待ち望んでいる理由を次のように説明している。「取り巻きの人たちはクリークの周辺をうろついたり、とにかくそこに居るだけだったり、カッコよくやろうとするのね。でも、ホントはカッコよくないのよ。だけど、あの子たちはカッコいいと思ってて、もし私たちと一緒に遊べたらもっとカッコよくなると思ってるのよ。だから私たちが誘ったら、いつでも喜んで遊ぶのよ」。

仲間に入ろうといろいろ手を尽くしているとき、「取り巻き」は人気のある子どもの振る舞い方をそっくり真似たりする。服装や髪型を真似て、同じ種類の音楽を購入し、同じ言葉遣いをしようとする。(13) 五年生に言わせると、「やあ」という呼びかけの代わりに「よお、調子はどうだい?」のような言葉を使うし、「遊ぶ」という代わりに「ぶらつく」という言葉を使ったりする。このような言葉を使うのは、ティーンエイジャーのように振る舞って成熟しているように見せかけ、格好よさを主張するためなのである。三年生の中間ランクの女の子のなかには、こっそりと格好よく振る舞っている「取り巻き」の女の子の物真似をしてからかう者もいた。それは独特のやり方で髪を指で梳きあげたり頭を振ったりするリーダーの癖をそっくり取り入れたものだった。そのように誰か一人が真似をするたびに、他の女の子たちは顔を見合わせて笑わないように我慢しているが、ときには抑えきれずに吹き出してしまうのである。「取り巻き」も、リッツォが「友人勧誘」と呼んだように、人気のある子どもたちを友だちになるように誘ったりする（Rizzo, 1989）。例えば、お泊り会やパーティへの招待、交換用のスポーツカードのような持ち物、衣服の貸し借り、家族旅行への誘い、他のイベントへの誘いなど。こうした申し出によって「取り巻き」はリーダーからいくらかの注目を集めるのだが、だいたいは短命に終わってしまう。

仲間に入れてもらおうとする「取り巻き」の試みが極端な行動を取ることがある。彼らは、人気のある子どものために走っていって物を探して取ってくるし、彼らのメッセージを他の子どもに届けるし、仲間から嫌われている子どもたちを殴るぞと脅かしたりもする。彼らは、からかわれていないときでも道化のように振る舞って笑いものになったりする。子どもの仲間文化においては、このような弱みはすぐに気づかれてしまい、自信のなさと弱気さの兆候と見なされるようになる。(14) そのような極端な行動は、「取り巻き」が人気のある子どもに受け入れてもらうのに役立つというよりも、むしろ自暴自棄の兆候と受け取られ、彼らを集団の外へとさらに追いやってしまうことになる。

一時的な包摂

周辺部にいる子どもたちは、さまざまな理由から人気のあるクリークの活動に加わることがある。男の子の遊びは、スポーツも含めて、一般に比較的大きな集団で行われる（Lever, 1976; Thorne, 1993）。男の子のクリークは特定のスポーツをするために人数が足りなければ、メンバーでない集団外の子どもたちを誘って加えることもある。先に引用した四年生の男の子ライアンは、クリークの活動に参加している子どもたちについて次のように説明している。「フットボールとかバスケットボールとか、何か面白いスポーツをしようと思ったら大勢の人数がいるんだよ。パスするのも多い方がいいしブロックするのも多い方がいいし、何をするにも多い方がいいからね。だから、スポーツをしようということになったら大勢を集めたいんだ。だから、もしブラブラしているだけの人がいたり、座り込んで駄弁っているような人がいれば、まさに打ってつけだよ。そうなりゃあ集団の境界線なんてないも同じだよ」。

チームの人数を増やして、もっと大きくて多様なチームを作るために、男の子は周辺部にいる子どもたちを誘って一緒に遊ぶのであるが、しかしそれは友だちとしてあまり親しくない子どもを相手にする方が攻撃的な遊びをしやすいからである。実際、周辺部の境界に位置する子どもたちは乱暴な扱われ方をされることがよくあった。このような扱いには受容と拒否が複雑に入り交じっている。全面的に拒否されるよりも受容される方が多いが、その一方で境界に位置する子どもたちはほとんどの拒否的行動を経験している。彼らは仲間に入ろうとしていろいろなことを試みる一方で、歓迎されたり敬遠されたりを繰り返しているからである。

ダーラは、五年生のときを振り返って自分のクリークが周辺層の子どもたちとどのような関係にあったか、またどのような扱い方をしていたかについて次のように説明している。「私たちはあの子たちを本当にひどい目に遭わせたわ。でも友だちよ。あの子たちに嫌な思いもさせたけど、優しくもしてたわ。あの子たちはいつもすぐに元通りに戻るのよ」。

質問：仲間には入れてあげるけど、端っこだってこと？

ダーラ：そうね。私たちの気持ち次第ってことね。ある意味、あの子たちを利用したようなところがあるわね。でも私たちは友だちよ。だけどときどき「プシュー」ってやるの（息を吹きつけるようなおどけた仕草をする）……。誰かに意地悪させたり、私たちが意地悪したりして。

このように集団の人間関係の中心的な輪の外側にいる子どもたちは、クリークの境界を決めるうえで重要な機能を果たしている。彼らは位置を［集団の外部や内部に］入れ替えたり、また十分に受け入れられるようなクリークのメンバーになったりして、どのような地位であれ、集団内部の地位のメリットを高く評価しているのであるが、そうしたことがクリークの境界を決めるうえでの重要な機能を果たすことになる。クリークのメンバーは、このようなクリークの外側にいる子どもたちが積極的に役割を果たしていることをたいていは知っているし、またクリークのメンバーは「取り巻き」を軽く見てはいるが、彼らの関心を引き続き集めようとしているのである。

人気のあるクリークを守ること

格好いい子どもと一緒に遊べないとき、「取り巻き」は自分たちで少人数の友人集団を形成する。一人でブラブラして時を過ごすこともあれば、互いに集まって二人や三人、四人くらいの集団を作ることもある。これらは強く結びついた友人集団ではないが、それぞれの子どもにとっては他の集団よりは好ましく、人気のあるクリークと結びついている。「取り巻き」は緩衝帯としても機能していて、トップグループから拒否された子どもを受け入れるのである。

先に引用した四年生担任のモーラン先生は、人気のあるクリークと「取り巻き」の間の地位の違いについて、また「取り巻き」が人気のあるクリークを守ろうとする方法について、これまで観察してきたことから次のように述べている。

質問：人気のある集団から外されるとき、その子どもたちにはいったい何が起きているのですか？　下位の層の集団がその子どもたちを受け入れるのですか？

モーラン先生：外された理由によりますね。その子どもたちに人気があっても、人気のあるクリークの誰かとちょっとしたケンカをしたために外されたというのなら、「取り巻き」の連中や中間ランクのグループの人気者になりますね。でも、もともと「取り巻き」でクリークに入りたがっていた子どもたちの内の一人であれば、外されると、ずっと下まで落ちてしまって誰も受け入れませんよ。ただ一番下のランクの子どもたちなら受け入れるかも知れませんが。

「取り巻き」は、人気のあるほとんどの子どもたちから拒否されても、それでもまだ一部に人気のある子どもとの繋がりを維持しているので、自分の地位を少しでも高めようとして、その人気のある子どもたちの拒否を受け入れるのである。しかし人気のある子どもはこの見え透いた戦略を見抜いている。四年生の人気者のローレンは「取り巻き」を軽く見下しながらも次のように述べている。「僕らが中間に落とした子どもたちや、下の方の「取り巻き」は、みんな自分はカッコいいと思ってるんだよ。以前はカッコよかったし、人気のある人たちとおしゃべりしてたんだから。でもさ、実際に起こったことは追い出されたことだよ」。人気のある子どもたちからの拒否を受け入れたために「取り巻き」は、人気のある子どもたちの受け入れを求めていた子どもたちとともに、さらに地位を低下させていくのである。人気のある子どもは高い地位から「取り巻き」を見下しているけれども、自分が排除の対象になったときには「取り巻き」の中間的なランクの地位を貴重なもののように思うのである。人気のあるクリークとの結びつきを維持しているだけに「取り巻き」は、中間ランクのグループのメンバーほどに上位層から遠く離れているわけではない。

四年生の人気のある男の子ライアンは、自分が人気のあるグループから外されて再びそのグループに復帰したときの「取り巻き」の役割について次のように話している。

質問：格好いいグループから追い出され時、誰と一緒に過ごしていたの？

ライアン：一緒にいたのは、カッコいい子の「取り巻き」だよ。まあ、二週間くらいかな。それから僕のずっと前からの友だちが「こいつ、もういいよな」と言って元に戻してくれたんだよ。それで僕はカッコいいグループに戻ったというわけだよ。

質問：中間の子どもたちのところまでは下がらなかったのね？

ライアン：下がってないよ。あまり長く中間の子たちと一緒にいたら絶対にカッコいいグループには戻ってこれないよ。

質問：格好いい子どもの「取り巻き」というのは中間の子どもたちよりも地位が高いの？

ライアン：そうだね。「取り巻き」は一発勝負に賭けてるみたいなところがあるから、何とかしてカッコいいと思ってることをやってみようとするんだよ。それでカッコいい子が「取り巻き」を仲間に入れることも時々あるんだ。そうして「取り巻き」はカッコいいグループに入るんだ。端の方だけどね。

1-3　中間ランクの友人集団

組織と特徴

中間ランクは、人気がないと思われている子どもたち、格好よくなろうとしない子どもたち、あるいは格好いい子どもたちに受け入れられようとはしない子どもたちから構成されている。このグループは、各学年のほぼ半数くらいを占めているが、大きくて捉えどころのない形をしていて、多数のさまざまな下位集団や特殊なタイプに分かれている。五年生担任のパーキンズ先生は、中間ランクのグループの構成について次のような意見を述べている。「あの子たちは全員で一つの集団とは限らないんです。もういろいろです。しっかりした方の子どもたちは非常にうまく適応しています。流行の遊びはしないし、いじめにも関わろうとしないし、権力争いにも関わろうとはしないし、とても安定していることの多い子どもたちです。社交的で目先が利くというわけじゃないし、格好いい服装をしているわけでもないのですけど、角のない、健全な子どもたちだと思います。なかには人付き合いが苦手のようなコンピューターオタク[訳注4]もいますが、悪い意味ではなくてですよ。まあ、おかしな話ですが」。

中間ランクの子どもたちも友人集団を形成しているが、それは二人か三人の親友のグループからもう少し大きなグループまでの範囲の小集団である。中間ランクの友人集団は、これ以上に大きくなることはめったにないが、排他的な性質を帯びる傾向がある。四年生の中間ランクの女の子ニコールは自分の周りで群れている子どもたちについて次のように述べている。「あの人たちは三人か五人くらいで集団に入ってきた人たちだけど、他人のことに余計な口出しはしないという主義なの。自分たちの集団から全然離れないし、他の友だちを作ろうとはしないのよ。だから誰もそんな集団に入ろうなんて思わないわ。ほんの例外を除けばね」。他の子どもたちもこのような捉え方を裏づけていて、中間ランクの友人集団を「くだらない二、三人グループ」とか「駐車場の二人組、いつも一緒の立ちん坊、おしゃべり三人グループ、友だちカップル」などとと呼んでいた。

人気のあるクリークがしっかりした層になって位置づけられるのとは対照的に、中間ランクの友人集団は階層システムに弱く位置づけられているだけで、階層システム内に位置しているというよりもむしろそれぞれに異なった友人集団との関連で位置づけられている。以前は人気のあるクリークのリーダーだったが中間層に転落したプレストンのように、「中間ランクでも」高い地位にある子どもたちであっても人気のある集団の拒否を受け入れるか、ともかくも耐えなければならないと見なされている。中間ランクの集団は、他人のことに余計な口出しはせずに自分たちの間だけで遊ぶ。中間ランクでも下位の集団は、社会的に孤立している子どもたちよりもワンステップ上に位置づけられる。五年生の人気のあるトッドは、この中間ランクの下位の集団の特徴を次のように言っている。「その子たちは砂場でたむろすることもできないような度胸のない奴らだよ。ずっと下の方にいるんだ」。

全く人気のない子どもたちは、自分たちが中間レベルの地位にいることを分かっているし、それを受け入れている。彼らは、自分たちはエリート集団に入れるようなタイプではないという認識を共有しており、いろいろな意見を述べてそのことを説明している。自分のことを「人気のあるタイプ」になるにはおとなしすぎるとか、恥ずかしがりすぎると述べる子どももいれば、自分のことを「他人から好かれないタイプ」であるという子どももいる。もし彼らがこのことを分かっていないようであれば、人気のある子どもたちが個人ででも集団ででも、いじめたり見下したりして、このことを認識させるように仕向けるのである。

中間ランクの友人集団と地位ヒエラルヒーの上位に位置するクリークを区別する最大の特徴の一つは、大きさは別として、子どもたちを受け入れるかどうかという受入容認の意思である。人気のある集団は、排他的で、集団の境界を厳しくコントロールし続け、評価の高い好ましい子どもは集団に入れるが、好ましくない子どもは追い出そうとする。それに対して中間ランクの友人集団は、入りたいという子どもたちや一緒に遊びたいという子どもたちがいれば、簡単に受け入れている。中間ランクの集団の三年生の男の子ティミィは彼のグループが外部者をどのように受け入れて一緒に遊んでいるかについて、次のように述べている。「ときどきなんだけど、本当はメンバーではない子どもも大勢が一緒になってバスケットボールの大事な試合をするんだ。彼らはいい奴らだから誰でも入れてくれるんだ。だから仲間はずれにされた子がいても、いつでも入れてくれるよ。人気のある集団から人気のない集団に入ってきた子は大勢いるよ。みんな試合に出たがっているからだよ。それに人気のある子はよく騙したりするし、公平には扱ったりはしないんだ」。

中間ランクの友人集団と上位のクリークを区別するもう一つの特徴は、その民主的リーダーシップの構造にある。クリークには明確に決められたリーダーと内部の階層が相互に強く連結されたヒエラルヒーがあるが、中間ランクの友人集団はもっと平等主義的である。友人集団は、ただ一人の中心人物によって同定されるものではないし、メンバーのためになすべきことや考えるべきことを先導するような人がいるわけでもないし、集団の境界線を決定するようなリーダーがいるわけでもない。五年生のあまり人気のない女の子メアリーは中間ランクの集団のリーダーシップ構造の民主的な性質について次のように話している。「いつも、誰かが何かを言い出して、それを私たちがいつもいいかどうかを言うのよ。それが嫌であっても言うの。それから誰か他の人が別のことを言い出すの。私たちがやりたいことを決める人がいるわけじゃないのよ。突然何かが決まるようになって、それからみんなでそれでいいかどうか確かめるの」。

人間関係

中間ランクの集団の人間関係は、人気のあるクリークや「取り巻き」の集団よりももっと親密で感情的であることが多い。これは一部は友人集団の規模が小さいこと、またメンバーの相互作用の頻度が高いことによる。人気のある子どもたちの場合には、いつも交際している子どもたちが大勢いるし、クリークのメンバー全員を友人だと見なす傾向がある。「取り巻き」はまとまることが全然ないし、さしたる力もない拡散的な集団であり、ただ人気のあるクリークの周囲に集まっている。これに対して中間ランクのメンバーは、やり取りしている友人は少ないという子どもが多かった。あまり人気のない五年生の男の子ニコウは、中間ランクの子どもたちと人気のある子どもたちとの友人関係の違いについて次のように述べている。「小さな集団のメンバーだったら一対一になることが多いから、直ぐに仲良しになれるよ。人気のあるクリークのメンバーだったら一人の子と長い間一緒にいることがあまりなくて下位グループの間を行ったり来たりするんだよ。全体だと大きな集団だからね。二〇人か三〇人くらいの集団かな」。

人気のない集団のなかでは、地位階層をめぐる争いがないということが人間関係の特徴にも影響を与えている。人気のない集団の子どもたちは、誰が支持されているのか、誰が支持を失ったのか、誰が友だちからいじめられているのかということについて、人気のあるクリークのメンバーほどに気にする必要はない。その結果、人気のない集団の子どもたちは、友だちとの間に忠誠と信頼を形成し、深めていくことができ、デリケートな問題であっても自由に話せると思っているのである。四年生のあまり人気のないアリアーナは、自分の集団の人間関係の性質について次のように話している。「私には人気のあるグループの子じゃないけど、中間ランクの友だちがたくさんいるわ。頼れる人がいつもいるの。私の友だちだから何でも思っていることをいつでも言えるわ。この人、ホントに私の心を傷つけるわねとも言えるわ。それから私たちはみんなでそのことを話し合うのよ。私たちのグループには意地悪な人はいないし、自分は他の人より優れてると思っている人もいないし、みんなに威張るような人もいないわ。だから、私たちはみんなお互いを頼りにしているってことを知ってるし、もし誰かが私たちをからかうようなことをしたら、友だちがいつも味方になって助けてくれるわ」[15]。

中間ランクの友人集団も、人気のあるクリークと同じように、人間関係もメンバーも変化することもあるし、そのまま継続していくこともある。長い間、集団や友人関係が変わらずに、そのままの子どもたちもいる。こうした子どもたちは、友だちと固く結ばれていて、学校や家でかなりの時間を過ごしたり、またレクリエーション活動を一緒にして時間を過ごしたりしながら親密な関係の絆を築いている。さらにはある期間にわたって集団に入ったり出たりして、ある集団の周りを回っているような子どもたちもいる。

五年生の男の子ジャレッドは、中間ランクのなかでも中心的な友人集団の人間関係の変化について次のように述べている。

質問：そのような集団は安定しているの？　それとも壊れたり、もう一度作り直したりすることがよくあるの？

ジャレッド：どちらとも言えないよ。二年間一緒にいた集団もあるけど、一週間の間にバラバラになった集団もあるし、二日間一緒だった集団もあるし、三週間でバラバラになった集団もあるんだ。その繰り返しだよ。

質問：元に戻るときって、同じ人のところに戻るの、それとも別のグループに入るの？

ジャレッド：同じ人のところ。

四年生担任のモーラン先生は、中間ランクの子どもたちの集団で見られる安定と流動のパターンについて次のようにまとめている。「子どもたちが集団の間を行ったり来たりすることはよくあります。例えば、ある週に二人の子どもが何かをしていたのに、次の週にはもうその集団を抜け出して別の二人になって何かをしているという具合です。でも、今週は誰が誰と一緒かなんてことは大したことではありません。子どもたちは中間ランクの範囲のなかで居心地の良さそうな方に移っていきます。でも友人関係は続いています。本当に仲の良い友だちがいる子どももいますね。その子たちは週末を一緒に過ごしたり、よく一緒に過ごしていますね」。

しかし、中間ランクの子どもたちは、気まぐれで集団から追い出そうとするようなリーダー［人気のあるクリークのリーダーのこと］と言い争わなくてもよいので、社会的安定度は高い。集団のなかで他の子どもとケンカをしたり、他の子どもがやりたいことと自分のやりたいことが違っていたりするために、中間ランクの集団から離れる子どもたちも、なかにはいる。二人の子どもが一人の子どもを孤立させ一人ぼっちにしたままにして集団でいじめることともときどきある。大きな集団であれば、いつか誰かにうんざりするようなこともあるのだろう。

中間ランクの集団にいた五年生の男の子ニックは、中間クラスの集団から子どもが離脱していくことと関係している集合的なグループ・ダイナミックスについて述べている。

質問：そういうように集団から追い出された子がいたの？
ニック：そうだよ。だけどみんながお互いに合意したときだけだよ。みんなが説得することもあるし、悪態をつくこともあるし、その子を追い出したいと思っている子の理由を説明することだってあるよ。よく見たのは、ある子の話をでっち上げたり、うわさを広めたりなんかすることだよ。だけど、人気のあるクリークの子ならできるけど、みんな［中間ランクの子どもたちのこと］にもできないことがあるんだ。ある子に自分はダサいから自分から出て行くように自分で決めさせることなんて、みんなにはできないよ。

1-4　社会的孤立者

構造と特徴

このタイプの子どもには、本当の友だちはいない。一人でいることが好きな子、放浪気味の子、まじめな子、そしてナード［訳注5］と呼ばれるような子どもたちであるが、こうした子どもたちは学年の下位の層に位置づけられて、みんなから大きく外れている。クレスは彼らを「除け者」と呼び（Kless, 1992）、エーダーは「孤立者」と呼び（Eder, 1995）、ベストは「負け組」と呼んでいる（Best, 1983）。ルビン、ルメール、ロリスは「撤退者」と定義しており（Rubin, LeMare, and Lollis, 1990）、マーテンの論文では「雄蜂［訳注6］」と呼んでいる（Merten, 1996b）。

他の子どもたちも社会的孤立者のことが分かっていて、中間ランクの子どもたちとは明確に区別して、受容範囲の下位に位置づけている。このように孤立している子どもたちは休み時間には校庭の周りをブラブラしたり、一人でゲームをしたり、学校用務員の人と話をしたり、あるいはサイドライン[訳注7]の辺りをうろついている。誰も彼らとは一緒に座りたがらないのでランチのときには一人で食べている。グループに分かれるときには、決まって最後まで取り残される。彼らが孤立するようになった理由を尋ねられて、四年生の中間のランクの女の子トレイシーは次のように答えている。「グループの外にいて、みんなの周りをうろつき回っている子は何人かいるわ。でも、その子たちは本当はみんなに溶け込もうとはしないのよ。ただそこにいるだけで話なんかしないし」。中間ランクの五年生の男の子ジャーラドは同じ質問に対して次のように答えている。「あの子たちは変わってるんだよ。差別みたいなことはよくあることさ。変わってるから出て行って一人でいるんだよ」。トレイシーとジャレッドの説明は、子どもたちはこのような孤立した者を学年の他の子どもたちとは切り離して見ていて、だいたいは生まれつきの性質のせいだと見なしていることを示している[16]。孤立している子どもたちは変わっている、他の子どもたちに溶け込もうとはしない、彼らのものの見方や振る舞い方には何かが規範から外れているというのである。

社会的孤立者の性格はさまざまであるが、このカテゴリーに入る子どもの数はだいたい一定している。四年生担任のグッドウィン先生は、こうした集団の大きさについて次のように述べている。

質問：一番下位の子どもたちのグループの場合、何人くらいですか？
グッドウィン先生：年ごとに違いますが、そうですね、この五年くらいは、全体で、おおよそ一二人か一三人くらいでしょう。私が受け持ったのは一二五人くらいの生徒ですが、そのうちのだいたい一〇パーセントくらいになります。はっきりとは分かりません。常連のナードもいれば、明らかな問題行動のある子どももいるし、他の子どもを怖がらせるような子どももいます。そういう子どもたちは本当に変わっていて、社会的にうまく適応していけないのですね[17]。

拒否の連鎖

社会的孤立者は長い時間を一人で過ごしているけれども、クラスメイトとのおしゃべりや遊びに入れてくれることを待ち望んでいる。マーテンがはっきりと述べているように、彼らは時々ではあるが、いろいろなおしゃべりや遊びに加わろうと試みている（Merten, 1996b）。

こうした努力が時には実を結ぶこともあって、活動に入れてもらったり、大目に見てもらったり、ランチルームに入れてもらったりすることがある。先に述べた四年生の人気者の男の子ライアンは、友だちがいない子どもたちが人気のある集団の活動に入れてもらえることができる方法について次のように述べている。「友だちが全然いなかったり、いても一人か二人くらいの子がいて、そういう子は教室で座って本を読んでいるか、外で座り込んで何もしていなかったりすることがよくあるんだ。だけど僕たちがその子を好きじゃなくても、その人気のない子がグループに加わることが時々あるんだ。ゲームをするのに必要なときだよ。六人のメンバーが必要なときに五人しかいないときなんか。チームを公平にするのにもう一人必要なんだ（原文のまま）［訳注８］。それでそこら辺に座っていて、ゲームをしたいと思っている子に声をかけるんだ」。このような場合に、参加した子どもはゲームの間だけは仲間に加わった気分を味わえるのである。

中間ランクの三年生のティミィは、全く孤立している一人の友だちについて話してくれた。ティミィは、その友だちが他の子どもたちとのおしゃべりに加わろうとしたことについて次のように言っている。

質問：その子はグループに加わろうとしていたの？
ティミィ：そうだよ。彼はよくそういうことをしてるよ。だからホントにメンバーに加わろうという気がないとき以外は、たいていはグループに加えられるんだよ。だけどもし誰かが誰かとおしゃべりしていて、彼がそのおしゃべりに加わろうとしても、その話題について何も知らなかったりしたら、そこには全然加われないよ。だから彼は一人ぼっちだと感じるのだと思うよ。彼は……誰とも一緒じゃないからね。彼は子ども同士のグループにはホントに入れないんだよ。

しかし、「孤立者」が仲間に加わろうとする試みは、うまくいかないことの方がはるかに多い[18]。「孤立者」が他の子どもたちの遊びに加わることができるかどうかを勇気を奮い起こして、その子どもたちに頼んだりしても、笑われたりしてひどい扱いを受けるのである。子どもたちは孤立した子どもたちをからかったり、いじめたりして物笑いの種にしたりする[19]。人気のあるリーダーがフォロワーを格下げにし、そのフォロワーが「取り巻き」を降格させ、「取り巻き」が中間ランクの子どもたちを格下げにするが、みんなは最下層の子どもたちを屈辱的に扱うことによって自分が受けた屈辱感をともかくも埋め合わせることができるのである。最下層の子どもたちを庇うような人は誰もいないし、彼らよりは上だという感情ではみんなは一つにまとまっている。子どもたちは最下層の子どもたちの悪口を言い合ったり、彼らとケンカを始めたり、服装や外見を笑いものにしたり、「バイ菌」を持っているなどとうわさをしたりする（Thorne, 1993）。子どもたちは、「負け組」と呼ばれる最下層の子どもたちの気持ちに何の配慮もすることなく、彼らと一緒に遊ぶことを拒否するのである。

四年生の中間ランクの男の子ショーンは、孤立した子が子どもたちのグループ、特に人気のあるグループから強い口調で拒否された様子を次のように語っている。「休憩時間にあの子たち（孤立者）は外に出て他の子どもたちと話したり、何かしてるんだけど、本当はゲームで遊んでもいないし、何かをして遊んでいるわけでもないんだ。その子たちも遊ぼうとしてるんだけど、そうさせない子もいるんだよ。たった五人か一〇人くらいのときでもゲームの人数は足りてるって、意地悪なことを言う子もいるんだ。だけどその後で別の子を入れたりするんだよ」。

このような出来事が続いた後では、「孤立者」が他の子どもたちとのやり取りによって得られるメリットは、あるかも知れないが、しかしどちらかと言えば、もはや格下げされるとか侮辱されるというような危険を冒してまで行う［参加を求めること］ほどの価値はないようである。先に引用した中間ランクの五年生の女の子メアリーは、社会的孤立者が他の子どもたちの輪のなかに入ろうとして何度も失敗を重ねたときに起こった出来事について「あの子たちはもう自信を打ち砕かれてしまって、もう一度やってみようという気がないのよ」と述べている。

このような出来事が頻繁に起こると、「孤立者」はさらに引きこもりがちになって閉じこもり、他の子どもたちとのやり取りを止めてしまうようになる。[20] 彼らは毎日一人でランチを食べるし、休憩時間は教室内で過ごすことが多く、学校が終わるとまっすぐ家に帰る。長引く孤独、耐えがたい孤独を経験した子どもは、最後の頼みの綱に訴える。転校である。

人間関係

「孤立者」は一人で長い時間を過ごすが、一方で一部の子どもたちの関係の輪のなかに入ったり出たりしながら、確実に友だちになってくれそうな、あまり地位の高くない子どもを探そうとする。[21] 社会的孤立者は、一人で校庭をうろついているところや地位の高い子どもたちから罵られたり、いじめられているところを見られている。こうした「孤立者」は、子どもたちが遊びのために集まってグループを作るときでも端っこの方でうろうろしているだけである。

しかしながら、「孤立者」は、多くの場合、自分たちの集団を作るというのではなく、かえって自分と同じような立場にいる子どもたちに対しては互いに拒否的に反応している。彼らは、クラスの子どもたちとは友だちになりたいとは思っていないが、しかし自分と同じような立場である「除け者」にされた子どもたちとも友だちになりたいとは思っていない。三年生の孤立者であるメレディスは、仲間に対してあまり関心がないことについて次のように述べている。

質問：休憩時間には何をしているの？

メレディス：そうね。みんなが遊んでいるのを見ていることもあるわ。見ているだけでも楽しいの。一人で簡単なゲームをすることもあるわ。自分で考えて自分で遊ぶの。

質問：一人で遊んでる子は他にもいる？

メレディス：いるわよ。いることはいるけど、とても少ないわね。グループだってホントに少ないし。

質問：その人たちの誰かと遊んだこと、ある？

メレディス：ない。全然ない。

質問：どうして？　その子たちが嫌いなの？

メレディス：ちょっとね。他の理由もあるけど。

四年生担任のモーラン先生は、「除け者」にされた子どもたちがお互いを避けていると思われる理由について次のように話している。

質問：下位の層の子どもと友だちになることは不名誉なことなのですか？

モーラン先生：そうです。例えば、「さあ、グループを作って」と私が言えば、二、三人の子どもは突っ立っているだけなんです。その子たちも一緒にグループを作らなければならないのだけど、［突っ立っているだけだから］誰が見ても明らかな残り物って感じてす。ボーッとしているので気がつかない子も少しはいますが、そんなこと［残り物］には絶対になりたくないと思っている子もいます。

不名誉なことになるかも知れないが、社会的孤立者が友だちが欲しくなって、友だちを作ろうとするときがある。彼らはもはや孤独と退屈に耐えることができなくなって、「除け者」にされている他の子どもたちに対して抱いていた嫌悪の感情を克服しようとするのである。彼らが他の「孤立者」と手を組むことが増えれば、地位の高い子どもたちの迷惑な態度にも何とか耐えられるし、いじめも何とか許すことができる[22]。

四年生の中間ランクの女の子トレイシーは「孤立者」の何人かが結びついていく様子について次のように述べている。「孤立者の子も、そのうちに自分と似たようなタイプの子に出会ったりして、一緒にぶらついたりするようになるのよ。それから半年くらい経つと二人か三人の小さなグループになってるわ」。

質問：子どもたちはいつも一人ぼっちのままでずっといるわけじゃあないんでしょう?

トレイシー：そうよ。そのうち誰か他の子を見つける子もいるけど、そうでなければ、ものすごく寂しくなって何でもいいから誰かと一緒にいたいというような子もいるのよ。

五年生担任のパーキンズ先生は、社会的孤立者が友だちのようになるために嫌悪という感情をどのようにして克服して、人間関係を形成していくのかについての意見を述べている。「彼らの友人関係は、共通の性質に基づいているのではなくて、互いに相手をどの程度利用できるかという有用性に基づいているのです。子どもたちに共通しているのは社会的に『除け者』にされているということだと思います。なかにはそのことを認めたがらない子どももいます。いつかは認めることになるでしょうが、結局はそのことを認めた方がいいと思います。そうすれば『この友だちのことを誰がどう思っているかを知っていたとしても、ここにいるのが私の友だちなんだ』と言えます」。

仲間の社会的ヒエラルヒーの上では、たとえ不名誉であるとされていても、またそのようなヒエラルヒーがたとえ学校のなかにも学年のなかにもなかったとしても、「孤立者」の子どもたちは交際のきっかけを見つけようとしてどこか別の場所に目を向けるのである。その友だちの地位がたとえ低かったとしても、友だちを持つことには重要な意味がある。そうでなければ「孤立者」は、放課後や週末にはずっとテレビを見たり、テレビゲームをしたり、本を読んだり、組織的な課外活動に参加したり、親と行動を共にしたりして過ごすことになる。年下の子どもたちと友人関係を形成することは、社会的孤立者にとっては容易なことである。というのも「孤立者」は「除け者」という地位に付与された不名誉をそのままにして、新しい学校や近隣の子どもたちのなかで、年齢や学年の上昇に基づいて生じる高い地位を得ることができるからである。

全くの「除け者」にされていた三年生のロジャーは、ほとんど変わることのない仲間について次のように話している。「たいていは隣の近所の子と遊ぶんだ。エリックっていう二歳の男の子。僕はいつもエリックに手を貸してやってるよ。エリックのパパはいつも仕事だし、ママは関節炎なんだ。だから僕が行くとみんな、すっごく助かるんだ。パパとママは用事で出かけることもあるよ。エリックはいつも僕に来て欲しいんだ。僕が一緒にいるときにはパパとママは用事をしているときもあるけど、いろんなことが済ませられるから『うまくいったよ』というんだ。まるで僕がエリックの面倒を見ているようだよ。エリックには棚から物を取らないようにと言うんだけど、それってパパとママには大いに助けになっているよ。パパとママが見ていない物をエリックが見つけたら、パパとママはそこに行ってそれを元の場所に戻さないといけないんけど、そうしたらその場所をもう一度探さないといけなくなるんだよ。だけどエリックはまた同じことをするよ。そしたらもうガラクタの山だよ。だから僕はいろんな役に立ってるんだよ」。

ロジャーは、学校の地位システムと年齢システムの両方の枠外に出ることによって常連の遊び仲間を見つけることができたのである。しかし「除け者」にされた子どもが新たな仲間たちのなかに入っていったとしても長続きしないことが多い。情報が伝わっていくと、両方のシステムの枠外にいた友だちも、彼らが「除け者」の地位にいたことを知って、たいていの場合は彼らを下位に落としていくのである。

2 アイデンティティ・ヒエラルヒー

社会階層のヒエラルヒーにはさまざまなレベルがあり、どのレベルに位置づけられるかによって子どもたちは全く異なった相互作用を経験する。集団の規模、活動のタイプや程度、集団内部の関係の性質、そして他の集団に対する相対的な上位／下位の関係などはすべてこの順位づけのシステムによって特徴づけられる。これらの特徴によって子どもたちは自分自身の捉え方、あるいは自己概念を発達させ、社会関係のなかでの位置に固定されるのである。これが階層化の第二の形態、すなわちアイデンティティ・ヒエラルヒーなのである。

2-1 人気のあるクリーク

エリートの子どもたち、つまり人気のあるクリークのリーダー層はアイデンティティ・ヒエラルヒーの頂点に位置している。彼らは自分たちと比較して他の子どもたちを見劣りがするとし、自分たちの活動を最も刺激的で愉快だと見なしており、誰もが妬んでいると思い込んでいる。クリークのリーダー層の子どもたちは、自分たちは学年の他の子どもたちから絶えず注目を浴びていると思っており、また他の子どもたちを自分に従うようにさせたいとか、グループに加えたいと思えば、誰であっても説き伏せることができると思っており、それが自慢なのである。

彼らは、自分たちよりも下位の子どもたちに関心を向ければ、その下位の子どもたちから素晴らしいリーダーだと見なされて、熱心に受け入れられるものだと思っている。格好いいリーダーは、その位置のおかげで非常に肯定的な自己アイデンティティを確立していると思っている子どもたちもいるが、しかしエーダーによれば、彼らはよく嫌われてもいる（Eder, 1995）。五年生の中間ランクの女の子メアリーは、こうした見方について次のように述べている。「あのね。大きなグループのリーダーはものすごく自惚れが強い人たちばかりなの。そんな人たちをからかうような人は誰もいないし、リーダーになるような子が他にいなければ競争するような人もいないからなのよ。あの人たちはやりたいと思えばホントに何でもできるのよ。だからすごく自惚れが強いんだと思うわ」。

しかし、集団の他のメンバーは、このような肯定的なアイデンティティを共有しているわけではない。フォロワーは偉そうに命令されたり、からかわれたり、汚名を着せられたり、集団内での地位を失うのではないかという不安を感じたりすることがよくあったが、リーダーに服従することに耐えていた。フォロワーが集団外の子どもたちに対して自分のことをどのように見せようとも、人気のある五年生の男の子ブレイクが述べているように「トップ・グループの子どもたちだって不安なんだ。特にフォロワーの子どもたちはね。からかわれると自尊心は傷つくから」ということになる。五年生担任のクラーク先生は、このことがどうして人気のある集団のメンバー全員の自己概念に影響を及ぼすことになるのかという理由を次のように説明している。「自尊心というのは、日々いろいろと気になるもので、たとえトップに位置していても、いやトップに位置しているからこそ、人気のある集団と同じで、一層強く感じるものなのですよ。人気の妨げになることだってあります。人気というのは子どもたちにとっては非常に重要な問題なので、いつも非難されているように感じたり、自分のことをすべて管理されているように感じたりするのですね」。

2-2　中間ランクの友人集団

人気のあるクリークに次いで、中間ランクの友人集団のメンバーが非常に肯定的な自己アイデンティティを持っている。人気のあるクリークのメンバーは、上位層であることの自負や地位の不安定感に悩まされることもあるが、この中間ランクのメンバーにはそうした自負や不安定感はない。一般的に言えば中間ランクの集団の子どもたちは自分に自信を持っている。彼らは人気のあるクリークのメンバーから地位を低下させられることもあるから、それには耐えなければならないが、しかし誠実な友だちから重要な安心感というものを得ている。学校に行って、友だち全員が前夜に電話をし合って自分を気に入らない奴だと決めつけたことを知ったとしても、中間ランクの子どもたちは何も気にする必要はなかった。彼らは友だちを信頼しており、自分を支持していて裏切るようなことはないと思っているのである。口論をすることがあるかもしれないが、すぐに終わることが分かっているし、友だちは自分に対していつでも忠実であることも分かっている。

五年生の中間レベルの女の子メアリーは、グループの人間関係から得た信頼感について次のように話している。「私は、どちらかと言うと友だちのグループのなかにいたいわ。みんないい人だし、何もかも感じがいいのよ。ただね、リーダーの言うことを聞かなければならないし、威張り散らされることもあるし、それにリーダーの言うこともやらなければならないし、グループにいるための活動もやらなければならないのよね。でも、友だちのグループのなかにいると自分に何か価値があるように感じるのよ。だからいつも自分は人気者だと売り込まなくてもいいの」。

中間ランクの子どもたちは、他の階層のメンバーについて多くの共通した意見を持っていた。彼らは、人気のあるクリークが多数の友だちを持っていることや興奮が盛り上がるような活動を展開していることに多少とも羨ましい気持ちを抱いていたが、人気のあるクリークに対しては全く否定的な感情を抱いていた。彼らは、ものすごく格好いい子どもたちがまるで優秀な人物であるかのように行動していたことや、その子どもたちを「うぬぼれ屋」とか「高慢ちき」とか「傲慢な奴」と呼んでいたことを気に留めていた。エーダーも述べているように、中間レベルの子どもたちは、人気のある子どもたちが自分たちに対して優越的な態度を取ることを拒否していたのである（Eder, 1995）。

先に引用した四年生の中間ランクの男の子ショーンは、人気のあるグループについて次のような見方をしている。

質問：自分のことを格好いいと思っている子のことをどう思う？
ショーン：あいつらはだいたい間抜けだよ。
質問：どうして？
ショーン：あいつらは他の子どもに卑怯なことをしたり、いじめたりするからだよ。それも小さな子どもをいじめるんだよ。とんでもないバカな奴だよ。壁や物にスプレーなんかを吹き付けたりするんだ。トラブルを起こすのが好きなんだよ。

しかし、中間ランクの子どもたちは「取り巻き」に対して厳しい非難をするのを控えていた。彼らは、人気のある子どもと同じように、「取り巻き」を無力な臆病者だと見なしていたし、「取り巻き」は人気のある子どもを真似てもうまくいかない連中だと見ていた。先に引用した四年生の女の子アリアーナは「取り巻き」についての一般的な否定的意見について述べている。「（私たちは）あの取り巻きの子たちが他の子たちに引きずり回されているのを見て笑ってるわ」。

質問：「取り巻き」の人たちは人気のある人たちの笑い者になってるってこと？

アリアーナ：そうよ。人気のある子と一緒ならどこまでも行くって感じ。何が楽しいのかって？　「取り巻き」の子たちはみんな人気のある子と一緒にいたいのよ。でもそんなこと、絶対にできないわ。いつも追い払われてるんだから。意味ないわ。もう本来の自分じゃあないのよ。

このように中間ランクの友人集団のメンバーは、人気のある子どもから笑い者にされていることに悩まされてはいるのだが、その一方で、地位を求めている「取り巻き」には見られない自律性を享受している。中間ランクの子どもたちは誠実な友だちから大きな安心感と高い自尊心を得ているのである。彼らには、人気のある大きな集団のメンバーが持っている地位や刺激的な活動があるわけではなく、また特権を付与された活動があるわけでもない。しかし中間ランクの子どもたちの人間関係は、内面に焦点を合わせており、互いに支持し合っているので深く豊かであり、それだけに彼らのアイデンティティは強固なのである。

2-3　取り巻き

「取り巻き」は、地位のヒエラルヒーにおいては中間ランクの子どもたちよりも高い地位に位置づけられているが、その高い地位のために自尊心の面で大きな代償を払っている。社会的地位のシステムにおける「取り巻き」の位置は特徴的である。「取り巻き」は、自分の所属している社会集団ではなく、辛うじて所属しているとだけ言えるような集団との関係によって規定されている。人気のあるクリークのメンバーではないが、さりとて無関係でもない。「取り巻き」は、自分よりも上位のクリークに強い憧れを抱いているが、そうした憧れによって行動、態度、関係を作り上げ、上位のクリークに大いに気に入られるように気配りしていることがジワジワと伝わっていくことを望んでいる。「取り巻き」は、自分たちのためにクリークを利用しながらも、その自分たちを軽く扱っているクリークに受け入れられることを強く望んでいるわけである。「取り巻き」は、一時的にはうまくいくけれども結局は失敗に終わってしまうかも知れないという不満に耐えながらも、実際には全く達成できないことをずっと望んでいることに不快な思いをしている。彼らは、友だちになりたいと思っている子どもが自分の友だちになりたいとは思っておらず、むしろ自分をからかったり、いじめたり、見下していることを知っている。

四年生の「取り巻き」のスコットは、人気のある子どもから受けた扱いが矛盾していることを次のように話している。「人気のあるグループと一緒だと、もっといろんなことができるんだ。もっと遊べるようになるし、休み時間にはもっと面白くなるんだよ。でもグループのみんなと遊べるようになるけど、みんなは自惚れが強くて、高慢ちきで、自分はすごいんだと本気で思っているような人たちばかりなんだ。一緒に遊ぶんだけれども、遊んではくれないんだ。フットボールしててもパスしてくれないし、バスケットボールをしてても全然パスしてくれないんだ。だから人気のグループにいるってことは良いこともあるんだけど、面白くないこともいろいろあるんだよ」。

「取り巻き」には、セイフティネットとなるような友人集団の誠実なメンバーがいない。人気のあるグループをつかまえておかないと「孤立者」の地位に転落するかも知れないことは「取り巻き」にも分かっている。だから彼らは集団の境界域のところにしがみついて、何とか受け入れてもらおうと奮闘するのだけれども、うまく入れるようなことは全くない。四年生担任のグッドウィン先生は「取り巻き」の気持ちを分析して次のように述べている。「本当に苦痛を感じている子どもというのは、人気のある集団にしがみついているような子どもです。そのような子どもは本当に自尊心の低い子どもだと思います。どんなことでもそのこと自体を楽しもうとはしないんですね。どんなことでも外側から分析してみようというようなタイプなのですよ。だから集団のメンバーになれないのは自分の何が悪いのかという理由を見つけだそうとするのです……。私が本当に言いたいことは、どちらのグループにもうまく入れない子どもたちの小さな集団のことなんです。つまりそういう集団では彼らは満足してないんですよ。自分にも満足していないし、どこにいようと満足していないんです。本当に一生懸命なんですけどね……。あの子たちには何か社会的な問題とか、アイデンティティの問題があるように思います。自分は本当に何者なのか、どこにいたいのかということが分かっていないんです」。

「取り巻き」は、地位願望が強いので地位についての不安感を強く感じている。彼らは人気のあるクリークが頻繁に起こしている支配と排除に悩まされている。彼らには中間ランクの友人集団に見られるような真の友情という誠実性と信頼性がない。しかし「取り巻き」は一応交友関係があるし、社会的な活動をしているというおかげで、その分だけ彼らのアイデンティティは「孤立者」よりも強い。そうした交友関係や社会的活動が自己価値感をもたらしているからである。

2-4　社会的孤立者

地位ヒエラルヒーの最下層には「孤立者」がいるが、彼らはアイデンティティ・ヒエラルヒーにおいても最下層に位置している。ほとんどの「孤立者」は、社会的地位の低いことが交友関係を形成したり社会的活動に参加したりするという能力に影響していると考えている。彼らは自分に何か悪いところがあるとは考えないけれども、自分自身についての疑問が時として明るみに出てしまうことがある。[23] 五年生担任のクラーク先生は、社会的孤立者の感情とアイデンティティについての問題を次のように話している。「下の方にいる子どものなかには良い子もいますが、とてもつらい思いをしている子もいます。その子どもたちは時々ですが、しんみりと話すんですよ。『自分のどこがいけないのか？　どうして誰も遊んでくれないのか……？　自分のことは分かってる。変な子どもたちと一緒にこんな低いところにいるからだ』って。つらいと思いますよ。私も『どうしてこの子どもたちは下の方にいるのだろう』って自問してみましたよ。あの子どもたちもおそらく同じように考えていると思います」。

他の三つの層の子どもたちには、その地位が高かろうと低かろうと、いずれも彼らが軽蔑的に見下すような下位の集団がいくつかあったが、そうした子どもたちとは異なり、「除け者」にされた子どもたちには自分たちより下位の見下すような集団はない。他の集団の子どもたちに対する彼らの感情は、嫉妬と嫌悪という二つののカテゴリーのうちの一つに入れられる。「孤立者」のなかには、もっと上位の位置の社会的地位や関係を妬む子どもたちも多い。人気のあるグループの活動に憧れたり、参加できることを夢見たりするのである。

三年生の「孤立者」であるルディは次のように言っている。「(カッコいい子どもは)休み時間にカッコいいことをいろいろやるんだ。砂場を掘ったりしているし、いつも大きなグループになってるし、大勢の子と一緒みたいだし、学年の違うクラスの子どももいるみたいだよ。だけどあの子たちは、他の子のグループを壊したりするんだよ」。

質問:じゃあ、もっと大きなグループに入った方がいいと思う?
ルディ:思うよ。そうしたらとにかく気分がずっと心地いいよ。

人気のあるクリークや「取り巻き」のグループによって極端に地位を低下させられた社会的孤立者は、ほとんどあらゆる社会的活動から排除されて、不快な経験をしているのであり、そのために彼らの自己価値観は最低水準にまで低下している。拒否、追放、そして活動範囲の限定といったような排除は、社会的孤立者の自分自身に対する見方にまで影響を及ぼし、大きなダメージを与えているのである。「孤立者」は、自分には友だちがいるとか、自分は受け入れられているんだというように自分に都合の良いように考えようとしているが、彼らはこうしたイメージを単に長い間持ち続けているだけである。彼らは何度も付与された汚名を無視して汚名に何とか対処しようとしたことがあったが、結局は「除け者」の地位を覆い隠すことに悪戦苦闘しただけで、否定的な価値のアイデンティティを受け入れなければならなかったのである。

小学校児童の社会的経験は、一連の地位や人気に従って位置づけられている友人集団によって強い影響を受けている。人気のあるエリート層のクリークのメンバーの資格を手に入れた子どもたちは、他の仲間たちに比べて、さらに広範囲にわたる社会生活や優勢な地位の恩恵を享受するのであるが、しかしそのために集団内での自分の地位についての大きな不安という代償を払わなければならない。「取り巻き」は、人気のあるグループの周辺に形成され、その人気のある集団活動に参加する機会もあって、それが地位にある程度反映されることもあるが、しかし参加したいと強く望んでいる人気のある集団［クリークのこと］のメンバーの資格を得ることはできない。たいていの子どもたちは中間ランクの小さな友人集団から成るカテゴリーに分類されるが、このカテゴリーが最も大きい。ただこれらの集団は、人気のある子どもたちからあまり高くは評価をされてはおらず、また彼らから地位を低下させられるという屈辱を受けることもある。しかしこの中間ランクの友人集団のメンバーは社会的な位置づけには関心がなく、友人との信頼関係を享受しているのである。階層の底辺に位置する社会的孤立者では、「除け者」という社会的地位と生き生きとした仲間関係が実質的に欠如していることとが一体になっている。

集団のアイデンティティ階層は、地位に基づいたヒエラルヒーの配列とは若干異なっているところがあり、上位層と下位層は一定のままであるが、中間ランクと「取り巻き」は立場が逆になることもある。「取り巻き」は、中間ランクの集団の上位に位置して、人気のあるクリークの広範な範囲のなかで活動しているのに対して、中間ランクの集団は、仲間からの忠誠と支持のおかげで上位の「取り巻き」よりも肯定的な自己概念を持ち続けているのである。

第5章　放課後の活動

一九七〇年代初めごろから「放課後」の時間という現象がかなりの広がりを見せるようになり、制度化されるようになってきた。[1]それは大人によって管理されたものであるが、フォーマルな学校の授業が終了するとすぐに始められる。「放課後」の時間は公教育の大衆化と民主化以来つねに存在していたが、最近では組織化という特徴を持つようになってきている。[2]大人が子どものために組織した多種多様な活動を利用することができるようになって、子どもや親はそのなかから選択することができるようになった。小学生や中学生[訳注1]が友人の家を訪れて、家のなかや近所、あるいは校庭で遊ぶようなことはめっきり少なくなり、代わりに彼らは、地域のＹＭＣＡやレクリエーション・センター、コミュニティ・センター、またそれらと同じ目的を持った民間団体など複数の課外活動に登録するようになった。そこでは講座やスポーツ、集団活動が特定のスケジュールに従って提供されるのであるが、親は毎シーズン、子どもが好きな友だちのグループと一緒に最も望ましいと思われる活動に参加できるように八方に奔走するのである。その結果、放課後の活動は子育てを体験しているほとんどの家庭によく見られる顕著な特徴となり、参加している子どものアイデンティティの発達にも関与するようになった。

放課後の活動の制度化という現象が現れるようになったのは、近年になって生じた二つの文化的状況を背景としている。女性が労働市場に進出することが急増してきたこと、および子どもたちを公共の場に放ったままにしておくことへの懸念が高まってきたことである。[3] その結果、子どもの放課後活動を指導したいという要求が生じ、そのためにさまざまな提案や関連した支援組織がにわかに沸き起こってきたのである。こうした組織は子どもにも大人にも好まれるような、ある程度パッケージ化されたプログラムを有している。そのために彼らが子育てサービスを直接必要としているかどうかにかかわりなく、家族にアピールすることによって、こうした組織の成功が決まるようになり、促進されるようになった。[4] このことの背景には、課外活動に用いられる公立学校の予算の削減という問題があるのだが、この問題と結びつけて考えれば、これらのプログラムが急増した理由が容易に理解されるだろう。放課後活動という現象は中流階層に定着しているけれども、広い範囲に及ぶさまざまな社会階層の間でも重要な社会的経験になってきている（Larren, 1991）。[5]

子どもの放課後の活動に関する先行研究では、若者の組織的なスポーツ活動に焦点を合わせることが多かった。大人に管理された活動が社会化に及ぼす影響について、研究者たちの間ではかなり認識が異なっていた。肯定的な影響を強調する研究者もいるが、その結果を危惧する研究者もいる。[6] 放課後活動が活発化してきたことから生じる結果が、個人および社会に対してどのような意味を与えるかについては、第10章で分析する。本章では、放課後活動の推移をタイプごとに分析する。放課後活動のタイプは、自然発生的な子ども向けの遊びに特徴づけられるタイプから大人の手で組織化されて次第に制度化し、専門化していくような活動のタイプまである。ここでは子どもの遊びに関する社会組織においてそれぞれの活動がどのような役割を果たしているかについて論じる。

本章では、大人の手で組織化された子どもの放課後活動を、大きく三つのカテゴリーに分けて分析する。「娯楽的活動」、「競争的活動」、「エリート的活動」である。これらは、組織化や合理性、競争性、コミットメント、専門性の深さという点で異なっている。これら三つのカテゴリーは発達的モデルであって、子どもたちはそれぞれのカテゴリー段階のプログラムにある、さまざまな種類の活動を進んでいくのであるが、その参加の度合いが高まっていくにつれて彼らの関わりの深さや熱意、関わり方のスキルも高まっていく。もちろん、すべての子どもが、このような課外活動の経路を歩むわけではない。「娯楽的活動」のレベルに留まる子どももいるし、激しいタイプの放課後活動への参加から、もっと緩やかであまり要求が厳しくない活動の参加へと後退する子どももいる。しかし、こうした子どもは例外であり、ほとんどの子どもは以下で示されるようなコースを歩んでいく。

1　自発的な遊び

伝統的に、放課後活動は子どもたち自身によって計画され主導されてきた。幼い頃には、子どもたちは放課後、家に帰ると互いの家で遊んだり、裏庭や近所、校庭、あるいは公園などで遊んだりした。そしてどこの遊び場であっても子どもたちは自分たちで組織化したゲームをしていた。幼い子どもの遊びは、こうしたタイプの遊びがほとんどであるが、このタイプの遊びは、すべての子どもの生活にとってもきわめて重要な意味を持っている（Mead, 1934）。だが、幼い子どものための保育やデイケアの施設［保育所や託児所のこと］が出現してきたために幼い子どもたちでさえ、以前の世代に比べれば子ども中心の遊びをしないわけではないが、それほど頻繁にはしなくなってきた。だが、こうしたタイプの遊びはまだ広く行き渡っており、子どもの社会化の基礎を形成している[7]。

自発的な遊びを進めていくためには、子どもたちは物事を整理し、まとめていくさまざまな能力を身につけていかなければならない。例えば、何をして遊ぶのか、いつどこで集まって遊ぶのか、どのような遊び方をするのか、どのようなルールにするか、参加者の役割はどうするか、公平で楽しい遊びにするためにハンディをどのように設定するかなどである（Coakley, 1990参照）。私たちが観察した近所の裏庭で行われていたゲームでは、小学生の子どもたちが季節に応じたさまざまなスポーツをして遊んでいた。木とスプリンクラーヘッドがベースとサイドライン［訳注2］に見立てられ、道路や藪のなかに入った投球や打球は、ホームランやエンタイトル・ツー・ベース［訳注3］と判定された。遊びのチームは、その日に遊びに集まった子どもたちに応じて編成された。異年齢の子ども（自発的な遊びの基本的な特徴）を入れるときは、年上の子どもや遊びの上手な子どもにハンディが設けられ（彼らは遊びの低いレベルに合わせなければならないし、利き手でない方の手でバットを使ったり、有利なスタートを切らせたりしなければならない）、幼い子どもや遊びがうまくない子どもに対してはもっと容易に物事ができるようにさせていた（バットを振る回数を多くする、片手のタッチをタックルの代わりにする、もっと自由にさせる）。ルールのなかには、その地方で一般的に通用しているものもあるが、特定のチームや特定の遊びにだけ適用されるような、新たに作られたものもあった。

交渉力も自発的な遊びを通して習得される能力である。子どもたちは日常的に対立している要求を調整し、出来事やその意味についての異なった意見を一致させ、競合する計画のなかから選択し、物事がうまく進まないときには軌道修正している。遊びには必ず交渉が伴うが、その交渉の過程で、子どもたちはみんながやりたがっていることは交代で行い、ホストやゲスト（「僕がゲストだ／私がゲストよ」、あるいは「ここは僕の家だ／ここは私の家よ」）におとなしく従うことを求め、また意見の相違を解消するために別の子どもに意見を求めたりした。交渉は、例えば特定の玩具で遊ぶ、野球カードを繋げて建物をつくるといった、みんなで取り組まなければならない遊びのときに、子ども同士の相互作用のなかで一般的に行われている。さらに、遊びを始める前に取り決められたルールであっても、参加している子どもたちからの要望があれば、再交渉の対象となる。そのときは今やっていることを取りやめ、次に進むためにもう一度同意を取りつけなければならない。それは、ボールがどこに落ちたのか、投球がボールだったかストライクだったか、チーム編成やハンディ、用意された道具が本当に公平だったかなどをめぐって行われる。

最後に、自発的な遊びは非常に多くの問題解決に関連しているということがある。子どもたちは傷つけられたと感じたり、傷ついたと怒ったり、口ゲンカになったりして、遊びを中断したかと思えば、また仲直りしたりする。だが、つねに丸く収まるように解決できる問題ばかりとは限らない。年齢や体格、力、パーソナリティが異なるからである。したがって、参加している子どもたちは単純な交渉の段階に留まることなく、さらに仲たがいをさせるような問題をうまく収めていくような方法をも学んでいかなければならない。このことには、重要な力関係のダイナミックス、妥協、そしてコミュニケーションが関係している。例えば、私たちはトレバーという男の子を観察していたが、彼は物事が思うように進まないと、何も言わないでゲームを抜けていくことがよくあった。他の子どもたちは彼の扱い方をよく知っていて自分たちの必要に応じて、またトレバーの気分に合わせて、彼を無視したり、戻ってくるように説得したりというように幅広い対応を取っていた。こうしたスタンドプレー的な行動の後でトレバーはいつも仕方なさそうに遊びに戻ってきた。二人で遊ぶときであろうと集団で遊ぶときであろうと、子どもたちが遊ぶときには非常に複雑な問題が生じてくるが、子どもたちは、自発的なイベントのマネージャーとして、そうした問題を話し合う際に必要となってくる微妙なバランス感覚というものに敏感になっていく。

さまざまな研究者が示しているように（Coakley, 1990; Devereaux, 1976）、子どもたちは、子ども向けの放課後活動に自発的に参加することによって広範囲にわたる対人関係の重要な、さまざまなスキルを身につけていく。コミュニケーションから協力、交渉、妥協、臨機応変、目標設定、柔軟性、チームワーク、独立心、自尊心に至るまで対人関係の重要なスキルを習得していくのである。

2 娯楽的活動

娯楽を目的として組織された放課後活動は、領域や性格が大きく異なっている。これらの活動は基本的には、確立した官僚的組織（例えば、ＹＭＣＡ、地域のレクリエーション・センターやコミュニティ・センター、働く親に「一時的保護」のサービスを提供する民間団体など）が提供しているように、仲間づくりや遊びの社会的機能に重点を置いている。これらの団体のプログラムには、その目的を「家で一人でいたり、モールをうろついたりすることに代わる素晴らしい活動を提供する」（ＹＭＣＡより）と明記されている。次にフィットネスに中心をおく娯楽的活動もある。例えば、キッドスポーツ・ファン・アンド・フィットネス・クラブ（Kidsport Fun and Fitness Club）は放課後に親の目を必要とする子どもたちを対象とした民間ビジネスであるが、八歳から一二歳までの子どもに「体づくりで楽しくなろう」を売り文句にして、健康や栄養、身だしなみや身体づくりなどの利点を強調している（同社のパンフレットより）。さらに放課後の学習に重点的に取り組んでいる活動がある。放課後という市場において資本化をもくろむスクールは、日常的な一日が終わった後に子どもたちを繋ぎ止めるために企画されたさまざまな（有料の）プログラムを提供している。プログラム・フォー・アフター・スクール・ラーニング（PAL）〔Program for After-school Learning の頭文字〕やアフター・スクール・アドベンチャーズ（After-school Adventures）は料理や芸術、創作活動、コンピュータ・スキルなどのプログラムを提供している。最後に、能力開発を売り物にしている数多くの放課後活動がある。こうした活動には、子どもたちが利用できるさまざまな個人的レッスンやグループ・レッスンがある。芸術（ダンス、演劇、歌、音楽）、料理や工芸（料理、裁縫、刺繍）、個人的なスポーツ（乗馬、スキー、格闘技、テニス、スケート）などのレッスンである。

娯楽のために組織されたスポーツ・チームでは、点数にあまり重きをおいていない。幼い子どもの集団は、だいたいが成績をつけないゲームに興じている。例えば、ＹＭＣＡは「すべての子どもたちのために、健康な身体と心と精神を培うプログラムを通して、キリスト教の原理を実践化する」（ＹＭＣＡより）という指針に従って運営されており、また最年少の子ども向きに組織されているティーボール・リーグ［訳注4］では、試合が終わるまで選手には各イニングに一回は打順が回ってくるよう運営されている。三年生の男の子ディーンは、こうした方針に関して次のように自分の気持ちを述べている。「楽しいよ。友だちと同じチームでプレーしてるんだ。ジャックのお父さんがコーチで、ホント、カッコいいんだ。でも、あんまり楽しくないときもあるよ。全部のポジションでプレーできるように、みんな平等にチャンスが回ってくるようにしているからね。誰が上手で誰が下手かなんてのは全然関係ないんだ。ボールも投げられないし、キャッチすることもできない子も来てるからね。コーチは僕を外野へやって、その子たちをショートにするんだ。僕がフライをキャッチしても、ダブルプレーにするのにセカンドへ投げられないんだよ。その子たちはボールが捕れないからね」。

リトルリーグでも七、八歳児を対象とした、競い合わないことを原則とする「ミニチュア」リーグが組織されている。そこでは、コーチもリーグも、また親たちも表立っては点数をつけるようなことはしない。だが、子どもたちは細かく点数をつけている。リーグの理事会への報告には「競い合わない」と明確に記されているが、七、八歳児対象のミニチュア版のリトルリーグを世話している父親は「そうだね、競い合うようなことはないね。だけど、そこで競技している子どもたちは、みんなスコアが二八対二六だってことを知ってるよ」と述べている。公的には大人は、娯楽というエートス［精神］を保持しているけれども、実際の参加者たちの間では、目に見えないインフォーマルな競争がしばしば明るみに出てくるというわけである。

二年生の男の子二人がＹリーグでの経験について語っているが、Ｙリーグで彼らのチームは対戦相手よりも多く点を取っていた。

キップ：試合が終わったら対戦チームと握手するために整列するんだ。跳んだりしゃがんだりしてた友だちが多かったよ。叫んでたやつもいたな。僕らのチームが勝ったからだよ。でも、誰もそんなことは言わないよ。

アラン：そうだね、僕たちは一回で八点取って、二回で九点取ったけど、あっちのチームは一回で二点、二回で一点って記録してたね。

キップ：僕たちのチームは毎回みんな打席に立てたよね。あっちのチームが僕らをアウトにするには僕ら全員が打つことだけだよね。［訳注5］

アラン：そうだね。あっちのチームはスリー・アウトを取ることもできなかったね。下手くそだよ。

キップ：そうだよ。僕らはあっちのチームにぼろ勝ちしたんだよ。コーチはそのことを記録していないけどね。

アラン：そうだ。一人の子がハイタッチする手に唾を吐きかけた。それからそいつは僕らみんなに向かって唾を吐きかけたんだ。

以前は、最も幼い子どものレクリエーション・チームでも記録をつけ、勝ち負けをはっきりさせていたこともあった。だが、今ではシーズン終了後にリーグ内での順位決定戦や優勝決定戦を実施しているリーグは一つもなかった。トロフィーが授与されるときには参加者全員に授与された。こうしたレベルでは、チーム精神や楽しみという美辞麗句が取り入れられた。すべての選手が平等に参加し、可能ならば、すべてのポジションに付くように指導されていた。だが、子どもたち、特に男の子の世界は支配力を誇示することに価値をおくから支配力に基づくヒエラルヒーが浸透していくにつれて、この平等主義の価値は低下していったのである（Best, 1983; Thorne, 1986）。子どもたちは、こうした平等主義的なやり方にはなはだ不満を持っていたので、もっとはっきりとした違いを示すことの方を選んだのである。九歳の男の子を対象としたフットボールのリーグで、あるチームはチームの勝利をすべて記録していたのであるが、それはリーグ内での順位を決定し、負けたチームの選手をからかうためだったのである。(8)

こうした活動では選手の親がコーチを引き受けるのが一般的であるが、しかし彼らは専門的なトレーニングをほとんどが受けていないか、あるいは全く受けていない。リーグは通常はＹＭＣＡやレクリエーション・センターのようなゼネラリスト［多方面に精通している人たち］の組織によって運営されており、そうした組織は身体の健康や課外活動に幅広い関心を示しているが、しかし特定の活動の組織文化に縛られてはいない。ある親は、レクリエーション活動のメインテーマについて次のように述べている。「今は、ケン［息子］が楽しんでいることを見ていたいんです。いくつかの稽古事をさせるると、いろんなことを学ぶようになりますよ。カレン［妻］と私は彼にできるだけいろんなことを経験させたいんです。それで彼は基礎を学ぶことができるし、一番気に入ったことを後で選んで、それを続けていくこともできます。子どもはみんな楽器を手に取るべきというのが彼女の考え方なんですけど、私は、子どもはシーズンごとに何かのスポーツをするべきだと思ってるんですよ」。

五年生のメアリーも同じ考え方をしている。彼女は、それまでにしたことがなかったスポーツをしようと決心した。「私の友だちに、一年か二年ほどサッカーをやっている子が何人かいるんだけど、今ではきっとうまくなってるわ。私はチームに入ってサッカーをするのが少し遅かったの。友だちは私より二～三年多く経験があるし、私は多分あまり上手にプレーできないと思ったから。でも、楽しむためだけのリーグならいいと思ったの。みんなでプレーできるしね。そこだとあんまりきつくないし、プレーの仕方だって学べると思ったの［訳注6］」。

このレベルの活動で強調されることは、子どもたちは特定の活動に深く巻き込まれていくというのではなく、身体の健康や課外活動に幅広い関心を持つようになるということである。

こうしたタイプのプログラムには、いくつかの明確な特徴がある。第一に、それらは大人によって組織化され、管理されているということである。大人は一連のルールや規則を制定するが、それは、いつ、どこで、どのように物事がなされるべきかを決めたものであり、また教師－生徒関係の型を取り入れて、権威とヒエラルヒーに基づいた明確な状況を作り上げている（Coakley, 1990; Eitzen & Sage, 1989参照）。第二に、こうしたプログラムは、家や近隣／家の周囲の庭を越えた、制度的環境のもとに位置づけられているが、そこでは大人が意思決定と安全の責任を負っているということである。大人のリーダーは学位の取得や認定プログラムによって質の保証がなされている。そして活動を展開していくための一連の公式の手続きを整えている。第三に、子どもの遊びの参加者はだいたいが排他的だが、そうした排他的な子どもの遊びとは対照的に、これらのプログラムは関心のある子どもたちを平等に受け入れることに力を入れているということである。関心のある子どもたちなら誰でも「豊かになる」権利を与えられているというエートス［精神］が保持されている。最後に、プログラムは競い合わないことを原則とするという考え方によって運営されているということである（参加者はインフォーマルに相互に比較し合うけれども）。そこでは制度化された争いや序列付け、ヒエラルヒーの格付けなどはない。子どもたちは価値受容や公正、チーム精神や友愛、知識獲得と能力開発に向けて社会化され、また大人のルールと権威に服従するように社会化されていく。(9)

これらの活動に参加する子どもの多くが親の指示によるというのは、注目に値する。子どもは自分から選択したわけでもないし、特定の活動が好きなわけでもないが、しかし子どもはその活動に参加することによって自分の能力を知るようになることがよくある。それは、その活動が何らかの文化的な啓発を与えてくれるに違いないと親が信じているからである。

3 競争的活動

以上のような娯楽的活動が基盤となって競争的次元で組織化された放課後活動が生まれた。ほとんどの娯楽的活動には競争的なものへと発展する素地がある。例えば、体操のレッスンはメンバーを体操チームに移行していくし、子どもたちは地域の演武会で競争するレベルにまで進んでいく。乗馬をやっている子どもはショーに参加するようになるし、音楽のレッスンは楽団の地位争いにまで進んでいくようになる。課外の学習活動は参加者を「頭脳のオリンピック」（さまざまな学校出身のチームが問題を創造的に解決することを競う国際的な競技）へと誘《いざな》う。レクリエーションの「スキップ・イッツ」（縄跳びクラブのこと）でさえもチャンピオン制度がある。チームスポーツのような他の活動は、もともと競争的である。こうした活動は、インフォーマルに組織された子どものゲームから制度的に組織されたリーグへと直接発展していく。娯楽的活動から競争的活動へと移行していくと、これらの活動は異なった考え方、性質を持つようになる。目標達成、勝利、能力主義が強調されるようになるのである。またそうした活動は敗者を生み出し、敗者に汚名を着せることになる（Devereaux, 1976）。

一般に、参加者は当初は理想を持っているが、競争がエスカレートするにつれて理想を徐々に失っていく。活動の構造が形式化するに従って、子どもたちは序列化され、能力のレベルに応じて配置されるようになる。ヒエラルヒーが構成されると、上達しない子どもは徐々に排除され、追放されていくが、また侮蔑されたりもする。こうした活動は、当初の民主的な考え方から能力主義的な考え方の高まりへと至る連続体としてまとめることができる。そもそも能力主義的な要素は、子どもの遊びの競争的な性質に内在している。遊びに付随するすべての要素、例えば真剣さ、深い関与、官僚化、専門家的技術は、子どもたちがこの連続体の低い位置から頂点に向けて移動するにつれて変化していく。

3-1　民主的な考え方

民主的な考え方から競争的な考え方に至る連続体上の、民主的な考え方の側では、競争的活動は階層的に構造化されてはいるが、まだ娯楽という美辞麗句は支持されている。点数や記録は保存され、リーグや地区の順位表は記録される。シーズン終了後の優勝決定戦がそれぞれのリーグのなかで開催される。ただし、リーグを越えて地域的に広がり、規模が大きな決定戦へと拡大していくことはない。娯楽的活動とは対照的に、どのチームのメンバーとも関係していないボランティアのコーチが活動するようになる。こうしたコーチはもともとその活動に経験や興味のあるコミュニティ内の人たちから集められるのだが、プロのような職業化や真剣さという要素をプレーに持ち込んでくるのである。

放課後活動を調整し、提供する責任を負った組織は、だいたいが専門化しており、単一企業と結びついている。そうした組織がボランティア、有給のコーチ、役員会といった関係者の構成を決めていくのであるが、いずれの関係者も若者の活動を進展させるために真剣に取り組んでいる。こうした組織の多くは民主的な考え方をしているが、それは次のような女子ソフトボール協会のコーチに宛てられた、ある手紙のなかでも示されている。それには「鍵となる重要なメッセージは、参加している子どもたちがそこから何かを得たい、そしてプレイを続けたいと思えるように、プログラムや活動は絶対楽しくなければならないということです。私たちはこうした考え方に基づいてプログラムを構成して参りましたし、私たちの第一の目的は女の子たちが楽しむということです」と記されている。

リーグに参加している七年生〔訳注7〕の女の子のアミーは、このレベルでのプレイについて、次のように自分の気持ちを述べている。「私はもっと競争的なスポーツをしていたの。サッカーとかバスケットボールとかね。それには本当に夢中になってしまって、随分と参加したわ。本当に真剣にやってたのよ。強いチームと対戦したりしてね。でも、ソフトボールにはそんなプレッシャーとか関わり方なんて望んでないわ。友だちと一緒に楽しい時間を過ごして、体を鍛えて、スキルを維持できればいいのよ。それで私は今年もまたCレベル（娯楽的なリーグ）に行ったの。ソフトボールをするだけで夏休み全部を潰したくないしね。暑中休暇にも行きたいし。私のせいでチーム全体のレベルが下がるなんていう罪悪感なんかないわ」。

しかし、これらのプログラムでは、参加している子どもたちが、さまざまな立場にいる大人たちから目的についての、それぞれ矛盾するような内容のさまざまなメッセージを受け取ることが時々ある。組織の管理者は、管理が行き届き、教育的で、専門化された事業活動を発達させることが自分たちの重要な目的であると考えている。彼らは、自分たちが活動を真剣に進めていき、専門性を高めていこうとしているのに、親はスポーツの社会的で、娯楽的な側面を強調して進めていこうとするので苛立っていた。シーズンの初めに、あるサッカー・リーグの事務所に母親たちが自分の子どもを友だちのいるチームへと移籍させようとして大勢で押し寄せてきたことがあったが、そのとき、ある管理者は皮肉交じりに次のように言っていた。「彼女たちはここを社交クラブかなんかだと思ってるんですかね？　ここはサッカー・クラブですよ」。これを聞いて別の母親は「あの人たちは社交クラブだなんて思ってないんだろうけど、私はそうあって欲しいと思うわ」とささやき声で話していた。

しかし別のときには、管理者よりも親たちの方が活動を真剣に受け止めていた。彼らはサイドラインに立って、選手たちにもっと一生懸命プレーするように檄を飛ばし、またコーチには下手な選手を重要なポジションから外すように勧告していた。チームをもっと別のやり方で運営すべきだとコーチに文句を言う親もいた。友人の四年生になる息子が別の州でのサッカーの試合に参加していたとき、私たちは次のようなことを観察することができた（フィールドノートより）。「親たちは、選手やコーチに何か大声で叫びながらサイドラインを行ったり来たりしている。これはよく見られる光景だが、何人かの親は自分たちの行動の釈明をする必要を感じたのか、ゲームの最中に私たちのところに来て言った。『ごめんなさいね。ちょっと、はしゃぎ過ぎたみたいで』とか、あるいは、『私たちがどうしようと気にしないでくださいね。フラニーが私たちのことをあなたに言うと思いますけど。ホントに興奮しすぎました。私たち』」。こうした言葉は、彼らが常軌を逸するほどの激しさ、関わり合い、競争的な気持ちでリーグに関わっていることに気づいていることを示している。

　また別のときには、民主的な考え方に気持ちが傾いて、それを美辞麗句として用いる親もいた。四年生のジョシュは、あるサッカーの試合で起こったことを次のように述べている。「優勝を決める決定戦のときだったんだけど、僕はそれほどプレイしていなかったんだ。（コーチは）前半の半クォーターと後半の半クォーターしか僕を出してくれなかったんだよ。[訳注8] だけど他のみんなは三回か四回はプレーしていたんだ。延長戦が二回あったけど、そのときもコーチは僕をずっとベンチに置いたまま試合に出してくれなかったんだ。僕はもっとプレーしたかったからコーチに文句を言ったんだけど、そしたらお前はあんまり足が速くないからどこにも出せない、チームが困るんだとコーチは言ったんだ。コーチが僕にそう言ったことを父さんが聞いたときには、もうコーチは逃げていなかったよ。父さんは怒ってしまって試合中だけど、すぐにコーチに向かって叫び出したんだ。もっと公平にやったらどうだ、みんなもっと平等にプレイしたいんだぞ、コーチはリーグの規則を守っていないぞって」。

　友人と別の試合に行ったときには、コーチがチームをもっと競争的レベルにまで押し上げようとしていたことがあって、そのときのやり取りを私たちは書き留めていたのだが、フィールドノートには次のように記している。「私たちが試合に到着すると、すぐにコーチが友人とその息子のところに飛んできた。コーチは、選手の半分が年長レベルのリーグに移行しなければならないので来年はどのようにしてチームを勝たせていくかということに気をもんでいた。コーチは、年少の男の子の親たちは、そうする必要がなくても、年長レベルのリーグに自分の子どもを移行させていくと思い込んでいた。そうしたプレッシャーのためにコーチは友人のところに飛んできたのである。友人の息子はサッカーの得点王と言われるほどの中心選手だったからである」。

能力のある選手は、競争が激しくなると満足も高まっていくが、能力の乏しい選手は不満を覚えることが多い。民主的に運営されている競争的なリーグのコーチの考え方や練習について四年生の野球選手のウィリアムは不満を持っていたが、その不満を次のように述べている。「僕のコーチは勝つことにこだわりすぎるんだ。僕にとってはちっとも楽しくないよ。思うようにプレーできないんだよ……。全然始められないし……。コーチはいつも僕に外野を守らせるんだけど、僕だって他のポジションも守れるよ。公平じゃないんだよ。ピッチャーにもなるチャンスだって欲しいよ。僕だってピッチャーだってできるよ」。

このように、コーチは競争と娯楽の狭間で引き裂かれるような状態になることがたびたびあった。ある一一歳・一二歳の女子ソフトボールチームでは、一人のコーチが練習後のチームのミーティングで、そのシーズンの目標のあらましを述べていた。コーチはチームワークや一生懸命に練習すること、学習、身体づくり、お楽しみについて述べた後、次のように付け加えた。「でも、忘れないでほしいのは、勝てばもっと楽しくなるってことだ」。コーチがアシスタント・コーチをやっている一人の母親の方を見ると、彼女は顔色を変えていた。すぐに彼女は次のように付け加えた。「でもね、大事なことは楽しむってことよ。忘れないでね」。その後で彼女はコーチに「民主的な」リーグでは参加して楽しむことを強調することがいかに重要かということを話していた。しかし、ひとたび試合が始まると、彼女はどのコーチよりも対抗意識を燃やして攻撃的になった。そして選手や審判に向かって大声で不満をぶつけていたので、ときに身体を抑えられて制止されるほどだった。

このように、このレベルでは、公式に表明されているプログラムの理想と実際の参加者の行動との間に明らかに違いが生じている。大人はだいたいが民主的なプレーや技術の発達という一般的な考え方を支持している。だが、実際には勝利に重きを置いていることが多い。子どもたちにはそうした両義性はない。「たかだかゲームだよ」という忠告にもかかわらず、子どもたちは成績の差異を強く意識していたのである。子どもたちは決定的な場面では、民主的という美辞麗句は簡単に捨て去られ、純然たる競争性が前面に出てくることにいち早く気づいていた。こうしたレベルの放課後活動に参加することによって子どもたちは、競争や勝利に新たに焦点を向けるということだけではなく、能力は平等ではないことを認識するようになり、そして能力によってチャンスに差が出ることは正当なことだということを理解するようになるのである。[10]

3-2 能力主義

放課後活動を支援している組織は、競争的、専門的になるにつれて娯楽や民主的な考え方から離れていく。努力や公平性といったものが中心から消えていく一方で、技術や実績、能力主義と結びついた基準がますます重視されるようになっていく。楽しさが望ましい結果だという感覚はなお残っているけれども、才能や努力がますます重要視されるようになり、民主的な意思決定は衰退して、コーチや監督は親や公的なルール、あるいは政策決定という美辞麗句によって邪魔されることはなくなった。

七年生のエミリーは、パフォーマンス・ダンス教室に通っていることの利点について次のように説明している。「全然踊れない子や調和が取れない子、集中できない子、注意を払えない子なんかは、みんな実力テストで落ちていくの。ずいぶん長いこと、私の通ってるダンス教室もそんな子が多かったんだけど、その子たちはクラスを落とされていくのよ。そういうクラスではステップが取れなかったり、忘れちゃったときは、ゆっくりと進んでくれるのよ。いま私たちはもっとすごいことを習ってるわ。私たちのクラスは早く進んでるし、厳格だし、リハーサルも真剣だからね。ソロで踊る子たちはもの凄く上手な子たちだし、ホントに熱心に練習もしているわ。自分の娘をソロにすべきだっていうお母さんもいるけど、（指導者に対して）不満も言えないわね。誰が一番上手かってことに基づいて決めていることをお母さんたちも知ってるからね」。

競争的活動の特徴は、以前は格付けや階層化（そのダンス教室ではAチームとBチームがあった）、配置された地位、継続的な立場、オールスター・ゲーム、全国レベルの優勝決定戦といった要因によって高められていた。能力主義的な制度のなかで競争している個人やチームは、ローカルなレベルを超えて、地域レベル、州レベル、全国レベルのトーナメントまで進むことができた。こうしたレベルになると、地方企業がチームを支援することに大きな関心を寄せるようになり、選手たちは背中に企業の名前が入ったシャツを着させられたりするようになる。自分たちの活動を進めていった選手たちは初めて、地方新聞のスポーツ面に自分の名前を載っているのを確認することもできる。

制度化や競争性を示している典型的な組織の一つがリトルリーグである（Fine, 1987参照）。リトルリーグは、合衆国全体にしっかりとした根を張り、新聞では定期的に報道され、設備の整った球場を使用している。リトルリーグは、広い支援のネットワークや幅広い資金調達力を持っており、組織の指導者はローカルなレベルから全国レベル、国際レベルにまで関与している。リトルリーグの内部には（サッカーやアイスホッケー、ダンス、体操など他の活動も同じだが）、子どもたちが年齢を重ね、技術を上達させるにつれて昇進していくいくつかの段階のプレー階層が存在している。

民主的な平等主義から能力主義へとプレイの性質が変化すると、活動を継続していくことを思い留まるという参加者も出てくる。ある少年は、競争のレベルが自分の能力を超えたときにクイズ・ボール・チーム[訳注9]を途中でやめた。また別の少年は、競争のための準備が過度に要求されるようになったとき、弁論クラブをやめた。先に行くほど活動できる者が少なくなっていくという、いわば漏斗状のプロセスのなかで、子どもたちはある活動を棄てて別の活動に関心を持つようになる。ジョシュ（彼の父親はジョシュが四年生のときにコーチに怒鳴っていた）は五年生のときに次のように述べていた。「今年はサッカーに行くつもりはないよ。去年、あんまりプレイできなかったから、面白くないんだ。それに問題もあるんだよ。演劇とサッカーが重なるときがあるんだよ。サッカーの練習で演劇のテストに参加できなかったこともあったしね。選手に選ばれるかどうかも分からないし、いいポジションをもらえるかどうかも分からないしね。土曜日の朝に演劇のリハーサルが時々あるんだけど、そのときにサッカーの試合があると、リハーサルに行くために試合を抜けなきゃならないんだ。それでコーチが僕を怒鳴るんだよ。だから今年は演劇だけを続けるつもりだよ。そっちの方にはあんまり友だちもいないけど、僕はそっちの演劇の方が好きだし、僕に向いてると思うんだ」。

これらの課外活動が要求する関与の度合いが強くなるにつれて、課外活動を途中から辞めていく子どもが増えていき、いわば漏斗型のパターンを示すようになるが、そのために子どもは自分が打ち込めるようなものを何か一つ選ばなければならない。これらの選択は子どもの意図的な働きの、ある側面を表しており（親が登録したこととは反対に）、通常は彼らのアイデンティティの発達に反映されるようになる。

リーグ全体が競争的なレベルで組織化されているにもかかわらず、コーチや親がそれ以上にそれぞれのチームを競争的な状態に駆り立てることも時々ある。私たちが観察した、あるフットボールのチームは、次のようなコーチによって運営されていた。そのコーチは二年間子どもたちの集団で働いていたが、そのとき子どもたちは一年生と二年生だった。ほとんどの選手が三年生に上がる年、コーチも次の年齢層（三年生と四年生）を指導するために移らなければならなかった。だが、それはリーグでの彼の支配的な地位を失うことを意味していた。しかし彼は、チームが一、二年生のときのレベルを維持できるようにある抜け道を見つけ出した。それは、選手の体重が五一ポンド［約二三キログラム］より軽ければチームに留まるというものだった。ほとんどの少年は五〇ポンドより軽いか、五一

〜五五ポンドの間だった。そこで彼は、親の協力を得て、厳しい指導方針を子どもたちに押し付けた。体重を量る前の数日間は「汗をかいて体重を落とす」というものである。彼は子どもたちの胴体や足をプラスティックのバッグで包み、全力で走らせ、食べたものを吐かせ、最後の日には余分な水分を出させるためにサウナに数時間入れさせた。こうした計画によって彼はチームが今のまま幼い子どもの層に留まることに成功したのである。[11]

さらに競争的な別のコーチは、勝利に導くようなサッカー・チームを編成したいと望んでいた。チームのメンバーを得るために街中を探し回って才能ある子どもを探し出し、採用した。彼のチームはインフォーマルなオールスター・チームとなった。他のチームと違って彼のチームは競争的レベルのチームであることを示すためにチームのジャケットやさまざまな標識を誇らしげに示した。そのチームでは、リーグのガイドラインが許可している時間数以上に平日に長時間の練習をしていた。ある練習の日、コーチは自分のワゴン車を駆りだし、街中をめぐって、選手を乗せて競技場まで連れて行き、練習後には選手たちを送っていった。彼の目標は少年たちが十分に成長した際には、チームを国際的なレベルにまで高めることだった。

ほとんどの子どもたちは、競争的な放課後活動に参加することを楽しんでいる。こうした活動は強い集中力や努力を要求し、活動に深く関わっているという自我関与の感覚を子どもたちに呼び起こす。そしてまた子どもたちに挑戦されたように感じさせ、自分が重要であると感じさせるのである。さらにそのような活動は、周りの大人社会からも大きな注目を集める。モイラは八年生のバレエ・ダンサーで数年間パフォーマンス教室に通っているのだが、次のように述べている。「技術が上達すれば、もっと楽しくなるのよ。同じ年齢の退屈なクラスで毎日踊っているよりも、もっと難しいランクの練習をすることね。もっと高いレベルに到達したら、オーディションにも参加できるわ。それにそのクラスで一生懸命やりたいと思うようになるわ。大変だけど練習を続けることね。まだ学ばなければならないことが一杯あるからね。それぞれのレベルで学ばなければならないことがあるから、次ができるのよ。

そうすれば進歩することができるしね。年齢が上がったときがすごく楽しみよ。ジャンプとかリフトみたいに、[訳注10]もっと面白いランクの練習ができるの。テクニックをきちんと獲得したら、もう心配する必要はないわ。今思ってることに集中すればいいのよ……。それで私が今何をしているかにみんなが気づくと、去年みたいに先生がクラスに発表するの。私が『くるみ割り人形』を踊るって。そしたらみんなが言うのよ。『オー、素晴らしい』って。だからもっと高いレベルに参加できることが楽しみなの」。

子どもたちはまた、競争的活動は年長で才能ある子ども向きの活動であることも知っているし、そうした活動によって獲得した高い地位を称賛する。成長する過程のなかで中流階層の子どもたちは、さまざまな課外活動を経験し、さまざまな能力を獲得することが期待されている。しかしながら彼らはまた、大人や社会が深く関わっていることを評価するような課外活動に参加して、その課外活動の段階を上っていくことによっても学んでいく。娯楽や寛大な心は競争や激しい感情に比べて注目されることはない。このような放課後活動のレベルを上げていくことは、ヒエラルヒーや格付けといった階層性、排他性、目的の重大性、そしてその活動に参加することによる同一化といった他の価値とも結びついているのである。

4 エリート的活動

ほとんどの競争的な放課後活動は、エリート・レベルでも実践されている。[12] 子どもたちは学校劇や地域のダンスチームから大人向けの演劇やダンス大会への出場へと進んでいくが、さらに学校の楽団からジュニア交響楽団へ、地域での試合から地方レベルあるいは全国レベルでの大会へ、そして競争的リーグからエリート・リーグへと進んでいく。

エリート的活動に進もうと決めると、その活動のために多大な時間を費やさなければならないし、他の活動よりも優先して取り組まなければならないから、他の計画を諦めなければならない。だが、誰もがこのような関わり方を望んでいるわけではない。リックは八年生[訳注11]のときの様子を次のように述べている。「活動に参加できなくなったことも何回かあったよ。僕にとっては厳しすぎたんだ。ホントはそんなにやりたいとは思っていなかったからね。みんなはディナー・シアターで何回か子役を演じたけど、その演劇は三、四カ月は続くんだよ。みんなのようになりたいと思ってやってみたけど、その前に疲れちゃったんだ。それで僕は参加しなかったんだ。僕がやったのは二回の週末のうち五日間だけだよ。僕にとってはそれで十分なんだ。演劇は好きだし、何とかやってきたと思うけど、もうそれ以上の準備はできないよ」。

こうした関わり方を選んだ子どもがいると、彼らの時間だけでなく、家族の時間も変更しなければならないし、他の活動もエリート活動のために組み直さなければならない。バレエに熱中しているモイラは、毎日スタジオで数時間を費やすことができるように普段は学業の負担を軽くしている。一方ブレンナは学校が終わると、昼間は地元大学の絵画教室に通っている。多くの家庭では、子どもたちの活動の求めに応じて休暇の計画を立てている。場合によっては、休暇を延期したり、短縮したり、郊外への遠出を中止したり、子どものチームが試合をする場所へ旅先を変更したりすることもある。サマンサは、一〇年生のソフトボール選手なのだが、彼女のチームは一シーズンで一二〇回の試合を行い、この夏の間は毎週末によその町で行われるトーナメントに参加していた。彼女の両親はすべての遠征に同行し、ホテルの一室を借りて妹のために床に寝袋を敷いて寝ていた。ソフトボールによって親戚間の広範なネットワークさえ影響を受けていた。彼女のチームが一度週末に延期になったので彼女の親戚は七月四日に集まる予定にしなければならなかった。加えて両親は子どもたちを毎日送り迎えしなければならないし、仕事や食事、家事を調整して、これらの要求に合わせて計画を立てなければならない。ある母親は自分の思いを次のように述べている。「息子が本格的にホッケーを始めてから私の一日は台無しだわ。朝の五時には［スケートリンクの］氷の上にいなくちゃいけないし、放課後も練習しているのよ。だから夫と私には自由に過ごせる週末なんてないのよ」。

エリート的な放課後活動と関連した装備は、組織的な競争的レベルの装備よりも優れている。時には名前入りのユニフォーム、整った装具、設備の良い競技場やジムやグラウンド、そしてグレードアップした交通手段というように際立った特徴を示している。こうしたことすべてに多大な経費がかかるが、たいていは親が払う高い授業料と有能な資金調達事業から支出されている。中学校でチアリーダーの活動に挑戦していたある女の子は、年間の装備一式と活動のために五〇〇ドル支払うことを確約する書類に両親と一緒に署名することを求められた。そして他のすべての活動（学業も含めて）よりもチアリーダーの活動を優先させること、また全国的なチアリーデング大会に遠征するための追加的な支出が生じることがあることも了承するように求められた。別の家族にティーンエイジャーの二人の娘がエリート的な放課後活動に参加している家族があったが、その家族は子どもたちの努力をサポートするために自宅を二番抵当に設定したほどだった。その家族では、子どもたちがクリスマスや誕生日のプレゼントとして受け取るお金を全部貯めて、そのお金で夏の教育プログラムに参加し、プライベートでピッチングコーチを雇っていた。このように、大人たちのサポートと献身は、エリート的な放課後活動に参加するための重要な構成要素になっているのである。

このように活動が変化するのに伴って、エリート的活動では排他性が顕著になってくる。民主的な参加の痕跡が残っていても、そのすべては選抜性という原理に置き換えられていくようになる。娯楽的活動や競争的活動のレベルでは幅広い参加者がいたが、その参加者もエリート的な放課後活動になると収束効果が強く作用して、エリート的な放課後活動に関わる子どもは大幅に減少するようになった。入団テストも非常に競争的で、才能豊かな子どもだけが限られた地位を得て参加できるようになっている。したがってエリート的活動に参加している子どもたちは、比較的年齢が高く、初歩的な学習段階から進んでいって競争的なレベルのプレイやパフォーマンスを行うような高い技術を獲得している子どもたちなのである。

このようなあからさまな排他主義は、参加資格を満たさなかった低年齢の子どもたちを傷つけることになる。九年生のデニーズは、五年生のときの経験を思い出して次のように述べている。「ダンス教室で演技をさせてもらえなかったとき、ものすごく嫌な思いをしたわ。忘れられない。いつだったか学校が始まる前にダンスをさせるために子どもたちが呼び出しを受けたんだけど、私が行ったときには、もう私以外の友だちはみんな呼び出しを受けて集まってたの。私は大泣きしたわ。それで、今じゃ、できそうにないことはしなくなったの。あのときの気持ちをもう二度と味わいたくないわ」。

もちろん自分の失敗を快活に笑い飛ばし、その活動を止めて他の活動へと切り替えた子どももたちもいる。例えば、ジョシュはサッカー選手だったのだが、演劇へと方向転換した。利用できる放課後活動の幅は非常に広いので、たいていの子どもたちは自分の能力や興味にさらに合うものを見つけ出すことができる。しかも一つの活動だけに参加することで時間的余裕ができ、高いレベルに達することもできる。

チームのメンバーに選ばれると子どもたちは、大人はエリート的活動を真剣に扱っていること、大人は青年期や前青年期の若者たちが大人と同じ思いで活動に深く関わって欲しいと願っていることにすぐに気がつくのである。練習は週一回、あるいは週二回程度からほぼ毎日行うことになって練習漬けとなり、そして全精力を集中することが要求される。コーチは、参加している子どもたちだけでなく、その家族にも同じように自分たちに従い、細かい配慮と献身を厭わないことを求めるのである。娯楽的、競争的な放課後活動では、その活動に参加すること自体が目的とされていたが（Coakley, 1990; Eitzen & Sage, 1989参照）、エリート的な放課後活動では、それとは異なった態度が見られる。すなわち、多くの子どもたちや親は、そのエリート的活動を将来に向けての経路と考えているのである。ある母親は、三年生の息子にエリート的活動レベルのアイスホッケーをやめさせ、競争的活動レベルのサッカーのリーグに入れた理由を次のように述べている。「アイスホッケーには先がないんですよ。この数年の長い間、週末の朝は五時に起きて練習してましたよ。彼は本当に上手だったんですけど、次の年に進むことのできる上のレベルのリーグがもうないんですよ。それに何の意味があるのかって？　彼はその考えにはあまり乗り気じゃなかったみたいですけど、でも私たちはサッカーに替えさせたんです。サッカーだと、この後も進むことのできる（エリート・レベルの）リーグがありますからね。そしたら高校までずっと続けることができるでしょ」。

参加している子どもたちは、高校のチームでプレイすること、ジュニア・オリンピックで技を競うこと、大学で奨学金を得ることを目指している。スポーツに熱中している多くの若者は、大学での運動競技やプロとしてのキャリアを夢見ている。親やコーチ、友人たちの間で成長していくなかで彼らは、そうした目標に向けて身を挺して一生懸命に練習する。一〇年生のソフトボール選手であるサマンサは、次のように述べている。「私の目標は速球でもっとスピードが出せるようになることと、ティーンエイジャーの間はソフトボールに打ち込むことなの。それも厳しくね。それから奨学金を取って大学に行きたいわ。コーチは、私にはそれができるって言ってくれたわ。アリゾナ州とか最終的に西カンザスの大会まで行けるかどうかは、私自身がどのくらい伸びるかにかかっているだけなの。それから後は、今はまだ女性のプロのソフトボールはないけど、私が学校を終える頃までには多分できてると思うわ」。だが、子どもたちがプロへの道を進み続けるにつれて（Vaz, 1982）、その先の道は漏斗型のように次第に狭まっていく。

エリート・レベルの活動に参加することは、個人からチーム志向へと変わることを意味することを示している。最高の手腕を発揮するためには、チームのメンバーは自己中心的志向を抑制し、集団の利益のために働かなければならないと論じられている（Berlage, 1982）。しかし、子どもたちの他者志向性といっても、それは個人的な発達や技術の熟達、個人成績の向上、また競争的な能力や競争の結果に対する関心へのこだわりを乗り越えるほどに強くはない（Coakley, 1990: Eitzen & Sage, 1989参照）。エリート的活動に参加している子どもたちはチームのために犠牲になることを厭わないけれども、自分自身のキャリアを発達させることに力を注ぐことを決して止めたわけではない。九年生のエリート・レベルのバスケットボール選手であるフランクは次のように述べている。「チームのためでもあるけど、自分のためでもあるんだよ。確かにチームは助けたいよ。僕はチームの一員だからね。チームのことは好きだし。だけどチームのなかでは僕は、どの選手よりも上手くならなきゃ駄目なんだ。競争は剃刀の刃みたいに鋭いんだよ。チームのために丸ごと犠牲になるようなことは絶対しないよ。いつだって自分のことと将来のことを考えてるよ」。

　個人もまた、コーチの権威に従って、コーチとの関係を維持していくのだが、自分自身の決定を完全に放棄することは絶対にない。コーチはチームの競争的な進歩のために、親の発言を封じてでも決定を下すけれども、参加している子どもたちはその決定が自分の関心に沿っている場合にだけコーチとともに活動を続けるのである。こうして独立と相互依存の結びつき、権威、規律、忠誠に対する畏敬の念が強化されていくのである。

　決定は、もはや公正さや倫理的価値に基づいてなされることはなく、実績、実践、結果に基づいて下される（Berlage, 1982）[13]。コーチや指導者は、勝利に向けての精神力を育成していくのである。エリート的なサブカルチュアに受け入れられている勝利という戦略や戦術には、励ますこと、些細なルール違反は隠すこと、審判の有利な誤審はうまく取り繕うこと、誠実よりも抜け目なく振る舞うことなどが含まれている（Berlage, 1982）。水球の選手は水中で相手の足を引っ掛けることを教えられるし、ソフトボールのピッチャーは故意に相手チームの選手にボールをぶつけることを教えられる。ヴァズによれば、アイスホッケーの選手は相手選手のスケート靴を下から強く打ちつけたり、アイスホッケーパンツにしがみついたり、スティックを握ったり、壁に相手を押しつけたりといった卑劣な戦術を習得していくという（Vaz, 1982）。プーリーやスミス、アンダーウッドも述べているように、スポーツにおける不正行為は「どんなことをしても勝つ」という態度と強く結びついている（Pooley, 1982; Smith, 1978; Underwood, 1975）。結局、若者たちは、大人をモデル化したエリート的活動の文化に参加することによって、駆け引きやえこひいき、財政上の問題というような社会の理想や「公正さ」から外れた、別の方向へと導かれていくのである。

バーレージは、エリート的な放課後活動に内包されている意味や価値は、企業世界の意味や価値と同じであると述べている（Berlage, 1982）。そうした放課後活動の価値観が企業の仕事のなかで直面する態度や行動に向けて子どもたちを社会化していく。そしてそうした価値観は大部分が役割の専門化、チームに対する個人や家族の服従、献身や自己訓練の強調、明確に定義された単位の構造体、進歩の手順に関するモデルなどを通して伝えられていく。エリート・レベルの活動と結びついた価値として他に、服従、相互依存、欲求満足の延期、専門的技術、商業主義、勝利へのこだわりがある。こうした特徴はエリート・レベルの活動を規定するけれども、その一方で時間が経つにつれて［エリート・レベルの特徴がその下の段階にまで拡散していくように］放課後活動のそれぞれの特徴は、その前段階にまで下がって拡散していくようになる。

課外活動の発達的な階段を進むに従って、子どもたちの年齢は高くなり、また能力や関心が広がっていくというように、子どもたちはさまざまな段階を通して進歩していく。初期の遊びでは、子どもたちは活動そのものの特徴を自然に作り出していた。しかし子どもたちが資格を得られるような年齢になると親はすぐに発達に適した、あるいは発達を高めていくと考えられているような放課後活動の「経験」を得させようとして、大人が提供するさまざまな放課後活動に子どもを登録するのである。こうした組織的な活動のなかで子どもたちは技術を学び、娯楽を楽しむ。しかし才能や関心を見せようとして、あるいは単に学年が上がったからという事実のために、ほとんどの子どもたちは、高度な競争的レベルの活動に参加させられるのである。活動に対する彼らの関わり方もまた、業績基準が導入されると変わってきた。活動に参加した子どもたちは、成し遂げてきた結果をじっくりと評価されるのである。競争的な領域では子どもたちは、それぞれの活動のより高いレベルの参加と結びついた規範や規則、技術、文化を習得していく。その結果、参加している子どもたちのなかには、エリート・レベルの活動への関わりを強めていく子どもたちもいる。そうした子どもたちはさらに有意義な課外活動の経験を積んでいく。彼らは活動のために犠牲を払うが、しかしさまざまな能力を磨いていき、自分たちの活動に没頭していくのである。

こうした課外活動の、いわばキャリア・パスに従って子どもたちは、上のレベルに昇進するか、さもなくば辞めるかというジレンマに直面するまで、急激に向上していく一連の経験を積み重ねていくのである。その結果、多くの活動のなかから娯楽的なものは徐々になくなっていく。そして子どもたちのなかには身体的な、戦略的な、そして／あるいは精神的な能力を形成し、またその活動に心底傾倒するようになって、さらに関係を深めていくような子どもたちもいる。あるいは一方では、その活動を完全に諦めなければならないような子どもたちもいる。放課後活動の構造に具体化されている社会的な期待は、こうした発達的モデルに基づいて生じたものなのである。

第6章　友人関係（Ⅰ）――「親密な」関係と「軽い」関係――

二〇世紀の第４四半期になって子どもの友人関係という役割の重要性が理解されるようになってきた。子どもは、それまで考えられていたよりも、もっと早くから社会化していく能力があることが分かってきたのである。実際、子どもが、フォーマルな教育にしろインフォーマルな教育にしろ、教育を受け始める時期は低年齢化してきた[1]。子どもが幼児期の頃から仲間集団に入っているのは、このことを示している。多くの子どもたちの最初の友人関係は、就学前にまで遡ることができる。前青年期の子どもの友人関係は、最も重要な準拠的基盤と第一次集団的な愛着の源泉の一つを成しており、その重要性は家族の重要性に匹敵するほどである（Bowerman and Kinch, 1959; Savin-Williams and Berndt, 1990）。友だちは、子どもたちにとっては楽しみの手段であり、自身の行動を制御する源であり、自身の帰属感であり、アイデンティティの基盤である[2]。

子どもの友人関係は、子どもの人口の構成によってそれぞれのパターンが形成される。友人関係の形成を支えていくようなタイプもあるが、友人関係の発達を制限するようなタイプもある。研究者はこれらの問題について、いくつかの例外はあるものの、人種、階層、性の均質性といった変数との関係に留意しつつ、広範囲にわたって調査している。[3] しかし友人関係が接触頻度や親密さの程度が異なっていることを示しているとしても、友人関係のすべてが比較できるものだとは限らない。子どもたちが形成する友人関係のタイプについては、その存在を示す以外に詳細に研究されたものはない。グラントとスリーターは、青年期の友人関係の類型を提示しているが、それによると同性の仲間の間では「あることに限って一緒に行動する友人」、「何事も一緒に行動する友人」、「親友」というタイプがあるとし、また異性の仲間の間では「ボーイフレンド／ガールフレンド」、「ロマンチックな関係ではないボーイフレンド／ガールフレンド」のタイプがあるとしている（Grant and Sleeter, 1986）。心理学者は、青年期の関係の範囲を「知り合い」、「ただの友だち」、「良い友だち」、「親友」と考えている。[4]

本章と次章では、前青年期の子どもはどのような子どもと友人関係を形成するのか、その関係を規定するのはどのような特性なのかという、前青年期の子どもが形成する友人関係のさまざまなタイプについて検討する。子どもの友人関係には量的にも質的にも差異があるが、そうした差異はその場にいる子どもたちの人数や接触頻度、彼らの親密度や強度によって生じる。私たちが観察した子どもたちは全員が、非常に親密で常に一緒にいるような友だちから関係が希薄で状況に応じて一時的に知り合うような関係に至るまでさまざまな関係を持っていた。これらの友人関係は、仲間集団のなかではある社会的意味を持っており、第7章で論じているように、子どもを他の社会的要因や社会的プロセスと結びつけるようなタイプの現象であることを示している。こうした検討を重ねていくことによって、仲間文化と社会の両方における友人関係の役割についての知見を得ることができる。

1　親密な友人関係

最も重要なのは、子どもの親密な友人関係である。子どもはこの関係をいくつかの主要な要因によって規定している。親密な友人関係は、長期間にわたる重要で意味のある接触を通して形成される。子どもはたいてい、これらの親密な友だちと興味・関心を共有しており、同じ目的に向かって共に取り組んだり、話し合ったりして時間を過ごすのが好きである。(5)このことは、子どもたちを結びつけ、子どもたちが依拠するような共通の経験をもたらす生活世界が部分的に重なっていることを意味する。親密な友人関係は親密さと信頼を基盤にして定着していくが、そこでは当事者の子どもたちは互いに心の奥底に潜む感情を分かち合うことができ、そのことによって親密な間柄が維持されるのだという安心感を抱くのである。親密な友人関係はさまざまな危機的な場面を通して生まれ、維持されていくが、その危機的な場面には共通した部分もある。

1-1　学校の友人

前青年期の子どもは、その大多数が社会的時間のほとんどを学校で過ごしているが、そこで同じ学校に通っている他の子どもたちと出会い、親密な友人関係を形成して、維持していく。

構造

おもに学校における接触を契機に形成される子どもの親密な友人関係は、同年齢で同性同士という傾向がある。(6)それには構造的な理由もあり、文化的な理由もある。構造的な側面から見れば、学校は年齢階層に重点をおいており、子どもたちは年齢によって明確に区分された年齢集団に振り分けられている。(7)子どもたちは年齢によって区分された学習ユニットに配置されているだけではない。年齢ごとに決められている学年のスケジュールに従って昼食時にはカフェテリアをうろついたり、休憩時間には運動場を走り回ったりする。授業のある日には、年齢の異なる子どもたちと互いにやり取りするような時間はほとんどない。文化的な側面から見れば、子どもたちは同年齢で同性の仲間とやり取りすることを優先する。第8章でも論じるが、男の子の活動のタイプと女の子の活動のタイプが違っているのと同様に、子どもたちは性別分離を強制するような仲間による文化規範のために異性の子どもと親密な友人関係を築くことができないでいる。また年齢による分離も仲間のサブカルチュアに固有の地位ヒエラルヒーによって強化されている。子どもたちは年長の子どもと一緒に遊ぶことによって彼らに憧れたり、地位を得たりするが、その一方で年下の子どもたちと遊ぶことを軽く見ており、そのために地位を失ったりすることもある。四年生の男の子ダミアンは、年下の子どもたちと学校で親密な友人関係を形成することについて次のように述べている。

質問：年齢の違う子どもたちと学校で仲良くなったことある？
ダミアン：ないよ。年下の子たちはレベルが低いんだよ。学校の外では近所に年下の子どもがいるから一緒に遊ぶけどね。そうすれば誰かを呼ぶ必要もないし。だけど誘ってまで下級生の誰かと遊ぼうなんて思わないよ。

子どもたちは、親密な友だちについて尋ねられると、メンバーの溜り場をすぐに特定することができる。(8) 四年生の人気者のエレンは、親密な友人集団について次のように述べている。「私の大事な友だちは、みんな同じ学校に行っているの。みんな女子で同じ学年よ。他のクラスの子も何人かいるけど、それを除けばね」。四年生のナンシーは、年度の始まりに生徒がそれぞれ別々のホームルームのクラスに分けられたことで友人集団がどのように形成されていき、またどのように再編されていったかについて述べている。「私の友だちはほとんどが五年生の女子よ。友だちのローラみたいに。ローラは同じクラスなの。他の友だちは別のクラスにいるわ。私たちは四年生のときに友だちになったんだけど、五年生になってその人たちとは別々になってしまったの。それで今年になってローラと私が同じクラスになったんだけれど、本当はあまりお互いのことをよく知らなかったのよ。私たちがお互いに知り合ったのはジェニファーを通じてなの。ジェニファーは私の別の親友だけど、ローラの親友でもあったの。それで今年になって私たちは一緒になったから、お互いに好きになろうって言って、友だちになったのよ」(9)。

活動

親しい友だちが一緒に集まると、子どもたちはさまざまな活動を行う。親密な友だちとの遊びには、どのような遊びであっても、共通している要素がいくつかあるが、しかし一方で、年齢、興味・関心、雰囲気や性別によって異なる要素もある。前青年期の後半になると、子どもたちは前半のときよりも活動の分野をぐんと広げていく。自転車やローラーブレード［訳注1］で街中を走り回ったり、家の近所から離れている遠くの遊び場に出かけたり、地元の小さな流れや小川をゴムチューブ浮き輪で下ったり、ショッピングモールに買い物に行ったりする。だが、年少の子どもたちは室内で遊ぶか、近所で遊ぶかして、家からはあまり離れない。

女の子たちも外出することはあるが、友だちと集まるときには、家の寝室や居間、台所などで屋内の活動をすることが多い。五年生のアリは、親友と一緒にすることについて次のように話していた。「お泊まり会なんかをして映画を見に行ったりするのよ。放課後に集まるの。お泊まり会のときにはビデオを借りてきてポップコーンを作って、夜遅くまで起きてたり、そんなことをするの」。三年生のサラは、友だちと一緒にする活動には、次のようなことがあると話している。「放課後は、いつもは自転車でビデオを借りに行ったり、映画を見に行ったり、ゲームをしたり、テレビを見たり、ケーキなんかを作ったり、外で遊んだりするのよ」。

三年生の男の子のクレイグは、親友と一緒によくする活動について次のように話している。「えっと、お互いに家に招き合ったりすることもあるし、僕はジェネシス［訳注2］（ビデオゲーム）を持っているからそれをしたり、バスケットボールをしたり、それから隣の家のモーガンがトランポリンを持っているので、使っていいと言ってくれたら、そのトランポリンでジャンプして遊んだりするんだ。だいたいは学校でやってるみたいなことをするだけだよ。トランポリンなんかで飛び跳ねて遊んだりするほかはね」。

中学年の四年生の男の子ショーンは、親友と一緒にする活動が一定の期間ごとにどのように変化していくかについて次のように述べている。「僕の持っているトランポリンでジャンプして遊んだり、話をしたりするとか、そんなことをするよ。僕は学校の傍に住んでいるから週末には学校に行って遊ぶこともできるんだ。公園にも遊ぶところがあるから公園なんかにも行くんだ。僕らはスポーツがすごく好きなんだ。いろんなことをするよ。二カ月の間夢中になってカード遊びをしていることもあるけど、次の二カ月はカード交換のようなことをしたりするんだ。そんなふうにして、僕たちはいろんな遊びをするんだよ」。

五年生のダニーは、活動のパターンには時期によって周期的な変化があることを繰り返し説明している。「そうだね。時期によるね。暑いときはいつも外で遊ぶよ。ほとんどの時間は外にいて、スポーツをするよ。だけど、それがあまり面白くなければ、ビデオを借りたり、映画を見に行ったりするんだ。ビデオが面白いときでも、映画に行くこともあるよ。夜遅くだけど。ゲームセンターで遊ぶときもあるよ」。

総じて、男の子たちはコンピューターゲーム[訳注3]やビデオゲームで遊んだり、ルールの厳しくないスポーツをしたりしているが、一方で女の子たちはボードゲームをしたり、料理をしたり、衣装遊びをしたりしている。男女に共通している遊びは、ビデオを借りて見ること（夜通し続けるようなごく一般的な遊び）、話をしたり、ただ「ぶらぶら」したり、家の近所で遊んだりすることだった。

友人を作ること

子どもたちが親密な友人関係を形成するのには、さまざまやり方がある。[10] 彼らは一度に一人と会って仲良くなり、一人ひとり友だちを作っていくというやり方を採っていることが多い。このようなやり方は、クリークになるような大きな友人集団が形成され始める前の、特に低学年でよく見られる。全般的に見れば、子どもたちは年少のうちは、親密な友人は少ないようである。ただ一度に一人か二人の新しい友だちを作ろうとしている。高学年になって、クラス替えが行われると、子どもは新たな友だち同士の組み合わせを作り、自分のリストに新しい友だちとして付け加えるのである。そのために年長の子どもたちは、親密な友人だと見なしている多くの友だちを持つようになるのである。

先の章で紹介した五年生の男の子チャックは、どのようにして友だちを獲得していったかについて自分の経験を述べている。「クラスにホントに好きな男の子がいたんだ。僕がここに引っ越してきてすぐにその子に会ったんだよ。その子とは幼稚園のクラスが一緒だったから、いろんなことをよく一緒にしたよ。一年生のときまでは、その子だけが友だちだったんだけど、それから僕は他の子たちにも会って、その子たちとも仲良しになったんだ。同じクラスのデイヴィッドや、今同じクラスのジョンだよ。それから二年生、三年生、四年生となって、ケイシー、ジャック、ロブ、トラヴィスなんかと、みんなと友だちになったんだ。今は友だちは大勢いるよ。ここに長い間住んでいるからね」。

友だちを作る別の方法は、友だちのいる別の子どもを通して友だちを作ることである。他の友だちが友だちを作っているときに、すぐに、あるいはその友だちに続いて、みんなを友だちにしていくのである。三年生のベッキーは、最初に親友になった友だちを通してどのようにして仲の良い友だちを作っていったかについて次のように述べている。「そうね。ホントに仲の良い友だちに会ったのは幼稚園のときなの。そのとき仲の良い友だちが何人かいて、今もホントに仲の良い友だちなんだけど、その子たちは私の最初の友だちの友だちなの。その最初の友だちとは幼稚園で出会ったの。そのあと同じクラスになったことがないんだけど、私たちには似ているところがたくさんあったからずっと友だちでいるの。だからその子の友だちになった子たちは、私の友だちにもなったのよ」。

最後に、すでに形成されている友人グループに入ることによって、一度に大勢の友だちを獲得するという方法がある。この方法で大勢の友だちを獲得した子どもたちもいる。このような方法は、子どもたちが引っ越してきて新たに近隣や学校に移ってきたときに採られる。あるいは子どもたちが別の集団のメンバーの何人かに誘われて所属集団を替わったときに、このような方法となる（第3章で見たように）。社会集団のなかの変化は、上昇、下降、あるいは水平的移動の結果なのである。

子どもは、他の子どもたちよりも何人かの親友の方が当然のことながら好きであり、また親密な友人関係の期間に応じて、それぞれの子どもたちとそれぞれにやり取りする。子どもは長い間親しくしていた友だちとよく一緒に遊ぶし、さまざまなやり方で遊ぶが、そうした遊びを通して新しい友だちを広範な相互作用のパターンに徐々に引き入れていくのである。このことは意図的に差別的な取り扱いをしているからではなく、［新しい友だちとの間には］長年の間に［親密な］友だちとの間ですでに築き上げてきたような定着した遊びのパターンがないからである。こうしたことはよくあることだ。そのような子どもたちは、友だちと互いに取り替えられるようなおもちゃや人形を持っていることが多いので、よく一緒に遊ぶようになるし、また取り替えて遊ぶことができるということを知っているのでいろいろなやり方をして遊んでいる。三年生のキーラはこう言っている。「私とサラはいつも猿のぬいぐるみで一緒に遊ぶの。サラはそれを自分の誕生日に買ってもらったんだけど、私も誕生日に買ってもらったのよ！」。

子どもたちはずっと以前からの知り合いである友だちとなら何事についても容易に取り決めていくことができると感じている。それはこのような関係がインフォーマルな「組織的な」結びつきをしているからである。例えば、子どもたちの母親同士が知り合いであり、互いに好意的であれば、家族同士も容易に自動車の相乗りをするような関係になっていくことができるし、子どもたち同士もケンカもせず、退屈することもなく、ホームシックにもならずに長い時間を一緒に過ごすことができるし、また子どもたちの家族は、忙しいときや街に出掛けるときには互いに子どもの世話を頼むことができると思っている。[11]

四年生のダミアンは、学校での親しい友人関係の階層においては年齢が重要であると言っているが、彼は二人の親しい友だちと一緒に続けていた活動にいくつかの違いがあることを次のように述べている。彼によれば、これらの違いは友人関係の期間の長さの違いによるものであり、付き合いの古い関係と比較的最近の新しい関係という違いである。

質問：今まで君たちは一緒に泊まったことあるの？
ダミアン：一人の子とは一度も夜に泊まったことはないけど、別の子とは何度も泊まったことがあるよ。
質問：二人はどこが違うの？
ダミアン：一人は一年生のときから知っているけど、もう一人の子とは今年になって会ったんだ。その子は何度か僕の家に来て、昼間はいつも一緒にブラブラしたり、遊んだりなんかしたけど、夜はぶらついたりするようなことは全然しなかったよ。なぜか分からないけど、僕らは今はいつも仲良しなんだ。これからも仲良しだろうけど、今までは仲良しではなかったんだ。宿題を一緒にするのも同じことだよ。僕と新しい友だちとはまだ一緒に宿題をしたことがないけど、別の仲良しの友だちとはしたことがあって、僕も彼とは一緒に勉強したことがあるんだ。ちょっと時間がかかるんだよ。

友人の人数

子どもたちが報告している親密な友人の人数にはかなり大きな開きがある。同じ学年や同じクラスの子どもを一人一人あげながらも一人か二人しかいないと言う子どももいる。自分のことを「人気がない」と言っていた四年生のダンは、友だちが少ないことについて次のように述べている。「う〜ん、ホントは僕は後からこの学校に来たんだ。初めは別の学校に通ってたんだけど、急にこの学校に移ることになったんだよ。それに年度の初めじゃなかったから、みんなに会う機会がなかったんだ。年度の初めのときは僕は別の学校にいて、それからここに転校してきたんだよ。だからここの子は誰も知らないんだ。そんなに早く友だちを大勢作れないよ。ちょっと時間がかかるよ。それが普通だよ。一番いいのは年度の始めにみんなと会うことだよ。だからここでは一人か二人の友だちしかいないんだ。それだけだよ」。

三年生のポールもまた自分の友人関係の状況について述べている。「僕は他の子どもとは違うんだ。いいかい？僕にはホントに友だちのグループはないんだ。親友とその次に仲の良い友だちがいて、二人とも同じ学年なんだけど、クラスが違うんだ」。ダンと同じようにポールも友人集団のメンバーではなかったし、友人グループの輪にも加わっていなかったが、自分の一番の親友だと思う子どもを選んでいた。だが、こうした子どもたちが必ずしも親友同士だとは限らない。

ポールやダンのように友だちが一人もいない層は、第4章で論じたように「社会的孤立者」である。彼らは同じ学校の生徒のなかにも親しい友だちを全く持っていない。

この対極の、友だちの人数が多数である場合について言えば、子ども自身が報告したり、また私たちが観察したところでは、友だちの人数で最も多かったのは一五人くらいだった。先に述べた四年生の人気者のエレンは、「一四人か一六人くらいの仲の良い友だちがいるわ。私の友だちは親しい友だちばかりよ。同じ友だちでも他の子よりももっと親しい子もいるけど、みんな同じように仲の良い友だちよ」と述べている。

質問：その子たちとはどのくらい前から友だちなの？
エレン：ずっと前からの友だちもいるし、今年になってからの友だちもいるし、三年生からの子もいるし、二年生からの子もいるし、一年生からの子もいるわ。幼稚園からの子もいるわよ。
質問：その子たち同士は、あなたと同じように、仲良しなの？
エレン：二人くらいは違うけど、あとのみんなは一つの大きな友だちグループの子たちなの。

エレンの説明は人気のあるクリークが徐々に形成されていく様子の特徴を示している。それは小さな友だちの輪から始まり、数年の間にメンバーが加わって人数が増え、かなり大きな規模になっていった。

親密な友人集団は、この両端の間の範囲にあることをほとんどの子どもは明らかにしている。子どもの親密な友人集団の人数の違いを規定する要因にはさまざまなものがある。第一に友人集団の規模が、人気のあるクリークとあまり人気のない小さなグループとではかなり違っているということがある。人気のない子どものグループはメンバーが二人から五人の範囲であるのに対して、人気のあるクリークはときには一五人にも及ぶ大きな集団であることを示していた。第二に集団の規模は年齢によっても異なるということである。人気のある集団は三年生くらいから形成され始め、次第に毎年メンバーを獲得して勢いを増していた。三年生のときより五年生のときの方が大きく、人気のある子どものクリークは低学年よりも高学年の方がメンバーは多い。最後に、先にも述べたが、男の子の集団は女の子の集団よりも規模が大きい傾向にあるということがある。これは、男の子の方が社会的に親密な関係にあることに加えてスポーツ的な遊びをするためにチームを形成しなければならないからである。スポーツ的な遊びは子どもが直接的に相互にやり取りするメンバー以上の、さらに大勢のメンバーを必要とするのである。

親密さ

親密な友人関係には、メンバーシップ、社会的活動、適合性という特徴があるが、それ以上に重要な特徴は、子どもが親密な友人関係から得ることができる支持と親密性である。どの子どもも、親密な友だちに対して抱いている信頼と、他の子どもには話すことはできないが、親密な友だちには話すことができるという話の内容について語っている。社会学者は、女の子の友人関係にはこうした親密性が示されているが、男の子の友人関係は大騒ぎをしたり遊んだりするための具体的な関わりを形成するという表面的ものだと考えてきた（Dweck,1981; Fine, 1980; Lever, 1967参照）[12]。だが、私たちが調査した男の子や女の子は、こうした違いのいくつかを示している。男の子はスポーツの方に傾く傾向があるが、女の子は親密なやり取りの方に傾く傾向がある。しかし、このことは男の子が親密さに関わることから全く排除されていることを示しているわけではない。例えば、男の子も友だちと秘密を共有することもあるし、問題だと思ったり好ましくないと思った態度や行動に互いに向き合うこともあるし、また関係する話に加わることもある。五年生のチャックは、友だちが多い子どもだが、自分の親密な友人関係の特質について次のように述べている。「僕たちはお互いの秘密を話すこともあるし、自分の気持ちを話すこともあるよ。お互いに相手のことをすごく気遣ってるんだ。だけどときには面白半分に話すこともあるよ。そういうタイプの友だちとは何をしても楽しいんだ」。エーダーとサンフォードは、このような年齢集団においては親密度が深まっていくことがよくあるが、しかし子どもは男女間の場合には親密性が表に現れないように注意しなければならないのだと述べている（Eder and Sanford, 1986）。

1-2　家族ぐるみの友人

子どもは、親の友だちの子どもたちと親しい友人関係を形成して週末や休日に充実した余暇を過ごしたりしている。このような関係は、子どもが学校に入学する前の、かなり幼いころに端を発していることが多い。そのような友だちは幼いころから一緒に育ってきた友だちであり、彼らとの関係は、子どもが学校での仲間内のサブカルチュアのヒエラルヒーやダイナミックスから抜け出して、それとは異なったやり方で自分を評価してくれるような関係のなかに逃げ込むことができる避難所となっているのである。このような関係は、長い時間をかけて続いており、親同士の友人関係によって支えられている。子どもたちの間で何か問題があったとしても、親たちの間で丸く収めてくれる。親の方もまた、特別に計画した活動や旅行に友だちの子どもを連れて行くなどして、こうした関係を促進していた。家族間は強い絆で結ばれていたから、このような関係には、いわば特別な感情が染みこんでいた。友好的な家族はさらに、お互いの親族ネットワークをも含めて知り合いを広げ、一緒に街に出かけたりして、親密な繋がりを作っていた。親しい家族ぐるみの友人関係は、子ども同士の間の人口学的一致〔訳注4〕、つまり年齢、性、就学との関係といった特徴によって影響される。

親密な友人関係の規範が年齢や性別の均質性を下支えにしているのに対して、家族ぐるみの友人関係のなかには、そのパターンが当てはまらないものもある。家族内の人間関係のように家族ぐるみの友人関係には、子どもが年長の子どもと取り結ぶ友人関係もあるが、性別にあまりこだわらない年少の子どもと取り結ぶ友人関係もある。(13)

三年生の女の子タミーは、いろんな面で繋がっている子どもとの親密な家族ぐるみの友人関係について語っている。

質問：親しい友だちのなかには、誰か他の友だちもいるの？

タミー：ええ、いるわ。

質問：その子たちをどこで知ったの？

タミー：お父さんやお母さんの繋がりから知ったの。お父さんやお母さんの友だちの子なの。私より年下の子もいるし、年上の子もいるけど、みんな男の子よ。私たちがその子たちの家に行ったり、その子たちが私の家に来たりするの。

ほとんどの子どもは、家族ぐるみの友人を最も親密な友人関係の部類に入れているが、彼らの間にも他の子どもと共通の人口学的特徴が少なくとも一つはある。性別である。性別は友人関係にとって年齢よりも強い絆になっているために、ほとんどの子どもは、学年は異なっていても、同性の間に限って親密な家族ぐるみの友人関係を結んでいるのである。

学校の友だちのあまりいない三年生のポールは、同年齢ではないが、同性間の親密な家族ぐるみの友人について語っている。「その子の名前はフレディー・ミシェルというんだ。僕の家族はミシェルの家族のところによく行くんだよ。だから僕はそこの子たちが好きになったんだ。その子たちは僕より年上だよ」。ポールの友だちのフレディーは、ポールが「みんな僕より年上だよ」と言った子どもたちの一人であるが、集団のなかでは恐らく最年少だろうと思われる。

四年生の女の子のベッツイーは、ヘザーとの友人関係について話している。ヘザーは年上の女の子で、家族ぐるみの友人である。ベッツイーは言う。「私には二人の親友がいるんだけど、その子たちは私の大事な大事な最高の友だちなの。二人とも名前はキムっていうの。一人のキムはずっと前から知っているのよ。私のママがキムの幼稚園の先生だったから。それで知り合いになったのよ。私のママがキムのママと仲が良かったからね。キムは私より一つ年上なの。キムは一〇歳でバンクス（別の小学校）に行ったの。私たちは本当に最高に仲の良い友だちだったの。キムのパパがスミス・ヘブン（隣の町）で働くようになったから金曜日にこっちへ来ていたのよ。それで私たちは一緒にダンス教室に行ってたの。私たちは本当に仲良しだったわ。キムはいろんな秘密を教えてくれたの。私たちはウィアードゲーム〔訳注5〕をして遊んだの。ままごとみたいな遊びはしないの。動物やトロール〔訳注6〕になって遊んだり、大きなお城を作ったりしたの。私はお化粧をたくさん持っているから二人でお化粧をしたり、香水をつけたりして遊ぶの。ママは私たちがにおいがすると言ってたわ。私は舞踏会用のガウンをいくつか持っているから、二人でそのガウンを一つずつ取り出して時々それを着たりするのよ。私たちは犬のベッドの上にそれを放り出して、それをベッドにするの。私たちはいつもそんな遊びが好きなのよ」。

家族ぐるみの友人関係の繋がりが最も強くなるのは、子どもの年齢や性別が重なっているときである。家族同士が近所に住んでいるという場合、子ども同士も同じ学校に通っていることが多い。三年生の女の子のキーラは、学校で親友にどのようにして出会ったのかについて次のように説明している。「えっと、シェリーのことはママが私を養子にしたときから知っているわ。シェリーは私の初めての親友だけど、私のママがシェリーのママを知っていたからなの。シェリーのママがシェリーを養子にしたとき、私のママもちょうど養子のことを考えていたときだったんだって。それでママは私を養子にして、それでシェリーは私の初めての友だちになったのよ。今、シェリーは私と同じ学校に行っていて、私たちは毎日会ってるわ」。

両親が広範な友人関係のネットワークを持っている場合や、あるいは年上のきょうだいがいて、両親がそのきょうだいと同じくらいの年齢の子どもを持っている他の大人と接触できる機会がある場合に、両親は同じ年齢の子どもたちがいる人たちと親しくなるのだということを子どもたちはよく知っている。四年生のマットは、学校の友だちと家族ぐるみの友人が重なっていることについて次のように言っている。「ホントに仲の良い友だちの大きなグループがあるんだ。七人くらいいるんだけど、みんな同じ学年なんだ」。

質問：少し経ってからみんなと仲良くなっていったの？　それともみんな一度に仲良くなったの？

マット：だいたいは少し経ってから仲良くなっていったんだよ。一年生のときか幼稚園くらいのときに仲良くなっていったんだよ。

質問：みんなとはどうやって仲良くなっていったの？

マット：ママがきっかけだね。みんなはママの友だちの子なんだよ。それで僕らは友だちになったんだ。みんなとは学校で会うより前に家で会ったんだよ。サッカーとかいろんなスポーツをしているときにね。たいていはママたちが僕たちを［そのような子どものスポーツクラブに］入れたんだよ。

家族ぐるみの友人関係と学校の友人関係が重なっていることが、親密さと信頼の土台となって、友人関係を強固にし、持続させていくのである。先に取り上げた三年生のサラは、町から引っ越していった家族ぐるみの友だちとの友人関係をどのようにして維持していったのかについて述べている。「本当に仲の良い子がいるの。名前はサリー・ダフィーって言うの。サリーは去年はこの学校に通っていたんだけど、今はもういないの。サリーはメリル（近くの町）に引っ越したのよ。だからサリーにはそんなには会えないんだけど、私は手紙を書くし、それによく電話するのよ。私たちが赤ちゃんのとき、ママはいつもサリーのママと話していたんだって。私たちはいつも一緒に遊んでいて、それで一緒に大きくなったんだって」。

質問：今でもサリーとはお泊まり会をして会ってるの？

サラ：ええ。サリーとはよくお泊りパーティーをするのよ。私の誕生日は四月なの。それでサリーを招待したの。その日、サリーは泊まったのよ。サリーだけね。サリーとはあまり会えないから。

1-3　親戚の子ども

家族ぐるみの友人との交流と同じように、前青年期の子どもは「いとこ」という親族とも頻繁に交流している。特に週末や休日になると一緒にパーティーをしたり、何か特別なことを一緒にしたりしている。しかし、いとことの交流は、親戚同士の接触の機会が当たり前であるような地方に住んでいる親戚の間に限られる。実際、私たちが観察した家族の大半は、友人と一緒に過ごしているのに比べると、親戚と一緒に過ごす時間は長くもなかったし、充実してもいなかった。それはこれらの結びつきが、親和性に基づいて選び出されたというよりも出自によって決められているからである。そのために子どもの親密な友人関係のタイプに入る親戚の子どもは、家族ぐるみの友だちよりも少ないのである。

前述した五年生の男の子ジャックは、二人のいとこの男の子との親しい友人関係について語っている。

質問：いとこはどうなの？　いとこは町のなかに住んでいるの？　町の外？
ジャック：いとこはスミス・ヘヴン（近くの町）に住んでいるよ。
質問：そう、どれくらい会っているの？
ジャック：月に一度か、二度くらいかな。
質問：いとこは何歳？
ジャック：一二歳と八歳。
質問：いとことの関係を教えて。
ジャック：電話で話をすることもあまりないし、学校で会うこともないよ。二人はメリル（近くの町）の学校に行っているからね。だから会うのは週末だけなんだけど、そのときはいつも泊まるよ。二人は（近くの町に）住んでいるからね。まあそんなところかな。

質問：二人が泊まるときは何をするの？

ジャック：ビデオを見るよ。僕らはスポーツなんかのことは話すけど、その他のことはあまり話さないよ。

ジャックは、二人のいとこを親友だと考えていたけれども、彼らとの間に日常的な接触や定期的な接触がなかったために彼らとの関係の親密性は次第に失われていった。そのために彼らは家族のことや文化的に共通している話題とか、音楽やテレビ番組、映画といった共通の趣味のことを基にして交流するようになったのである。

1―4　近隣の子ども

近隣は、その近接性のゆえに前青年期の子どもにとっては親密な友人関係を形成することのできる「溜まり」になっている。[14] 子どもはいつでも近隣の子どもと一緒に過ごすことができるし、親の支援という邪魔物もなしに、放課後や週末、休日、そして夏の間に、子ども同士で集まることができる。近隣での遊びは、学校での遊びとは違って、年齢によって相互のやり取りを組織化していくということがない。近隣の友人関係は、学校の友人関係ほどに年齢という境界によって区切られることがあまりない。またこうした近隣の友人関係には、仲間内のサブカルチュアという強固な枠組みもないし、男女間の関係に対しても何の偏見も持っておらず（第8章を参照）、性別の境界を越えた関係を持つことも多い。あらゆる関係のなかでも、近隣の人間関係が構成という点では最も多様性に富んでいる。しかし人口統計学的な視点から言えば、子どもは親密な子どもと強い絆を形成することが多いから、近隣の子どもと言っても、年齢や性別が同じでなければ、親密な友人関係へと発展していく可能性は小さい。

親密な友人として近隣の子どもを挙げる子どもは、学校で友だちを作ることに困難を感じている場合がよくある。ダンは四年生の男の子だが、年度が始まった後に転校してきたために学校の友だちがいないことに不満を覚えていた。だが、近隣で親密な二人の友だちを見つけた。一人は同じ学年のサムで、もう一人はサムの、八歳になる弟で三年生だった。ダンはいつもは二人とはそれぞれ別々に遊んでいると言う。「彼らは一緒に来ないんだよ。どちらか一人と遊ぶことが多いんだけど、たまに二人の意見が合って一緒に来ることもあるよ」。

質問：じゃあ、君はサムとサムの弟の間にいるって感じ？

ダン：そうだね、僕はいつも二人のやり方に口出ししないんだ。だけど僕は何でもできるように、いつも二人の間の真ん中にいるんだ。

近隣で親友を見つけた二人の子どもがいる。ロジャーとメレディスである。ロジャーは三年生で社会的孤立者（第5章で説明）であり、隣の家に住む二歳の子とよく一緒に過ごしていた。メレディスは三年生の女の子だが、ほとんど友だちがおらず、いつも隣の家の七歳の女の子と一緒に遊んで過ごしていた。その女の子は両親がホームスクーリング〔訳注7〕をしていたのである。メレディスの隣家の、その女の子は、学校で経験するような日常的な社会的接触の機会がなかったから時間があるときにメレディスと遊ぶことをいつも喜んでいた。近隣におけるこのような親密な友人関係には、絶望に陥ったような場合や地位が下降するような場合と共通する要因が見られる。

近隣の子どもたちのなかで同学年の子どもがいるのを見つけたとき、子どもは同じ学校に通っている家族ぐるみの友人との間に見られるような親密性の高まりを感じることがよくある。彼らは日々学校で近隣の友だちに会うことができるし、また放課後や週末に一緒に遊ぶこともできる。先述の三年生の女の子タミーは、近隣の同級生で親友のジミーについて次のように述べている。「ジミーっていう名前の友だちがいるの。男の子だけど家のすぐ近くに住んでいるから親友の一人なの。私はジミーの家によく行って二人でジミーの犬と遊ぶし、時々だけど公園に行ったりハイキングをしたりすることもあるし、映画を見に行ったりすることもあるわ。でも私が別の友だちと一緒にするようなことはしないの。私は着せ替えごっこなんてできないからジミーと一緒にできることはあまりないのよ。だけどジミーは、時々だけど、自分が女の子みたいな格好をするのを私に手伝わせるの。ジミーは全然気にしないで、ドレスを着てハイヒールをはいて、それから一階に降りていって『ねえ、ほら、私は女の子よ』って言うのよ」。

年齢と性という共通要因が近隣と学校とで重複している場合、同じように親密な友人関係を形成するようになる。サラとキーラという二年生の二人の女の子の場合がそうである。彼女たちは毎日一緒に遊んでいた。もしどちらかが別の友だちを家に呼んでも、同じようにお互いに家に招待し合った。サラは親しい友だちの輪について次のように考えていた。「えっと、サリー・ダフィーは私の大事な、とっても仲の良い友だちなの。キーラとアイリスは別の、とっても仲の良い友だちなの」。

質問：キーラやアイリスと一緒にどんなことをするの？

サラ：えっと、キーラとアイリスとはいろんなことをするわ。いつもいろんなゲームをするの。私はいつもアイリスを家に呼んで、それからキーラを家に呼ぶの。キーラは隣に住んでいるからよ。私たちはいつも雪遊びか裏庭で遊ぶのだけど、好きなゲームの謎解きをすることもあるわ。それでね、キーラはアマンダを家に呼ぶときに私を呼ぶの。私はアイリスを家に呼ぶときにキーラを呼ぶの。でも四人で一緒に遊ぶこともあるわ。時々キーラと私だけのときもあるけど。どっちにしてもキーラとは毎日会っているわ。

2　軽い友人関係

特に親密な友人という小集団の域を越えたところに、前青年期の子どもがその時々の友人関係を維持しているような、広範囲にわたるさまざまな子どもたちがいる。前青年期の子どもは、そうした時々顔を会わせる程度の「軽い友人」と会ったり、遊んだり、話をしたりするが、だいたいはそうした軽い友人に対して好意的である。しかしそんなに頻繁に交流しているわけでもないし、それほど親密なわけでもない。こうした軽い友人は、その場の状況に応じて支援や援助を当てにされている子どもたちであり、そうした軽い友人に対して前青年期の子どもは、集団のなかで仲間付き合いをしたり、共通の興味・関心や態度を持ち続けたりしている。しかし中核的な親密な友人に対するほどには好感を抱いているわけではない。親密な友人関係はほとんどの子どもにとっては生活の一部であるが、そうした親密な友人関係とは異なり、軽い友人関係はあまり一般的ではない。軽い友人を多く持っている子どももいるけれども、わずかしかいない子どももいるだろうし、全然いない子どももいるだろう。このことは子どもの地位や集団のメンバーシップ、社会的スキル、一般的な傾向にもよる。親密な友人関係と同じように、軽い友人関係もいくつかのタイプの社会的環境から生じてくる。[15]

2-1　学校での友人

性格

子どものなかには、学校での軽い友人も親密な友人と同類のタイプだと思っている子どももいるが、量的［時間的］な面から見れば、そうではない。つまり子どもは、学校での親密な友だちと同じように軽い友だちに対しても好感を抱いているのであるが、しかし子どもには午後や週末に学校外で、そうした軽い友だちと付き合うほどの時間的余裕が全くない。こうした子どもは、二つの異なった集団のメンバーとの、それぞれの交流の間にある重要な違いを理解していないのである。

四年生の女の子のエイミーは、学校での軽い友だちの一人であるローレンとの関係について述べている。「私たちは（学校の外で）待ち合わせて一緒に遊ぼうとするんだけど、まだ遊んでないの。学校では遊んでいるのよ。ローレンは私にすごく親切で、私もローレンにホントに親切にしているの」。

軽い友人も同じ大きな社会集団のメンバーである子どもであるが、しかし彼らはそのなかにある別の下位集団に属している。このようなことは人気のある集団には共通に見られる構造であるが、そうした集団ではわずか五、六人の子どもがコアユニットを構成していて密接に結びついている。先述の三年生の男の子クレイグは学校での親密な友だちと軽い友だちの間の違いを質よりも量の問題として考えている。

質問：軽い友だちと親密な友だちの間の違いってどんなことなの？
クレイグ：えっと、軽い友だちには、僕よりももっとよく遊ぶ仲の良い友だちがいるみたい。それで僕は「軽い友だちよりも」もっと仲の良い友だちとよく一緒に遊ぶんだ。軽い友だちに会うことはあまりないからね。それにその子たちは別のクラスだからずっと前から知っているわけじゃないんだ。だからその子たちとはそんなによく会わないんだよ。みんな自分だけの親しい友だちがいるんだよ。だけどみんな仲がいいよ。

しかし、子どもは、学校での軽い友だちと比較して、一緒に過ごす時間という量的な違い以上に親密な友だちとの関係のタイプの間に見られる質的な違いについて詳しく説明している。五年生の男の子のタッカーは、これらのタイプの友人関係の間に見られる類似点と相違点の両方について説明している。

質問：軽い友だちと親密な友だちとの関係にどんな違いがあるの？　仲の良い親密な友だちとは一緒にするけれども軽い友だちとは一緒にしないことってあるの？
タッカー：うん。違いは何にもないよ。何の違いもない。多分軽い友だちとはそんなに会わないってことだけ。
質問：でも仲が良くない子もいるんじゃないの？　他の子たちよりもあまり親しくない子とかあまり話をしない子とか。
タッカー：えーっと、何人かの友だちよりも何でも話せるもっと仲の良い友だちはいるよ。その人たちのことを信頼しているから。あまり親しくない友だちよりもね。まあ、ほとんどの友だちとはホントは仲がいいんだけどね。だけど他の子よりもちょっと違う別の子もいるよ。その子のことをよく知っているから、その子たちにはいろんなことを話せるんだ。

別の五年生のジョシュは、これらの「マイナーリーグ」の関係〔訳注8〕の質的な相違を説明するという点ではタッカーよりも少し上手だった。「僕はいつもはその子たち〔軽い友だち〕とはそんなに遊ばないんだ。ジョンやブレイクなんかと一緒にサボったり、みんなを家に呼んだりっていうようなことはしないんだ。いろんなことを話したりということもしない。仲の良い友だちとは自分の思っていることをいろいろ話すけど、その子たちとはそんなに話すことはないよ。どうしてかってことははっきり分からないけど、多分そんなには信頼してないからだよ」。

最後に五年生のジェニファーはこの二つのタイプの関係について、その大きな違いをはっきりと話している。軽い友だちについて彼女は「私たちにとってはただ感じが良いっていうレベルかな。ランチのときは一緒に座るし、話もするけど、ただ感じが良いっていうだけ」と述べている。

質問：他のもっと仲の良い友だちとはするけれど、その子たちとはしないことってどんなことなの？
ジェニファー：えっと、その子たちとはちゃんと一緒に勉強することはないわ。家に招くこともしないし。その子たちとは本当に仲が良いってわけではなくて、ただの友だちなのよ。私には秘密はないんだけど、他の子の秘密をちょっと知っているの。でもその子たちは秘密は本当の友だちにしか言うべきじゃないと私に言うのよ。だから、その子のような軽い友だちには教えないで秘密が漏れないようにしているの。

構成

親密な学校の友だちのように、軽い学校の友だちもほとんどが同質的な集団だった。子どもたちの間には地位の隔たりがあるが、しかし接触の機会がなかったから、年齢や学年の境界を越えて他の子どもと友だちになるようなことはほとんどなかった。異性間の友人関係の方がまだいくらかは見られた。しかしこのことは学年によって異なっており、小学校中学年の子どもは、高学年になっていずれ持つようになる異性の共通の関心事をまだ持ってはいなかった。

三年生の男の子ミッチは学校の軽い友だちのなかに女の子もいると言っているが、では女の子と一緒に何ができるのかと問われると説明に困った。

質問：仲の良い男の子や女の子はたくさんいるの？
ミッチ：何人かいるよ。たくさんはいないけど。
質問：イヴとはどんなことを一緒にするの？
ミッチ：一緒にすることはあまりないよ。僕はいつも男の友だちと一緒に遊んでいるし、イヴも女子の友だちといつも遊んでいるよ。

三年生の男の子は、ミッチのこの発言にほとんどが同意していた。しかし、軽い友人関係は、親密な友人関係のように、深い関わりや広範囲にわたる共通性を条件とはしていない。五年生になるまでは、男の子も女の子もお互いを軽い友だちと考えるようなことが多かった。五年生のケニーは、男の子と女の子がどのようにして親しくなっていくのかについて述べている。「えっと、僕たちは去年は女子に話しかけることはほとんどなかったけど、今年になって違ってきたよ。僕たちは女子のことをいろいろ知ってるよ。よく分かんないけど、女子と一緒にブラブラするのが楽しいんだ。女子が僕らのところに来たら、いろいろ尋ねたいことがあるよ」。

男の子と女の子との間で友好的な接触が増していくのは、成熟していくことだけに由来するのではなく、共通の関心事が広がっていくことにも由来する。男女の両方のグループを互いに結びつけるような共通の基盤になっているのは、宿題や学業である。そしてまた女の子の方も、男子の活動、特にスポーツ分野に進出してきた。第5章で論じたように、女の子の下位文化は一九八〇年代と一九九〇年代の間に急速に拡大していって、女の子が何の偏見を持たれることなく、さまざまな種類の運動に参加することができるような道を切り開いていったのである。(16)だが、同じ時期に男の子の下位文化の方は、何の変更も行われなかった。男の子が女の子のところにやって来て女の子と一緒にジャングルジムで遊んだり、石蹴り遊びをしたりすることはほとんどなかったし、遊びの輪に加わることもほとんどなかった。

サッカーは、他のスポーツに比べると、小学生の女の子も参加できるような性別に関係のないスポーツである。組織化されたリーグも多いし、娯楽的活動であれ競争的活動であれ、[訳注9]四年生くらいの初級レベルのチーム編成をしてサッカーに興じている女の子は多い。小学校の三年生や四年生になると、かなりの女の子が、そして五年生になると大勢の女の子が、休み時間になると運動場に出て、個人での参加ではなく集団での参加という形で男の子と一緒にサッカーをするようになった。ある学校では、サッカーのシーズンになると休み時間にチームで競い合った。五年生のチームには、男の子だけで構成されているチームと男女混合で構成されているチームがあった。後者の混合チームでサッカーをする男の子は「女の子のチーム」と呼ばれていた。別の学校でも同じような状況が見られた。そこではチーム全員が三年生の男子で交代制を取っているチームと同じ三年生の男女混合のチームがあって、この二つのチームが試合をしていた。これらのチームでは名称がつけられていた。男子のチームでは「ハスキーズ」と「ウルヴァリンズ」という名称が代わる代わる使われていたが、男女混合のチームは（女の子によって）「ハムスター・プープス」と呼ばれていた。「ハムスター・プープス」で競技している男の子ジョシュは、女子のチームメイトとの関係について次のように述べている。「サッカーでは、女子も男子もみんな一緒にプレイするんだ。僕は女子のチームに入っているけど、女子のチームでサッカーする男の子もたくさんいるよ。その男の子たちはチームの力がフェアになるようにしているんだよ。僕がディフェンスをしているときにゴールキーパーになっている女子がたくさんいると、ホントはいつもたくさんいるんだけどね、そういうときにボールがこっちにまで来なければ、女子と駄弁ってるよ。僕は女子を友だちとは思ってないけどね」。

五年生のダニーは、女の子との軽い友人関係の範囲と限界について語っている。

質問：親しくしている女の子はいるの？

ダニー：サッカーを一緒にする女子が何人かいるよ。僕のチームの子たちなんだ。僕のサッカーチームの三人の女子。そのチームで親しくなったんだよ。

質問：学校で、それとも学校の外で？

ダニー：学校の外。その子たちもここに来てるんだ。ベスにカレンにアン。みんなサッカーの上手な選手だよ。
質問：サッカーをしていないときは、その子たちと話をするの？
ダニー：ときどきね。
質問：同じ年齢の男の子や女の子たちとはどんなことを話してるの？
ダニー：宿題のこと。簡単に言ってしまえばね。

五年生の人気者で、運動選手のマリアも、宿題とスポーツを男の子と女の子が友人関係を築いていく際の共通の関心事だと考えていた。

質問：話をするチャンスがあるのはどんなときなの？
マリア：（授業中の課題など）何かに取り組んでいるようなときね。勉強しなければならないときは時々話をすることがあるわ。そうでなければあまり話をすることはないわ。そんなことはそんなに起こることじゃないけど、たまに起こることもあるわね。
質問：親しい男の子と何か一緒にしたことがある？
マリア：ええ、あるわ。スポーツ。いつもそう。バスケットボールよ。私はそんなに上手じゃないけど、バスケットボールは大好きよ。サッカーも好きなんだけど、お気に入りのスポーツってわけじゃないの。サッカーをするのが好きな女の子は多いけど、バスケットボールをするのが好きな女の子は他にいないわね。

男の子と女の子から成る小さなグループが、これらの［性別に分化した］規制的な枠の範囲を越えて実際の男女の交際に関わっている。こうしたことは人気のある男の子のクリークと女の子のクリークのメンバーの間で生じることが多く、しかも五年生に限られているようである。五年生のクリークのリーダーであるブラッドと彼の友だちの何人かはあまり組織化されていない領域で女の子と交際していた。彼は次のように述べている。「ホントに男の子に親切な女の子も何人かいるよ。その子たちは、何人かの男の子には親切なんだけど、他の男の子には我慢できないみたいなんだ。男の子が女の子に対するときも同じだけどね」。

質問：性別にこだわらずに親しくしている男の子も女の子もいるけど、ずっと同性にこだわっている子もいるのね？

ブラッド：僕は女の子なんかとも話すし、時々だけど僕らは女の子たちに悪ふざけすることもあるよ。そしたらもっと面白くなるからね。何だかんだと言っても男の子と女の子が一緒にいるとふざけたくなるんだよ。

こうしたタイプの交流は、男の子と女の子がロマンティックな意味合いを含んだ男女交際への関心を高めているという方向の枠のなかに位置づけられる。

2-2 近隣の子ども

前青年期の子どもは、年齢、性別、学校が違っている近隣の子どもと親密な友人関係を形成することはなかったが、軽い友人として仲の良い関係を形成することはよくあった。[17] 近隣に住んでいる子どもがその時々に、あるいは季節ごとに一緒に遊ぶというような場合に、彼らは軽い友人となった。常日頃の遊び相手として最初に選ばれることはないが、気まぐれに遊ぶときとか、そうでなければ望ましい遊び相手が他にいなかったときに一緒に遊ぶのである。[18]

近隣の軽い友人は、中核となる友人関係の輪のなかに入っていなくても、年齢と性別が重なっていることもある。そのような近隣の友だちを持っている男の子も女の子もいた。そうした男の子や女の子は放課後や週末に余分な時間ができると、近隣の友だちを電話で呼び出して個別に会ったり、集団で集まったりした。

五年生のジョシュは、同学年で近隣の友だちであるウィルとの関係について語っている。「ウィルは数少ない大事な友だちなんだ。数少ない友だちのなかでもホントに親しい友だちの一人なんだよ。ウィルはこの通りを進んだところに住んでいたんだけど、引っ越して行ったばかりだよ」。

質問：ウィルは同じ学年なの？
ジョシュ：ウィルは同じクラスだよ。いまでもすごく仲がいいよ。僕らは一緒に何かすることはそんなになかったんだ。僕が家に帰って宿題をしてるときにはウィルは家に帰って遊んでいたし、僕が外に出て遊んでいるときにはウィルは家に帰って宿題をしてるんだよ。ほとんど逆なんだよ。僕らは雪合戦なんかをしたけど、そんな遊びをしてたんだ。僕の家にはツリーハウス[訳注10]があって、今はバラバラに壊れてしまったけど、そこに行って遊んだりしてたよ。

スケジュールが合わないことを除けば、近隣の子どもは別の理由で軽い友だちのままでいた。五年生の人気者のケヴィンは、同学年で近隣に住む男の子がどうして親密なランクの友だちにならないかという理由を説明している。

質問：［近隣の］友だちとはどんなことをするの？
ケヴィン：よくスポーツをするよ。それから話をするだけのときもあるし、クリークと呼ばれているグループの仲間と出かけることもあるよ。

質問：放課後にその子たちと会うことはあるの？

ケヴィン：あまりない。誕生日パーティーなんかで僕の家に来るようなときを除けばあまりないよ。泊まりに来るだけってことはあるけどね。僕はその子たちとは全然違う別の友だちのグループに入ってるんだ。

質問：その子たちはどんな子なの？

ケヴィン：その子たちは学校では人気はないんだ。多分学校では乱暴すぎるからか、いつもおとなしいからだと思うんだけど。まだみんなでヒーローごっこなんかやってるんだ。その子たちはバスケットボールなんかもしているよ。僕はその子たちと一緒にバスケットボールをするのが好きなんだ。だから、その子たちは僕の気楽な友だちみたいなもんだね。

質問：その子たちとはどこで知り合ったの？

ケヴィン：時々僕がその子たちのところにいくことがあるんだ。ただブラブラしたり遊んだりするだけだけど。

質問：じゃあ、その子たちとは学校のなかよりも学校の外で親しい仲というわけ？

ケヴィン：うん。一人の子とは学校で月に一度くらいかそのくらいに「やあ」って挨拶するくらいだけど、放課後はバスケットボールをしたり、話したりするんだよ。僕らはホントに仲が良い友だち同然だよ。

質問：学校の外でそんなに仲がいいのに、どうして学校ではそれだけしか会わないの？

ケヴィン：その子たちが違うクラスってこともあるし、違うクリークの仲間とつき合っているってこともあるよ。

質問：もし君がクリークの仲間ではない子どもたちと親しくなるとしたら君のクリークの仲間は、そのことを嫌がるの？

ケヴィン：そういうこともあるね。誰か他の子と一緒につるんでいると評判が悪くなることもあるよ。

ケヴィンの意見は、子どもが他の子どもたちを評価する際の階層システムがあることを明らかにしている。他の子どもたちとどのくらい一緒に出かけ、どのくらい楽しいか、その子どもたちはどのくらい運動をしているか、その子どもたちに対してどのくらいの親密さを感じているか、その子どもたちはどんな集団に所属しているかといったことによって他の子どもたちを評価するというわけである。子どもは、同年齢、同性、同じ学校の友だちといった特定の友だちを持ちたいと思っている。しかし、こうしたタイプの友だちを得ることができないときには、近隣の友だちのように（家族も同じだが）、別の友だちで取りあえず良しとするのである。ただそうした別の友だちを子どもはあまり好きではなかった。彼らは幼稚だったし、年下だったし、性も違っていたからである。こうしたタイプの子どもが軽い友人関係を形成するのである。同年齢や同性の友だちが得られなかったとき、子どもは一緒に時間をつぶせるような近隣の友だちを手軽に探そうとする。四年生のショーンは、このことを簡潔に述べている。「ネッドは年下で、たまにしか会わないような友だちだけど、一緒に遊んでいると楽しいよ」。

サラは、隣に住んでいる親友のキーラと同じ三年生だが、キーラの妹で近隣の友だちであるチェルシーとの軽い友人関係について述べている。「親しい友だちの評価が下がるかも知れないけれど、キーラの妹は四歳で私の兄の仲良しなの。名前はチェルシーと言うんだけど、本当にかわいくて一緒に遊ぶと楽しいのよ。アイリスが家にいないときは、キーラとチェルシーは姉妹だから、私がキーラの家に行くの。キーラの家は隣だからね。私たち（私と兄）はキーラとチェルシーと一緒に遊んで、キーラのパパに見せるショーを作るのよ」。ダンは四年生で一番の親友であるサムの弟と親しい友だちになったのだが、そのダンと同じように、サラは親友であるキーラの妹を下位のランクではあるが、友人関係の輪のなかに入れているのである。

キーラもまた軽い友だちについて聞かれたときに、近隣の子どもたちのことを話している。「昨日もだけど、サラが私を呼び出して、私がサラやサラの兄のザック、そのザックの友だちで年上のトミーと一緒に雪遊びができるかって聞いてきたの。ルーシーと私はザックやトミーと一緒に遊ぶことがよくあるのよ」。

質問：ザックとトミーは何歳なの？
キーラ：ザックは一〇歳、トミーも一〇歳だよ。二人はすごく仲の良い友だちだよ。

三年生のマットは、自分が所属している近隣の遊び集団を異年齢の子どもや異性をもメンバーに加えるような集団にまで広げた。彼は集団のメンバーの子どもたち全員を軽い友だちに分類していた。

質問：近所で、年齢の違うグループと一緒に遊んだりするの？
マット：うん、遊ぶよ。学年が違う友だちもいるよ。僕の家の隣の子は五年生なんだけど、幼稚園の弟と妹、それに三年生の妹がいるんだ。
質問：その子たちみんなと一緒に遊ぶの？
マット：そうだよ。それから通りの向かいに住んでいる、多分一歳くらいなんだけど赤ちゃんがいるんだ。
質問：赤ちゃんとも一緒に遊ぶの？
マット：うん。幼稚園に行っている子もいるよ。僕の家の隣の子。それでみんなかな。
質問：女の子たちについてはどう？　男の子は女の子と一緒に近所で遊んでるの？
マット：ときどきね。
質問：男の子と女の子が一緒に遊ぶってどんなことをするの？
マット：えっと、僕の弟は三年生のアリッサと遊んでいるけど、トランポリンで遊んでいるよ。
質問：弟は何歳？
マット：六歳。
質問：アリッサは三年生だけど、彼女と一緒に遊ぶの？

マット：そうだよ。

質問：他にはどんなことをするの？

マット：ニンテンドー［任天堂のゲームのこと］をするよ。それとコンピューターで遊んだりするし。バーゲーム[訳注11]もするよ。

近隣の軽い友だちは、個人としてでも作ることができるし、あるいは集まりや集団としてでも作ることができる。子どもたちは、雪の日には互いに誘い合ってソリ遊びの隊を組んでいたし、晴れた日には大きな集団を作って近隣で試合をするチームを編成していた。こうした試合が成功すると、その集団は、その後数日間にわたって継続されることもあった[19]。

2-3　家族ぐるみの友人との関係

近くに住んでいる家族ぐるみの友人との関係は、近隣の子どもと同じように、親密な友人関係というよりもむしろ軽い友人関係といった方が適切だと思われる。家族ぐるみの友人というのは、学校の友だちのように自由に選んだわけではなく、子どもにとっては近隣の子どもと同じようにすでに存在している人たちである。彼らは、近隣の子どものように、年齢や性別の異なるカテゴリーに分類されるかも知れないし、あるいは人をイライラさせるようなうっとうしい質《たち》であれば学校での社会的ヒエラルヒーにおける位置を後退させることになるかも知れない。地位にこだわる仲間の視線さえ気にしなければ、前青年期の子どもは、自分で選んだわけでもないが、こうした友だちと一緒に遊ぶことに満足できたし、ともかくも楽しんで時間を過ごすこともできた。定期的に接触していれば、親密さもある程度増してくるが、そうした親密さが定期的な接触以外の別の方法では到底友だちとして選ばれることがないような子どもたちを軽い友人関係のレベルにまで高めていくのである。

四年生の九歳の女の子ヘイディは、家族ぐるみの友だちの娘との友人関係について次のように述べている。「私のママの友だちには二人の娘がいるんだけど、その子たちは私とは別の学校に行っているの。その子たちはメリル（近くの町）に住んでいるの。私の両親が会いに行くときに私も一緒に行って、その子たちに会うの。その子たちと一緒に映画なんかを見に行ったりするのよ。一人は七歳くらいで、もう一人は一一歳くらいだからね。私たちはみんなで普段にしているようなことをして遊ぶの。でも私たちも、小さい子みたいに、いろんなことを考えることがあるわ。ケイトはゲームのことで違うやり方をしてるけど、私たちはみんな、ゲームのやり方を知ってるのよ」。

ヘイディは、両親が友だちの家に行くとき両親についていくかどうかを自分で決めていたが、四年生の男の子のショーンはそうした選択はできなかった。彼は家から三〇分ほどのところに住んでいるいとこと共に家族が一緒に出かけるときには、いつも連れて行かれていた。ショーンがいとことの関係の経緯について語っている。「友だちの次のレベルのところに、（近くの町に住んでいる）いとこたちを入れてるよ。三人の男の子がいるんだ。一〇歳、一二歳、それと一六歳。その子たちとはよく会うんだよ」。

質問：その子たちと仲良くしているの？
ショーン：うん、僕らはすごく良い友だちになったんだ。初めはそうじゃなかったんだけどね。僕らの家族はよく集まっていたんだけど、僕らはよくケンカをしてたよ。お母さんたちもライバル同士だったし、僕と同じ歳のいとこともライバル同士だったんだ。そのいとこは自慢ばっかりしていたからね。だけどお母さんたちが丸く収まったので僕らもちょっと控えないといけなくなったんだ。僕らは大の親友とは言えないけど、仲良く付き合っているよ。月に一度は会うし、いつも泊まるんだ。夏には一緒に家族旅行するよ。長いこと一緒に過ごしていると、ある程度は仲良くなっていくよね。家族同士もみんな知っているしね。

ショーンの経験はニコルの経験とは逆だった。ニコルは六年生の女の子だが、幼い頃は地元にいるいとこと親しい友だちになっていた。ニコルが幼い頃、両親はいとこの家族とよく集まっていたが、そのときはいつも子どもを連れてきていた。しかしいとこが段々と成長してくると、両親はニコルをいとことよりも友だちと一緒に遊ばせるように決めて、ニコルの自由に任せるようにしたのである。彼女の両親は親戚を訪問することは続けたが、ニコルはもう両親にあまりついて行かなくなった。いとことの関係は彼女にとってはせいぜい軽い関係でしかなかったけれども、その後は次第に希薄になっていった。

家族ぐるみの友だちの子どもや親戚の子どもは、近くに住んでいて頻繁に会っているときはほとんどの場合、軽い友人関係だった。これらの友人関係は、家族関係や擬似家族関係の肯定的な側面と否定的な側面の両方を持っていた。定期的な、あるいは頻繁な交流がある一方で、自由意志による選択はできなかった。子どもの年齢や性別が重なっていることが、その他の方法であれば何の関係もなかったことで終わったかも知れない子どもを軽い友人関係のレベルにまで高めたのであるが、しかしその一方で年齢や性別が異なっていることが親密な友人関係になる可能性を潰して軽い友人関係のレベルに低下させることもあった。その他の友人関係は、定期的に接触することによって軽い友人関係のレベルを安定的に浮遊しているといった感じで、友好的ではあるが、親密な仲間同士の連帯感を伴った関係ではない。

第7章　友人関係（Ⅱ）――限定された関係――

「親密な友人関係」は本質的に極めて仲の良い関係であるが、それに対して「軽い友人関係」はそれほど頻繁に接触することもないし、全然親しくもなく、また自由意志によって選択された関係でもない。しかしこうした「親密な友人関係」や「軽い友人関係」とは異なり、親密さの程度によっては特徴づけることができない「限定された友人関係」というものがある。「限定された友人関係」は「親密な友人関係」という重要性や親密性を帯びた関係から「友好的な知り合い」といった程度の少し間隔を置いた関係に至るまで広範囲にわたっている。この「限定された友人関係」は、子どもの生活のなかの、いわば特定の隙間に見いだされる関係なので、親密さの程度によっては特徴づけることはできず、いつどのようにして形成されたのかということによって特徴づけられる。友人関係が一定の限定された領域内に留まり、その領域を越えて子どもの社会的世界の他の領域にまで侵入することがなければ、友人関係は限定されたものだと言える。その場合、限定された関係は、一年のうち特定の期間にしか見られないような、「日常生活の場から」ある程度の距離を置いたところに子どもたちが位置していることを意味するし、あるいは別の関係と重複しないように特定の活動や行動にしか結びつかないことを意味する。「限定された友人」は、ある特定の時期や場所に限っての交流を持つ子どもたちである。要するに「限定された友人関係」は、多くの場合、役割関係なのである。しかし「限定された友人関係」は、子どもたちを特定の相互作用のタイプのみに深く関わらせ、そして子どもたちの「完全な自己」の、ある特定の側面のみに関わっているのである。このように「限定された友人関係」は、親密な内省的自己から状況に嵌め込まれた表層的自己に至るまで、子どもたちが他の子どもたちに提示している側面よりももっとさまざまな側面にアクセスすることができるのである。つまり「限定された友人関係」とは、何らかの形で場所、状況、時間、季節、範囲、役割によって制約され、制限され、限定された子どもたちの関係なのである。

1 活動するときの友人

先に放課後の活動について検討してきたが（第5章）、前青年期の子どもたちは、実に手に余るほどの活動に取り組んでいる。こうした活動のなかには、他の活動よりも社会的な意味を持った活動がある。子どもを他の子どもたちと接触させるような活動である。子どもは、こうした活動に参加している他の子どもたちと一緒にいるような状況に置かれると、そのうちの何人かの子どもたちに対しては、その魅力に強く引き付けられるようになるが、逆に他の何人かの子どもたちに対しては、それほど引き付けられるようなことはない。子どもは、これらの活動に参加している子どもたちと、どこにおいても「状況に応じて親しくなる」というレベルから極めて親密になるというレベルに至るまでの関係を持つようになる。「活動するときの友人関係」の性質は、子どもたちが取り組んでいる活動の組織によって影響される。[1] これには、単独活動（乗馬やピアノ）かまたは組織化されたチームやリーグで行う活動、他の活動領域と重複している活動かまたははっきりと区別された活動、毎年決まったシーズンに行われる活動かまたは年間を通して行われる活動、子どもたちがちょっとやってみたいと思うだけの活動かまたは真剣に取り組んでいる活動など多様な活動がある。

1-1　組　織

前青年期の期間を通して、若者の活動の多くは組織的に発展していく。このことは、グループ活動には妥当するが、単独活動には当てはまらない。三年生のベッキーは、最初の幼稚園のときの友だちのなかから中核となるような友だちを作ったのだが、それはダンスやテニス、水泳の練習で一緒だった友だちだと言っている。「えっと、ママたちが一緒に申し込んだダンス教室に友だちが一人いたの。テニスのとき一緒だった友だちが一人。でもその子は別の学校に転校したからこの頃はもう話をしなくなったわ。テニスの練習にいたのはその子と私だけだったから。二人の秘密って感じだったのよ。私は長いこと水泳の教室も休んでいたわ。私と他の二、三人の女の子だけで水泳の個人レッスンを受けてたからよ。でもしばらくの間レッスンを受けなかったの。それに別の友だちもできたし。アヴァと言うんだけど、ダンス教室が一緒だったの。でもその子にはダンス教室でしか会わなかったわ」。

こうした活動は、女の子たちの間で人気があったけれども、チームスポーツ（特に男の子の団体競技）に見られるほどの人数が集まらなかったので、友人関係の形成には必ずしも繋がったとは言えない。しかし、チームスポーツは時間とともに進展していくものである。男の子が幼い頃は、運動チームが支援組織によって設立されることがよくあったけれども、こうしたチームは同じ学校に通う子どもたちから構成されていた。つまり、子どもたちは同じ学校で、だいたいは同じ学年の、すでに知り合っている大勢の子どもたちと一緒に運動チームに参加しているのである。三年生の男の子のミッチは、サッカーチームに参加して友だちができたかどうか尋ねられたとき、次のように答えている。「いや、ほとんど学校の友だちだよ。僕は『オランダ』チームでプレーしているけど、サッカーチームの友だちはみんな『オランダ』に入ってるよ」。

第6章でも取り上げたトラヴィスは、五年生であるが、小学校の高学年になってもスポーツチームと学校の活動が重なっていることについて語っている。

質問：学校外で何か組織的な活動をしているの？

トラヴィス：僕は野球のチームに入っているけど、年中いろんなチームに入ってスポーツをしてるよ。友だちもだいたい何かのスポーツチームに入っているよ。僕のスポーツチームはゼニス［訳注1］の子たちで一杯だよ。どのスポーツチームにもゼニス・チームがあるんだ。ゼニス・サッカーチーム、ゼニス・バスケットボールチーム、ゼニス・フットボールチームというわけ。だけど野球だけはそうじゃないスポーツなんだ。野球のチームはメンバーを「小グループに」分けるんだ。だから新しい子たちと会えるんだよ。

第5章で検討したように、チームスポーツに参加しようという子どもたちはさまざまな学校環境のもとからやって来るので、六年生までにはほとんどのチームスポーツが入団テストを取り入れた競争的プログラムを実施するようになった。

1-2 状況に応じた友人関係

これとは対照的に、他の学校の子どもたちと一緒になって行う活動は、新しい友人関係を形成する機会を提供している。これらのなかに特定の活動領域を越えることのない「状況に応じた友人関係」がある。四年生のメラニーは、スキー教室に入会して週一回の練習に参加していたが、そこで形成した友人関係について述べている。「えっと、私は家族と一緒にアヴァランチのスキーに行くの。だけどホントは私には友だちがいないの。そこには友だちはいるのよ。でもその子たちはそのときだけの『一時的な』友だちなの」。

質問：「一時的な」友だちとは何をするの？
メラニー：特に何もしないわ。その子たちは私に親切だけど、それだけよ。練習が一緒の女の子というだけ。毎週参加している子も他にいたかもしれないわ。山をスキーで滑り降りるとき私たちは一緒にいることはホントになかったわ。私たちはリフトにも一緒に乗ったし、ランチも一緒に食べたわ。それでランチのとき好きな子の隣に座って、練習のことや何ができて何ができなかったとか、誰が好きで誰が好きでないとか、そんなことを話したりしたの。

五年生のタッカーは「軽い友人関係」と「親密な友人関係」の違いを説明しているが、野球をするときの「限定された友だち」についても話している。

質問：野球で知り合った友だちはいるの？
タッカー：会うと友だちみたいな子はいるよ。その子たちなんかと会ってるときは友だちみたいなもんだよ。だけど一緒に何かするほど親しくはないよ。
質問：そうなの。会うときには友だちっていう子のことなんだけど、こういう友だちと親密な友だちとはどんなことが違うの？
タッカー：親しさが違うんだ。僕が一緒に話をしたり一緒に遊んだりしてみたいと思っていることを、野球チームの仲間みたいに、誰かが一緒にやりたいと思ってくれるんだったら、その子たちと一緒にゲームをしたり野球をしたりして遊びたいと思うよ。そういう親しさの問題なんだよ。だけど、僕とその子たちとはそんなにはお互いに会わないんだよ。分かるだろうけど、僕はその子たちとホントはそんなに親しくはないんだ。

1-3　シーズンごとの変化

先に述べたように、多くの子どもたちは「活動するときの友人」のような種類の関係を作っている。練習、リハーサル、レッスン、また試合を一緒にするのに向いているような友だちである。次の段階は、別の状況のときでも、これらの友だちが集まることである。だが、そうした友人関係がさらに進んでいっても、それはシーズンの期間中のときだけ続くのであって、活動が終わってしまうと次第に希薄になっていき、子どもたちが一緒にいることはなくなってしまう。

五年生のジョンは、他の男の子たちと一緒に形成していく関係は、その子たちとの共同活動のスケジュールを中心にして築かれていくと述べている。

質問：学年が違う友だちはいるの？
ジョン：いや、親しい子はいない。カル・ブラウンがいるけど、同じサッカーチームの六年生なんだ。
質問：そのカル・ブラウンと一緒に出かけるのはいつが多いの？
ジョン：サッカーがある日だね。月曜日、水曜日、金曜日、それと試合のある土曜日。
質問：そうすると、サッカーの試合の後なんかで一緒に会うって感じ？
ジョン：そうだよ。
質問：彼は良い友だちなの？

ジョン：いや、サッカーがあるから知っているというだけだよ。

五年生のジョシュは、ウィルとの間の「軽い友人関係」がどのようなものかについて話している。ジョシュはウィルの近所に住んでいるが、いつもは宿題をするのに忙しくてウィルとスケジュールが合わないけれども、バスケットボールのシーズンになると、二人は同じチームだったから接触の機会が広がっていった。

質問：バスケットボールのシーズンにはウィルとよく遊ぶの？
ジョシ：そうだよ、僕たちはいつも練習で会うからね。宿題をしていないときは、ウィルの家の近くの道で遊ぶよ。

子どもたちが「限定された友人」とともに過ごす時間の長さは、活動内容やシーズンの長さによって異なる。音楽やダンスのような年間を通しての活動に参加している子どもたちは、シーズンによって変化するような友人関係を経験することはない。シーズンごとに活動を変えている子どもたちは、一年のうちに友だちや友人集団を別の友だちや友人集団に変えていた。五年生のブレイクは、いくつかの競争的レベルの競技に参加していたが、彼には学校での「親密な友だち」や「軽い友だち」といった仲間に加えて、シーズンごとに長い時間一緒に過ごす「活動するときの友人」のグループがいた。どの競技においても、練習にしろ試合にしろ、かなりの時間を費やさなければならなかったからブレイクが参加する度合いも高まるし、それだけチームメートと接触する機会も多かったのである。課外活動に深く関わっている子どもたちは他の参加者と長い時間一緒に過ごしていたが、それと比べると課外活動にあまり参加していない子どもたちは、他の参加者と一緒に過ごす時間はそれほど長くはなかった。

こうした頻繁な接触と密接な繋がりによって、子どもたちは「活動するときの友人」との親密な友好関係を築いていくことができたのである。四年生のケニーは、水泳のチームメイトとの友人関係について、その親密さとシーズンごとの変化について話している。

質問：とても仲の良い別の友だちが同じ水泳のチームにいるって言ってたね？
ケニー：水泳のチームには四人の仲の良い友だちがいるよ。水泳のときに会ったんだ。
質問：同じ学校に行っているの？
ケニー：違うよ。その友だちはメリルとスミス・ヘブン（近くの町）の郊外に住んでいるんだ。だから僕が会うのは夏の間だけだよ。
質問：夏の間、水泳チームにいるときに、よく一緒に遊んだのはその子たちなの？
ケニー：そうだよ。
質問：その子たちとは水泳のほかには何を一緒にするの？
ケニー：ローラーブレードをしたり、ぶらついたり、一緒に泊まったりするよ。電話で計画を立てるんだ。交替しながらやるんだ。そんなようなことをするんだよ。
質問：オフシーズンのときもその子たちと会うの？
ケニー：いや、会わないよ。
質問：その子たちとの友だち関係と学校の子たちとの友だち関係との間に何か違いがあると思う？
ケニー：ないよ。でも学校の子たちにはもっとよく会っているよ。夏の間の友だちよりもずっと多いよ。冬には水泳の友だちとは全然会わないからね。それに夏はたった三カ月しかないけど、学校は九カ月もあるからね。でもホントは学校の友だちよりも水泳チームの友だちの方が好きなんだ。夏に友だちと一緒に過ごすときの方が冬に友だちと一緒に過ごすときよりも仲良くなるんだ。一緒にいる時間が長いからだよ。だから僕らはよく話すんだ。

ケニーは水泳チームの友だちとは競技シーズンにしか会わないが、しかしこの水泳チームの友だちとの関係の方が学校での親密な友だちとの関係よりも有意義な繋がりだと考えていたのは、皮肉なことだった。

1-4　拡大する友人関係

「活動するときの友人関係」のなかには「限定された友人関係」の範囲を越えて、個人生活の中心に侵入してくるようなものもある。そうなると、［活動するときの］友だちは互いに、活動がない日であっても年間を通して会うようになるかもしれない。「活動するときの友人関係」はあくまでも活動に根差した関係であるが、しかし本来の関係の範囲を越えて広がっている。

四年生のマットは、近隣関係のネットワークを広げていったが、放課後活動を通して出会った親友の一人について次のように述べている。「僕のすごく仲の良い親友の一人にアレックス・リーズがいるんだ。野球のときに会ったんだ。彼はリンカーン（別の小学校）に行ってるよ。僕らは一年生のときに一緒のチームになって、お互いに好きになったんだ。それで練習がないときにも互いに会うようになったんだよ。それから一緒に泊まるようにもなったんだ。今では親友の一人だよ。彼は去年、チームにはいなかったんだけど、今年になってまた始めたんだ。とても嬉しいよ。活動をするようになって友だちになったのはアレックスだけではないけど、彼が一番仲がいい友だちなんだ」。

放課後活動における子どもたちの友好関係は、練習のときに「いつも一緒にいる」ことから発展していく。ペアを組んだり近くになったときに一緒に話をしたり練習をしたり、また他の時間や場所でも一緒にいられるような計画を立てたり、もっと頻繁に会えて長く続けていけるような約束をするようになる。四年生の女の子ヘイディは、放課後活動が盛んになることを望んでいたが、その放課後活動を通して得た友人関係について話している。「良い友だちになれるんじゃないかと思って、会っている子がいるの。その子は別の学校に行っているんだけど、楽器の教室で会ったのよ」。

カイルの経験は「活動するときの友人関係」が広がっていって異性関係においても生じるようになったことを示している。カイルはアイススケートの練習のときにできた友だちについて語っている。「三年間アイススケートをしていたんだ。フィギュアスケートだよ。だけどもう面白くなくなって、テストにも受からなかったから止めたんだ。フリースタイルの二段階までいったけど、三段階にはパスしなかったんだ。でも僕たちはとても良い友だちだよ。その女の子は今でも親友の一人だよ。彼女とはアイススケートで会ったんだ」。

質問：その女の子とは同じ年じゃなかったの？
カイル：少し年上だったみたいだ。三つか四つくらい上かな。
質問：そのアイススケートの女の子と仲良くしていたとき、彼女と一緒にいつもどんなことをしていたの？
カイル：コンサートなんかに行ったよ。彼女は僕の家に来るのが好きで時々来てたよ。僕らは一緒にサンディーのドラムショップに行くのが好きだったんだ。そんなことだよ。
質問：その女の子も音楽が好き？
カイル：好きだよ。彼女も僕と同じドラマーだったんだ。僕たちは共通しているところが多かったよ。

2 近隣の友人

子どもたちのなかには生活は重なり合うけれども、「軽い友だち」の部類にさえ入っていないような近隣の「限定された友人」を持っている子どもたちもいた。

彼らは限られた方法で限られた時間にしか会わないし、交流もしない。例えば、スクールバスにみんなで一緒に乗り込むときや何かのことでどうしても接触しなければならないときには、子どもたちは一緒にいる相手に特定の子どもを選んでいることがよくあった。[2]

四年生のアリソンは、学校への行き帰りによく交流する友だちについて次のように述べている。「（その子たちと）遊ぶことは全然ないの。ホントはそんなに仲良しではないからよ。だけど自転車で学校へ行きながら話をするっていう感じね。そんなところ。ときどき自転車で学校に行く途中で誘い合ってたわ。ちょうどお互いを呼びだすって感じよ。『自転車で学校に行かない？』って。そうじゃないときは私はバスで行くの。私はバスで行くのが好きよ。でも天気が良い日には自転車で行きたいし。でもバスで行くときは、いつもサマンサやジェニーやロレインと一緒にバスに乗るわ。その子たちは近所に住んでいるから。その子たちは自転車友だちだし、バス友だちなのよ」。

その他のときには、子どもたちは近隣の友だちを「限定された関係」にある子どもと見なしていた。子どもたちは近隣の友だちをそれほど好きではなかったからである。子どもたちが近隣の友だちと交流するのは、近隣で一緒にいなければならないときや他の人たちに呼び集められたときだった。しかし、これらの友だちとの関係についてはいろいろな問題があり、そのために子どもたちの関係は限定された範囲を越えて広がっていくことはなかった。

三年生のベッキーは、そうした関係にあった近隣の女の子について次のように話している。「私の住んでいるブロックには二、三人の女の子がいるの。一人はシンディー。私たちはよく一緒に遊ぶの。シンディーはとっても親切なの。もう一人はケイリー。私たちは友だち関係なんだけど、ケイリーは時々私を置いてけぼりにするの。学校に一緒に歩いて行っているときに、今日の朝なんか、私たちは花のことを話していて私が『この車の色より花の色の方が濃くなるってことってあるかな？』って言ったの。そしたら、ケイリーはホントに変な性格なんだけど、私を置いてけぼりにして行っちゃったの。前にもそういうことが何回もあったのよ。だけどケイリーは自分のママには全然違う話をするの。私たちは友だちなんだけど、ケイリーはそういうことを時々するから、私とシンディーは時々彼女を放っておくの。それで別の友だちのケイティーが私たちと一緒に行くの。その子たちはみんな家の近所のすぐ近くに住んでいるの」。

質問：ちょっと変な感じがするんだけど、ケイリーとは学校の行き帰りに会うだけなの？　本当に？

ベッキー：そうよ。一緒に遊ぶときも時々あるけど、ケイリーはいつも突然なのよ。彼女は自分は何でも知っていると思っているし、世界でただ一人って感じで、まるで大統領みたいよ。何でも知っているの。今まで多分六回くらい私たちを置いてけぼりにしているし、ホントにずっとそんなことをしているから私たちはケイリーにはホントに頭にきてるのよ。ホントに彼女は置いてけぼりにして行っちゃうんだから。自分がすべて、自分が一番って感じよ。ケイリーは私たちより年下だから分かってないのよ。私たちも同じように放っておいたこともあるけど、私たちはそれが良くないってことくらい分かってるわ。だけどケイリーが自分のママに違うことを話すから、ケイリーのママは私たちが悪い子だって思ってるのよ。だから私は、ケイリーと遊ぶときは静かにしているの。何が起きるか分からないからね。

3　電話で繫がっている友人

前青年期の子どもたちの電話の使い方はさまざまである。次回の活動のために友だちと約束したり、宿題をチェックをするためだけに電話を使う子どもたちもいれば、年少であっても、電話でおしゃべりしたり、連絡や楽しみの手段として電話を使う子どもたちもいる。彼らは退屈なときに友だちに電話をして、その日のいろいろな出来事を話したり、あるいは互いに電話を掛け合ったり、メッセージを残したりして電話で遊んだりする。電話を使っての遊びが面白いと分かれば、子どもたちは数カ月ほどその遊びを繰り返したりするが、その後は飽きてしまう。だが、電話は子どもたちにとっては一つの手段である。対面的な関係による付き合いが苦手な子どもたちや、それほど親しくすることができない子どもたちは電話を通して結びつくことができる。このように子どもたちは電話を通してのみの、限定された友人関係を発達させていくことがある。(3)

地域の「電話で繋がっている友人関係」は、性別の枠を越えることも多々ある。身の回りのことですぐに話題にできることを見いだすのはなかなか難しいけれども、女の子も男の子も会って直接話をするよりも電話で話をする方が気が楽だということをよく知っていた。電話でやり取りできるおかげで子どもたちはプライバシーと秘密を守ることができるようになった。異性の相手にアプローチすることもできるようになったし、計画を立てることもできるようになった。自分たちの人間関係や他の子どもたちの人間関係のことについても問い合わせることができるようになったし、単なるおしゃべりをすることもできるようになった。電話での関係を守り続けることができるようになったから子どもたちはゴシップを飛ばされずにすむようになったし、仲間集団から冷やかされることもなくなった。そのために男女の交際についてからかわれることもなくなった。子どもたちは好きなだけ話をすることができたし、誰からも話の内容を詮索されることはなかった。男の子も女の子も夕方や週末の時間、特に週末の夜の時間をよく使って互いに話し合った。これはお互いにもっとよく知り合うようになるやり方だったが、また自分たちが「電話で」知っている男の子または女の子と親しい仲になるかも知れないという、しかし別の学校に通っているという、新たな男の子や女の子に出会うやり方でもあった。このように男の子も女の子も、本格的なデートをする年頃になる前に、電話で擬似的なデートをしているのである。友だちが互いに電話でのブラインドデート[訳注2]のお膳立てをし合っているのだ。直接異性に会うと言いたいことをすらすらとうまく言えないと感じている男の子や女の子もおり、そうした子どもたちにとっては電話でのブラインドデートは不安を和らげてくれるのである。また電話は、そうした子どもたちにとっては、バラエティー豊かな会話を進めていくための道具として利用できる機会を与えてくれる。例えば、手本となるような台本として、またやり取りの最中に困ったことが起きたときのための手助けに備えて待機してくれている沈黙のゴーストライターという友人としてである。男の子と女の子の間の電話で繋がっている関係は、プラトニックな友人関係という軽い関係とデートをするという深い関係の間の境目の中間点にあった。この電話での関係は、子どもたちが異性の友だちに対して、その異性の友だちが自分に関心を持ってくれているかどうか、そしてその異性の友だちと一緒に会話を続けていくことができるかどうか、ということを知るための探りにもなった。

五年生の人気者の男の子ケヴィンは、こうしたタイプの交際について語っている。

質問：電話で女の子と話したことがあるの？

ケヴィン：うん、あるよ。話すよ。電話で話したこともある。学校にいるときと電話だけが僕たちがおしゃべりできるときなんだ（原文のまま）。もし僕が誰か別の女の子に夢中になって、その女の子が僕を好きになってということがなければ、僕ら［電話で話している女の子と自分を含めて］は何かを一緒にすることになるかも知れないけどね。だけど、初めにしばらくの間、電話でやり取りしておくと、何かを一緒にしようというところまで話を持っていくのがずっと楽なんだよ。

男の子は女の子の「電話友だち」と話す際には、いろいろな役割を演じている。ロマンチックな関係を直接追い求めることはさておいて、こうした［ロマンチックな］関係への前段階として、男の子はあまりストレートでもなく、あまり危険でもない方法を採りながら女の子にアプローチするのである。他の女の子や男の子の交際上のトラブルに耳を傾けながら、一人あるいは複数の女の子の「秘密の聞き役」になろうとする男の子もいた。彼らは同情的に対応し、きめ細かなアドバイスをして、友人としてふるまった。別の男の子は一人あるいは複数の子どもたちの間を行き来して、両方の立場の子どもたちにアドバイスをし、それぞれの問題解決の手助けをして「調停者」の役割を演じていた。他には、友人集団のみんなを楽しませたり、いろんな子どもたちと絶えず電話で話したりして陽気な仲間を演じている子どももいた。要するに、子どもたちは自分が助言している相手ともっと親しい関係になりたかったのである。子どもたちは、こうしたさまざまな役割をも演じることによって準備を整え、徐々に親しい関係に移っていくつもりだったのである。こうしたタイプの関係、つまりプラトニックで異性の気を引こうとするようなタイプの関係は、浮き沈みしたり、変化したりしながらも数カ月続いたが、その後は次第に消滅していって、ときにはそれに代わって電話で戯れるような関係になっていくこともあった。だが、そうならない場合もあった。

男の子にしろ女の子にしろ異性との「電話友だち」と話をする経験がなかった場合には、異性の子どもたちのことを同性の友だちに話していることがよくあった。夜や週末にも、こうした話が延々と続くおしゃべりのネタになった。

五年生のタッカーはこうした電話での関係について話している。

質問：よく電話するの？（うなずく）一緒に遊んだり会ったりしないけど電話でよく話をする子って、いる？

タッカー：アレックスがいる。そんなに会わないけど電話ではよく話すよ。他の子よりもよく話をするよ。

質問：アレックスと電話で話して何がそんなにいいの？

タッカー：冗談ばっかり言い合ってるからだよ。四五分も電話で話したよ。暇だったから椅子に座って話してたんだ。一人で家にいるときなんか、他にすることもないから座り込んだままで話をするんだよ。

質問：電話でどんなことを話すの？

タッカー：女の子のことだよ。

前青年期の子どもたちは、その他にも、遠く離れていて直接会うことができないような子どもたちと電話を通しての関係を作り上げていた。コミュニケーションを取ろうとすれば長距離の電話料金がかかるから、子どもたちは頻繁に連絡を取らないけれども、しかし直接的な対面から始まった関係も電話のおかげで活発なまま続いてきており、現在も引き続き進行していた。以前に町に住んでいたが、その後で引っ越していった子どもたちとの友人関係も電話を通して維持されていくことが多い。四年生のベッツィーは、離れたところに住んでいる二人の「電話友だち」について次のように述べている。「引っ越していった仲良しの友だちとは電話で話をするの。ホントに仲良しの友だちだったんだけど、もうここに住んでいないわ。その子たちとはもう一緒に集まれないから電話で話をするのよ」。二人の友だちが転居していったために、ベッツィーの友だちは「電話ゾーン」へと移されていったのである。そのゾーンが、ベッツィーとその友だちとが連絡することのできるただ一つの場所となったのである。

よその町にいる「電話友だち」というタイプには、その他に、同じ町に住んではいないが町を離れて旅行していたときに知り合った子どもたちや、旅行で町にちょっと立ち寄った時に知り合った子どもたちがいる。これらの子どもたちとの関係は時間と場所を常に限定されているから電話によってその関係を継続していくことができるのである。三年生の女の子のタミーは、週末ごとに話をするという、別の州に住んでいる「電話友だち」との話の内容について教えてくれた。「私たちは学校でどんなことをしているか、どんな活動をしているかを話すの。面白い本を読んでいることとか、そういうことも話すの。もっと仲良くなって会いに行くようになったら、そのことも話すし、会うときのことも話すわ」。

4　休暇のときの友人

夏季休暇や休日の期間に前青年期の子どもたちは、別のタイプの「限定された友人関係」を形成する機会を得ることがある。通学するための時間的かつ空間的な制約がなければ、子どもたちはより広範囲にわたる地域関係を形成したり、あるいは他の地域に旅行に行ったときなどに新しい友人を作ったりする機会を得ることができただろう。前青年期の子どもたちは、課外活動の練習を徹底して行ったり、キャンプに参加したり、友だちや家族を訪問したり、休暇を取ったりして活動範囲を広げていったのである。このような活動はどれもが新しい友人関係を形成する可能性を持っているが、なかには子どもたちの日常生活のなかに組み入れられる活動もあれば、「限定された友人関係」のレベルのままの活動もある。

4-1　重複する友人たち

新しい友人や活動が、一部の子どもたちにとっては、学校外で過ごす時間の特徴になっていないような場合がある。親が共働きで、子どもを旅行に連れて行ったり、キャンプに連れて行ったりする余裕がない家族の場合、「子どもたちにとっては」休日の時間といっても学校生活と似たようなものである。子どもたちはデイケアに連れて行かれて友だちと一緒に世話をされ、つまりそのことが地域のなかでの同類関係を広げていくことになるのだが、そして地元の公立学校で提供されるプログラムに参加するのである。彼らがこうした活動で出会う子どもたちは学校の授業の時に会う子どもたちと重複していることが多く、そのことが日常の友人関係のネットワークを広げていく機会ともなっている。しかし「限定された友人関係」が形成されるわけではない。

四年生の女の子のエレンは、離婚家庭の子どもだったが、学校のサマープログラムの期間に「親密な友人関係」をどのように形成していったのかについて語っている。「三年生から四年生になるときのサマーキャンプでカレンと会ったのよ」。

質問：どんなサマーキャンプだったの？

エレン：昼間のサマーキャンプよ。お父さんもお母さんも仕事に行くから子どもはどこにも行くところがないってことあるでしょ。そのときは学校のキャンプにいるの。一週間ずつ申し込みをするんだけど、私は夏の間ずっと行ってたの。カレンに前にも会ったことがあるんだけど、サマーキャンプの最初の日に、私は三年生のときに運動場でカレンを見かけたことがあるのを思い出して、同じ学年だったことが分かったの。それでお互いに知り合って、一緒にいるようになったの。私たちはホントに仲の良い友だちになったのよ」。

前青年期のうちでも年少の子どもたち、特に男の子が、共通して行うもう一つの活動として、一週間のスポーツキャンプに参加することがあった。そのキャンプはスキルの向上、試合をすること、他の子どもとの関係づくりに重点が置かれていた。そこでは年齢と性別によって子どもたちは公平に分類され、同質的な集団に入ることになっていた。こうしたキャンプに連れて来られた子どもたちは、すでに知り合っている友だちと一緒に活動できるようにと両親が考えて、参加を調整していることもよくあった。このことは前青年期のうちでも年少の子どもたちにとって非常に重要な点であった。彼らは、自分一人だけで何かをしなければならないような活動に参加することに不安を感じており、安心できるような仲間が一緒でないようなところに行くのを嫌がった。

女の子のチームでサッカーをしていた三年生のジョシュは、夏の間に何をしたかについて語っている。「（僕は）水泳に行って、それから野球、フットボールをして、いろんなスポーツをするよ」［訳注3］。

質問：その活動は組織されてるの、それとも気軽にできるものなの？
ジョシュ：僕はキャンプに行くんだ。だけどサッカーする子もいるし、野球する子もいるし、フットボールする子もいるよ。それぐらいかな。
質問：そこで誰かと会う？
ジョシュ：いや、会わないよ。よく知らない子たちならいつもいるけどね。でも、普段はその子たちにも会わないよ。いつも学校の友だちと一緒にいるし、一緒にたむろしてるからね。

夏期休暇の間でも、年間を通しての活動のように組織化された活動であれば、そこで形成される友人関係も学校での友人関係のように、年齢と性別によって分類されることになるだろう。

4-2　地元の友人たち

夏季休暇や休日の期間中に前青年期の子どもたちは、地元の、まだ組織化されていない別のタイプの活動にも参加することがあるが、人口統計学的に見れば、それは広範囲にわたるさまざまな子どもたちとの接触の機会を与えている。週ごとのキャンプに参加できない子どもたちにとって、親が行き来する必要もないし親が援助することがなくても、付き合うことができるような「近隣の友人」は特徴的な存在である。このような集団は異年齢や異性をもメンバーとしているが、そのメンバーである子どもたちは家の外で、複雑で挑戦的な遊びを一緒にすることができるような別の、同じような集団［近隣の友人たちのような集団］を見いだすのである。そのような遊びには、自転車に乗ること、探検すること、運動場で試合すること、空想遊びやごっこ遊び、一緒にブラブラするといったような自発的な遊びがあり、あるいはスポーツゲームを組織化したような遊びもある。

地元周辺で試合をするとなれば、運動場として利用できるような特定の場所を決めなければならないが、そうするとそれに参加したい子どもたちは、メンバーの子どもたちが個々に集まってくるのを見て、その試合場所の辺りを行ったり来たりしてうろついていた。その他には、泊まりに来ている子どもや、自転車に乗って来た子ども、試合のために呼び出されたり誘われたりした子どもなども加わることもよくあった。メンバーがほとんど男の子という、ある集団は、野球のシリーズを組織しようと決めて、夏の間、毎日野球に明け暮れていた。子どもたちは全シリーズを通して続けられるように人選をしてチームを作り（レギュラー選手が試合に出られないときにその代理として出場する場合にだけ、その日にプレイするために来ていた新人の選手を加えることができるようにして）、すべての試合のスコアを記録していた。この連続して行われている野球は、ひと夏の間に何回か蘇りながら継続しているが、年齢幅が四歳の開きまでの男の子から構成されており、また女の子も数人含まれていた。近隣の男の子の集団は、年齢の異なる子どもたちから成る集団で、以前は数々の試合に真剣に打ち込んでいたために年齢差を埋めるような架け橋にはならなかったが、夏の間に交友関係の範囲が広がっていて、そのなかには遊びのために集まってくる友人もいたから、そうした友人が年齢差を埋める架け橋になってくれたのである。夏の間は、年少の男の子が年長の男の子に電話することを禁ずるという決まりが一時的に中断されていたから、年齢の異なる男の子たちは夜通し一緒に集まったり、誕生パーティーには互いに招待し合ったり、また大勢のグループや二、三人の少人数のグループを作って自由に遊んだりした。夏も終わりになって学校が始まると、子どもたちは前と同じように年齢によって区分された領域に分かれ、夏の関係に幕を閉じるのである。こうした集団はいずれも、学校がある間にはまず友だちにはならないような子どもたちや、また例えば「近隣の友人」のように、いったん学校が始まるとつき合いも終わってしまうような子どもたちを「限定された友人関係」の範囲に含めていったのである。そしてまた夏になると、子どもたちは再び近隣に目を向けて「限定された友人関係」を求めていく。

4-3　遠く離れた友人

休暇のときの「限定された友人関係」は、別々の町に住んでいる子どもたちの間でも生じることがある。子どもたちは一時的にせよ、学校から離れることによって町から引っ越して行った以前の友だちと再び接触する機会を得ることがある。

四年生の女の子マーシャは、引っ越して行った二人の友だちとの「親密な友人関係」を復活させた方法について述べている。一人は近くの町に引っ越したが、もう一人は別の州（フロリダ）に引っ越して行った。「私は（その子たちが引っ越してからも連絡を取り続けようと）やってみたんだけど、でも難しかったわ。車で行っても長いことかかるし、いろんな準備をするのも難しかったの。いつも夏時間の期間は学校があって仲良くはできないけど、でも夏季の間にお互いのことをもっと知り合えるわ。よく一緒に遊んだし、お泊まり会もよくしたわ」。

質問：フロリダの友だちから連絡をもらったの？

マーシャ：ええ、いつも私がフロリダに行くときにはね。私はよくフロリダに行くの。親戚がたくさんいるから。いとこたちなんかがね。電話してときどき会うの。顔を合わせるときはもう友だちよ。いつもお互いに手紙を書いているからね。お互いに手紙のやり取りをしてるの。

そのような友人関係は、子どもが友だちを訪れるために出かけるときだけではなくて、友だちが以前に住んでいた家を訪ねに戻ってきたときにも復活することがあった。また夏の間を地元で過ごすために町から来た子どもが友だちになることもあった。子どもは、こうした訪問者に友だちや親戚を通して、また地元でのキャンプや組織的な活動のときに、さらには近隣、地元の公園、表立った場所で出会い、知り合いになるのである。

また子どもは、旅行やキャンプ、よその町で行われるプログラムに参加しているときに、新たな子どもたちと知り合って「限定された友人関係」を築いていくこともある。家族の休暇でリゾート地に来ていた子どものなかには同年齢の、もしくは年齢の近い子どもたちと知り合いになり、それ以後も交流を続けている子どももいる。休暇で毎年同じ場所に来ている家族は、同じように休暇で来ている別の家族や子どもたちと出会って知り合いになっている。(4)このことは、別荘やタイムシェア[訳注4]を持っている家族で近くに子どものいる家族が住んでいる場合に特に当てはまる。夏の間に遠方の親戚のところへ家族で出かけて長い間滞在することもあるし、家族と離れて子どもだけを長い間行かせていることもある。そこで子どもは「夏の友だち」を作るのである。四年生のエミリーは、コネチカットの祖母の家に滞在しているときにできた「夏の友だち」とどのように交流したかについて述べている。「電話で連絡するの。その子たちに手紙も書くのよ。ほとんど毎年夏になるとおばあちゃんが住んでるコネチカットに行くの。だからそこに行ったときにその子たちに会えるのよ」。多くの子どもが毎年「夏の友だち」や「休暇の友だち」に出会って深い友人関係を形成する機会を持っているのである。子どものなかには毎年のように夏を一緒に過ごす幼なじみの、親しい友人グループを持っている者がいる。これらの「限定された関係」は年齢や性別の壁を越えていることが多い。

前青年期の子どもたちも年長になると、家で夏を過ごしたり、家の周りをぶらついたり、地元の友だちや近隣の友だちと遊んだり、一週間にわたる地元のキャンプに参加したりという夏の過ごし方から、夏の長期にわたるキャンプに参加したり、長期旅行に行ったりというような過ごし方に変わっていく。高原の観光牧場に行く子どもたちもいるし、山のキャンプに行って野営生活や川下り、乗馬、山の探検を体験する子どもたちもいるし、伝統的なスポーツや多目的なキャンプに参加する子どもたちもいる。その一方で、演劇、スポーツ、地域福祉のような特定領域の活動に焦点を合わせた合宿に参加する子どもたちもいる。六年生の女の子のロンダは遠く離れた「家族ぐるみの友だち」と一緒に、そのような旅行を計画していることについて述べている。「この夏、私はホントに友だちと一緒に旅行しようと思っているの。親を通して知り合った友だちなんだけど、私より年下の子なの」。

こうした環境のもとで、子どもは緊密な「限定された友人関係」を形成していた。長期間にわたって家から離れ、初めての仲間と一緒にひと夏を過ごすことによって、前青年期の年長の子どもたちは、自己の意識を探る機会を得ることができるし、また異性のメンバーに対する認識を発達させること、自立や自信を感じ始めること、教師でもなくコーチや親でもない大人との関係を形成することといった機会を得ることができる。そのようなプログラムは、前青年期の子どもたちが自信や自己評価の意識を高めるようなスキルや経験の発達に合わせて調整されているのが一般的である。参加している子どもたちは、これまで発達させてきた友人との関係を活用しつつ自己の内部での、こうした変化を探ろうとするのである。

六年生のデニスは、「夏の友人関係」が彼女にとって特に重要な理由を次のように説明している。「親が私を夏の旅行に行かせたんだけど、それは私の人生にとって本当に大事なことだったのよ。その旅行は私にとって、家を出て、ここでの生活から離れるチャンスだったの。それにはしばらく時間がかかるわ。旅行先では初めの一週間は何も起こらなかったわ。でも私はいつも夏の半ばくらいまでは、普段の生活や友だちから少し距離を置いて離れるの。そうすると普段の生活について考えるチャンスができるのよ。私はどんな人間になりたいと思っているのか、どんな友だちを持ちたいと思っているのかってことを考えるのよ。それから私は『夏の友だち』にこういったことを全部時間をかけて話すの。だから私たちはホントに仲良くなるのよ。でもその後で家に帰っても、『夏の友だち』に話したような事を普段の友だちには全然話さないの。普段の友だちは浅い感じなのよ。その子たちと話すのは学校のことか友だちのことだけよ。普段の調子に戻るには少し時間がかかるのよ」。

こうした休止期間のおかげで子どもたちは、自分のことや自分の生活のことについて内々の気持ちを聞いてくれる安息の場を得ることができるのである。それは子どもにとっては日々の家庭環境のなかにある避難所よりももっと安全に感じられるのだ。子どもたちが休暇の間に発達させていく友人関係は、そうした内省[訳注5]の上に打ち立てられており、常日頃の友人関係よりもさらに親密である場合が多い。だからそうした友人関係を親密性という理想的な状態のまま維持していくことは容易であって、その年を過ぎても維持されていった。そこでは「休暇の友人関係」は、日常の些細なことで傷つくというようなことはなかったし、たまの電話や手紙ででも十分に維持することができたのである。「休暇の友人関係」には軽いものから非常に親密なものまであり、その性格はさまざまである。

5 家族ぐるみの友人と親戚

遠く離れたところに住んでいる「家族ぐるみの友人[訳注6]」と親戚は「限定された友人」になることがあり、しばしば親密な友人にまでなることがある。家族旅行は、時間と費用がかさむ、いわば貴重な資源であるから特別な性格を帯びている。家族旅行は、あまり深くは考えずに計画されるというようなものではなく、家族が非常に親しみを感じている人たちを訪れることを目的にして計画されるものである。前青年期の子どもたちにとっては、訪れた先の家族全員が、大人であれ、子どもであれ、自分の友だちになりうる人たちなのであるが、しかし子ども同士では互いに特別な絆を築いていた。遠くにいる「家族ぐるみの友人」と親戚は年齢や性別がさまざまだった。通常は、同性の子ども同士の間で最も親密な関係が作られるから、年齢の近さは第二の要因である。遠くの「家族ぐるみの友人」や親戚の子どもたちは互いに手紙を書いたり、家族が電話するときに一緒に話をしたり、訪問しあったときに直接会ったりして定期的に連絡を取り合っていた。さらに子どもたちには頻繁に交流している共通の友だちや家族のメンバーがいて、お互いに子どもたちの近況を伝えていたから、子ども同士の繋がりも強まっていたのである。ベッキーは一歳年上の女の子との「限定された友人関係」について話している。「私のママの親友に娘がいたんだけど、ニュージャージーに住んでいるの。もちろん私とは別の学校に行っているわ」。

質問：その子に会ったことある？
ベッキー：うーんとね。この夏に行って会うつもりよ。去年の夏はその子が来て会ったの。
質問：その子に会うときは一緒に遊ぶだけなの？　それとも手紙を書いたり電話で話したりするの？
ベッキー：手紙も書くし、電話でも話すわ。それで会ったときには遊ぶのよ。

子どもたちのなかには親密な「限定された友人関係」さえ持っている者もいる。マークは、六年生のときには両親の親友の息子であるジェイミーと知りあっていた。ジェイミーはマークよりも一歳年下で、そのとき五歳か六歳だった。ジェイミーの姉のマーシーはマークが住んでいる近くの大学に通っていて、マークの家をよく訪問していた。マークの両親が町の外へ出かけるときには、彼女はマークとマークの妹の面倒を見るために立ち寄っていたのである。彼らはジェイミーのことについてよく話をしたし、ジェイミーがしているいろいろなことについても話をした。マークの家に立ち寄るとき、マーシーはマークとジェイミーの間でやり取りしている手紙をよく持ってきた。マークは夏の間に一週間ほど一人か、あるいは両親と一緒にジェイミーの家を訪れることがよくあった。マークとジェイミーはときどきバスケットボールのキャンプに一緒に参加した。マークの家族が休暇で出かけるときには、ジェイミーも参加するように誘った。マークには学校に他の友だちがいたが、ジェイミーが一番の親友だと思っていた。マークは、もし自分に何かがあったら自分が収集したスポーツカードをジェイミーに貰ってほしいとはっきりと言っていた。マークとジェイミーとの間で問題が生じることもたまにはあった。特に互いの家を訪問しているときに地元の友だちと付き合わねばならないといったような問題である。だが、そういう面倒な問題はいつもはマークの親とジェイミーの親が間に入って、うまく取り繕い、丸く収めてくれた。マークとジェイミーの友人関係は、お互いに会って話したりすることのできる時間に限られていたけれども、互いに打ち解けて、信頼し合える関係だった。

家族が定期的に訪問し合い、子ども同士が互いに好意を持っているときに友人関係が形成されるように、親戚の子どもも同じようなタイプの友人を作っていた。スポーツをしている五年生の人気者の女の子マリアは、親密な「限定された友人」としてのいとこたちのことについて話している。

質問：よく知っている子どもたちを訪ねることって、よくあるの？
マリア：ええ、私たちはいとこのことをよく知っているわ。私たちは毎年感謝祭に行っているのよ。
質問：そのいとこはどこに住んでいるの？
マリア：ネブラスカ。そこには五人のいとこがいるの。アンドリュー、ジェイソン、キニー、ナオミ、ショーンよ。ショーンはずいぶん年上なの。高校を卒業したばかりで、これから大学に行くのよ。ナオミは高校に行ってるの。私のお姉さんと同じくらいの歳で一つ年上。キニーは私と同い年。あとの二人は年下よ。アンドリューは小さいの。幼稚園に行き始めたばかりよ。ジェイソンは一年生か二年生。どっちか忘れたけど。

質問：いとこと一緒に集まるのを楽しみにしてるの？

マリア：ええ、とっても。そんなには会わないけど、みんな仲が良いのよ。いろんなところに行くし、テレビも見るし、いろんなことをするし、おしゃべりもするの。

子どもたちは、このように「限定された友人」との間に非常に複雑で、さまざまなタイプの関係を持っていた。そうした「限定された友人」は、家族と友人〔普段の友人〕との間にあって、年齢や性別が同じであることもあれば違っていることもあり、軽い友人関係の場合もあれば親友関係の場合もある。だが、これらの関係は、日々に思い出されるものではなく、子どもたちの記憶や心のなかでは一時中断中の状態になるために〔限定された友人関係であるから〕、その意味で特殊なのである。

6 友人関係のパターン

前青年期の子どもたちには、核となるような親密な友人から表面的な知り合いまでさまざまなタイプの友人がいる。親密な友人は年齢、性別、興味・関心が共通している傾向にあり、定期的な、かつ深い接触を維持している。親密でない友人は、そうした共通の性質から離れていく傾向があるが、しかし親密でなくても、そうした友人は子どもの生活に実体性と関係性をもたらして、子どもの生活を満たしていた。子どもの友人関係は、子どもの生活に従って〔核となるような関係から表面的な知り合いの関係まで〕同心円状を成しているが、それぞれに性質や性格は著しく異なっている。そのなかでも最も特異な関係は分割された関係である。これらのさまざまな関係の組み合わせや、それらの関係を結びつけてさまざまな関係の基盤となっているパターンを検討することによって、これらの関係の組み合わせとパターンが子どもの生活の特徴にどのような影響を及ぼしているのかについての理解を深めていくことができる。

6-1　加算的な性質

子どもたちの生活はさまざまな点で互いに重複している。時間的・空間的に重複している場合もあるし、性別、年齢、興味・関心が重複している場合もあるし、さらには共通の友人や親戚が重複している場合もある。生活が互いに交差することなく重複していない場合には、子どもたちは互いに相手を周辺的に位置づけるという傾向があった。学校、居住の近接性、課外活動への参加、家族ぐるみの友人関係といったような、子どもにとって中心的な領域において、複数の重要な重複（少なくても二つ）がある場合、子どもたちは強固な絆を形成しやすい。このような重複によって互いに接触しやすい機会が提供され、子どもたちは互いに関係を築きあげていくための共有領域となるような共通の興味・関心を形成していくのである。

6-2　階層化

前青年期の子どもたちは、友人の量やタイプにおいて非常に異なっていた。なかには、友人が大勢いて社会的活動のために頻繁に電話でやり取りをし、親密性や交友性に向かうようなさまざまな手段を見いだしている子どもたちもいた。友人の選択範囲が狭くなった子どもたちもいた。遊んだり、話したりすることができるような友だちを何が何でも探し求めたいという子どもたちもいた。友人の質や量の多さによって子どもたちを孤独な状況にいる場合から順に階層化していくパターンがある。[訳注7]

ヒエラルヒーの上位には「親密な友人」や「軽い友人」が大勢いる子どもたちが位置している。彼らは何かをしたいと思ったときに一人で時間を過ごさなければならないという不安を感じたことが全くなかった。四年生の人気者のエレンは、大きな友人グループに所属しているが、一緒に夜を過ごしたいような親しい友だちが欲しいと思ったときに見つけ出す方法について述べている。「そのときによるわね。友だちは大勢いるから。誰かに電話してその子が来られないなら、別の子に電話すればいいのよ。いつだって一人くらいはいるわ。いつも誰かが来てくれるわ」。

五年生の人気者の男の子タッカーには、さまざまなタイプの友だちが大勢いるが、人気のある集団の子どもたちが多くの、さまざまな友人関係を獲得している理由について自分の考えを述べている。「えーっとね。いくつかのパターンがあるんだ。たいていの子は、というか何人かの子は僕を尊敬してくれていると思うんだ。僕は人気があってスポーツが得意だからね。そのように言う子がいるんだよ。僕は知らないけどね。スポーツが得意とか何か得意なものがあると、もっと友だちができると思うよ。クリークの仲間のなかからも仲の良い友だちができるからね。そしたら別のタイプの友だちって感じで尊敬してくれる子たちが出てくるよ」。

タッカーは、階層の上位にいる子どもたちが親密な仲間に加えて「軽い友人」をどのようにして獲得したかについても説明している。「あのね、本当によく分からないんだ。多分、僕に『軽い友だち』がたくさんいるのは、僕の友だちが別の友だちに僕のことを紹介するからだよ。僕は毎年、二、三人の新しい子とか誰か、まだ付き合っていない子がいたら、その子たちと友だちになろうとするよ。その子たちと仲良くするんだ。そしたら時々うまくいくときがあって、それで仲の良い友人関係を持てるんだ」。

人気のある子どもたちは、クリークのなかでは「親密な友人」という緊密な輪と「軽い友人」という緩やかな輪に取り囲まれている。後者の、緩やかな輪の子どもたちのなかには、別の友だちを通して知り合った子どもや、人気のある子どもをその人気のゆえに尊敬するという子どもたちが含まれている。五年生の人気者のマリアは、「軽い友だち」と「親密な友だち」の双方を含んでいる大きな集団に関わる問題について、次のように述べている。「私にはいろんな友だちが大勢いるから、みんなが焼きもちを焼かないように慎重に振る舞わないといけないの。もし私がクリークのなかで付き合いのない誰かと一緒に何かしていたら、私の友だちは焼きもちを焼くかもしれないのよ。私がその誰かとばかりずっと付き合っていたらってことよ。そういうことがあれば、良くないし、受け入れてくれないし、そんなことよ」。

人気があって大勢の、さまざまな友だちを持っている［上位の］子どもたちの下の層には「親密な友人」を持っている子どもたちがいる。彼らは上位の子どもたちほどには「軽い友だち」を持ってはいないが、しかし中核となる「親密な友人」を持っている。五年生のカイルは、これらの友人関係のパターンを次のように分析している。「あまり多くの友だちを持っていない子どもの方が『軽い友だち』よりももっと仲の良い友だちを持ってると思うよ。人生ってそんなものだよ。友だちとの関係が終わるときには、初めに『軽い友だち』が離れていくんだ。そんなに大勢の友だちと一緒にいられないからね。みんな、何でも話せる本当に仲の良い友だちを一人でも欲しいと思ってるんだよ。本当はね」。

親密な友だちが二人だけいるという三年生のポールは、自分の友人関係の状況を大の仲良しのブルースの場合と比較している。ポールはブルースと一緒に遊べないことがよくあったが、ブルースはポールよりも大勢の友だちを持っていて、スケジュールがびっしり詰まっていたのである。ポールは「(ブルースは)友だちがたくさんいるんだ。僕にはそんなにいない。チームみたいな［群れ集まった］友だちはいないよ」と言っている。このように人気のあるブルースは、ポールにはいない親友の外側の層の友人、つまりチームのように［群れ集まった］友だちを持っていたのであるが、そうした友人はたいていが「軽い友人」だった。[訳注8] ポールには「親密な友人」はいたが、「軽い友人関係」はなかったのである。これは人気のない中間層の友人グループの子どもたちを特徴づけている共通のパターンなのである。三年生の人気者のベッキーは、こうしたパターンについてはっきりと述べているが、五年生の人気者のケヴィンも同じことを述べている。

質問：あまり人気のない子ってどんな子どもたちなの？

ベッキー：そういう子は一緒に遊ぶ子が誰もいないみたいよ。休み時間にはいつも一人で歩き回っているか、でなければ一人の友だちと一緒にいるわ。

質問：人気のない子というのはどんな子？　みんなが持っているような友だち関係を持っているの？

ケヴィン：少しはあるよ。でもその子たちは友だちを信じてるんだよ。ヒーローごっこをしたり、アニメなんかの話をしたりしてるよ。その子たちは二、三人の好きな友だちがいて、いつも一緒にぶらついたり話したりしているよ。その子たちは友だちの人数は少ないけど、親密で忠実な友だちを持っているんだよ。

カイルや他の多くの子どもたちは、信頼できる仲良しの友だちを誰でも一人は持っていると思っていたが、必ずしもそうではなかった。友人関係のヒエラルヒーの下位に位置する子どもは「親密な友人関係」を全く持っておらず、「軽い友人関係」だけで済ませねばならなかった。ヒエラルヒーの下位に位置する子どもも「親密な友人」を何とかして持ちたいと思うことがよくあったが、作ることができなかった。彼らは一人の子どもと「親密な友人関係」を形成したり、友人集団に加わることはよくあったけれども、しかしそうした関係が持続していくようなことはなかった。下位に位置する子どもにとって、自分の作った友人が自分を下位に転落させたり、他の子どもを選んで、その子どもに乗り替えたり、また自分を最初に受け入れてくれた集団も自分を最下位に格下げしたりしたことは、何とも不愉快なことだった。そのために彼らは、友人関係や集団から身を引かざるを得なかったのである。こうした子どもには、「限定された友人」しか残されていなかった。つまり親密性という点では「休暇のときの友人」や

「家族ぐるみの友人」といった「限定された友人」であり、また学校の友人や近隣の友人、活動するときの友人であっても、子どもがそこにいる間は付き合うけれども、そうした状況から離れると途端に関心がなくなるという意味での「限定された友人」である。

四年生の人気者の男の子マットは、彼が「頭がいいけれどオタクっぽい[訳注9]」と思っている子どもたちの状況について述べている。「その子たちは本当は好かれてはいないけど、それでもサッカーや野球なんかをしてるよ。その子たちは本当はクリークの仲間に入ってないんだ。その子たちの友だちってのは、みんな『その場だけの友だち』なんだよ。それでその子たちはクリークなんかの仲間に入ろうとして、『ホー、ホー』とか言って笑ったりなんかしてるんだけど、何もならないよ。関係ないよ。クリークの仲間なんかに入れないよ」。

五年生のあまり人気のない男の子ウェスは、このような状況にいるとどのような気持ちになるかということを説明している。

質問：友だちがいないと嫌な感じがする？

ウェス：うん、そんな感じがするよ。もっと友だちがいれば、何か手伝って欲しいときに学校でも簡単にできるのになあと思うよ。もちろん、そういうときにはいつもクラーク先生が助けてくれるし、僕もいつも自分のことは自分でするようにしてるよ。それに手助けして欲しいときは、いつも同じ机の班の仲間が助けてくれるんだ。その子らがそこでの僕のヘルパーなんだ。だから助けてくれる人はいるんだよ。だけど本当の意味での友人関係を持ったことがないんだよ。

友人関係のヒエラルヒーは、このように地位のヒエラルヒーと密接に繋がっているので、友人関係に恵まれた子どもはさらに豊かになっていくが、友人関係に恵まれなかった子どもはさらに貧しくなっていく。

6-3　社会的分化

子どもの友人関係は時間とともに発展していく。年少の子どもは、物理的距離の近い［物理的近接性］子どもであれば誰とでも友だちになる傾向がある。年少の頃は、子どもであるということだけで友人関係の候補者としての資格が十分にあった。就学前の子どもの親友は、遊戯集団のメンバーと両親の親友の子どもたちだった。そのような友人関係は子ども同士の接触量に基づいていた。子どもの親友というのは、子ども同士が最も頻繁に顔を合わせる子どもたちだった。このような初期の友人関係は、当分はそのまま継続し、特に長ければ三年生まで見られると報告されている。しかし前青年期の過程を終えると、友人関係の基準は変わってきて、物理的近接性から共通の興味・関心へと移行していく傾向がある。子どもは親友をもはや接触量に基づいて選ぶのではなく、次第に選り好みをするようになって、接触の質を重要視するようになってくる。近くにいることとか、会うことができるといったことは重要視されなくなり、地位、人気、共通の興味・関心を持っていることが優先するようになってくる。このように重要性の基準が変わってくると、子どもは、即時にと言うわけではないものの、近接性や家族を共通要因とする初期の友人を徐々に減らしてきて、友人の輪を再構築するようになる。

こうした傾向と同時に生じるのが社会的分化である（Simmel, 1959）。初期の頃の子どもの友人関係の輪は、幾重にも重複していた。子どもの「親密な友人関係」は、学校の友だちや近隣の子どもたち、また家族ぐるみの友人や親戚の子どもが同時に友だちになるというように広い範囲に及んでいたのである。子どもの友人関係は、その多くがこうした幾重にも重なった加算的な特徴を持っていた。子どもの時間と関係が、このような最小限にまで分化された領域に埋められているのと全く同じように、子どものアイデンティティも分化された領域に取り巻かれているのである。子どもは、自分自身がこれらの重複した領域から構成されていると考えている。しかし前青年期の子どもたちは、その後半期に向かっていくに従ってさらに分岐していくようになり、初期の頃の集団から離れて新たな準拠集団を確立するようになる。子どもたちは、学校の友だちでも参加していないような活動をも含めて、課外活動に参加することをますます選択するようになったのである。子どもたちは、家族の集まりに参加することや、特に共通するところが何もないような「いとこ」や別の「家族ぐるみの友人」との友人関係を維持することを億劫がるようになった。子どもたちは、特に準拠集団のメンバーではないが、夏期休暇の友だちに出逢ったりすることもある。このようにして子どもたちは交友範囲を切り離したり、分化させたりして、自己とアイデンティティの明確な側面を確立していくのである。このように社会的分化が進んでいくことは、子どもたちが青年期に近づくにつれて仲間志向が高まっていくことを反映しており、また全体的に見れば、この時期に増大していく仲間の力をも反映しているのである。

子どもの仲間文化における友人関係の役割にはさまざまなものが混在している。友人関係の量と質が豊富であれば（高い威信）、それだけ高い地位に位置づけられ、また好い感情を抱くことと結びついているから、友人関係は前青年期においては地位階層の一因と言ってよい。しかし同時に、友人関係は全ての子どもに平等をもたらす役割の一つとしても機能している。友人を持つことは、その友人の地位が如何なるものであれ、積極的な社会的経験を生み出し、子どもたちに好い感情を抱かせる。子どもたちはほぼ全員が何らかの友人を持っているから、友人関係は、インフォーマルな仲間文化においては、重要なセーフティーネットや平等主義装置の一つなのである。

第8章　異性関係（I）——初期と中期——

第6章と第7章で論じてきた友人関係のなかには、性別を越えて成立していたものもあったが、多くの場合はそうではなかった。子どもたちは、異性のメンバーに対して、前青年期の初期、中期、後期のそれぞれの期間において著しく異なった反応を見せているので、異性関係の問題は前青年期の研究における興味深いテーマである。本章と次章では、異性関係の支配的なパターンと異性関係の著しい変化の双方に焦点を当てつつ、異性間のプラトニックな関係とロマンチックな関係が進展していく過程を明らかにする。多くの研究者は、前青年期の男の子と女の子はそれぞれの性に特徴的な文化と世界に分化されていくことを強調してきた。[1] しかし、性差についての調査を続けていくなかで、私たちは性による分化だけが男女間の相互作用の形態を示すものではないことに気づかされたのである。すなわち、異性関係は三つの明確な段階によって特徴づけられる。統合（男女の交互による）、分離、再結合である。だが、これらの規範的なパターンに留まることなく、子どもたちは直接的あるいは間接的なやり方で異性のメンバーに思いを馳せたり、会いに行ったりすることもある。こうした局面が、私たちが初期、中期、後期と呼んでいる三つの時期において生じているのである。それぞれの時期は（大雑把な区分であり時期の重複もあるが）、就学前から一年生まで、二年生から三年生まで、四年生から六年生までの期間によって構成されている。

1 性の統合：初期

前青年期の初期の子どもたちの生活と教育は、後期の子どもたちよりもジェンダー〔性〕に対してはるかに強い中立的な態度から始まる。彼らは、幼児期として分類され、強力なジェンダーの社会化を経験しているけれども、就学前から小学校低学年にかけての時期の異性間の友人関係は非常に開放的だった（Oswald et al. 1987; Voss 1997）[2]。第6章で述べたように、子どもが幼少の頃は友人関係を形成する主要な決定要因は物理的近接性だった。つまり近隣の子どもが友人として受け入れられていたのである。幼少の頃の子どもは、両親の都合によって選ばれた親戚のいとこや近隣の子どもたち、家族ぐるみの友人といった子どもたちと一緒に遊戯集団を形成して時間を過ごすことに何のためらいを感じることなく、黙って受け入れていたのである[3]。

1-1 友人関係のパターン

学齢前や小学校低学年に達した子どもたちは、強いジェンダー意識を抱くようになる。彼らはジェンダーの役割範囲を知るようになり、ジェンダーに相応しい服装をまとったり、役割モデルやアイデンティティを模索するようになる。例えば、ステイシーは四歳のとき、ジーンズとシャツを着るのをやめ、年中ドレスしか着なくなった。五歳のマークは、男らしく見えるもの、女らしく見えるものに出会うと、そのパターンを心に留めておくために、いつも声に出して殊更に強調していた。しかし、この段階の子どもたち、つまり三歳から六歳までの、教育段階で言えば幼稚園入園前から小学校一年生までの子どもたちは、それ以後には見られないようなやり方でジェンダーに対して社会的に開かれた態度を取っていた。彼らは同性のメンバーによって社会化される傾向が強いが、しかし異性との交際に偏見を持つようなことはほとんどなかった。ケイティは、幼稚園児のときはたいていは女の子と遊んでいたが、小学校に通いだすと二人の男の子と友だちになった。彼女とその男友だちは学校でよく一緒に過ごしていたが、放課後や週末にも家で一緒に遊ぶ約束をよくしていた。

他の女の子のなかには、すっかり異性との友人関係に偏ってしまっている女の子もいた。三年生のベッツィは、幼い頃によく感じていたことと比べて、男の子たちに対する今の気持ちを説明している。「ブレットと私は一番仲良しの友だちだったの。でも友だちの誕生パーティのときに彼には失望したわ。私をきつく抱きしめたのよ、殺そうとするみたいによ。だから今はもう友だちじゃないの。まだ話はするけどね。マットとも大の仲良しだったわ。幼稚園の頃や学校に入学する前は、私は男の子の方が好きで、女の子とは一緒に遊びに行かなかったの。でも今は違ってて男子には我慢ならないわ。お父さん以外のね」。ベッツィが指摘したように、学齢期の初期の頃は異性との友人関係が優勢で、異性関係に対しても寛容だった。だが、その寛容さも時間とともに制限されていくようになる。異性の友人と気軽に交流したり、自意識を持つことなく一緒に遊んだりすることは長くは続かないのである。

三年生のポールは友だちが少ないが、男の子の友人関係や女の子の友人関係が変化していった頃のことを思い出して話している。

質問：男の子と女の子が友だちになるってことは普通のことだと思う？　それとも普通のことじゃないと思う？

ポール：うーん。普通とか普通じゃないとかじゃなくて、それは学年によると思うよ。今の学年だと普通じゃないとは思わないけど。だけど他の学年だと……。

質問：他の学年って上級生のこと？　それとも下級生のこと？

ポール：えっと、たいてい上級生だね。上級生と下級生はホントに違うんだ。下級生はまるで子どもの集まりみたいなものだからね。クラスのみんなが好きってみたいな。お互いに好きで、電話を掛け合ったり一緒に遊んだりする友だちだと思ってるんだ。小さな子どもなんだけど、ガールフレンドがいる男の子がたまにいるんだ。たいていはただの友だちだけどね。二年生だったら、僕はその男の子がガールフレンドのことをホントに好きだとは思わない。でも学年が上がっていけばガールフレンドができると思うよ。

就学前や小学校低学年の子どもたちの異性関係は、たいていはリラックスしたものであって、気取ったところがなく、性別という境界によって厳格に区切られたものではない[4]。子どもたちは男女が一緒になって遊び、男女の交流を禁ずるような文化的役割や規範によって制限されるようなことはない。

1-2　ロマンチックな選択肢

前青年期の初期の子どもたちが、ロマンチックな、または性的に特徴づけられたやり方で異性とやり取りするようなことは通常はない。これは彼らが異性とのやり取りを両親や年上のきょうだいのことと結びつけて考えており、自分たちのことと結びつけて考えてはいないからである。しかし、このことは彼らに異性への関心が全くないことを示しているわけではない。どのような集団であれ、こうした領域を探ってみようとする一部の男の子や女の子が見せる行動様式というものがある。ロマンスや性的なことにちょっと手を出してみることに日頃から強い関心を持っている男の子や女の子もいれば、時々あるいは周期的にロマンスや性的なことを追い求めていこうという気持ちが高まったときに、それらに引き込まれていくような男の子や女の子もいる。こうしたロマンチックな関心は、ときには友人間で共有されることなく、個人の心のなかで抱かれたままのときもある。

五年生の女の子ナンシーは、ボーイフレンドに対して抱いていた当初の望みとクラスメートの一人にロマンチックな愛情があるような振りをしていたことを決まり悪そうに思い出して述べている。

質問：今まで関心を持った男の子はいる？　どんなタイプのボーイフレンドなの？
ナンシー：うーん、そうね。幼稚園のとき、私は誰かを好きになりたかったの。それで誰かを選んで、自分に言い聞かせてみたのよ。「その男の子に向かって」「オーケイ、あなたのことが好きよ」って。
質問：彼と一緒にどんなことをしたの？
ナンシー：何もしないわ。私からは何も求めなかったし、私は誰にも何にも言わなかったわ。私はただ「彼に」「オーケイ、あなたが好きよ」ってだけ言ったの。それだけよ。でも、どうしてそんなことをしたのか分からない。いま思うととても恥ずかしいわ。

マーシャは、幼稚園児のとき、同じクラスの一人の男の子が好きだったので、そのことを友だちに話した。その男の子とマーシャは友だちだったから彼女はよく一緒に遊んでいた。しかし彼女は未だにその子に自分の思いを伝えていない。彼女はその子に対する思いを表沙汰には絶対にしたくなかったので、今もこのことは秘密のままである。

子どもたちは、同年齢の仲間にロマンチックな感情をありのままに打ち明けることはほとんどなく、通常はただの友だちとして振る舞っている。ただよく見られる例外的な行動があり、それが「キスゲーム」という遊びである。この遊びは異性に対するロマンチックな思いをおおっぴらに表現する手段を子どもたちに与えている。(5) このゲームは、男の子と女の子のグループが鬼ごっこをして異性のグループか一人の異性を追いかけるという遊びである。こうしたゲームにはいろいろな種類があるが、そのやり方は異性を追いかけたり、異性から追いかけられたりするということである。追いかけていた側が相手を捕まえようと近づいて傍まで行くと、相手は突然くるりと向きを変える。そうすると、役割が逆転して、追われている側が追いかけるようになる。実際に捕まえられてキスをすることもあったが、たいていは追いかけていた側が追いかける気力をなくして、途中で止めてしまったり相手を追いやったりするようになる。捕まえた人をその場で作った鍵つきの牢屋に閉じ込めるという、もっと複雑なゲームもある。しかし、実際のキスのやり取りは鬼ごっこを盛り上げるための刺激的な仕組に過ぎない。

五年生の男の子ジョンは、ファーストキスを懐かしそうに振り返って言った。「ちょうど今ね、何人かの友だちに好きな女の子がいるんだ。一年生の頃に始まったんだと思うよ。男の子が女の子を好きになったのは。その時に僕や友だちがファーストキスをしたんだよ」。

質問：何があったの？

ジョン：えっと、同じ学年にアレックスという女の子がいて、その子は「キス魔」の一人なんだ。いつも男の子を追いかけてキスしようとするんだ。僕とトラヴィスはそれがおもしろかったんだ。僕らも女の子を追いかけたよ。いつだったか、彼女が僕らを捕まえたらどうするか知りたくなったんだ。それで滑りやすい所まで走っていって彼女が捕まえやすいようにスピードをゆるめたんだ。周りには誰もいなかったよ。そしたら彼女は僕らを捕まえてキスしたんだ。それで僕らは一目散に逃げたんだよ。

キスゲームは、「キス魔の女の子たち」と「キス魔の男の子たち」の間だけでやっていて、学年全部の子どもたちが行っているわけではない(6)。このことは、ゲームに参加したくない子どもが性的ないたずらをされないようにしているのである。子どもたちは、以前にもゲームに参加したことのあることをひけらかしてゲームに参加することに関心があることを示したり、あるいは異性から逃げたり、異性を振り返ってみたり、さらには異性に向かって叫んだり、異性をからかったりしてゲームに参加することに関心があることを示しているのである。

五年生のケビンは、キスゲームの経験について語っているが、ゲームへの参加程度についても述べている。

質問：異性に関心を持ち始めるのはいつ頃なの？
ケビン：本当に人によるよ。僕の場合は一年生のとき。三年生まで関心がなかった人もいるよ。でも僕は一年生のときからなんだ。確かだよ。
質問：初めはどんなことをしたの？
ケビン：男の子が女の子を追いかけたり、女の子が男の子を追いかけたりするんだ。「僕が好きな人は誰か知ってるか？」とか言ってね。
質問：同じ年頃の子はみんな鬼ごっこをしたり、誰かを好きになったりするの？　それとも一部の人たちだけなの？
ケビン：三〇パーセントくらいの子かな。そんなに多くはないよ。

就学前や小学校低学年の子どもたちは、プラトニックな友人関係を性別グループの内外の双方で、何のためらいもなく簡単に取り結ぶことが多かった。ロマンチックな関心やロマンチックなやり取りは仲間内の規範によってキスゲームだけに制限されていた。キスゲームに参加している子どもたちは総じて早熟で人気者で、大勢の友だちがいて、学年のなかでよく知られた子どもたちだった。子どもたちにとってロマンチックな関心を気軽に表現する方法は、他になかったのである。

2 性別分離：中期

子どもたちが小学校にすっかり慣れてくる頃になると、厳密な性別分離の段階に移っていく。この段階はだいたい一年生か二年生の頃に始まり、四年生か五年生の頃まで続く。ポール〔三年生で友だちが少ない男の子─前述〕は、「年少の学年」と「年長の学年」の子どもたちでは異性のメンバーとの接触の仕方に違いがあると指摘しているが、その指摘どおりほとんどの子どもたちは、異性のメンバーと接触したりしなかったりといったパターン化された動きがあることを知っていた。

五年生のケニーは、自分や友人が経験したことのある男女の関係の様相を振り返って述べている。

質問：同い年くらいの男の子は女の子とは仲良くしないのが普通なの？
ケニー：うん、女の子とは付き合ったりはしないよ。女の子たちは僕たちとは別人種みたいだからね。
質問：もっと小さい頃はどう？　小さい頃は女の子と仲良くしてなかった？
ケニー：うん、女の子の友だちが何人かいたよ。
質問：いつ頃から男の子と女の子は同じ仲間ではなくなったの？
ケニー：二年生から四年生くらいの間だよ。

ケニーは、男の子と女の子が「同じ仲間でなくなる」のは中期くらいを境にしており、この時期に男の子と女の子は互いに疎遠になっていくのが一般的だと述べている。

2-1　関心と活動

男の子と女の子は、このように別々の仲間に分けられて互いに親しく付き合わないようになるのだが、その主な理由の一つは、双方の興味・関心がはっきりと分岐していくということである。(7) 男の子と女の子は、興味・関心や娯楽活動が全く異なるという性別の世界に移行していくのである（Thorne, 1986参照）。男の子はスポーツ、ファンタジーカードゲーム、スポーツカードの収集、また荒っぽい格闘ごっこに没頭するが、女の子は友人関係の構築と親密を示す取り組み、おしゃれ、人形遊び、ダンスや芸術や体操といった活動を行うようになる。(8) 三年生のポールの発言は、男の子と女の子の隔たりが興味・関心の違いに起因するという見方を裏付けている。「えっと、中学年の男子には他に友だちが大勢いるんだ。男子は女の子は友だちじゃないと思ってるんだよ。女子は男の子が人形なんかを好きにならないなら男の子のことを好きにはならないんだよ」。共通の興味・関心がないために男の子と女の子は、学校の活動を除けば、互いに何かを一緒にするということはほとんどない。彼らは、逸脱の余地のほとんどない性別グループや性別アイデンティティを発達させることにもっぱら携わっているのである。

三年生のクレイグは男の子と女の子の友人関係はめったにないことだと述べている。

質問：男の子と女の子が仲良くなるってことはあるの？
クレイグ：多くないけどね。僕には仲良くしている女の子が一人いるんだ。アデイルって言うんだ。
質問：アデイルと一緒に学校で何をするの？
クレイグ：う～んとね、僕はいつも男の友だちと一緒に遊ぶし、アデイルもいつも女の友だちと一緒に遊んでるよ。

2-2 異性に対する態度

性別分離の段階では、男の子も女の子も互いに対して抱いている肯定的な感情がなくなっていくのが一般的である。中立的に見なすのはよい方で、最悪の場合にはお互いを汚い存在と見なして、「バイ菌」扱いするような段階に移っていく（Thorne, 1993）。

三年生のカイラは、この時期の女の子が男の子に対して向けている共通の否定的な眼差しについて述べている。このなかには、プラトニックな考え方だけではなくロマンチックな考え方に対しても無関心であることが含まれている。

質問：同じ年頃の女の子って男の子に関心があるの？
カイラ：全然ないわ。男の子は嫌いよ。
質問：同じクラスに格好いい男の子って誰かいる？
カイラ：う～ん、そうねえ。男の子はイライラさせるのよ。
質問：イライラさせるって、どんなことでイライラさせるの？
カイラ：あのね。コリンは椅子からわざと落ちたりするの。いつもおしゃべりばっかりしているし。だからあの人たちは男の子じゃなくてイライラボックスって呼ばれてるの。ぺちゃくちゃうるさくて、ほんとにイライラさせるのよ。

カイラのように、女の子はほとんどが、男の子というのは暴力的でダサくて汚くて意地悪だと見なしていた。男の子はむかつく存在であり、女の子の興味を引くようなものは何もないというのである。(9)

別の学校の人気グループに属している三年生の男の子セスは、異性のメンバーに対する軽蔑をあらわにして、カイラとブレットの感情を裏書きしている。

質問：女の子の友だちはいる？
セス：去年の二年生の頃にはいたよ。だけど彼女が「もうあなたが好きじゃないわ。友だちと一緒にいる方がいいから」って言い始めたんだ。きっと彼女の友だちが「何てことなの！　あんな子と一緒に遊んでるの？」って言い始めたに違いないんだ。
質問：あなたと友だちになることに何か問題でもあったの？
セス：みんなが言うんだよ。「な～んだ、お前の友だちは女子かよ！」って。
質問：だけど、女の子と仲が良かったんじゃないの？
セス：そうだよ。楽しいときもあったし、バカなことをしたこともあったし。
質問：女の子がちょっとでも好きだったのなら、少しでも関心があった？　それとも関心はなかった？
セス：関心を持ってる友だちなんて誰もいないよ。興味なし。

セスの意見は、男の子と女の子の関係形成に影響を及ぼす第二の要因が存在することを示している。仲間文化である。この段階の時期には、男の子も女の子も異性間の交際を良しとせず、この異性間の境界を破った場合にはインフォーマルな否定的サンクション［制裁］を加えるのである。そのような態度は、男の子の場合は、あまり人気のない中間層のグループよりも人気のあるグループのなかで強力に作用するし、女の子の場合は早熟な女の子たちよりも中間層の友人グループのなかで強力に作用する。しかし、そうしたことが学年全体の雰囲気を決定づけるようになる。

2-3　オルタナティブ（1）：親密な接触

社会生活の一般的な様式には性別分離が含まれているが、その一方で例外的なパターンもある。小学校中学年の生徒が異性の友人を持つのは学校の友人よりも家族ぐるみの友人や近隣の友人の方が多かったから、学校内での異性との友人関係を維持していくことは仲間からのプレッシャーがかかって難しいことだった。しかし、幼い頃からの親密な異性の友人を持っている男の子や女の子のなかには、その異性との友人関係を維持していこうとする子どもたちもいた。加えて、女の子や男の子のグループがときたま遊ぶために一緒になってうろついていることもあった。これらグループ同士のやり取りは、たいていは子ども同士の関係というよりも遊びに向けてのものでしかなく、長続きするものではなかった。異性との友人関係が長く持続している場合というのは、個別の基準に基づいて進められているのが通例だった。性別分離の時期であっても異性の友人と親密な関係を維持していることをはっきりと述べる子どもたちもいた。その多くはスポーツを楽しんでいた女の子たちだった。だが、男の子と一緒に遊ぶことが必ずしも友人関係を築くことを意味するわけでない。

四年生の女の子ローレンは、数人の男の子との友人関係について述べている。「私にはいつも男の子の友だちがいたわ。男の子はみんな同じ学年なの。去年、私がここに引っ越してきてから知り合ったの。ニューヨークにいるボーイフレンドとは連絡を取っていないけど、二、三人とはまだ友だちよ」。しかし彼女は彼らとの関係がどのようなことを基盤にしているのかということについてはなかなか説明できなかった。彼女は、ボーイフレンドとどんな話をするのかと尋ねられると、「そんなにいろいろ話さないわ。そんなに思いつくことなんかないわ」と答えている。

稀なことではあるが、性別分離の時期に男の子と女の子との間に意味のある関係が存在することがあった。それはどの学校のどの学年にも見られるというわけではなく、ごくたまにしか見られない。これには二つのタイプがある。異性の友人が偶然にいるという場合と、友人の大部分が異性であるという「クロスオーバー」の場合である。

三年生のタミーは、二人の親友のうちの一人の男の子がクロスオーバーのタイプだったが、その男の子について語っている。「ジミーっていう名前の友だちがいるの。その子はすぐ近くに住んでいるから親友の一人なのよ。私はジミーの家によく行って二人でジミーの犬と遊ぶし、時々だけど公園に行ってハイキングをすることもあるし、映画を見に行くこともあるのよ。私たちは他の友だちと一緒にするようなことはあまりしないの。ジミーと一緒にできることはあまりないの。私は着せ替えごっこの遊びなんてできないのよ。だけどジミーは、時々だけど、自分が女の子みたいな格好をするのを私に手伝わせるの。ジミーは全然気にしないのよ。ジミーはドレスを着てハイヒールをはいて、それから一階に降りていって『ねえねえ、私は女の子よ』っていうのよ[訳注1]」。

質問：ジミーには他に女の子の友だちがいるの？

タミー：いるわ。私とアニー。ジミーとは本当に仲の良い友だちなの。私たちはお互いに離れたくないからいつも一緒に遊んでいるの。

質問：ジミーはどう思っているの？　男の子のなかで二人の女の子と仲良くするってことを。

タミー：うーん、ジミーは男の子たちと一緒にいるのが嫌なのよ。彼は本当に穏やかで、荒っぽいところがないの。サッカーやバスケットボールをするのも好きじゃあないのよ。彼は変わったところがあるの。私たちは秘密の言葉をつくったのよ。全部逆から言うだけなんだけどね。彼は男の友だちもいるんだけど、その友だちは荒っぽすぎると思っているの。だから男の友だちをあまり大事だとは思っていないのよ。彼は本当に穏やかよ。

同じ学校の三年生のドリューは、ジミーが女の子のグループのなかで占めている位置と同じような位置を男の子のグループのなかで占めているクロスオーバーな女の子について話している。

質問：女の子と男の子が一緒にする遊びって、どんな遊びがあるの？
ドリュー：えっと、体育のときなんかに時々する縄跳びとか鬼ごっこなんか。シンディは男の子の側の子だし、ジミーは女の子の側の子だよ。ジミーは女の子と一緒に遊ぶことが好きだし、女の子も彼と遊ぶことが好きなんだよ。
質問：男の子たちはジミーのことをどう思っている？
ドリュー：僕らは好きだよ。だけどジミーは男の子と遊ぶよりも女の子と遊ぶことが好きなんだ。
質問：ジミーは女の子と遊んでいるけど、変わった子だと思う？
ドリュー：いや、ジミーは普通だよ。
質問：シンディはどう？
ドリュー：彼女も普通だよ。

こうしたプラトニックな「クロスオーバー」（Thorne, 1993参照）は難なく受け入れられるが、しかし異性間のロマンチックな関係は［仲間内での］重大な違反となる。男の子と女の子とでは、友人関係のパターンに明確な違いが見られる。地位の高い男の子は、女の子と交際すると悪し様に貶《けな》されるので異性との交際には全く気乗りしないのである。人気のある女の子は、男の子を頑なに拒否することはないが、男の子たちと一緒に何かをするということはほとんどない。これは、男女の関係もある程度は受け入れるという女の子の性別文化のロマンチックな側面からきているのかも知れない。あまり人気がない男の子は、女の子と交際しても地位を失うとか友人グループを失うというようなことはほとんどないから、女の子に対して積極的な態度に出るかどうかは、地位の高い男の子よりも自由である。地位の低い女の子は、女の子だけの世界にしっかりとしがみついているために、人気のある男の子と同じように異性に対して少しも関心を持っていない。

2-4　オルタナティブ（2）：からかい鬼

男の子と女の子とのやり取りが最も大きな問題となるのは小学校中学年の時期である。ぎこちなさと誤解による隔たりが大きなギャップを生み出しているのである。男の子も女の子もお互いにどのように関わればよいのか、その関わり方に自信が持てず、異性に対するあやふやな興味だけがかき立てられ、それらが異性に対する強い否定的な感情と交互に沸き起こっている。男の子は男の子の、女の子は女の子の、それぞれの性別文化の世界のメンバーであることが相手の異性の集団に対して敵意をあらわにしたり、敵対的な行為に走らせたりする。この敵意や敵対的な行為が個人と集団の間で生じ、それに伴ってからかいや嘲笑が起こったりする。低学年の頃に見られたキスゲームは、品がない性的な遊びに代わっていく。そのなかには鬼ごっこの興奮を残しているものもあるが、しばしば相手の気持ちを傷つけたり、相手の評判を貶《おとし》めたりという結果を招くようなものもある。

五年生の女の子ナンシーは、一年生のときに男の子のグループが女の子たちを摑まえてバッタを食べさせようとしたことを思い出した。彼女は、こうした行動を女の子の無邪気さに付け込んだ男の子の、残酷で恥ずべき行いだと見なしていた。

三年生のベッツィは、からかいや否定的な行動は男の子だけの特別なものではないと言っている。女の子たちの振る舞いもまた、男の子に対する嫌悪を示している。ベッツィは男の子たちをよくからかっている一人の女の友だちについて述べている。「彼女は男の子たちに大声でわめいているだけなんだけど、それでもときどき男の子たちをイラッとさせるのよ。彼女は、男の子たちがバスケットボールをしているときに神経に障るようなことをして面白がっているのよ。それもすごく簡単にやってのけるのよ。彼女は男の子たちをムカつかせるのがとても上手なの。私もときどき誰かに腹を立てることがあるわ。そうね、ブレットに腹を立てることがときどきあるんだけど、そういう時は彼のところに駆け寄って行って帽子を取り上げて放り投げてやるのよ。そんなことをよくしているわ」。

質問：好きな男の子にそういうことをよくするの？

ベッツィ：そうねえ、周りにいる男の子には誰にでもするわ。でもその子たちを好きっていうわけじゃないわ。

からかい鬼のような例は、互いに嫌い合っている男の子と女の子との間でよく見られる。またあるときには、こうした嫌悪を表すことによって心の内に隠されている性的な緊張や性的な興味を和らげることができる。男の子も女の子も、仲間文化のなかで承認されているようなはけ口が見つからなければ、自分たちの感情を文化的に許容している、からかい鬼のような行動に向けていくのである。

五年生のトラヴィスは、中学年のときに友だちと一緒によくやっていた鬼ごっこの経験を振り返りながら述べている。

質問：男の子は、好きな女の子には違った行動を取るの？

トラヴィス：うん、偉そうに振る舞うんだ。王様なんかみたいにね。女子をからかって、変な鬼ごっこをする男子もいたよ。

質問：どんな鬼ごっこだったの？

トラヴィス：女子を追いかけ回して摑まえるんだよ。
質問：摑まえたらどうなるの？
トラヴィス：知らない。牢屋か何かみたいなところに入れるんだと思うよ。
質問：そしたら今度は女の子たちが男の子たちを追いかけるの？
トラヴィス：そう思うけど、よく知らない。
質問：鬼ごっこって、お互いに好きな者同士の男の子と女の子がよくする遊びじゃないの？
トラヴィス：知らない。僕は鬼ごっこをしたことがないから。
質問：誰が鬼ごっこをしていたの？
トラヴィス：別のクラスにいる前からの、何人かの友だち。
質問：その男の子たちは、どちらかと言うと、人気がある方なの？
トラヴィス：ちょっと人気がある。
質問：その男の子たちは女の子に興味があるの？　興味はないの？
トラヴィス：興味があるよ。
質問：鬼ごっこはいつ頃していたの？
トラヴィス：う〜んと、三年生のとき、三年生のときに少しやってたと思う。四年生になると全然やらなくなった。
質問：四年生になると男の子は、好きな女の子にどんなことをするの？
トラヴィス：男子は女子がバイ菌を持ってると思ってて、それで女子には話をしなくなるんだ。

トラヴィスの意見は、地位と異性間の行動の問題を改めて思い出させる。人気のある男の子たちは、友だちのような女の子を全く持っていなかったが、からかい鬼にはよく参加していた。彼らは、女の子に対する関心が良かろうが悪かろうが、このような［からかい鬼のような］無難で［文化的に］容認されているような方法によって女の子に対する関心を表しているのであり、女の子もそれを受け入れているのである。女の子はときに気分を害することはあったけれども、人気のある女の子はからかい鬼に参加し続けていた。[10]

それとは対照的に人気のない男の子たちは、このような性役割規範に背いて女の子に対するロマンチックな欲求をいともたやすく表していた。ロジャーは三年生で孤立者だったが、彼の場合には、こうした行為が手厳しい反応となって跳ね返ってきたことを示している。ベッツィはそのことを次のように説明している。「そうね、ロジャーっていう男の子がいて、女の子たちをムカつかせるのよ。女の子たちの机にキスしたり、こっそり近づいてきて女の子たちを抱きしめようとしたり、女の子たちを追いかけたりして、それで私たちもう頭にきたのよ。そしたら大きな泥のぬかるみがあったので、ロジャーに言ったの。『ロジャー、ここに何か平らなところがあるわよ』って。そしたらロジャーはそのぬかるみに足を踏み入れて靴を濡らしてしまったの。ずっと足下を見て落ち込んでたわ。ロジャーが私たちにしたことと同じことをしてやったのよ。ロジャーがしたことに本当に頭にきてたの。彼のやったことにめちゃくちゃ腹が立ったわ。彼と一緒になって悪さをする男の子も二、三人いたわね」。

時には、好きでやっているからかい鬼なのか、好きではないけれどもやっているからかい鬼なのか、判断することが困難な場合もある。異性のメンバーが好きなのか嫌いなのかという板挟みになって、その間で揺れ動いている男の子や女の子も多い。そのうえ、こうしたゲームをする子どもたちのなかには異性のメンバーが好きだという者もいるが、好きではないという者もいる。子どもたちがこうした活動に引きつけられるのは、それが楽しくて興奮させるようなゲームだからであり、また他の子どもたちもそのゲームをしているからである。ゲームに参加するように子どもたちを駆り立てる要因にはいろいろあるが、そうした要因が、女の子を毛嫌いする男の子たちを女の子に好意を持っている男の子たちとうまくやっていくように誘導していくのである。このことは、このようなタイプの異性とのやり取りが曖昧な態度を含んでいることを強調することになった。人気のない男の子たちは、社会的な発達段階から見て先に進んでいる同級生と比べれば、こうした小学校の中学年段階の行動を高学年になるまで、そのまま続けていることが多い。

2-5　オルタナティブ（3）：好意と誘い

性別分離の時期の男の子と女の子は、お互いにロマンチックな関心を持つことはないというのがこれまでの支配的な考え方だったが、こうした考え方に反するような子どももいる。これまで述べてきた社会的地位と行動のタイプを結びつける明確な関係パターンとは対照的に、異性のメンバーに面白半分に手を出す子どももいれば、階層ヒエラルヒーのどのランクにも異性の誰かに熱を上げるような子どももいる。人気がなく、目立たなくて恥ずかしがり屋の子どもであっても、社交的でよく目立つ子どもと同じように、容易に異性の誰かを好きになることがある。彼らが異性を好きになるという感情に従って行動する勇気を持っているかどうかは、別問題である。

五年生のジョシュは、小学校の中学年の時期に異性に対してロマンチックな関心を抱くことに影響する要因について述べている。

質問：小学校二年生とか三年生という中学年の頃には、男の子も女の子もお互いに異性には興味がないと大概の社会学者は考えてるみたいだけど。

ジョシュ：それは違うよ。僕にはいつも好きな女の子の友だちが一人いるよ。二年生のときだと思うけど、いつも女の子が好きだという友だちが二、三人いたよ。お兄さんやお姉さんがいる子の方が異性を好きになることが多いんだよ。お兄さんやお姉さんがそうしているのを見ているからね。それか年上の友だちがいる子たちだね。だけど、その学年で異性のメンバーを好きになる子っていうのは少数派だと思うよ。

ロマンチックな交際を積極的に進めていこうとすれば、からかい鬼に見られたように相手の性を互いに否定するような性別遊びに留まらず、その先に進んでいくことが第一のステップである。異性のメンバーに関心を持つようになった子どもたちは、上辺だけの嫌悪感を捨て去って、さりげなく誘い始めるようになる。相手を誘うのは拒否されたり笑い者にされるというリスクを伴うが、それはこの発達段階における禁止事項にプラトニックな面においてもロマンチックな面においても違反しているからである。

しかし、人気グループにいる四年生の男の子マットは、同年齢の男の子と女の子の間で異性の気を引くような行為がときどき行われていたことに気づいていた。

質問：どのようにして誘うの？

マット：たいていはおしゃべりから始めるんだ。僕たちが話しているみたいに。そしたら女の子か男の子が近づいてきて、こう言うんだ。「何の話しをしているの？」って。それからおしゃべりが始まるんだよ。

質問：じゃあ、いつもブラブラしているんだね？（うんうん、そうなの）じゃあそれが誘ってるってどうして分かるの？

マット：感じるんだよ。その子たちが誰を好きなのかってことが伝わってくるんだ。

異性のメンバーに向けて時々、あからさまに誘いかけるような行動がはっきりと見られることがある。しかし強引に誘うとかえって相手は逃げ出してしまうことにもなり、誘った子どもは素っ気なくはね付けられることもある。

先に述べたロジャーのように、人気のない子どもがあからさまな行動を取ると、たいていは迷惑がられる。だが、人気のある子どもであればあからさまに行動しても、それがたとえ回りくどくてじれったくても、もっと前向きの反応をもたらすことがある。

三年生のベッツィは、友だちの大胆な行動について述べている。「シンディはときどきおかしくなるの。彼女はアニーと同じで男の子が好きで、男の子のことに夢中になっているのよ」。

質問：シンディは男の子を誘ったの？

ベッツィ：休憩時間のときなんか、シンディはマットやブレットにもう夢中なのよ。だけど、シンディは二人の男の子をカッコいいと思っているから彼らと冗談ばかり言い合ってるわ。ときどき彼女は二人に向かって大声で叫ぶことがあるの。それで私は二人のところへ行って「なんてことなのよ！」って言うの。それが二人を引き上げさせることなの。アニーも同じで男の子たちといつもふざけてばかりいるわ。シンディもアニーも女の子よりも男の子のところへ行ってよく話してるわ。

異性を誘おうとした子どもたちも、結局は再び仲間のところへ戻っていくか、または仲間から無視されるかのいずれかだった。どちらのケースも社会的ダメージを受けることはほとんどなかった。もし異性を誘おうとしたことに誰も何の反応もしなかったなら、彼らは自分をさらけ出すことは全くなかった。お互いに好意を抱いていた者同士の間で秘密のやり取りをしていたことを告白した子どもが少しだけいたが、双方がお互いの気持ちを秘密のままにしていたし、同級生にそうしたことの情報を伝えることもなかった。子どもたちは、詮索好きな同級生の目や耳から逃れて、学校の外でだけボーイフレンドやガールフレンドに会ったり、電話で話したりした。小学校中学年の場合、好きな相手に自分の気持ちを思い切って直接伝えてアプローチし、他の子どもたちにも自分の気持ちを隠しだてしないというような子どもはごく少数である。三年生のあるカップルは互いに好意を持ち、長時間電話でおしゃべりをしていた。二人は自分たちの関係を他の子どもたちに隠しておいて、もし一部の子どもたちが二人の気持ちを知ったとしても、その子どもたちの意見に影響されないようにしようとした。だが、結局は、秘密にしたことが耐えがたい重荷となり、二人の関係は解消した。

しかしながら、異性のメンバーを好きになっても、子どもたちは自分の気持ちのままに行動をしないのが一般的である。はっきりとは分らないことは恐れを引き起こすし、否定的な結末に終わる可能性が強い。五年生の男の子トラヴィスは、女の子に対するロマンチックな関心を長い間隠していたことについて語っている。

質問：男の子が女の子に最初に関心を持つようになるのはいつ頃？
トラヴィス：う～ん、僕が女の子を好きになったのはずっと前。友だちもほとんどがそうだよ。でも、ホントはそのことを話すのが怖かったんだよ。他の子もそうだってことを知らなかったから。恥ずかしい思いをしたくなかったんだ。
質問：どのくらい前の話？
トラヴィス：三年生か、四年生か。
質問：特定の女の子が好きだったの？
トラヴィス：とってもかわいい子だったよ。
質問：そのことを誰かに言ったことがある？
トラヴィス：親友のボーにだけ。
質問：誰か他の子が気づいていたらどうなっていたと思う？

トラヴィス：そうねえ。今だったら誰も全く気にしないよ。好きならデートに行く子が多いから。あの頃は他の子が何を考えていたのかなんてホントに知らなかったんだ。だからおっかなかったんだ。

トラヴィスの話は、子どもたちは好きな異性に自分の気持ちがばれることの恐れに脅威を感じてはいるが、その一方で同性の仲間集団のメンバーの反応と行動のことの方がさらに気がかりになっていることを示している。

2-6　仲間の反応

ロマンチックな関係に関心を持っている子どもたちも仲間から否定的な反応を受けると、関心の赴くままに行動することを思い留まるが、それほどの強い力を仲間は持っている。子どもたちは仲間とうまくやっていくことや受け入れられることに関心があり、笑い者にされることを恐れているのである。小学校の時期は、徹底的なからかいによって特徴づけられるが、そのからかいは、人生の後期になってほとんどのやり取りを経験して洗練された礼儀正しさを身につけるようになっても、まだ［心のなかでは］和らげられるものではなかった。男の子にしろ女の子にしろ、仲間の規範に違反したことを知ったとき、彼らの反応はたいていは予想されたパターンを示すものだった。五年生のケニーは、三年生のときに女の子に電話を一度かけただけでからかわれた経験を振り返って述べている。

質問：それは大事な電話だったの？　それともいたずら電話？
ケニー：両方かな。彼女に僕のことが好きかどうか聞いたんだ。そしたらそうじゃないって。
質問：大事な電話みたいだけど。
ケニー：そしたら彼女は僕が電話したことをみんなに言ったんだ。

質問：それでどうなったの？

ケニー：僕が彼女に電話したことをみんなに知られてしまったんだよ。

質問：みんながからかったの？

ケニー：しばらくはホントに最悪の気分だった。ひどく嫌だった。徐々におさまってきたけどね。

からかわれている間は、子どもたちはほとんどが激しい苦痛に耐えているのである。みんなから離れて問題を避けようとしたり、嵐が過ぎ去るのを待って問題を避けようとする子どもたちもいるが、嵐に巻き込まれてしまって見通しが全く立たない子どもたちもいた。三年生の人気者の男の子セスが語っているように、そうした子どもたちの苦痛とそれに対する他の子どもたちの感じ方ははっきりしていた。「男の子は、女の子に興味を持っていたとしても誰にも言わないよ。男の子はただ秘密を守り続けるだけなんだ。みんながその子をからかうからだよ。『あぁ、なんてこった。お前はあの女の子が好きだったのか』ってね」。

質問：同級生でそういう経験をした子はいるの？

セス：うん、何人かいるよ。

質問：みんながからかってどうなったの？

セス：たいていは気まずくなって直ぐに別れるよ。だからカップルはみんなに知られないようにするんだ。でなければ、みんなはむやみやたらにお世辞を言うんだよ。でもそれはカッコ悪いことだからね。分かるだろ。

人前で笑い者にされるという苦痛と屈辱を受けても構わないという子どもはほとんどいない。子どもは、人前で笑い者にすることがどのように人を苦しめるかを知っているし、それがどのようなことを引き起こすことになっていくかということも分かっている。三年生のポールは、人前で笑い者にされるとどうなるかについて述べている。「もし本当に女の子と仲良くなりたくても、なぜそれが普通にできないかって、分かるだろう？　あいつらは言うんだよ。『何だ、お前は女が友だちか？』、『ちぇっ、何だ、くだらねえ、は、は、は』って。そうやってからかうんだよ。だからちょうどいいタイミングがこないと女の子が好きだってことを言わない方がいいって、つくづく思うんだ」。

2-7　密かに想う

仲間がどのように反応するか予想できないという不安のために、ほとんどの中学年の子どもは、好きな異性に近づかないようにして、自分の気持ちを明かすようなことはしない。そうした秘密がもし悪いグループの知るところになれば、どうなるかということに気がつかないような子どもは、すぐに痛い目に遭うことになる。五年生の男の子ケニーは、三年生の女の子に電話をして好きだと告白したのだが、そのケニーの行為は結局、クラスの物笑いの種になっただけだったと、その出来事の結末について語っている。ケニーは彼女が好きであることを諦めなかった。むしろ「密かに想う」ようになった。前青年期の子どもたちは、ほとんどが仲間集団にからかわれるという感情や出来事に耐えなければならないような苦境に立たされているのであるが、ケニーも「密かに想う」ような秘密を持つことによって、そうした大きな苦境に陥っていったのである。

五年生の男の子チャックも、ケニーと同じように、苦い経験を味わった後で女の子に対する気持ちを心の底に仕舞い込んだのである。

質問：最初の女の子に初めて興味を持ち始めたのはいつ頃？
チャック：二年生のとき。いや、一年生の前半かな。
質問：社会学者の人たちは、その頃はまだ男の子と女の子は交際しないと考えているみたいだけど？
チャック：ただ心がときめいただけだよ。
質問：そのときは初めて好きになったのね。その好きになった女の子と話したことはあるの？
チャック：ないよ。好きになった女の子に話しかけるのは、好きでもない女の子に話しかけるよりもずっと難しいんだよ。遠くから眺めていいなと思っているだけだよ。
質問：今まで誰かに話したことがある？
チャック：うん。親友にはね。でもその親友は自分の親友に話してしまったんだ。だからみんなに知られてしまって、一週間ほどスキャンダルになったんだ。

ケニーとチャックは、タブーになっている感情を漏らすというミスをやらかしたために密かに好意を持つようになった。ほとんどの子どもにとって、いったいどんなことが起こるのかを知るために、このような恥ずべき体験を直接辿ってみる必要はない。他の子どもたちの経験から学ぶからである。性別分離の時期であっても、子どもたちが異性のメンバーを好きになるということは普通のことなのである。ただそのことをみんなに話すことができないだけである。五年生のダミアンは自分の経験について述べている。「簡単に言ってしまえば、ほのかな想いだよ。彼女はクールだったし、誰にも言わなければ一つの秘密の恋だったんだよ」。男の子と同じように、女の子も行動することを恐れて、密かな想いを抱いていた。五年生のマライアは、親友の一人が「ずいぶん長い間ある男の子に夢中になっていたの。いつからか思い出せないけど、幼稚園のときからかも知れない。彼女は今も想い続けているのよ」

と話している。

ポールは、いつも常に誰か好きな女の子がいたことを打ち明けたが、そうした気持ちがばれないようにするための方法についても述べている。

質問：だれか女の子の友だちがいるの？
ポール：うん。えっと、僕はホントにいつも自分から誘ってたんだ。だけど今はそうじゃない。好きな女の子は何人かいるよ。
質問：それは秘密なの？
ポール：そうだよ。絶対に秘密だよ。（ささやき声で）一人の女の子が本当に好きなんだ。同じクラスじゃないけど。
質問：その秘密を誰か他の人に話したことがあるの？
ポール：うん、信頼できる親友にね。
質問：去年は誰か好きな女の子がいた？
ポール：うん、去年は、えっと、ケイティがずっと好きだった。
質問：だいたいは、いつでも好きな女の子がいるってことね。それとも好きになったのは最近のこと？
ポール：うん、そうだね。どの学年のときにもだいたいはいつでも好きな女の子がいたよ。でも今の学年では、好きな女の子はいるけど、だけど友だちっていうわけでもないんだ。

ポールの話は、中学年の間ではどうかすると、密かに女の子を好きになることの方が［実際に］女の子と親しくなることよりも簡単だということを示している。この時期は、ロマンチックな関心であれプラトニックな関心であれ、社会的に偏見を持たれるので、こうした関心は人目につかないようになるのである。しかし、そのような関心が実際に消えてしまうわけではない。世間一般に信じられている説や学術的な説とは反対に、異性に対する関心は依然として持ち続けられ、一段と高まるばかりである。この時期の異性間のプラトニックな友人関係は、たとえ偏見を持たれるようなものではないとしても、そのまま持ち続けられていくためにはオープンな関係にしなければならない。だから、皮肉なことなのだが、さらに不快な経験をすることになるかも知れない。ロマンチックな関心は、秘密にさえしていれば、それ以上は高まらないものの、長い間にわたって存在し続けるものなのである。

第9章　異性関係（Ⅱ）——後期——

数年間の性別分離の時期が過ぎると、子どもたちの間には異性間の接触が再び現れるようになる。四年生から六年生までの前青年期の後期を通して、子どもたちは友人関係とロマンスという二つの目的のために異性関係を立て直し始めるのである。しかし、異性のメンバーとの関係を回復するには、興奮と緊張、そして危険を伴っている。まだ世事に疎い子どもたちの多くは比較的安全な同性の性別集団に留まろうとするが、その他の子どもたちにも同じように留まらせようとする。そのために、この前青年期の後期という期間においては、子どもたちの異性関係のパターンは多岐にわたるようになる。中期の頃の、性別分離の状態に深く根付いたままの子どもたちもいれば、希薄な関係ではあるもののプラトニックな友人関係を築き始める子どもたちもおり、ロマンチックな領域に踏み出そうとする子どもたちもいる。[1] この章では、前青年期の前期、中期に続く後期の子どもたちの意識と行動について考察する。

1 分離

前青年期の後期の年齢段階のおおよそ四分の一に当たる、かなりの部分の男の子や女の子は、性別の境界を越えて異性と繋がりを持つことにあまり関心がないか、あるいは全く関心を持っていない。子どもたちは性別によって異なる関心を持ったまま長い間過ごしてきたために、お互いに何の気負いもなく社交的に振る舞うことは厄介なことだと思っているのである。相手を夢中にさせるような関心事を互いに持ち合わせているわけではないからプラトニックな関係を維持していくことができないし、またロマンチックな魅力を追求していくことに心地良さを感じているわけでもない。性別に分離しているのを再統合しようとしている子どもたちもいるが、容易なことではない。この段階の初めの時期に異性関係の世界に踏み込んでいこうとすると、どうしても人目を気にするようになる。だから男の子と女の子はお互いに「ジェンダー・ジャブ」［訳注1］を打ち合ってみるのである。

五年生のケニーは、女の子とのやり取りの広がりについて語っている。

質問：仲良くしている女の子がいるの？
ケニー：何人かはね。
質問：彼女たちはどんな人？　一緒にいてどんなところがいいの？
ケニー：お互いに話をするんだ。もし彼女たちがランチを忘れたり、何か必要なものがあって、お金が必要になったら彼女たちにお金を渡すんだよ。
質問：その子たちと学校の外で会って何か一緒にしたことがある？

ケニー：いや、ないよ。

宿題をしたり、ランチを食べたり、ランチ代を払ったりするような学校に関係する話題は、男の子や女の子が一番仲良くできて、しかも安心して話ができる領域である。[2] 男の子と女の子は、運動チームで一緒に遊んでいるときでも、性別によって区分された領域に互いに入り込まないようにしていることが多かった。つまり彼らは行動を分担することによって相互にやり取りするけれども、友人関係にまで発展していくことはなかったのである。子どもたちの行動が、たとえ構造的に重なっていたとしても、異性のメンバーとの交際が行われることはあまりなかったし、あるいは全く行われることはなかった。

2　友好的な関係

中期の頃とは対照的に、後期では、相当数（およそ半分程度）の男の子や女の子が友好的な関係を発展させていた。初期の段階での男女間のプラトニックな関係は、性別分離の段階においても継続している場合があり、それは女の子が男の子と一緒にスポーツをする際によく見られた。

中間層の友人グループの一員である五年生のタッカーは、彼がよく見かけたという男女間の友人関係の性質について述べている。

質問：女の子の友だちはどう？

タッカー：僕の周りにはボーイフレンドのいる女の子がいっぱいいるよ。一年生のときからボーイフレンドのいる女の子もいるよ。スポーツなんかして遊ぶんだよ。でも、僕は彼女たちと一緒にたむろして過ごしたりはしないし、おしゃべりもしないんだ。
質問：女の子が男の子と一緒に遊ぶには男の子のスポーツの輪に入らないといけないの？　男の子が女の子と遊ぶには女の子の活動に入っていくの？
タッカー：うん、そうだよ。
質問：男の子は、女の子のどんな活動に参加するの？
タッカー：知らない。縄跳び、けんけんぱの遊びには参加するかもしれないけど、僕は見たことがないよ。でも、う〜ん、男の子ができるのなら、参加するかも知れない。

タッカーは、男女の交際はまだ滅多にないことなので、男の子が女の子の世界にどのように入っていけばよいのかとあれこれ考えを巡らせていた。第2章で述べたように、女の子の性役割は一九八〇年代から一九九〇年代にかけて、男の子の性役割よりもはるかに広範囲に広がっていった。その結果として、スポーツを好む女の子は、スポーツが好きではない女の子よりも、男の子を友だちにすることが多かった。だが、タッカーが語っているように、女の子の活動に足を踏み入れるような男の子は多くはなかった。別の中間層に位置する五年生のベンは、同じサッカーチームの三人の女の子と仲良くなったことについて語っている。

質問：（女の子の友だちが）学校か学校の外にいるの？
ベン：学校の外にいるよ。ここにも来るよ。サンディ、レスリー、キムだよ。みんなサッカーが上手だよ。

質問：一緒にサッカーをするほかに、彼女たちと話をすることがあるの？
ベン：うん、ときどき。
質問：同じ年齢の男の子や女の子はどんなことを話すの？
ベン：宿題のこと。それか、勉強のこと。勉強をしなきゃならないのに、ときどきサボってるんだよ。そんなところかな。

スポーツ以外にも、男の子と女の子は友人関係の別の基盤を見いだしていた。何年間も棚上げにしていた以前の親しい関係を復活させようとする子どもたちもいれば、学校での共通の関心事を契機に生まれた異性との友人関係を少しずつ築いていこうとする子どもたちもいる。近隣に住む異性との友人関係も進展させていって、放課後の活動も活発化するようになった。しかしすべての子どもたちが異性とのプラトニックな関係を達成しようとしていたわけではない。異性との距離を保とうとする子どもたちもいた。一方で、性別分離の領域を乗り越えていこうとする子どもたちもいたが、しかし彼らはからかわれたり、バツの悪い思いをするというリスクを負わなければならなかった。

3　ロマンチックな関心

プラトニックな友人関係よりも慎重に、そして徐々に男の子と女の子は相手のロマンチックな反応を見ようとして互いに探りを入れるようになる。[3] この探りを入れるのは、ごく少数の子どもから始まるのだが、探りを入れたり入れなかったりしながらも次第に広まっていく。[4] その先頭をいく子どもたちがロマンチックな領域に踏み込んでいくのを他の子どもたちは誰もが興味深く眺めていた。子どもたちのなかには、そのロマンチックな申し出を即座に拒否する者もいたが、ためらいがちに受け取る者もいた。

子どもたちは異性のメンバーに対する関心をさらに深めていき、勇気を奮い起こして自分たちの気持ちを率直に話そうとしていた。ケビンは四年生の頃に始めた異性との関係を振り返って次のように述べている。「もう男の子は女の子を追いかけたりなんかはしないよ。もうそんなに子どもじみてはいないよ。もっとカッコよくするんだ」。五年生の人気のある男の子チャックは、性別分離の段階から異性との関係が確立する段階に至るまで、子どもたちがどのように変遷をたどっていくかについて、ケビンよりも詳細に見ている。彼は、どの学年くらいのときに子どもたちは、こうした過程を経ていくのかについて語っている。「早熟な子は、そう呼んでもいいと思うんだけど、そういう子は三年生か四年生の頃に出てくるよ。遅い子は五年生になってもまだだけどね。今の時期はもうたくさんいるよ。四組のカップルが付き合ってるよ。四組だよ。デートしているよ。本格的に」。

五年生のマライアは、異性に対する関心が高まってくると同時に、それを反映して異性との活動に出会うようになると述べている。「友だちがみんな、何の前触れもなく突然に男の子に関心を持つようになったのよ。私のクラスの女の子全員よ」。こうしたダイナミックな変化が急激に生じると、集団は一連の関心事を次々と大きく転換させていく傾向があり、また集団規範の規制が緩んでくると、これまで抑圧されていた子どもたちのロマンチックな関心も一挙に解放されてくる。前青年期の子どもたちの多くは、他の誰かが異性との関係に早く取り組んで先鞭をつけてくれないかとはやる気持ちで待っているのだが、その取り組みのおかげでやっと異性のメンバーに対する関心について自由に話したり、行動することができると感じるようになったと述べている。

五年生の人気のあるローラは、友だちが男の子に対する関心を徐々に高めていく姿を目の当たりにして次のように述べている。「私たちの場合は四年生のときが本格的な最初のスタートだったの。私たちはただ散歩したりおしゃべりしたりするだけだったんだけど、でも四年生ではまだ［デートには］あまり役立たなかったわ。デートしている人たちのことなんかを話すようになったのは五年生になってからよ」。

こうして子どもたちは友人集団を通して、あるいは子どもたち全体をも包み込んだ変化のなかで、それぞれにロマンチックな関心を持つようになるのであるが、それに伴って多様な異性関係のパターンが見られるようになった。男の子や女の子の集団は、それぞれ異なった時期に異なった速度でロマンチックな関心を統合するように進んでいくが、五年生までにはほとんどの子どもが異性への関心を持つようになっていた。そして異性に対する関心を持つことは、仲間文化のなかで正当性の基盤を与えられることになった。異性に対する関心を持っていない子どもも多くいるが、しかし人気のあるグループの子どもたちははっきりと異性に対する関心を持っていた。あまり人気のない子どもたちは、人気のある子どもの行動を見て、その行動についてあれこれコメントしたり、あるいはその行動を無視したりしたが、しかし人気のない子どもたちにとってはそれが始まりだったのである。私たちが観察した子どものほぼ三分の一が、この時期の終わりまでに異性に交際を申し込んでいた。

3-1　異性について語ること

ロマンチックな関心が高まると、それに伴って異性のメンバーのことについて話題にすることも増えてきた。男の子のグループでも女の子のグループでも特定の個人についてのうわさ話をするようになり、誰が誰を好きだとか、この男女に何が起こったのかとか、みんながそのことをどう考えているのか、というようなおしゃべりをするようになった(5)。直接会っておしゃべりをするだけでなく、電話でもおしゃべりをして、ロマンス話に花を咲かせるのである。男の子も女の子も夜や週末にはゴシップや憶測を交えてのうわさ話で時間が過ぎていく。ロマンチックな関心と同じように、男の子同士の話も女の子同士の話も、一部の子どもたちの間では、盛り上がっていた。異性に関心を持つようになった子どもたちは、同じような関心を持っている異性のメンバーを見つけて友だちになろうとしていた。こうした行為は、何年も続いてきた友人関係を解消して、新たな友人関係を形成するように仕向けていく。異性に対するロマンチックな関心は、思春期でも早い時期に呼び起こされることが多い。ホルモンの変化と身体的変化は、異性に対する関心を高めるだけではなく異性からの関心をも引き出すのである。男の子たちは、女の子たちが「ウサちゃん協会（BRA）[訳注2]」のメンバーになったかどうかについて互いに囁きあい、女の子たちは男の子たちが声変わりしたことについてのうわさ話をするのである。

ローラは「男の子同士の話」がどのように広がっていくかについて話し、男女のどちらが先に異性に関心を持つようになるのかという問題に答えようとした。「そうね、友だちのエリカが去年男の子に熱をあげてたの。あなたに言っても彼女は気にしないと思うんだけど、でも……話してしまったけど。去年は他にも男の子を好きになった女の子がいたわ。だから、私は女の子が先なのか男の子が先なのか分からないわ。私はホントの男の子じゃないし、男の子のお泊まり会にも行ったことがないし、男の子がお泊まり会でどんなことを話するのか知らないもの。でも、私たちはお泊まり会のときみたいに、いつも誰が誰を好きなのかというようなことを話してるわ。おしゃべりのネタにね」。

男の子と女の子についての話はオープンになって受け入れられるようになり、しかもしばしば話をするようになっただけではなく、人気者のケビンが言っているように、子どもたちの性格まで変えてしまった。「えっと、男子はね、『彼女はキモい』とか『彼女のことは嫌いだ』っていうようなことを言い始めるんだ。それからおしゃべりが始まるんだよ。『デートに誘うべきかな、どう思う？』とかそんなことを言ってね。それから『彼女は僕のことを好きだと思うか？』とかね。そしたら、僕が彼女のことを好きなのか、彼女が僕のことを好きなのかということだけじゃなくて、今度は女の子たちが自分のことを好きなのかどうか気にするようになってくるんだよ。ホントに女の子が自分のことを好きなのかどうか気になるんだよ」。

男の子も女の子も、相手がどのように行動するかを見て自分に好意を持っているかどうかを見極めようとした。休憩時間になると、彼らは好意を寄せている相手が自分に注目したり、話しかけたりするかどうかを注意深く見守っていた。彼らはほんの些細な行動が仄めかしていることを事細かに言い合って、ほんの些細な変化までも分析した。彼らは、異性と会話をするための口実を探すというよりも、はっきりした目的を持たないままに始める何気ない雑談を期待していたのである。だが、自分が好意を寄せている相手が自分に好意を持っているかどうかを知るための最も確実な方法は、相手の友人の一人からそのことについて聞き出すことである[6]。

五年生の男の子ジェイクは、これまで何人もの子どもたちが辿ってきたこの種の一つの情報ルートについて語っている。

質問：電話でどんなことを話すの？
ジェイク：女の子のこと。それが電話の話のメインだよ。
質問：同じ年齢の男の子は女の子と一緒に過ごしたり、女の子と付き合ったりするの？
ジェイク：よくしていると思うよ。友だちでなければあまり気が付くことはないけどね。でも僕の友だちのローラは、誰が誰を好きかということをよく話すんだ。だから僕は女の子の誰が誰を好きか、誰が男子と交際しているかということを知ってるんだ。でも、女の子の友だちがいない男子だったら、そんなことはほとんど知らないよ。
質問：どうして女の子は男の子よりも異性のことをよく話すの？
ジェイク：いや、男の子も異性のことをよく話すよ。僕は男子の友だちをたくさん知っているし、ローラも女子の友だちをたくさん知っているんだ。だから、ローラは自分が知っている女の子のことは全部僕に話すし、僕は自分が知っている男の子のことは全部ローラに話すんだよ。

男の子と女の子が形成し、深めていくようなプラトニックな友人関係は、こうした重要領域において著しい効果をもたらしている。ロマンチックな魅力というはっきりとは分からない状態に直面したときに、子どもたちは自分の関心や気持ちが報いられたかどうかを知ることができるのである。

3-2 魅力的な性格

異性にアプローチする前に、当然のことに男の子も女の子も好きな相手を決めなくてはならない。異性のメンバーにどのような魅力を見いだすかは、男の子と女の子とでは基準が異なる。男の子の場合は容姿が最大の基準である。男の子は可愛いと感じた女の子に心をときめかすのである。(7) 一方、女の子の場合はもっと複雑で、漠然とした基準に従っていた。

五年生の人気者のマライアは、ボーイフレンドに何を期待しているかについて話している。

質問：男の子を初めて好きになったのは、いつ頃？
マライア：今年の二月。
質問：どんなことが理由だったの？
マライア：男の子は優しくなくっちゃあね。でなければ無視よ。
質問：男の子には他にどんなことが必要なの？
マライア：知性的であることね。もし賢くなかったら、そしたら、じれったくなるわね。きっと。そういう人たちはいつも質問ばかりするのよ。ウ～ン、そんなの、分かるでしょ。

五年生の、もう一人の人気者のジョアンナも同じようなことをさらに詳しく述べている。

質問：男の子と女の子はお互いに何を期待してるの？
ジョアンナ：普通は、そうね、優しくて精神的に大人であることね。「バイ菌」なんて言われて恥をかかないように。エリックなんていつも恥ずかしくなるようなことばかりするの。だから、彼と一緒に映画なんかに行くのなんてきっと面白くないと思うわ。そのことも理由の一つね。でもロブはずっと大人よ。彼は堂々としてるわ。ときどき困らせることもあるけど。でも大丈夫。私もまごつくことが時々あるけど、いつもではないわ。

つまり、女の子は男の子の外見よりも知性や成熟ぶりに関心を持つのである。彼女たちは口には出さないが、彼女たちのロマンチックな選択においては、社会的地位が最初の要因として浮かび上がってくる。人気のある男の子や女の子は、同じ年齢層では最初に異性関係を持つ子どもたちであるが、［異性を選ぶのに］同じような地位の異性に焦点を合わせていた。第2章で述べたように、あまり人気のない子どもと仲良くなったり、戯れたり、交際したりすることは、当の子どもの地位の低下を招くことになる。逆に、人気のある集団の子どもたちと関わりを持つことは、その関わりを持った子どもの地位を上昇させていくのである。

人気のある集団のメンバーにロマンチックな魅力を感じるのは、人気のある子どもたちだけではない。誰もが魅力を感じている。人気のある男の子は、人気のある女の子、あまり人気のない女の子、社会的に孤立している女の子からも注目され、彼女たちの関心を集めている。同じことは人気のある女の子にも当てはまる。男女ともに、異性から注目され、関心を持たれるのはほんの一握りの子どもたちだという共通パターンが見られるわけである。そのために、多くの子どもたちはいつも「手の届かない」ところにいる［人気のある］子どもたちの周りをいつまでもうろうろと付きまとっているのである。要するに、魅力的な性格というのは、相対的にはエリート的な特性なのである。

五年生の女の子ナンシーは、多くの女の子たちは人気のある男の子が誰に注目しているのかを知りたがっていると述べている。「私たちはちょっと期待していたの。彼がアリスをデートに誘うんじゃないかって。でも彼はマライアを誘ったもんだから、みんな本当に驚いたわ。彼が誰かを誘うっていうことは分かってたんだけど」。

質問：どうして彼が誰かを誘うってことが分かってたの？
ナンシー：あのね、他の女の子はみんな彼のことが好きだからよ。あまり人気がなくて私も親しくしていない女の子のなかにも彼のことが好きな子がいるのよ。
質問：じゃあ、ほとんどの女の子はこの一人の男の子が好きってわけ？
ナンシー：そうよ。

3-3 性的な関心

前青年期のロマンチックな関係の目的は、男の子と女の子とでは異なっている場合が多い。男の子も女の子も、ロマンチックな交際にもともと備わっている興奮、地位、そして成熟を感じさせるような雰囲気に駆り立てられてロマンチックな関係へと向かうのであるが、そのロマンチックな関係の目的は、男性文化と女性文化の違いに基づいて性別によって異なっている。

男の子にとって目下の最大の関心事はセックスである。[8] ケビンは真っ先にこの話題について語っている。

質問：男の子の方が先に女の子に関心を持つのか、それとも女の子の方が先に男の子に関心を持つのか、どっちだと思う？

ケビン：男の子の方が先に女の子に関心を持つんだよ。

質問：どうしてそう思うの？

ケビン：分からない。でも、初めは性的な魅力に惹かれるんだと思うよ。僕が知ってることは、かわいい女の子を見たら、その子とキスしたいと思ってる男たちがいるってことだよ。それから男たちは、僕のことじゃないよ、でもだいたい男というのは女の子の性的な魅力に惹かれるんだ。あの女の子はセックスしたがってるんじゃあないかとか、どこまでできるかって、男は思ってんだよ。僕もそう思ってたことがあったよ。興味をそそる問題だよ。本当に興味があるよ。

男の子が男女間の色事に関心を持つのは、自分自身のためだけではない。社会的地位を高めていこうとするためでもある。男の子は女の子を「もの」にし、それを話のネタにして仲間からの威信を得ようとする。この年頃では男女間の性的関係を「野球」の比喩で表すようになり［訳注3］（一塁、二塁）、男の子たちはこれまでほとんど知らなかった性に関する事柄についてかれこれ言うようになる。[9]

しかし女の子の場合は、男の子から注目されたり、何かをしてもらったり、プレゼントをもらったり、執拗な性的な誘いを拒否したりすることによって地位を得るように社会化されている。ジョアンナに女の子たちは男の子に「性的魅力」を感じていると思うかと尋ねたところ、少女文化に広く浸透している典型的な考え方の回答が返ってきた。「ないわ。男の子ってただのボーイフレンドよ。でも一緒に遊んだりはするわ。そうね、面白い映画を見に行ったり。たいていはただのボーイフレンドよ」。

パーティの集まりは、プライベートなものであれオープンなものであれ、集団の性的な行動を助長していく。しかし前青年期の女の子は、初めのうちはパーティに参加しなければならないというプレッシャーに抗することが多かった。第2章で述べたように、あるパーティで六年生の男の子マットはガールフレンドのエイミーを「口説いてみろ」という友だちの執拗な誘いに乗せられて、彼女を「口説いて」キスをした。しかし実際のところは、エイミーはマットの執拗な要求に混乱してしまって、もしマットにキスをしなければ二人の関係は終わってしまうかも知れないという恐れから彼の言うとおりにしてしまったのである。彼女は、混乱し動揺してしまって泣きながらマットから逃げていった。エイミーの友だちは彼女を支えて元気づけようとして、彼女と一緒にパーティ会場を出ていった。

4 戯れ

異性のメンバーへの関心が正当なものとしてひとたび確立し、そのことを友だちとオープンに話すことができるようになると、子どもたちは気がねなく好きな異性と付き合うようになる。付き合いはいつでも行われるのだが、男の子も女の子もお互いに対して、あるいは自身の性的なことに対して気まずさを感じたりするために、感情を抑えたり、ごまかしたりするような態度を取ったりする。男の子も女の子も、自分を性的存在として考えるようになると、異性の仲間を相手にして性的なことにチャレンジしてみるようになる。

ケビンは異性との付き合い方について語っている。「よくからかうんだよ。とても人気のあるヤツらをね。みんなでからかうんだ。いちゃいちゃしすぎだぞ、モテモテだな、とかね。人気のある男の子はいつも何人かの女の子たちと付き合っていると思うよ。その女の子たちは僕らにも言い寄ってくるんだ。いつも女の子と話したがっているヤツらがいて、実際に声をかけるんだけど、そういうところに女の子たちが集まるんだよ。女の子たちもいつも男の子と話したがっているけど、女の子たちはそうするんだよ。女の子は誰かを好きになれば、その人の目に付くように『ああ、今度の数学の課題はとても難しいわ』って言えばいいんだよ。そんなことをホントに話したいんじゃないんだ。話のきっかけにしたいだけなんだよ。話し合うためじゃなくて、おしゃべりすることが目的か、でなければ自分のことを知ってほしいだけなんだ」。

質問：くだけたおしゃべりをする他に、どんな付き合い方があるの？

ケビン：えっとね、いくつかあるよ。女の子のサッカーの試合に割って入るんだよ。そのなかに好きな子がいればね。そこにいる女の子がみんな可愛いときにも、そうすればいいんだ。男の子はいつもどおりに同じようにゲームをしていればいいんだよ。もし女の子が壁ぶつけをしていたら、男の子も壁ぶつけをすればいいんだよ。そして女の子を連れ出そうとしたりするんだ。そんなようなやり方だよ。

質問：取っ組み合いみたいな乱暴なことをするときもあるの？

ケビン：女の子がその場にいたら、男の子は目立とうとするんだ。他の男の子よりタフなところを見せようとするんだよ。

この種の異性との交際は、非常に困難な場合が多かった。異性のメンバーを面白がらせたり興味を持たせたりするような話題をいつも考えられるほど誰もが気が利いた話ができるわけではない。好きな異性と交際することは特に難しいということを男の子も女の子も分かっていた。おしゃべりをすることも殆どできないことが多かったから、脆弱な基盤の上に親密な結び付きを築きあげていこうとするようなものだった。異性のメンバーに対してどのように振る舞えばよいのか確信が持てないために、子どもたちはぎくしゃくした態度を取っていることが多かった。パーティの時、自分のやわらかな関節を使い体をねじってプレッツェル〔訳注4〕のようなポーズを取ろうとした男の子がいた。異性の注目を集めるために、男の子たちはしばしば男らしいというイメージの模倣をしようとするし、女の子たちは慎み深いふりをするのである。異性のメンバーにアピールしようとして子どもたちは社会的に最も標準的な性役割規範に自らを合わせていこうとする。このようにして、彼らは性役割の最も伝統的な局面に引き寄せられていくのである。

付き合いの別の形が悪ふざけである。子どもたちは好きな子や嫌いな子に対して悪ふざけをする。ときどき女の子たちは他の誰かのふりをして好きな男の子に電話をかけて、誰のことが好きかを尋ねたりした。もし男の子の好きな相手が自分たちだと分かったなら、彼女たちはいつものように自然に振る舞った。だが、電話をかけた相手の男の子が彼女らの声に気づいて、悪ふざけに腹を立てた場合には期待外れに終わった。またある時には子どもたちは悪ふざけをするために寄り集まったりすることもあった。

五年生の中間層の男の子ジェイクは、自分をはねつけた女の子を巻き込んだ悪ふざけについて語っている。「そう、ときどき僕らは女の子の声色を真似て、一番嫌な奴に電話してやるんだ。そいつはその女の子が好きなんだよ。それで言ってやるんだ。『私とデートしたいと思ってる？　だけど私はできないわ。私はあなたの一番嫌な敵だものね』なんて、そういうことを言ってやるんだ」。

質問：そういうことを手伝ってくれる女の子とどうやって友だちになるの？

ジェイク：うまく声色を真似できないときもあるし、女の子のような声が出せないときもあるけど、そういうときにローラなら、もし学校が終わっていたら手伝ってくれるから、悪ふざけなんか簡単だよ。どっちみち僕は誰かの声色を真似るのが苦手だからね。

質問：悪ふざけのなかには、からかうことも入ってるの？

ジェイク：いや、違うよ。たいていは女の子が関わってるんだ。誰が誰を好きかということが分かったときには、そのなかの一人に夜通し嫌がらせをしてやるんだよ。長い間親しくしていた友だちで、女の子がホントに好きだという男の子を捜し出したときには、僕がその男の子の声を真似して、その女の子に電話したりするんだ。

異性が集うパーティやその他の学校外の場で、男の子と女の子はさらに進んだ形の付き合いの段階に入っていく。それらはゲームの形を取ることが多い。年少の子どもたちが性的な関心をキスゲームで表現したり、また前青年期中期の子どもたちが性的な関心をからかい鬼ゲームで表現したりするのと同様に、前青年期のなかでも年長の、社会的に早熟な子どもたちは予備的な性的ゲームに熱中している。前青年期の子どもたちの性的ゲームには、「スピン・ザ・ボトル」[訳注5]や「天国への七分」[訳注6]のような伝統的なものも、「真実か挑戦か」[訳注7]のような新しいものもあった。一部の女の子たちは、「放埒」になったり、男の子と気軽にキスをしたり、長いこと「イチャイチャ」したり、あるいは「私を信じて」[訳注8]のような身体的接触を伴うゲームに参加したりして、人気と注目を集めていた。放埒な女の子は一時的には人気を獲得できるかもしれないが、しかし結局は男の子にも女の子にも「安っぽい女」、「尻軽女」と見なされるようになってしまう。

五年生の中間層の男の子ジョシュは、こうした出来事の経過を一歩退いて冷静に見てみるという、いわば良心的な退却について語っている。「うわさが出始めたんだ。イチャつくようなことをしているんじゃないかといううわさなんだ。僕はこの夜はヘブライ語学校にいたんだ。今年は男子生徒はみんな二階になるし、女子生徒は一階になったんだ。去年はたくさんの部屋に分かれてたよ。男子の部屋、女子の部屋って。どの階も男子の部屋と女子の部屋が互いに隣り合っていたんだよ。女子が男子の部屋に入ってきて、『真実か挑戦か』ゲームなんかを始めたんだ。でもそれでお互いの距離がすごく近くなったんだよ」。

質問：「真実か挑戦か」はどうやって遊ぶの？

ジョシュ：僕はやりたくないから参加しなかったんだ。ゲームは誰かが始めるんだけど、その人が他の誰かに「真実を言うか挑戦するか」って選ばせるんだ。もしその人が「真実」って言ったら、質問する人はだいたい恋愛関係について尋ねるね。そしたら尋ねられた人は本当のことを言わなければならないんだ。もし「挑戦」って言ったら、その人は何か挑戦をしなければならないんだよ。

こうしたゲームによって、男女間の交際で通常は制限されていたことも一時中断され、男の子も女の子も性的な関心を言葉で表現して、さらに思い切ったことをすることができるようになるのである。キスゲームのキス魔の男の子や女の子のように、一部の子どもたちだけではあるが、そうした性的な関心を実行していくのである。男女の付き合いは、集団内での異性のメンバーの注目を集めることによって男の子と女の子の人気を生むことになった。そのことは、子どもたち自身が子ども期の領域から抜けだして、より成熟した段階に入っていることを示している。正確に言えば、子どもたちがそうした動きを見せ始める時期は、身体的な成熟、家庭環境（性的な態度と行動）、兄や姉との関係（もしきょうだいがいるなら）、社会集団における人気によって異なっているのである。

5　異性へのアプローチ

誰かを好きになったり、パーティで性的ゲームに参加したりすることよりもずっと気をつけなければならないことは、自分が関心を寄せている人に率直に告白しようとしたり、デートに誘ったりすることである。これにはリスクがあり、気をつけなければならないことであるが、そのうちお互いに直接的にアプローチするような子どもたちが現れるようになる。その先駆けとなるのは一匹狼のような子どもたちである。彼らは社会的なサポートもほとんどなく、また先だって切り開いていくためのしっかりとした下地も備わっていないなかで、全く不確実なことや厳しい非難に直面することになる。一方、デートすることが［年齢的に］世間に認められた習慣となるまで待っていた子どもたちは、好きな人にアプローチすることがそれほど精神的にショックを与えるものではないことを知るようになる。前青年期の子どもたちは、特に性に適切な、ふさわしい規範に関心があった。女の子は伝統に従って男子が先に行動を起こすのを待たなければならなかったが、こうしたパターンはいくぶん緩和されてきたため、ときには女の子の方から先に男の子にアプローチすることもある。[10] 第2章で論じたことと同じことだが、ロマンスについての女の子たちの積極的な主張は仲間文化では受け入れられている。しかし同時に、結局のところは、男の子たちが積極的な役割を担っているという規範が維持されている。その他の女の子たちは慎み深い振る舞いをしっかりと守り通していて、自分から先にアプローチするというようなことは考えなかった。そのために肯定的サンクションという例外はあるものの、一般的に、男の子たちは自分が好きな女の子にアプローチするという役割をいつの間にか取得しているのである。

五年生の人気のある男の子ケビンは、こうしたやり方について説明している。

質問：女の子の方から先に男の子にアプローチすることができるの？　それとも女の子は男の子が先に行動するのをただじっと座って待っているだけなの？

ケビン：だいたいは男の子の方が先に行動すると思うよ。男の子が女の子を誘うけど、女の子が男の子を誘うことはないよ。僕とニコルの場合は、たまたま彼女が先に僕を誘ったけど、他の子の場合は違うと思うよ。

質問：彼女が先に誘ったことについて、どう思う？

ケビン：いいと思うよ。みんなとは違うやり方だっただけだよ。でも、いいとは思うけど、やばいとは思うよ。誰か他の女の子を誘うのが難しくなるからね。他の女の子をデートに誘おうと思って、その子のところに近寄って「いつかデートしませんか」なんて言うのは難しいよ。難しい。そんな感じだよ。僕はいつもいろんなプレッシャーに襲われるタイプなんだ。

5-1　間接的なアプローチ

性について十分に検討することもなく、子どもたちは直接的あるいは間接的なやり方で好きな異性にアプローチしていく。安全なのは間接的なアプローチである（Eder and Sanford, 1986参照）。それは自分のアプローチが好意的に受け入れられたかどうかということを仲介者を通して尋ねてみるというやり方である。もし答えがノーであれば、アプローチしている方は直接的に拒否されるという苦痛を避けることできるし、自分の感情も面子《めんつ》も両方とも守ることができる。子どもたちはだいたいは一番の親友を仲介者に選ぶ。もし仲介者が自分の好きな相手と何らかの繋がりのある友だちであれば、大いに役に立つ。とは言え、このことが仲介者の必要条件というわけではない。もし仲介者が当の子どもが好きだという相手と親しければ、その仲介者はさらに個別に、その相手の意向を探ろうとするかもしれないが、しかし［仲介者は］自分の友人が、その相手を好きだということを［相手に］知られるような事態は避けなければならない。仲介者とその相手との関係が特に親しい関係になければ、もっとあからさまなアプローチでも構わない。

マライアは、男の子に対する女の子からの間接的アプローチが込み入ったものになることについて述べている。「そうね、まずは友だちが必要ね。男の子のところに行って尋ねてくれる友だち。例えば、頼んだ人のことを好きかどうか男の子に尋ねるような友だちよ。だから私も友だちのためにそうしなければならなかったのよ。その女の子は私に彼のところへ行って、彼が自分のことが好きかどうか聞いてきてって頼んできたの」。

質問：実際にはどうやったの？
マライア：直接、要点を単刀直入に言っただけよ。私がその男の子と仲良くなる必要もないわ。用事があれば彼のところへ行って、質問するだけよ。
質問：そのことを男の子に伝えたらどうなるの？　恥ずかしがる？　それともワクワクする？　どう？
マライア：恥ずかしがる子もいるけど、いつもってわけじゃないわ。
質問：彼が一人でいたときに話したの？　友だちと一緒にいるときに話したの？
マライア：友だちと一緒にいるとき。私も別の友だちと一緒に行ったの。一人じゃなくて二人だったの。
質問：それで、彼は何て言ったの？
マライア：彼はその場ですぐにイエスって言ったと思う。そのあと友だちと話してたんだけど、それからその友だちが彼に勇気を出してデートに誘うように勧めたみたい。それで、彼は彼女をデートに誘ったの。
質問：それから二人はどうしたの？　他の子どもたちの前でも同じようにしているの？
マライア：ええと、ジョアンナは他の子の前でも彼に近寄っていったりデートに誘ったりしていたけど、別にみんなは気にしていないわ。気にしている子もいることはいるけど大したことじゃないし。向こうへ行けって言う人もいるけど、そしたら二人は向こうに行ってるわ。

間接的なアプローチの場合には、マライアが関わったケースのように、すぐに回答が得られることもあるが、別のときにはすぐに回答が得られないこともある。ジョアンナは、間接的なアプローチが実を結ぶまでに長い時間がかかったことについて次のように述べている。

質問：それで、あなたとロブの関係のことなんだけど、どちらが先に行動したの？
ジョアンナ：実際は同時だったみたい。マライアが彼［ロブ］に私のことが好きかどうか尋ねたんだけど、そのときに彼はイエスって言ったので、それでマライアは彼にジョアンナ［私］もあなたのことが好きなのよって伝えたの。だから彼は、私が彼のことを好きだってことを知っていたのよ［だから同時だったのよ］。マライアは彼［ロブ］を呼んで質問したの。「あなたはジョアンナが好き？　彼女はあなたのことが好きなのよ」って。私はそれまで彼が私のことを好きだなんてちっとも思っていなかったの。でも彼は「考えてみる」って。私がロブのことを好きだなんてことを誰もホントに思ってなかったのよ。みんなはマライアとロブが付き合うだろうと思ってたのよ。二人はホントに仲の良い友だちなんだから。でも彼は私のことを好きだと言ってくれたの。マライアは木曜日の夜に彼に電話して、それから、彼は金曜日の朝に学校で彼女に答えたの。
質問：相手の気持ちを確かめるのに木曜日の夜から金曜日の朝まで一晩中待ってたわけね？　気が気じゃなかった？
ジョアンナ：いいえ、ロブはマライアに電話で伝えたの。明日はっきりとマライアに返事するって。彼はまだ何も言わなかったんだって。

5-2　直接的なアプローチ

間接的なアプローチの場合、アプローチする側の勇気はほとんど必要ない。相手に気持ちを伝える責任は友人に移っているからである。だが、直接的なアプローチにも利点はある。ケニーは直接的なアプローチが仲間内での地位をどのように築いていくかについて述べている。

質問：勇気を奮い起こして好きな女の子に告白した男の子を知ってる？
ケニー：うん知ってる。五年生の時にいたよ。
質問：彼はどうしたの？
ケニー：僕は彼のすぐ近くにただ立っていたんだけど、彼は彼女に告白したんだ。
質問：彼は直接そのまま彼女に告白したの？
ケニー：うん、そして彼が告白したあとで、みんなが彼の背中を叩いたんだ、よくやったって。
質問：何が起こったの？　彼は何て言ったの？
ケニー：分からないけど、きっと、彼女のことが好きで、可愛いと思ってて、デートに誘いたいとか、そんなことを言ったのかな。
質問：どうしてみんなは彼を褒めたの？
ケニー：彼女がすぐに彼を拒否しなかったからだよ。だから彼の勝ちなんだよ。

この男の子の場合は、直接的なアプローチをする勇気を持っていたこと、また彼の告白がすぐには拒否されなかったことのために、仲間たちの尊敬を集めることになった。直接的なアプローチは、自分を一番よく見せるようにすることもできるし、プライバシーを守ることもできるという理由で、子どもたちは直接的なアプローチを選ぶこともある。もし、女の子が彼を拒否したとしても、他の子どもたちがそのことを知ることもないし、そのことを話題にする機会もない。

6 拒否されること

直接的アプローチにしろ間接的アプローチにしろ、好きな異性にアプローチした子どもたちがみなよい返事をもらえるわけではない。子どもたちは、〔自分のチャンスを高めようとして〕他の子どもの態度を操作しようとさえすることがある。自分の好きな異性が他の子どもからのアプローチを好意的に受け入れるのではないかと考えて、その子どものアプローチを制限することによって自分が成功するチャンスを高めようとするのである。しかし、これはリスクを伴う企てであって、かえって子どもたちの意識や地位を脆弱なものにした。拒否されることは受け入れられることによって得られる満足感よりも人の心をひどく傷つける。アプローチを成功させる最も安全な方法は、万一拒否された場合のことを考えて、間接的な方法で慎重に進めていくことである。

ジェイクは自分が拒否された経験について語っているが、それは仲介者が非常にうまく対応したので、相手の女の子は自分が彼を拒否したことを未だに気づいていなかった。

質問：好きな子がいるとか、好きな子をデートに誘ったとかというようなことをみんなは秘密のままにしておくの？

ジェイク：大部分の人はね。七〇パーセントくらいかな。それが問題なんだ。僕は、今は別な女の子が好きなんだ。友だちにローラという女の子がいるんだけど、僕はローラに頼んで、好きな女の子に僕のことを話してもらったんだ。目的なんかを果たすには誰かにやってもらうんだよ。

質問：ローラにやってもらってどうなったの？

ジェイク：全然うまくいかなかった。僕が好きな女の子は、イアンという男の子のことが好きなんだけど、イアンは彼女のことが好きじゃあないんだ。ローラはそのことを知っているんだよ。

質問：じゃあ、ローラはその女の子に誰か他に好きな男の子がいるのかって聞いたの？

ジェイク：う〜ん、そうじゃない。ローラは彼女に、もし誰か他の男の子があなたのことを好きだったらどうなのって聞いたいんだ。もし誰かがあなたのことを好きで、あなたもその誰かを好きだという人がいるのって。でも、誰の名前も出てこなかったんだ。ただ一人、イアンだけが、どんな質問の場合でも名前が出てきたんだ。それでローラは僕のところに来てそのことを僕に話してくれたんだよ。ローラはそれについてはとても冷静だったよ。僕の名前を出さないで、僕に恥をかかせないような安全なやり方で確かめたんだからね。

仲間たちの目の前で拒否されるという不名誉を避けるために子どもたちは、じかに行う直接的なアプローチを試みる。異性を誘っても、それが素っ気なくはねつけられる場合には、自分の面子を守るための何らかの方法を見つけ出さなければならない。だが、事の真相を知っているのは当の子どもたちだけである。五年生の中間層の友人集団に属している男の子ジョンは、好きな女の子にアプローチする方法について説明している。「周りに誰もいないときに、それとなく彼女に近づいていって話しかけるんだ。好きだよって言うんだ」。

質問：それで、彼女は何て言ったの？

ジョン：彼女は僕の別の友だちが好きだって言ったんだ。彼女はその友だちが好きだから僕とは付き合いたくないって言ったんだよ。

質問：どんな気持ちになった？

ジョン：悪くはないよ。僕たちはまだ友だちみたいなもんだから。

ジョンは、今も彼女と友人関係にあるんだと自分に言い聞かせることによって、少なくとも胸のなかでは気分を楽にすることができた。しかし拒否された子どもがみんな、このように運良く進むとは限らない。特にまだ成熟していない子どもたちは、ロマンチックな関係が希薄なために傷つきやすいのである。

7 デートすること

異性のメンバーにアプローチしてうまく成功し、「交際」してもいいとする承諾を得た子どもたちにとって、次の問題はデートである。「交際している」カップルのみんながみんな、デートしているわけではないが、だいたいはデートしている。前青年期の子どもたちはデートすることに期待して非常に興奮していた。デートは、彼らがお互いに相手に対してロマンチックな恋心を抱いているということを認めた後で、一緒におしゃべりをするという最初にやるべきことの一つだった。年齢的に早い段階でデートをするというのは、子どもたちの活動としては珍しいことなので、大きな注目を集めた。だが時が経てば珍しくはなくなっていく。そこに別の勇敢な子どもたちが加わってくるからである。五年生までに人気のあるグループの子どもたちはほとんどがデートを経験し、誰かと「交際」していた（Merten1996b 参照）。そして、こうした行動は大したショックを与えることもなく受け入れられている。

子どもたちは、これからデートしようとする相手と毎日学校で会っているにもにかかわらず、デートのときの行動に不安を感じて緊張していた。デートのときに何をするべきかという、いわば文化としての言い伝えが子どもたちの間で順に回されていた。ジェイクは、男の子と女の子が「交際する」ような関係になったときに一緒に何をするかについて語っている。「たいていはショッピングに行ったり、映画に行ったりするんだ。何度もデートしていると、相手もそうした活動を期待して待っていることが分かるよ」。

質問：スポーツイベントのようなものはどう？
ジェイク：遊びに行こうと誘ったことがあって、行ってみたよ。
質問：両親が連れて行ってくれたところに連れて行くの？
ジェイク：そう。サッカーの試合には何度も親と一緒に行ったよ。それで彼女にサッカーの試合を見に行こうって誘ったんだ。
質問：彼女と交際してから、他にどんなことをしたの？
ジェイク：他には何もしてないよ。
質問：電話で話したりはしないの？
ジェイク：しないよ。それが問題なんだけどね。僕はまだちょっと、女の子と電話で話したりなんかすると、緊張するんだよ。

このような交際は、男の子と女の子が、仲間内で取り決められたデートの仕方というプレッシャーや形式にとらわれずに、学校の外で一緒に時間を過ごすためのよい機会だった。このような交際が、一般に広く見られるようになり、そのために前青年期は難なく自然な段階のなかに位置づけられるようになったのである。同時に、こうした交際は、男の子と女の子の特別な関係を認め、この二人の関係を他の集団メンバーの男の子や女の子とのやり取りから区別し、そしてこのカップルがプライベートにやり取りすることのできる、ちょっとした二人きりの場を作り出すのである。

男の子と女の子はまた、フォーマルなデート[訳注9]に出かけることもあり、それは両親やチームメイトのいない付き合いができるように計画されていた。これには自分たちだけのデートのときもあるが、別のカップルと一緒にデートするときもある。ケビンは前青年期の子どもたちにとって上手な「デート」の例をいくつか挙げている。「映画に行くことだよ。映画ってのはホントに効果的だよ。それにロック・クリーク・フェスティバルみたいな地域のいろいろな催し物なんかに行くのもいいと思うよ」。

質問：ショッピングモールはどう?
ケビン：ショッピングモールには行きたくない。ショッピングしたいというわけじゃないから。モールに行きたくないのは、モールに行くと相手を楽しませなければならないから、そういうことを考えたくないんだよ。映画を見に行くだけなら、とても簡単だよ。
質問：一緒に何かをすると何か気まずいことがあるからなの?
ケビン：そう。それに何か話をしなければならないから。映画に行くんだったら車の中でも話題にできるし。絶好のタイミングなんだよ。話題が尽きる頃に家に到着するんだから。

デートのスケジュールを念入りに計画して、男の子と女の子は興奮が最高潮に達するように、そして不安を極力抑えられるようにお互いのやり取りをうまくやっていこうとする。男の子も女の子も普段学校で話題にしているようなことを話すのは気まずく感じるので、会話はいくぶん緊張気味になる。いつもどおりの型にはまった話を中心に話を展開していくことができないために、彼らは仲間のうわさ話をしたり、デートプランについて話したり、何をするかについて話し合ったりするのである。自分たちの感情や関係について話すことは何としても避けたいのである。

デートのやり取りは、男の子も女の子も日常生活からは慎重に切り離していった。交際している相手との関係が微妙で確信が持てないために、男の子も女の子も相手と学校でどのようにやり取りすればよいのか分からなくなったからである。(11) 彼らはデートのことをそれぞれの友だちには話すけれども、自分たち二人の間では何となく互いにぎこちなさを感じて話題にしづらかった。彼らは異性のメンバーとのプラトニックな関係では親しくなる方法について知っていたし、面白半分に手を出す方法についても知っていたが、しかししっかりした安定的なロマンチックな行動を取る方法については自信がなかった。そのためにデートをする前青年期の子どもたちは、お互いにやり取りをする範囲と内容をしばしば制限していて、それは特に学校内においてははっきりとしていた。

五年生のベンは、デートしているカップルの学校内での微妙な関係について語っている。

質問：学校での付き合いはどうなの？

ベン：ホントに難しいね。学校にいるときでも付き合っているように振る舞っているカップルもいるけど、僕は一組しか知らない。他のカップルは、同性の友人たちとずっと一緒にいるんだ。他の子どもたちの前で付き合うのは、ホントに難しいよ。

デートをすることは、学年全体にわたって漫然と広がっているわけではない。上部のエリート層に集中して見られる。最も人気がある男の子と女の子たちだけが、華々しいロマンスへと導いていく心地良い満足感を味わうのである。そして、この分野で先んじていることが、彼らの社会的格付けを高める構成要因になっていた。チャックは、デートすることと人気の関係について述べている。

質問：デートしている子どもには何か共通点があるの？

チャック：そうだね。引っ込み思案の人なんかの場合は、デートもしないし、誰かを好きになるってこともないみたいだね。この学校に転校してきたばかりの人を除いてだよ。

質問：デートをしているのは人気のある人だけだと思う？　それとも引っ込み思案でない人がデートするの？

チャック：たぶん、人気のある人たちの方が多いよ。女の子の場合は知らないけど、男の子の場合はそうだよ。デートは人気のあるグループから始まったんだよ。人気のある子が初めにデートするようになったんだ。はっきりしてるよ。

8　仲間の反応

初めの頃に「デートをする人」は、活動を始めると、ゴシップの種になったり、社会的な偏見を押しつけられることがよくあった。ベンは、年齢的に早いうちからロマンチックな関係になったカップルがうわさを立てられ、バツの悪い思いをさせられたことについて述べている。「みんな彼のことを色男みたいに言って悪口を言い始めたんだ。からかったんだよ。そしたらうわさが立って、みんなに知れ渡ったんだよ」。ロマンチックな関係が目新しくなくなり、子どもたちがそれに慣れてくると、周りがからかうようなことは次第になくなってくるが、子どもたちの好奇心は依然として衰えることはない。なおも引き続いてロマンチックな関係の状況に置かれているために、屈辱感に耐えている子どもたちもいるが、しかしこうした状況はもはやロマンチックな出会いのすべてに当てはまるものではなくなってくる。

ジョアンナは、自分が感じたバツの悪い思いが、ある状況では時間が経つにつれてどのように薄らいでいったのか、しかし別の状況ではどうして薄らいでいかなかったのかについて説明している。

質問：じゃあ、あなたは今の彼が好きだってことを他の人たちに知られて、バツの悪い思いをしたの？　それともあまり気にならなかった？
ジョアンナ：ええ、ホントにあまり気にならなかったわ。でも、みんなは私のところにずっと近づいてこないで、私をからかったりなんかしてたわ。
質問：もしもよ。もしあなたが誰かを好きになって、だけどその人があなたを好きでなかったらどうなったと思う？　違ったと思う？
ジョアンナ：そうなったらもの凄く恥ずかしいわ。でも、私はロブと一緒にいるとき、彼が私を好きかどうかはっきりとは分からなかったのよ。それにマライアは彼の電話番号なんか知っていたし、マライアとロブは友だちだし、それでマライアはロブに電話をして「ロブが私のことを好きかどうかを」聞いたのよ。それで私は、彼が私に好意を持っているって分かったの。だから私はバツの悪い思いをしなくて済んだのよ。

バツの悪い思いをすることがなくなっていくということは、つまるところロマンチックなデートについての仲間規範が発達していくということと関係している。そうした規範が生まれて、仲間たちがそれを承認して、そして年長の友だちや兄姉から認められるようになって、前青年期の子どもたちは自分の活動の基盤となるような足場を固めていくのである。仲間規範は厳格な構造を持っており、それに背くと厳しい社会的非難という迫害や恥辱を受けることになる。その一つの普遍的規範は、ロマンチックな単婚主義という考え方である。仲間文化は一人の子どもが「多くの異性と付き合う」という考え方を認めていない。一度に複数の人とロマンチックな関係を持つことは、小学校から高校までの間ずっと完全に禁じられていた。子どもたちのなかには、自分には特定の相手が全くいないから複数の場でロマンチックな経験をすることは自由だと考えている者もいるが、そういう子どもは厳しい否定的サンクション［制裁］を受けることになる。[12]

チャックは、一人の女の子が一度に二人の男の子と付き合おうとしたときに受けた反応を思い出して述べている。「それは大スキャンダルだったよ。そう呼んでいいと思うよ」。

質問：どんなスキャンダルだったの？
チャック：誰かが他の人と浮気をしたっていうスケベなうわさが流れたんだ。
質問：一度に付き合えるのは一人だけってことなの？　たくさんの異性と付き合うってのはないの？
チャック：う〜ん、そういうことをすると問題だよ。もし初めてのデートを続けているのに、他の誰かと付き合おうとするのは、前の人のことが好きじゃなくなったことなんだ。だから、その誰かと付き合いたいんだったら、そのことをその前の人に言うべきだよ。
質問：じゃあ誰か他の子と付き合おうと思えば、その前に別れていないとダメなの？　一度に一人というのがルール？
チャック：絶対そうしなきゃあダメだよ。他のやり方なんか見たことないよ。

ケビンは単婚主義の一部の規範について述べている。「一度に二人の異性と付き合うことはないよ。誰かと別れた後から別の誰かをデートに誘うまでには、ほとぼりが冷めるまで待っている時間が必要なんだよ。すぐに次の関係を始めることなんてできないんだ。カレンなんか、ロブと付き合っていたんだけど、ロブと別れてから次にデートするまで一年くらいかかったと思うよ」。

子どもたちは、どのようなロマンチックな行動を取るにせよ、その前に仲間の反応の影響について十分に考えていた。ロマンチックな行動は最も重大なゴシップのネタであり、当の子どもの自尊心や社会的立場を失いかねないようなうわさが広まることになるかも知れない。キスをしたり手をつないだりするような、さらに進んだロマンチックな行動に出たのではないかと疑われたとき、どうなるかはカイルの例が示している。それは仲間文化の規範とサンクション〔制裁〕がこうした行動をどのように禁じているかを示している。「〔過度のロマンチックな行動は〕学校のなかではダメだよ。絶対に学校のなかではダメ。もし誰かがそれを見つければ、すぐに学校中に広まるよ。すごくバツが悪いことだからね。学校には、いろんな子がいるけど、なかには、がさつで意地悪で心底ひねくれたヤツがいて、そいつらは実に不愉快な間抜けで、みんなはひどく嫌っているんだ。だけどもしそいつらが手を握ったりキスしたりしている子を見つけたら、すぐにみんなに言いふらしてペチャクチャしゃべるんだよ。そしたらうわさが学校中に広まるんだ」。

仲間の反応は諸刃の剣である。それは人を傷つけるような注目を子どもたちに浴びせるが、その一方で彼らの人気を高めるように目立たせるのである。

9 密かに想う

中期の頃に見られる傾向と同様に［後期になっても］、男の子も女の子も異性のメンバーにロマンチックな関心を言い伝えることに躊躇《ためら》いを感じる者が多い。彼らは誰かに関心を持ったり、好意を寄せるようになるが、いくつかの理由から、そのことが表に出ることを恐れていた。

誰かに密かに想いを寄せるという動機の一つは、拒否されることに対する恐れである。ケニーは、好きな女の子にアプローチしない理由を明らかにしている。

質問：今、好きな女の子がいるの？
ケニー：うん。
質問：彼女に好きだってことを言ったことがある？
ケニー：ないよ。彼女はとても人気者なんだ。
質問：それがどうしたの？
ケニー：彼女は僕よりずっと人気者なんだよ。だから、多分、僕のことを好きじゃないと思うんだ。

この場合、ケニーは、自分の気持ちに彼女が応じる可能性は低いと判断して、相手を誘うことを諦めてしまっている。男の子も女の子も学年内の地位ヒエラルヒーのことを十分に分かっているし、その地位階層を越えて行動することがどんな結末をもたらすかということについても十分に分かっている。こうして子どもたちは、自分の位置する階層を越えて誰かを好きになることがよくあったが、自分よりも高い階層に位置する相手にアプローチすることはあまりなかった。

異性に対するロマンチックな関心を子どもたちが隠したがる、もう一つの理由は、仲間たちから笑い者にされるのではないかという恐れである。特に、移行期の間、つまり男の子でも女の子でもロマンチックな感情が高まり始め、またそのことを明るみに出そうとし始めるという時期では、ロマンチックな行動に対する偏見は強固にそのまま残っている。異性との交際は低俗であり、問題であり、ゴシップに値するものだと見なしている子どもが未だに多いのである。このことは特に人気のないグループの間で問題になった。五年生の男の子ケニーでさえ、仲間からの反応を予期して女の子への関心を明らかにしたがらなかった。

質問：男の子に好意を寄せている女の子を知っている？
ケニー：うん。
質問：誰がそういうことを話したの？
ケニー：他の女の子。
質問：それって本当に秘密のことなの？
ケニー：学校中にそんなうわさを広めたくないからだよ。僕だって女の子を好きだってことを学校中に広められたくないよ。
質問：じゃあ、そういうことは重大な秘密になっているの？
ケニー：うん。
質問：女の子が好きだってことを誰かに話したことがある？

ケニー：いや、話してない。普通は話さないよ。そういうことはまだヤバいことなんだよ。

ロマンチックな関心を密かに、控え目に持っている子どもたちは、前青年期の後期においても引き続きそのままの形に留まっている。密かに抱いているロマンチックな関心は表に現れてはこないから、前青年期の後期においてこうした関心を持ったままの子どもたちがどれくらいいるかを中期の場合と比較することは困難である。中期の間は密かに思い続けている子どもたちのなかにも後期になると行動し始める者もいるが、その一方で異性に対するロマンチックな関心を示さなかった子どもたちが密かに関心のあるグループへと移行していくこともある。こうして後期になると、ロマンチックな感情を高めていく子どもたちが増えていくのであるが、それに従って密かにロマンチックな関心を抱いている子どもたちも増えていくのである。そしてそうしたロマンチックな関心を持っていることが、たとえ表に出されなくても、いくらか好意的に受け入れられるような雰囲気を作っていくのである。

人気のある子どもたちは、前青年期における彼らの経験を通じて、社会階層全体の標準的な雰囲気を作り出していた。彼らが異性との友人関係を持っている間は、そうした関係はそのまま社会的に受け入れられていた。だが、彼らが異性との関係から遠ざかるようになると、異性関係は偏見を押しつけられるようになった。彼らがプラトニックな異性関係を新たに築いて、それからロマンスへの関心を持つようになると、それは社会的に受け入れられるだけではなくて地位を生むものになっていった。人気のある子どもたちは、そうした領域を最初に突破していく子どもたちであり、そのために初めは戸惑うこともあったけれども、長い目で見れば社会的には恩恵をもたらしているのである。異性との関係に後れを取った子どもたちは、そのうちにナードとかファゴット[訳注10]というレッテルを貼られるようになるのである。

仲間文化は、プラトニックな異性関係やロマンチックな異性関係への経路をゆっくりと、しかし不承不承に開いて、こうした関係が取り得る行動のタイプを明確に規定した。そして仲間文化は、こうした関係を築いている子どもたちの社会的地位を過去に遡って高め、ロマンチックな行動の限界を決定して、結局のところはこうした関係を築いていない子どもたちの社会的地位を下落させたのである。この仲間文化は、男の子と女の子の関係が進展していく過程でただ一つの容認できる規範的なルートを明らかにし、それから逸脱した子どもたちには、厳しい非難や嘲笑によって否定的なサンクションを与えるのである。規範的な経路から外れ、承認されている手順を取らずにロマンチックな関係を深めていきたいと考えたために、人気のあるグループからずっと除け者にされていた男の子や女の子もいた。たいていの子どもたちは、こうしたインフォーマルな規則を破ると、どのような厳しい非難に遭うか知っているので自らの行動を抑制しているのである。

これまで示してきたように、前青年期の男の子と女の子の関係の特徴と進展は、そのほとんどが説明してきたほどに単純なものではない。文化的知見においても学術文献においても、前青年期の男の子と女の子は、それぞれ別々の性別文化と性別世界のなかで生活しているという見方が支配的だったが、そうした見方が唯一の、絶対的なものだというわけではない。こうしたいくつかの段階の異性関係の全体にわたって規範的な行動を打破したいという子どもたちがいつも存在しているものである。こうした規範を打破したいという勇気を持っている子どもはごく少数で、ほとんどの子どもはそうしたいとは思っていない。ほとんどの子どもは、仲間文化に具体的に表現されているサンクションと規範的な手順から外れたときに直面することになる結末を考えて、自らの行動を抑制しているのである。このような抑制的なモデルの制約から解放されていれば、前青年期の男の子や女の子は、小学校時代の間にプラトニックなやり取りやロマンチックなやり取りを自由に取り入れて、伝統的な性役割と大いに調和するような広範囲にわたる行動を採ることができたかも知れない。しかし、子どもたちは仲間文化という強力な支配力のために、そうした自由な行為を抑制させせられているのである。仲間文化は、仲間文化自身が望んでいる社会の特徴的部分を仲間文化自身の構成のなかに組み入れながら、しかし未だ準備ができていない〔社会の〕他の部分については、それを拒否しながら、子どもたちと、全体としてのより大きな社会との間を仲介しているのである。

第10章　全体のまとめ

私たちは、主に白人の中流階層の前青年期の子どもたちに焦点を当て、彼らのありのままの自然の生活を研究してきた。調査は子どもたちの生活のさまざまな側面に向けられたが、私たちは可能な限り子どもたち自身の視点を通して彼らの環境にアプローチし、彼らが重要なことだと考えている問題に重点を置いて研究してきた。家族、学校、放課後プログラムといった主要な制度的文脈のなかで、子どもたちが自由に活動しているときに、私たちは子どもたちを観察したり、彼らと意見を交わしたりしたが、さらにそうした活動領域のなかで、子どもたちは自由時間を自分のためにどのように使っているのかについても調査をした。社会生活のなかでこそ子どもたちは自己を創造し、自己を表現するための自由を見つけだすことができる。これが子どもたちが作り上げる仲間文化であり、この仲間文化が外部の世界を評価したり、自分自身を評価するための基準を定めるのである。私たちは、私たち自身による観察ややり取りから導き出してきた分析的要素を考慮に入れつつ、子どもたちが自分自身を理解するというやり方で積み重ねてきたさまざまな経験を描き出そうとしてきた。私たちは、子どもたちのアイデンティティにも社会的位置にも影響を与えるような地位の階層化やダイナミックス、学業以外の中心的活動、および生活を構成している一連の諸関係と関連するさまざまな問題を論じてきた。要するに、これらの諸要素が前青年期の子どもたちの仲間の生活や文化の基盤を形成しているのである。子どもたちは学校活動や放課後活動への出席を義務づけられているが、その間隙に割り込むような形で仲間文化が形成され、学校活動および放課後活動の制度や出来事についての認識や関係に影響を与えているのである。子どもたちが成長するにつれて仲間文化は、家族を基地とし、その基地の周囲に位置する秘密の隠れ家としての機能を持つようになる。そして仲間文化は、ときには家族と張り合い、またときには家族と足並みをそろえて、家族の代替ともなるような一連の規範、価値、関係、また世間を覗くレンズを提供するのである。

1 前青年期の特徴

1-1 ジェンダー

子どもの生活を分析する際の主要な変数の一つにジェンダーがある。このジェンダーの分析を通して私たちは、ときには男の子の行動や女の子の行動を類型化したり、またあるときには男の子の行動と女の子の行動を区分して、その差異を明確にしたりして、ジェンダーによる影響について考えたり、その影響を切り離して考えたりというように交互に繰り返しつつ考察してきた。男の子と女の子との間では友情ややり取りが異なったパターンを構成しているということは、すでにこれまでの文献のなかでも十分に説明されている。男の子は大人数で、競争的な、運動競技を好む集団を形成して遊ぶ傾向があり、女の子は少人数で、親密で、相互に思いやりのあるような集団を形成する傾向があるとされている（Best, 1983 ; Fine, 1987; Goodwin, 1980a, 1980b ; Lever, 1976, 1978 ; Thorne, 1993; Thorne and Luria,

1986)。男の子も女の子もそれぞれにインフォーマルな遊戯集団に分かれて、仲間とやり取りをするのであるが、そのやり取りが繰り返されるところに、こうした遊びのパターンが再現されるのを見ることができる。男の子は、大人数の集団で運動競技活動を展開していくような遊びが多いが（特に学校の休憩時間中には）、女の子は少人数の集団で親密な関係からなる遊びが中心である。小学生の中期の頃には、このような性別によるスタイルや関心の違いが非常に大きいので、男の子も女の子もほとんどが性別に分かれて友人集団を形成するのである。一般に子どもたちの集団は性別によって遊び場所が違っており、参加する活動もはっきりと違っているし、性別の境界を維持するような活動を展開している。

性による違いは、前青年期の性別仲間文化の特徴にも表れている。小学校児童に関する従来の研究では、女の子は容姿やロマンチックな出来事に関心を持ち始める一方で（Eisenhart and Holland, 1983）、社会的な、世話好きという役割を重んじる傾向があると指摘されている（Best, 1983; Borman and Frankel, 1984）。これに対して男の子は、学年が上がるにつれてロマンスにも関心を向けていくが、何よりも競争的で攻撃的な業績志向主義的な活動から地位を獲得することに大きな関心を向けている（Best, 1983; Eisenhart and Holland 1983; Goodwin, 1980a; 1980b; Lever, 1976）。しかし私たちの研究によれば、このような仲間たちの大きな関心事は、その多くが従来の研究で指摘されていたよりももっと早い時期に違いが表れ、分化してきていることを示している。これまで青年期の性別文化に顕著な特徴だと見なされてきた要因には、小学校時代に端を発しているものが多かった。例えば、私たちが観察してきた女の子たちは、すでに身だしなみや服装、その他の外見に関することを人気の基準にしており、その基準によって地位を決定していた。その外見に関することというのは、社会的に洗練されていることや友情の絆、男の子の間での人気やデートによって評価されるロマンチックな成果、豊かさとその豊かさを示す持ち物や余暇活動、学業成績などである。私たちが調査してきた白人の中流階層の学校の男の子たちでさえ、権威に服従したり、学業に専念したりすることから身を引いて、屈強であったり、トラブルを起こしたり、支配的であったり、クールであったり、仲間に自慢したり、スパーリングのまねごとのテクニックに長けていたりといった特性を誇示することによって人気や尊敬を得ようとしていた。

しかしそれと同時に前青年期の子どもたちの生活には、男女混合のパターンが構成されている側面もある。これは放課後の活動にはっきりと現れていて、そこでは男の子であれ女の子であれ、性別に関係ないタイプの活動を展開している場合もあるし、性別に分離されたタイプの活動を展開している場合もある。例えば、男の子であれ女の子であれ言語やコンピュータを勉強したり、技芸を身につけたり、楽器を演奏したり、スポーツやゲームに参加したりするというような性別に関係ない活動もある。しかし一方で、女の子はドラマやダンスのような優雅で感動的な活動に重きを置いているが、男の子は荒っぽい冒険、数学や科学の分野、野外活動に関心を向けているというように性別によって異なる活動もある。スポーツの世界では男女の違いは明らかになくなってきているが、それでも男の子は女の子よりも組織的な団体競技に熱中している。放課後の活動も性別によって区分されているものが多いから、たとえ男の子と女の子が同じようなことをするにしても別々に分かれてするのである。しかしそれと同時に放課後の制度を方向づけている全体的な構造や価値体系は、男の子にも女の子にも共通しているから、課外活動を通して基本的には同じような経験を子どもたちに提供し、彼らを成人文化の規範や価値に向けて社会化していくのである。

異性との交際は、性の影響が絡み合っているもう一つの面である。男の子も女の子もそれぞれの性別文化のなかで社会化されていくが、お互いに対する態度や行動の内部の特徴にはかなり重なり合っているところがある。男の子のグループであれ女の子のグループであれ、そのメンバーには、異性にはほとんど関心を持たないメンバー、関心はあっても態度には表さないメンバー、異性に交際したいと積極的に申し込んだりするメンバーなどが入り交じっている。交際の申し込みをする場合、男の子も女の子も、同じようなやり方で申し込む場合もあるが、それぞれ違ったやり方で申し込む場合もある。互いにからかいあったり、おしゃべりをしたり、話に割って入ったり、電話をしたりして互いにアプローチするのである（Voss, 1997 を参照）。性別の隔たりが大きいことを強調する研究者もいるが（Best, 1983; Eder, 1995; Lever, 1976; 1978; Schofield, 1981; 1982; Thorne, 1986; 1993）、私たちの調査によれば、このような結論は異性間の問題のごく一部だけを取り上げて分析した結果に過ぎない。その理由は第一に、前青年期の男の子や女の子の社会的分離は、これまでの調査が主張していたほどに普遍的なものではないということである。男の子も女の子も、個人的であれ集団的であれ、短期間であれ長期間であれ、また気軽な調子でやるにしろ断固たる調子でやるにしろ、自らの意志によって性別の境界を越えていくのである。前青年期には性別分離の時期が含まれているが、しかしこれまで力説されてきたほどに性別ははっきりと完全に分離されているわけではない。第二に、この性別分離は、子どもたちの態度や感情といった深いレベルよりも、むしろそれ以上に外見上の行動レベルにも明確に表れているということである。［仲間からの嫌がらせという］報復のことさえ危惧しなければ、異性とのプラトニックな交際やロマンチックな交際をする子どもはもっと多いだろう。つまり性別分離は、実際に広く強調されているほどに［それを守ることを］強くは望まれていなかったのである。異性との関係は、性別分離の時期においてさえ、むしろ逆に相互の魅力にさえなりがちだった。ソーンやエーダーのようにジェンダーを研究している子ども研究者は、表面的な行動レベルでの異性間の友好関係についていろいろと述べているが、しかし彼らは前青年期の子どもたちが、中期の間に経験していた異性との交際や交際をしたいという欲求を持っていることをほとんど考慮しなかったし、さらにそのことを子どもたちが誰にも言わないのは仲間から受ける屈辱や非難のためだということを全く考慮に入れなかった。

最後に前青年期の性別パターンが非常に似通ってきたことがあげられる。男の子の行動が女の子の行動に非常に近づいてきたのである。この事実は、私たちの研究が子どもたちの活動の社会的な分離や内容に留まらず、友人集団の構造やダイナミックスの分析のレベルにまで進んでいけば、さらに明らかになるだろう。これまでのところ子どもの性差についての研究（Best, 1983; Eder, 1995; Fine, 1987; Goodwin, 1990; Lever, 1976; Schofield, 1981; 1982; Thorne, 1993）は、子どもたちの社会的行動についての世間一般の常識レベルに留まっている。その常識は、女の子は互いに言葉で激しく攻撃し合い、感情的に傷つけ合うが、男の子は対人関係能力が欠如しているために殴り合ったりするといったように、性別によって行動が違うといった程度のものでしかない。一般の人たちはこうした性別の違いに敏感に反応するけれども、しかし私たちの研究によれば、クリークや中層の友人集団の構造やダイナミックスに関して性別による大きな差異はほとんど見られなかった。子どもたちの仲間社会を階層集団に層化することや、このような集団内および集団間での相互作用によるダイナミックスは、男の子の集団であろうと女の子の集団であろうと、メンバーによって左右されることはなく、全く同じように起こっている。男の子も女の子も、クリークを通して同じような循環過程を辿り、階層構造も同じように変化しているという共通の包摂と排除のパターンを示している。男の子も人を感情的に傷つけたり、感情的に扱ったりすることにおいては女の子に劣るところはない。人気という基準に基づいて自分たちを階層化していく要因は、男の子と女の子とでは異なっているが、しかしその階層化された地位を上下に移動することよりも、むしろ友人関係の構造や相互作用に性差を越えての類似性が多々見られるのである。男の子も女の子も競争的でもあり協力的でもあり、また序列的でもあり平等的でもあるが、しかし彼らは、仲間社会をその性質の基本的な類似性に基づいて層別集団に作り上げるのである。私たちは、性差に関する従来の、通り一遍の説とは異なり、男女の性別パターンにも類似性があると主張する研究者に賛意を表したい。

1-2　年齢

年齢は、長い人生のうち老年期と若年期という両極の時期を除けば、人々を階層に区分したり特徴づけたりする際の重要な人口統計的変数の一つだとは一般には見なされていない。しかし若年層にも老年層にも一連のパターン化された特徴が表れ、人々を際立たせているのである。この若年層の時期に人々は急激に変化するので、この二つの年齢層のうち若年層の時期が年齢区分にとって最も顕著な時期だとされている。そして若年層の人たちは、外部の人間や彼ら自身の判断によって間隔の広い年齢集団や特定の下位集団に階層化されている。その意味では年齢は、前青年期にとって最も重要な人口統計的変数の一つを示している。そして人種や階級、ジェンダーという変数を上回るような重要な他の変数［つまり年齢］の可能性がある時期、それは唯一の時期なのだが、その唯一の時期を年齢という変数が子ども期として規定しているのである。その一方では、青年期は小学校の次の教育段階（インターミディエイトスクール、ジュニアハイスクール、ミドルスクール［訳注1］）に位置しているけれども、前青年期の子どもたちは小学校に在学しているために「年長の子ども」という範疇からは物理的に除かれている。青年期は年齢に伴う困難な問題や早熟の問題で前青年期に影響を及ぼそうとしているが、前青年期の子どもたちは「年長の子ども」という範疇から除かれているために、青年期の悪影響から守られているのである。前青年期の子どもたちは、学校では年少の子どもたちと一緒に自由に集まり、集団を成して遊ぶという子ども期なのである。彼らは、小学生の後期になると、こうした領域を押さえて、学校のキングやクィーンといった年齢階層のトップに立とうとする。このような子どもたちは体も大きく、成熟していて、地位も権力もあるが、しかし次の段階の学校に進むと年齢階層の一番下に位置することになる。また他方では、前青年期の子どもたちは学校、放課後活動、そして他の集団によって制度的に厳密な年齢区分に分けられているが、その年齢区分においてはそれぞれのレベルで子どもたちに応じた諸活動が細かく決められている。子どもたちが、前青年期の間に形成する集団は緩やかであり、年長の子どもたちも年少の子どもたちも一緒になって自発的な遊びに興じるが、特に近隣において形成される集団や家族の集まりでは、この傾向が強い。しかし子どもたちはまた、自分たちだけで年齢階層を再形成して、同年齢の子どものためにある種の友情や一定レベルの地位を確保しておこうとする傾向がある。

現代社会では、青年期という年齢期に社会の大きな注目が集まっている。それは青年期という年齢期が子ども期から成人期にかけて最も劇的に飛躍する時期だからである。だが、前青年期という時期は、これまでほとんど注意が払われてはこなかった。実際、前青年期という概念は年齢区分が細分化され、従来の年齢区分が補完されるようになって成立したものであって、比較的新しい概念なのである。今は、子どもという概念は、乳児期から、よちよち歩きの時期、就学前の時期、小学生の時期、そして青年期に至るまでの時期へと変化してきている。前青年期は、小学校段階の一部だけ、つまり小学校段階の後期だけにはっきりと割り当てられている時期である。しかし前青年期は、子ども期と青年期の境界にあって、これら二つの時期のギャップを埋めている。前青年期の仲間文化を研究するためには、年齢集団としての前青年期の一般的な特徴を明確に説明できるような主要な変数について検討しなければならない。

前青年期に関する問題は、いくつかの重要な社会的次元にまとめることができる。第一に、前青年期は家族から離れて、自立に向けて突き進み始めようとする時期である。学校に入学して最初の数年が過ぎると、前青年期の子どもたちは身体的にも社会的にも、また感情的にも家族に依存しないようになり、家族への依存から抜け出していこうとする。この前青年期の頃は、まだ未熟で感受性の強い時期であり、親から離れて同年齢の仲間と初めて親密な絆を結んでいこうとする時期である (Elkin and Handel, 1989)。彼らはこの仲間との絆が自分たちの世界であり、そのなかで家族（あるいは他の人たち）が影響を与えることができるのはごく限られていることを知るようになる。それと同時に仲間集団がその影響力を増してくる。青年期は仲間集団が正に自己の中心を占めるようになる時期であるのに対して、前青年期はその方向に沿って進んでいく過程の重要な一段階を示している時期なのである。どのような子どもであっても、家族に見せる子どもっぽい自己と仲間に見せる成熟した自己との間が大きく異なっており、それゆえにしばしば葛藤する自己イメージを巧みに操って調整しているのである。そのうち時が経ってくると、この外部に向けての、つまり仲間に見せる自己のなかに彼らの実際レベルの成熟ぶりが忠実に反映されるようになる。前青年期は、実績を通して、また仲間との有意義なやり取りを通して、そしてまた所属している社会集団に対する愛着を通して、アイデンティティを求め始める時期なのである。

第二に、前青年期は、仲間関係のなかで強い緊張を経験するということである。それにはいくつかの理由がある。小学生の子どもたちは、人数や移動が制限されているクラスや等級制度のなかに閉じ込められたような状態にあるから、クリークの組織から逃避する手段というものがない。彼らはほぼ一日中同じクラスで過ごしているし、ほぼ一年中同じ子どもたちとやり取りしなければならない。クラス替えになって一番仲の良い友人と別々になっても、彼らは新たなクラスで新たな仲の良い友人をうまく作っていくかも知れないが、しかしそれと同時にクラスのいじめっ子やクリークの仲間からいじめられるかも知れない。このような制度的仕組みが、子どもたちをそれぞれに孤立的な少数集団にしていくのであるが、その少数集団に子どもたちは完全に包み込まれているのである。他との社会的な交流がないために、子どもたちはそれだけ強く仲間関係の力や影響を受けるのである。

第三に、青年期の社会的な類型化や階層化は、中学校や高校における仲間文化をそれぞれの実質的な利害を中心に展開する多数の集団に分化させていくが、その一方で小学校における仲間文化は表面的な、ごく限られた集団差を示しているに過ぎないということである。この違いは、小学校の方が規模が小さいこと、中学校や高校が専門科目別の学校制度であるのに対して小学校では学級制であること、そして小学校の学齢児童がまだ十分に成長していないことに帰因する。いずれにせよ小学校児童の前青年期の仲間社会では、集団の地位はただ一つの人気集団を頂点にした単一のヒエラルヒーのもとに組織され、他の子どもたちは人気のないさまざまな集団に分けられていく。このようにして子どもたちは単一の序列の連続体に結びつけられた社会集団やアイデンティティを押し付けられるのであり、人気のない子どもたちは、影響力があって人気のある子どもたちの気まぐれに左右されるようになるのである。

第四に、前青年期の子どもたちの行動は、大人たちの行動よりも未熟であり、大人のように節度のある社交上の常識や自制心というものを身につけていないということである。

前青年期は、あからさまなやり方で権力と支配のダイナミックスが作用する時期である。ゴッフマンによれば、大人の相互作用の儀式は相互の「面子《めんつ》を保つ」ことに特徴があるが（Goffman, 1967）、この前青年期の子どもたちは「面子を保つ」ことなど全く気にしていない。クリークの集団行動でも極端な行動は、監督的な立場にある大人から思いとどまらせられたり、（場合によっては）禁止されたりするけれども、子どもたちは、コルサロが小学校の「裏面生活」[訳注2]（Corsaro, 1985）と呼んでいるような最も基本的な生活様式をそのまま続けている。このように前青年期に経験したことは、子どもたちの社会意識に強く刻み込まれ、より大きな大人社会における集団の概念や社会的ダイナミックスの概念、また社会構造の概念に影響を与えるのである。

前青年期は子ども期と青年期の間、つまり安全で安心な状態にある子ども期と大きな報酬や責任を伴う青年期の間の、あまり目立たない境界域の段階を表している。過去数世代にわたって私たちは青年期が長期化するという、いわば社会の「青年期化」とも言うべき現象を目の当たりにしてきた。子どもは、幼いときには大人の気晴らしや振る舞いの対象になっているが、ヤングアダルト［若い成人］[訳注3] になってもまだ一人前の成人になることを先延ばしして、学校に長く留まったまま就職することもせず、親の家に戻って住み着いたりしている。大人の影響が青年期に及び、青年期の影響が前青年期に及んでいるのである。このような傾向が、とりわけ青年期の間では、アイデンティティの移行や役割の混乱に伴って生じるのであるが、こうした傾向は前青年期の間でもより一層強まっている。しかも前青年期は依然として家族や学級といった、いわば社会の檻のなかに閉じ込められていて、なおもベビーシッターの世話を必要としていると特徴づけられている。前青年期の子どもたちは、自分たちがこうした相矛盾する影響力に翻弄されていることに気づいている。ウォルフは、このジレンマについて「前青年期という子ども期は、早く大人になれという要求と大人になりたくないという願望との間で、果てしのない闘争が続いている時期である」と明確に述べている（Wolf, 1991, 15）。それは子ども期の最後の時期を表しているのたが、その時期に仲間意識や社会的選好が出現し始め、また青年期の行動パターンの基礎が現れ始めるのである。

1-3　人種と階層

人種と階層は、ジェンダーとともに人口統計上の変数の、いわば三頭体制を成している。これらの変数が、今日では人々の行動と社会的地位を一般的に評価するようになって人々を区分し、またいくつかのグループに分類して、人々のアイデンティティの基礎を形成しているのである。私たちの調査対象地では、これらの人口統計上の多様性が制限されていたために、［訳注4］前青年期を説明するための人口統計上の変数の役割について私たちは、期待していたほどには、詳細を探り出すことができなかった。だが、一目見れば、大まかにではあるが、私たちにもそのパターンを示すことができる。子どもたちの間でも人種の違いが、ジェンダーと同様に、ある種の状況においては重要な変化を生み出したが、別の状況ではそうした変化はなかった。私たちが観察した近隣地区や学校のなかには、他の何よりも肌の色を問題とする子どもたちが多かった。肌の色の異なる子どもたちが多くいる特定の地域では、こうした子どもたちは白人の子どもたちから距離をおいて、はっきりと分けられた別のクリークや友人サークルを形成していることがよくあった。彼らは一緒に座って昼食をとり、自分たちだけの孤立的な少数集団を形成して一緒に遊んだりしていた。彼らは教室場面や他の組織化された活動では、白人の子どもたちと一緒に行動したけれども、自由に遊ぶときには、もとのように自分たちだけで固まって、白人の子どもたちとは別々に遊んだ。彼らのような全く別の、孤立的な少数集団を形成している子どもたちは少数派だったから、人気の程度は白人の子どもたちよりも低かったし、人気のあるクリークの部類には入れなかった。彼らが述べているクリーク内部のダイナミックスは、白人の子どもたちが経験するクリークのダイナミックスと同じだったし、友人関係や異性関係についても白人の子どもたちと同じタイプの関係を形成していた。しかし肌の色が異なる子どもたちが少数で、自分たちだけの別の友人集団を構成できないような場合には、一般の子どもたちとうまく折り合いをつけて同じ集団を構成した。このような場合には、肌の色が異なる子どもたちも他の一般の子どもたちと同じように振る舞ったし、同じように扱われた。彼らはどのような階層にも、またどのような放課後活動や社会集団にも全体にわたって広く分散して存在していた。人気のあるクリークにも存在していたし、中間層の友人グループにも存在していた。そして他の人種の子どもたちと同じように、白人の子どもたちとも容易に友人関係やロマンチックな異性との関係も結んだりした。自分たちを庇ってくれるような肌の色が異なる子どもたちがいない場合の方が、偏見や差別を感じないと彼らは述べている。

私たちが調査対象とした地域には階層の同質性がかなり高いところもあった。子どもたちのなかにはトレーラー・パークやアパート団地に住んでいる子どもたちもいたが、低所得者層向けの狭い住宅に住んでいる子どもたちもいた。だが、大多数の住民は中流か中流の上層で、住宅価格には大きな差があったけれども、一戸建て住宅で暮らしていた。階層差についても、人種やジェンダーと同様に、さまざまな結果を得ることができた。だが、前青年期の子どもたちの服装はほとんどがジーンズ、Tシャツ、スエットシャツ、スニーカーというみんな同じスタイルで、それで公立学校に通っていたから、階層差といっても人種とジェンダーという二つの要因と比べれば、目に見えるほどの違いはなかった。大きくて高級な家で暮らしていたり、あるいは両親が稀に見るほど富裕で、豪勢な物（裏庭のポロ競技のグラウンド[訳注5]、山の牧場、自家用機）を所有している人たちについては、いろいろと取りざたされてはいるけれども、しかしだからと言って、トレーラー・パークに住んでいる子どもたちと比べて有意義な考察ができたというわけでもない。経済的な貧困層の前青年期の子どもたちであっても、人気のあるクリークや中間層の友人グループ、また嫌われ者のグループにも加わっているというように、どの社会階層のグループにも加わっていた。彼らは、他の子どもたちと同じようなやり方で学校の外で遊んだり、友人関係や異性関係を形成したりしていた。経済的困難のために放課後活動に参加することが難しいという子どもたちも多少いたが、そうした子どもたちを支援するためにさまざまな団体が資金を調達しなければならないこともあった。しかし放課後活動に参加することは、広範囲にわたるさまざまな階層集団に及んでいる（Larreau, 1991; Qvortrup, 1990）。このような貧困層の子どもたちの親は、親たちのグループのなかではときには偏見に苦しんだことがあったかも知れないが、しかしもし親たちが資金集めの支援活動に参加しなかったなら、大半の子どもたちは放課後活動に何の関心も示さなかったかも知れない。このような子どもたちは最低限の経済的許容限界を越えていたから、好奇の目にさらされることもなく軽蔑の的にもならなかった。しかしそうは言っても、前青年期の子どもたちの間での人気は、一部の子どもたちが非常に贅沢な持ち物や生活様式から生み出していった類いの人気であるから、そうした類いの人気という点から言えば、彼らには人気に値する資格がなかった。だが、彼らが社会経済的な下位層に集まっているという事実も認められなかった。階層差をなくして全般的に平準化したり、階層的な区別を目立たないようにしたために、裕福な層ではない子どもたちもいずれかの社会集団に組み入れられていくことが多かった。階層差によって異なる活動もいくぶん見受けられたが、些細なことだった。子どもたちが経済的な階層のことや、その結果として生じるアイデンティティの違いをわずかに意識することもあったが、しかしそれも取るに足らないことだった。

より大きな大人社会の諸要素が子ども期というモデル社会に注ぎ込まれるように、人種と階層の広範な差異が子どもの集団の類型化や集団の層化に重大な影響を及ぼすのである。あるいはまた、それぞれの子どもたちの人種集団には特徴的な成熟の年齢は異なっているけれども、その成熟の年齢の異なっていることが単純な発達モデルからより複雑な発達モデルへと変化していく時機に影響している。ただ今回の研究ではその変化していく方法まで見定めることはできなかった。今後の研究では、これらの人口統計学的特性の及ぶ広範な、あるいは比較可能な範囲にある人種集団において子どもたちの社会集団がどのように層化していくかについて検討していくことになるが、そうした研究がこれらの問題を解決していくことになるだろう。

2 遊び、ゲーム、仕事

レクリエーションは、ストーンによれば、個人を社会に結びつける重要な絆である (Stone, 1965)。象徴過程と集合表象からなる遊びは、社会が生成する社会的、歴史的な形態を再現する。ストーンらは子どもの自己は遊びを通して分化したり、統合したりすると主張している。遊びは、役割取得の発達を促し、社会的構築物として、また共同で支え合う演技として現れ、パターン化した関係やその変化を複雑化し、子どもにとっては正に真剣に取り組むべき仕事になっている (Corsaro, 1985; Denzin, 1977; Fine, 1981; Goffman, 1959; Mead, 1934; Thorne 1993)。このように遊びは重要な社会化効果をもたらすのである。

この研究では、私たちは、放課後の活動という例外はあるものの、ほとんどは自発的な遊びに焦点を合わせてきた。比較的最近の現象なのだが、放課後活動は（とりわけ）前青年期の子どもたちの生活にとって次第に重要性を増してきて、新たな社会化機関としての役割を担うようになってきた。社会学者はこのような現象を研究して、放課後の時間における社会化の影響をより深く理解しようとしている。

子どもたちが日常生活のなかで放課後の時間をもっぱら組織的なレジャーに費やしているのを親は広く受け入れているが、そのことをバーレージは「アメリカ社会の均質化」と呼んでいる（Berlage, 1982）。私たちは、そうした均質化の現象を目の当たりにしているのである。それは社会が企業スタイルの組織の長所と価値をそのまま取り入れていることを反映している。大人が組織した、このような活動は、子どもたちの無計画な、また何でもありの万能主義のレクリエーションに対して、プロ化や専門化の方向を促進していく。大人は子どもたちのレジャーや遊びの性質やダイナミックスを根本的に変えてしまったのである。遊びはゲームに変わってしまい、ゲームは仕事に変わってしまった。このことは、遊び、ゲーム、「一般化された他者[訳注6]」という段階を通して子どもは発達していくというミードの発達理論とは著しく異なる（Mead, 1934）。この現代的モデルに何か付け加えることがあるとすれば、それは最終段階の集団の性格といったものである。以前であれば、「世間」や「社会」が漠然とした実体から構成されているとはいえ人々の自己提示に対する応答の仕方をその世間や社会から十分に予期することができたから、子どもたちは「一般化された他者」という役割を取得することができて、その「一般化された他者」に従って自分の行為を合わせたり修正していくことができるようになって、社会化されていくのだと考えられていたのである。他者を評価するという、この漠然とした集合体［世間や社会のこと］は、子どもにとっては、今日のレジャーが大人支配の世界になってきたために、むしろ明瞭な形を取るようになってきたのである。子どもの発達過程には、今日では放課後の組織的機関による社会化をも含むようになってきたが、その一つの側面は、企業スタイルの規範、価値、組織形態という大人の世界に見られる昇進の梯子を子どもたちも上がっていくことを暗黙に意味するような組織的枠組みに具体的に表されている。完全な社会化や自己の発達というのは、今では、子どもや青年が「企業という他者の役割を取得して」、組織的なパースペクティブを理解し、予期できるような能力を身につけることを意味するようになり、そしてそのようなことが要求されるようになってきている。以前であれば、子どもや青年は後年になってから、このような見方に直面して、それを自己のなかに取り入れていたのであるが、今日の社会では子ども時代の社会化経験のなかに直接持ち込まれることによって、その基本的な重要性が伝えられるようになってきている。

しかし子どもは、大人社会が与えるものを単に受け入れるだけの受動的な存在ではない。そのような特性を子どもに強いることはできない。子どもたちの仲間による下位文化は、仲間の世界と大人の世界の規範や価値との間の仲立ちをする。子どもは大人の提供する、いかにも大人らしい特性を好み、それを受け入れなければならないと感じるか、そうでなければ大人の世界に参加することを拒否するかである。コルサロが述べているように、子どもたちが大人のルールや期待に背くことは、自己アイデンティティの発達の方向に向けられたものではなく、言い換えれば既に確立している大人の自己アイデンティティの発達の方向に向けられたものではなく、反抗的な青少年の仲間文化の発達の方向に向けられたものなのである（Corsaro, 1986）。放課後活動は、大人が子どもの活動をコントロールしたいために、子どもに大人の価値や目的を繰り返し教え込もうとしたことがそもそもの発端だった。そのために大人は、ゴッフマンが「没入すること」と呼んでいるやり方（Goffman, 1961）でレジャー活動を組織化し、子どもたちを追い払うようなことをするのではなく、そのレジャー活動に子どもたちを誘い込んで、活動を続けていこうとするのである。ゴッフマンは、「出会い」[訳注7]がユーフォリック［多幸的］な性質を達成させるが、そのために三つの方法があって、参加者の注意や関心が他の興味に向かわないように刺激したり、参加者が身近な出来事（「相互行為膜」[訳注8]の内部で）に関心を持つようにさせたりしているのだと述べている。三つの方法とは、人々が一定レベルの緊張を与えて刺激を与える場合（日常生活での緊張よりは大きいが、極限に至るよりは低い緊張）、人々が参加者の能力をうまく誇示できるような過程を生み出していく場合、そして参加者のタイミングが型にはまっているために問題のある事態が生じるようになり、そのために結果はほぼ終わりになるまで分からないという場合、である。(1)

大人が組織した放課後活動は、このような性質の多くを含んでおり、厳しさ、献身、真面目さ、コミットメント、決められた規則、競争といった諸要素をはらんでいる。しかしそれと同時にそのような放課後活動は、（集団に対する）無私無欲や自己犠牲、（とくに練習のときの退屈な）単なる繰り返し、先延ばしされる満足、勝利と能力に応じたヒエラルヒー体制のなかでの参加者の階層的位置づけといったように、若い人たちにとってはおよそ魅力を感じることのないような特徴をも含んでいる。

大人がコントロールすることによって、子どもや青年のレジャーに浸透させたり、大人志向の構造や価値を子どもや青年のレジャーに結びつけたりして生じる有益性や有害性について考えてみると、私たちは両方の面があることに気がつく。私たちの観察によれば、放課後活動のいくつかの段階を経て子どもたちは大人社会の本質に関わる重要な規範や価値を学んでいく。そして子どもたちは、大人が規則、法規、秩序に込めている重要性に気づくようになる。子どもたちの独創力が生かされることもあるが、しかしそれは明確に定義された一定の境界内において認められているだけである。従順、規律、犠牲、真面目、集中的な注意力は評価されるが、逸脱、中途半端、身勝手は評価されない。他の人たちとの連携が必要なこと、つまり挑戦しがいがあり、互いに関連した多くの部分からなる複雑な目的に向けて活動するという有機体的モデルが、若い人たちを方向づけている最終段階のモデルとなっている。音楽、運動、学問、自然といった分野において集団活動を推進していこうとする場合でも、コーチをしたり、支援をしたり、物を持ち運んだり、代理をしたり、事態を詳しく述べたりするような仲間とともに一つずつ成就していこうと取り組んでいる場合でも、子どもたちが課外活動に参加することによって得られる最高かつ最大の報酬は、チームワークの原型を具体化しているということを学んでいくことなのである。組織化された競争社会を見越しての予期的社会化〔訳注9〕は、かつては幼い男の子たちの独占領域だった。予期的社会化は、ボーマンとフランケルが大人の企業世界における競争上の優位性と呼んでいたものを幼い男の子たちに与えていたのである（Borman and Frankel,

1984)。しかし今や組織化された競争的遊びは、女の子の領域にまで拡大してきているから、今の子ども世代が将来大人になったときには、ジェンダーの平等化はさらに進んでいるかも知れない。実際、女の子の性役割イメージは、男の子のそれよりも相当に広い範囲にまで広がってきている。女の子は既に男の子の領域にまで入り込んで子どもの世界を変え始めている。

子ども期の早いうちから大人の規範や価値を強制されることは、子どもが大人社会にうまく融けこんで社会化していくのに役立つこともあるが、同時に、子どもたちから発達上、重要な意味を持っている遊びを奪うことにもなりかねない。遊びは、子どもにとっては手段的な目的というよりはむしろ、まだ方向づけられているものではなく、単に表現したいだけという表出的な目的のために遂行されるものである（クボートラップを参照。(Qvortrup, 1993)。彼は放課後の活動を社会統制の一形態と見なしている)。大人が組織化する活動は、ますます増えてきているが、しかしそうした活動に参加することによって、子どもたちは自発的な遊びのなかに具体化されている成長期のいくつかの体験をしないままに終わってしまう。例えば、集団決定を着実にこなしていくこと、コミュニケーションや協力を通して交渉し問題を解決していく方法を身につけていくこと、自分の意見を押したり引いたりしてみるという駆け引きの効果に気づくこと、仲間集団のダイナミックスによる思わぬ結果に出くわすことといった体験である。そうした体験を経なかった結果、子どもたちは、大人の権威や大人の目標を受け入れようという目的設定や臨機応変の対応、自助努力といった機会を逃してしまうことになる。このような放課後の活動は、形式的には合理的で、階層制の、つまりフーコーの言葉で言えば「規律社会」であるが(Foucault, 1977)、その規律社会に向けての準備を子どもたちにさせるのである。だが、一方で、子どもたちの自発的な遊びは、それとは異なってはいるが、しかし重要な社会的レッスンともなり、社会的規律を教えることになる。大人が組織した活動は、子どもたちが大人社会を所与のものとして従順に受け入れるように準備させていく。だが、子どもたちが自分たち自身を組織化していく活動は、その大人社会とは別の代替的な社会を構築していくための準備をさせているのである。

さらに言えば、大人が組織した活動に参加することは、子どもたちが既存の大人社会の秩序の、いわばジュニア版とも言える社会の秩序へと引き込まれていくことを意味する。そこでは大人社会は、文化的にも構造的にも小規模の縮図になって再現されている。ヘングストは、大人と子どもの間の違いを収束したり、平準化していくような歴史的な流れのなかに、大人の組織した活動に子どもが参加するという活動を位置づけて、世代間のギャップを埋めようとしている（Hengst, 1987）。子どもたちが衣服、娯楽、メディアの消費者になるにつれて、また子どもたちの活動が仕事へと姿を変えていくにつれて、子どもたちはますます小さな大人になっていく。組織化された放課後活動に具体化されている成人文化の規範や価値のみでなく、人種や階級、そしてそれには及ばないものの、ジェンダーといった構造的不平等は、多少とも属性的なところがある。放課後活動の、いわゆる「梯子を上がる」［上昇志向のこと］子どもたちを支援するためには、資金が必要である。社会経済的に下層の家族は、このような努力をしようとしても、経済的に豊かな家族と同程度に努力を続けていくほどの経済的余裕はない（Erwin, 1995; Qvortrup, 1993）。このような経験が、子どもたちに将来の企業世界への準備をさせるものだとすれば、放課後の活動は社会的不平等を再生産するもう一つの別のルートともなる。その企業世界への準備というのは、ある部分は蓄積された知識、技能、感性という高い価値のある「文化資本」を通してであり（Bourdieu, 1977a）、またある部分は子どもたちが獲得し、身につけた態度や経験という「ハビトゥス」（Bourdieu, 1977b）を通してである。［訳注10］課外活動が、公教育の領域から私教育の領域へと次第に移行されていくようになれば、低所得の人種集団を低賃金で人種別に分離された活動に振り向けていくことは、さらに問題を悪化させることになるだろう。最後の問題として、女の子の活動は最近の十年間に男の子の活動と同等のレベルにまで達するほどに著しく進歩したけれども、その一方で家父長的な制度や態度が活動領域のかなりの部分を支配したままで、性差別的な待遇や性別のステレオタイプは依然として残っている。トラッキングについての研究［訳注11］（Bowles and Gintis, 1976）、学校教育の社会関係についての研究（Bowles and Gintis, 1976）、言語コードの階級差についての研究（Bernstein, 1977）、志望目標と現実機会との関係についての研究（Bourdieu and Passeron, 1977）といった研究は増えてきているが、放課後活動の領域は、これまで社会的再生産に関わる社会化の問題として研究されてこなかった領域である。このように放課後活動は、教育制度内の問題というよりも、むしろ教育制度と並行している問題なのである。

放課後活動の問題には二つの問題が含まれている。一つは放課後活動が社会的不平等を永続化させていくような教科課程外の手段として機能しているということであり、もう一つは放課後活動が特殊化、専門化、画一化といった、いわば［逆円錐状の］漏斗型《じょうご》参加になっていて、しかも制度化された一つの道筋になっているということである。後者について言えば、このような活動は高校、大学、プロへと続く方向の延長線上にあって、参加者である子どもたちは、半ば大人の世慣れた、早熟な世界にこれまでよりも早い低年齢のうちから入っていくことを示している。このようなレクリエーション活動は、大人から見れば、青年のサブカルチュアに通じる入り口を提供しているのである。この入り口にいる機会を利用して、大人は子どもたちの遊びの性質を変えてしまったのだ。そうすることで大人が作り出したのは、皮肉にも仕事と遊びを並列させることだった。遊びは、大人の職業的価値観を子どもの生活に吹き込むための手段になってしまったのである。

3 仲間の力——文化、社会化、そしてアイデンティティ——

前青年期とその仲間文化は、社会のなかでは重要な意味を持つ位置を占めている。だが、一方では、前青年期は、一つの年齢層として、誕生してからの未熟な段階と熟練して活動している成人期との間の中間の発達段階に位置している。フレーヌも述べているように「社会の構造と形態は、子ども期の社会的文化的な枠組みを設定することによって子どもの社会化に影響を及ぼす。このように子ども期は社会の発展と個人の発達との間の概念上の架け橋として機能するのである」(Frønes, 1994, 162)。前青年期は、子どもたちが自分自身と社会について学ぶ時期であり、ドラマチックに変化する時期である。子どもたちは自分の周囲で起こっている出来事を理解し、信念や価値を形成していくのに十分な素養を身につけている。しかし子どもたちは本気で家族から離れて、自分自身の生活スタイルを決めていこうとは考えていない。彼らは、一時的ではあるが、決定的に重要な意味を持つ中間点に位置しているのである。

加えて、前青年期の文化は、子どもたちがこの前青年期という時期にどのような経験をしていくのか、子どもたちはこの時期にどのように発達し形成されていくのか、そして前青年期とその後の時期を通過して大人になった子どもたちは大人として社会をどのように形成していくのかといった問題を考察していくうえできわめて重要である。前青年期の子どもたちは、単独の個人として世界を認識したり、解釈したり、それについて意見を形成したりすることはないし、また世界に影響を及ぼすこともない。そうではなく子どもたちはこれらのことに対してすべて仲間とともに共同して一致した行動を取る。仲間と一緒に集団で世界を体験したり、さまざまな問題に直面したり、認識を共有したり、そのような問題に対して共同で解決策を作り上げたりというようにである。集団社会化の理論のなかでハリスが言及しているように、両親も社会も直接に文化を子どもに伝えるわけではない(Harris, 1995, 467)。文化は親の仲間集団から、また社会一般から、子どもの仲間集団に伝えられていく。そこから子どもの仲間集団は、大人文化のさまざまな側面を選択したり拒否したりしながら、また自分たち自身で種々の文化的な革新を行いながら、自分たち自身の文化を築き上げていくのである。前青年期の子どもたちは、自分たちの周囲の出来事を理解するために仲間に誘導された解釈の仕方をする。そして子どもたちは、環境が変化するに従って、またその環境のなかでの経験が変化するに従って、新たな解釈の仕方をするようになる。子どもたちは、このような新たな解釈の仕方を集合的な仲間文化にもたらすのである。前青年期の仲間文化は、フレーヌが述べているように「社会と個人との間の概念の架け橋であり、パーソナリティと文化的枠組みの間の架け橋であり……、大人の世界に対抗して、機械的連帯や年齢の類似性、そして地位に基づいて形成された被支配的な年齢集団の対抗文化なのである」(Frønes, 1994, 157)。前青年期の仲間文化には、イデオロギーや生活スタイルの規範や価値、形態や変化といった諸要素が組み込まれている。コヴァーリークは、前青年期の仲間文化を大人の権威に対してどのような抵抗を試みようとも安全な場所であるという意味で要塞にたとえている(Covarik, 1994)。前青年期の仲間文化を理解することは、子どもたちがどのようにして大人へと発達していくのかを理解するうえで決定的に重要な意味を持っている。前青年期の仲間文化は、子どもたちが体験したさまざまな要素から成っているが、同時にそうした要素を強化しながら、子どもたちの生活を統合しているのである。前青年期に関するどのような研究も、これまで仲間文化について本格的に取り組んでこなかったのは怠慢というほかにない。

前青年期の仲間文化はダイナミックであり、時代とともに穏やかに安定していることもあれば大きく変化していることもあり、子どもを囲む環境でもあるが子どもの世界の居住者でもある。象徴的相互作用論者の考え方は、サブカルチュアを常に再帰的なものと見なしている。子どもの世界の居住者もおらず、そのサブカルチュアもないような社会に生まれるような子どもはいない。子どもたちが成長していくにつれて、その居住者やサブカルチュアといった第一次集団が彼らを社会化し、形成していくのである。同時にサブカルチュアは、内外からの変化を受けながらもなお進行し、発展し続けていく。ギデンズの構造化理論は、構造の再帰的な二重性を強調して、こうしたテーマに反映させている(Giddens, 1984, 25)。仲間文化は、構造として「組織化された規則と資源の集合であり、時間と空間の外部にある」ことを示しているが、しかし仲間文化が組み込まれている社会システムは「人間行為者の状況づけられた諸活動から成り立っている」。このように仲間文化は、子どもたちから離れて存在するのだが、しかし子どもたちを束縛したり、都合の良いように利用したりする。仲間文化が子どもたちを利用するにつれて、子どもたちは仲間文化に適応し、また仲間文化を変えていく。コルサロとエーダーは、ギデンズの研究を踏襲して、子どもの仲間文化は「解釈的再生産」であるとの説を打ち出している（Corsaro and Eder, 1990, 200）。彼らは「子どもたちは大人との交渉を通して、また他の子どもたちとともに築きあげた所産としての一連の仲間文化を通して、大人文化の一翼を担うようになる」と述べている。子どもたちは自己制御やある程度の自律性を達成しようとして大人の世界を模倣したり、さらには大人の世界に挑戦したりして、大人の世界を変えようとするが、仲間文化はそうした子どもたちによって構成されている（Corsaro, 1986）。子どもたちは大人文化とギブアンドテイクの関係にある。要するに前青年期の仲間文化は、個人と社会との間を媒介する一方で、個人にも社会にも対応しつつ、継続的に変化し、発展していくのである。

前青年期の仲間文化は、非常に強力な存在である。それは前青年期の子どもたちを一体的に結びつける絆であり、彼らの生活と人生観を統合させ、子どもたちが何が何でも仲間文化に同調していくように仕向けていくのである。子どもたちは、個人であることとの権利を声高に主張するようなときでさえ、羊のように群がる。前青年期になり、青年期になっていくに従って、子どもたちは自分の主要な居場所を発達初期の第一次集団［家族集団のこと］から離れて仲間の世界へと移していく。前青年期の仲間文化には二つの強力な機能がある。社会化への影響とアイデンティティ形成過程への影響である。仲間との相互作用を通して、また仲間規範の基準や行動に照らして自分自身を判断することによって、子どもたちは自己の存在の核心をなす自己概念を確立していく。子どもたちは仲間文化のさまざまな側面に精通するようになり、それを多様な方法で自己意識に適用していく。子どもたちの自己意識は、ある部分は仲間文化のさまざまな側面から構成されているのである。

3-1　性別による仲間文化

男の子と女の子とでは人気の要因が異なることについて、私たちは第2章およびこの研究全体を通して説明してきたが、こうした人気の要因が合わさって、子どもたちや一般的な子ども文化が高く評価するような理想的な性役割モデルが構成されるようになる。確かに男の子と女の子は性格や才能、興味が生まれつき異なるけれども、私たちの研究によれば、そうした違いは性別による仲間文化のなかでの相互作用の結果として、いっそう強められている。前青年期においては仲間からの同調圧力が非常に強い。子どもたちは社会的にふさわしいと考えている性役割に自分を合わせていこうとする。これは予期的社会化の一形態であり、そこにおいて子どもたちは性役割を十分に果たしていくために必要なさまざまな能力や価値を身につけていく。

女の子と男の子が演じている性役割は、その性質が業績的か属性的かというだけでなく、能動的か受動的かということに関しても異なっている。このような二分法はいずれも男女の役割に共通して見られるし、また男女それぞれの独自の役割にも見られる。男の子も女の子もそれぞれ理想的な性のイメージを抱いているから、このような正反対の性格が次の発達段階の文化的特性の一部に具体的に表れるようになる。しかしこうしたパターンは、だいたいは子どもたちの実際の行動よりも一般化された役割自体のなかに、さらに明白に表れているから、このことは注目すべき点である。

男の子は、若者特有の人気評価方式のなかで成長していって、男らしい気風をうまく身につけたり表現したりして、ジェンダー・アイデンティティ［性同一性］を形成していく。男の子の主要な関心事は、「男らしさの礼賛」に対する認識と憧れによく示されている。そのことによって男の子は自分の成長と成熟をはっきりと示して、発達段階の初期に見られる家族中心の生活を特徴とするような「女性らしさ」からすでに脱していることを示すことができるのである。男の子は、大人の権威に対する服従を拒否し、それに果敢に抵抗したり、クラスで規定されている規則や役割に挑戦したり、学校教育なんか自分とは関係ないと距離を置いたりすることによって男らしい態度をどうにかして表そうとする。男の子たちは、仲間たちから賞賛を得たり、仲間たちの人気を得るために、スポーツの分野で手柄を立てたこと（謙遜するのが普通だが）、逸脱行動を試してみたこと、女の子との関係がうまくいっていること、他の男の子たちに対して優勢を保っていることなどを自慢したり、ひけらかしたりする。

男の子の文化はまた、スポーツへの積極的な参加と勇敢な行為に中心的な焦点を当てた「肉体第一主義」であることを具体的に表している。男の子は自由時間の殆どを戸外活動に費やすのだが、しかしそれは女の子や年下の男の子たちの遊んでいるところに割り込んで、遊びのスペースを作り出して奪い取り、自分たちの遊びやゲームに興じることなのである（Thorne, 1986; Voss, 1997を参照）。男の子の肉体第一主義は競争的であり、支配的であって、勝利を目指す闘いから成り立っており、そのために個人やチームが他の個人やチームを打ち負かしたりすると、勝利に沸いてお祭り騒ぎをしたりする。肉体的な誇示は、ゲームの枠組みの内であれ外であれ、最後は男の子たちの間での身体的な攻撃や闘争になり、そこで男らしさが試されて、支配が確立されていく。

男の子の生活の本質は活動的であるが、それは「自立性志向」と結びついている。男の子は、成長していく一環に男としての真価を発揮し、男を上げることが含まれていることを知っている。男の子はしょっちゅう自分たち同士を互いに評価しあうことによって、この「男であること」に備えている。男の子は独立独歩であり、タフであることを求めて大人の権威から独立を獲得しようと奮闘する。男の子は「赤ん坊のような」振る舞いに対して辛辣な発言を浴びせたり、侮蔑の言葉を吐きかけて「過保護主義」から自分たちを切り離し、大人の役割に向けた準備をするために自身を逞しくしていくのである。

最後に言っておきたいことは、男の子は、仲間集団の内部であれ外部であれ、私心のない第三者的立場の姿勢や態度を適切に取るようになって、いわゆる「冷却の文化」を取り入れるようになるということである。男の子は、以前には好んでやっていたことでも、今では女のようだとかダサいことだと考えて、自分とは関係のないものだと切り離して冷静に振る舞うようになる。彼らは感情を抑えて、他の人たちとは物理的なレベルでの接触に留めるようにして、冷静に振る舞うようになる。特に男の子は、異性関係においては我が身を庇うために冷静に振る舞わなければならない。彼らは、女の子に対する関心を晒さなければならないとか、女の子から拒否されるかも知れないような場面に直面しなければならないという社会的立場にいるために、自分の立場が著しく低下することを避けなければならず、そのために冷静に振る舞わなければならないのだ。

仲間文化と性役割についての女の子の主要な関心は、男の子とは全く異なる一連の能力や価値を中心に展開している。男の子の反抗的態度とは対照的に、女の子は、いわゆる「遵守と順応の文化」に心を奪われている。女の子たちは、ゲームや相互の交流で忙しくしているが、そこでは彼女たちは既に定着している社会的役割、規則、関係を守り、完全に実行しようとする。女の子たちは、はっきりと決められた規則に従うだけではなく、これらの規則から従うべきことを推測し、さらにそれらに他の人たちも同様に従うべきだと強く主張する。小学校においては、女の子たちは男の子たちよりも上位の成績を収めているが、それは必ずしも生まれつきの知性を表しているのではなく、規範的秩序に対して従順かどうかという遵守的態度を表しているのである。女の子が他の女の子たちに反抗したり、無作法な振る舞いをしたりする例は、社会一般のやり方に従っているだけの傾向が強い。

女の子は男の子よりも早い時期から「ロマンスの文化」に惹かれている（Eisenhart and Holland, 1983; Valli, 1988を参照）。女の子は男の子との恋愛関係を夢見て、プラトニックな関係であっても別の関係であっても、異性との関係という性の境界線を越えることに男の子よりも早いうちから関心を持っている。男の子にはある程度伝統的な役割に基づいた男性特有のやり方があり、女の子はそうした男性特有のやり方を理想的なイメージとして自分のなかに取り込んでいる。そしてこのことが女の子に、男の子が自分を選んでくれるのを待つように仕向けているのであり、そのことが女の子たちを受け身的にし、依存的にしている。女の子は自分を熱心に追いかけてくる男の子を引きつけて、ロマンスをうまく成し遂げると、他の女の子たちの間での属性的地位を上昇させることができるのである。

受け身的なことは、女の子の遊びや交流を特徴づけている「家庭生活のイデオロギー」（Valli, 1988を参照）にも本来備わっている。男の子は肉体的な限界や、また学校、集団、社会などの社会的限界を探し求めて、そのような限界に挑戦しようと取り組むが、女の子は男の子とは異なり、自分の内面的な精神世界を築き上げていこうとする。女の子は屋内で過ごして、屋内で行動し、そしてさまざまな問題や不公平な事柄を引き起こしたり丸く収めたり、また自分の周囲に人を集めたりすることに関心を持っている。女の子は、表情の感情的次元を重視しており、他の人たちとあからさまに競争するよりも親密な関係を築くことの方が上手である（Deaux 1977; Gilligan 1982; Karweit and Hansell 1983b を参照）。

これまでのことを大まかにまとめて言えば、「帰属志向」とでも言えるだろう。ただ男の子たちの間には目立った態度としては見られない。男の子は、女性の役割というのは女性に地位を与えるような［地位の高い］男性を魅了することだということを両親やマス・メディアから学ぶのである。母親の多くが職業に就いているにもかかわらず、彼女たちは、多くの場合、女性の仕事は家庭内では第二の地位を与えられていると見なしている。女の子はこのように、女性は第二の地位と結びつけられることによって自分の地位をいくぶんか確保することができると思っている。そのために女の子は、他の女の子がどのようなことに結びつけられているのかということに目を光らせるのである。このことは、女の子がこれから遊び友だちになるかも知れない人たちの持ち物、生活スタイル、住宅、容貌のような、いわば属性的な特性ばかりに気を取られているところによく表れている。こうした事実が反映されている役割の一部として、女の子はまた、女性は、多くの場合、直接的に行動するよりも間接的に行動したり、人を巧みに扱ったりすることによって自分の欲しいものを手に入れることができるのだということを知るようになる。そしてこのようなことが女性の行動のレパートリーの一部になっていく。

しかし、こうした属性的／業績的、能動的／受動的といった違いが人気要因や理想的な性のイメージに具体的に表現されているといっても、女の子や男の子の活動にこうした相違点が反映されていると考えるのは思い違いだろう。私たちの調査によれば、女の子が実際に日常行動において男の子よりも受動的だというわけではないことが示されているし、また女の子たちはよく勉強をして良い成績を取ったり、スポーツをしたり、課外活動に参加したり、クリーク内にもしっかりと留まったりしていることが示されている。それと同時に男の子は、仲間集団の規範を守るために自分たちの学力レベルを同じような水準に合わせていこうとすることには消極的であることが示されている。男の子も、友人集団を囲む境界についても友人集団内での自分の位置についても、何とかうまく確保しようとしている点では、女の子たちと同じように人を巧みに操作したり、遠回しの間接的な行動を取ったりする。

その結果、私たちが目にするのは、男の子も女の子もそれぞれの活動領域のなかで能動的であったり受動的であったりすることである。そして男の子も女の子も、性役割によって規定されている構造的枠組みの作用を受けて、自分たちの行動を社会的に組み立て、その行動が仲間の間での人気を獲得するために目指していた印象と合うようにしていく。女の子は、受動的で愛情的だと感じられるように装いながら［人気を獲得するために］積極的に仲間の地位を確保していくのであるが（遠回しの間接的なやり方ではあるけれども）、一方、男の子は、いつも秘密の裏ルートを使ったり、生まれつきのせいになるような特性は何かないかと他の子どもたちのことを始終調べたりしながら、自分のイメージを率直で、積極的で、平等に見せるように巧みに操作したりする。男の子も女の子も、広範な文化的背景を理解していくに従って、受動性と能動性、業績と属性といった役割を積極的に創り出していく。こうしたことが、男の子も女の子も前青年期のうちに習得し、大人になるまで示し続けるパターンであり、役割なのである。

3-2 仲間集団のダイナミックス

前青年期の子どもたちは、また自分たちのサブカルチュアを通して仲間集団のダイナミックスをうまく制御していく方法を身につけていくようになる。子どもたちのさまざまな経験、とりわけ第3章で分析してきたクリークの経験が、子どもたちに権力関係や操作関係のダイナミックスを学ばせるだけでなく、仲間に同調することが重要であることを印象づけていく。社会的同調は、多くの向社会的機能を備えており、集団の生存を確かなものにするが、その一方で自己意識とは相反する力を表しており（Diener, 1980）、極端な場合には、ジャニスが「集団思考」と呼んでいるものに繋がっていくことになって、批判的思考能力を低下させる原因ともなりかねない（Janis, 1972）。社会学者は長い間、社会的同調の基盤を明らかにしようと努めてきた。そして全体主義体制や抑圧的な政権に対する国民の支持、特に第二次世界大戦中に大虐殺を指揮した政権に対する国民の消極的な黙諾についていろいろと考えてきた。アッシュやミルグラムが行った古典的な実験は学界に大きな衝撃を与えたが[訳注12]、その実験は人々が何らかの社会的圧力を受けた場合、その圧力を加える人たちの指示や行動にどの程度まで同調［つまり服従］していくかということを立証したものだった（Asch, 1955; Milgram, 1963; 1965）。前青年期においては仲間集団の言いなりになることもよくあるが、それは二つの条件の下では危険なことになる。一つは、極端な場合、参加者であるメンバーを危険な行為や不道徳な行為に巻き込んでしまうという場合であり、もう一つは、子どもたちが大人になってもその仲間集団から抜けることができないという場合である（Stone and Church, 1984）。子どもたちが包摂と排除というクリーク内のダイナミックスによって集団への同調の圧力を受けると、その圧力の大きさと程度が初めの同調行動の基盤の強さを説明するのに有効だろうし、また行動を社会化していく報酬＝罰則システムについて説明するのにも有効である。

さらにこのようなクリーク内のダイナミックスが、前青年期の子どもたちに内集団［自分の所属しているクリーク］と外集団〔自分の所属しているクリーク以外の外部の集団〕を分化させるという社会の強い感情を引き起こすことを学ばせていく。どの子どもも、これらの集団〔内集団と外集団〕が並置されているところでは、集団は対立的であること、またはっきりと分割された境界線がそれらの集団を引き離していることを敏感に感じ取るようになる。子どもたちは内集団びいき〔訳注13〕をすることによって集団帰属〔訳注14〕を形成するのである。同時に子どもたちは、メンバーとして承認されている特権を与えられていない者に対しては一切を容認しないという感情を強めていく。自分たちの態度、価値、行動に対してはより高い地位を与えるという、いわゆる自民族中心主義的な見方をするようになるが、その一方で自分たち以外の子どもたちの態度や価値、行動に対しては過小評価するようになる。タジフェルは、このことを「〈内集団／外集団〉偏向の一般的規範」と呼んでいるが（Tajfel, 1970）、一方でハリスは、内集団と外集団に対するこれら二つの別々の感情を仲間集団による社会化の二つの「基礎的な」ダイナミックスだと考えている（Harris, 1995）。これは、ペティグルーが「究極的帰属エラー」〔訳注15〕（Pettigrew, 1979）と呼んでいる傾向を子どもたちが帯びていくのを助長することを示している。クリークのメンバーは、内集団のメンバーの能力を過大評価するのに対して、外集団のメンバーに対しては信用を拒否するように仕向けていく。包摂と排除というクリークのダイナミックスを通して、子どもたちは葛藤と偏見という基本的価値を学んでいく。このようにして子どもたちは人種差別主義、反ユダヤ主義、性差別主義、その他の偏見と差別についての社会的再生産の基盤を形成していくのである。

　最後に付言すれば、前青年期の子どもたちは、このようなクリークのダイナミックスから集団内でうまく立ち回って有利な地位を得ようという巧妙な駆け引きを身につけていくようになる。ハリスの言う仲間集団の第三の「基本的」性質〔訳注16〕である（Harris, 1995）。前青年期の子どもたちは、人種や富といったような外的要因ではなく、力、人気、社会的地位といった内的要因に基づく成層体制を築いていく。この成層体制は固定的ではなく、大人世界の多くの地位と同じように、流動的であり、変動的である。子どもたちは、どのような社会集団や社会組織に出会おうと、その内部集団のヒエラルヒーというものを見抜いていく。こうしたことから子どもたちは、友だちと競い合うべきこと、そしてまたどのように競い合うべきかを学んでいく。これには、リーダーシップや戦略上のフォロワーシップといった巧みな組み合わせを通して自分たちを有利な立場に置くだけでなく、他の子どもたちを不利な立場に置くというメカニズムも含まれている。このような集団のダイナミックスが、日常的な相互作用というミクロの世界から社会組織や労働組織というメゾ世界を経て、政府の政策のようなマクロ世界に至るまで、人間の集団生活の政治を動かしているのである。クリークの激しいダイナミックスに晒された子どもたちは、対人関係においては不快な経験をするかも知れないが、しかし皮肉にも、そうした子どもたちの方が低年齢のうちに、このような集団機能の特性を身につけるようになり、以後は仲間とのやり取りにおいてもうまく適応していくようになっていくのである。

3-3　階層とアイデンティティ

前青年期の仲間文化は、社会的位置とアイデンティティの関係をさらにはっきりと説明する。研究者は長い間、この関係の明確な本質を理解しようと考察してきた。私たちの研究によれば、特に第4章で論じたように、人気と地位に基づいた階層的秩序がアイデンティティの分野において正確に再現されることはない。このことは、職業的威信階層の研究（Hodge, Siegel, and Rossi, 1964）とか、民族集団や人種集団の威信階層の研究（Bogardus, 1959）に携わってきた社会学者が、これまで明らかにしてきた地位の序列と自尊心の直接的関係による成層化とは異なっている。さらに、ローゼンバーグが述べているように、ほとんどの社会心理学者は「さまざまな地位階層において序列下位層の人たちは、社会のなかで優遇されている上位層の人たちよりも自尊心が低いことを当然のことのように考えている傾向がある」（Rosenberg, 1981, 603）。

表1　集団アイデンティティのヒエラルヒー

	地位	関係
人気者	＋	−＋
中間者	−	＋
人気者の取り巻き	−＋	−
孤立者	—	—

このことよりもさらに複雑な問題は、私たちの研究からも推察されるようにアイデンティティの構造―関係的なヒエラルヒーについてである。それは地位と関係という二つの相補的な要因に基づいている。地位には四つの特徴がある。①威信や承認、可視性に基づいた純粋なランクづけ志向、②人気や好ましさと結びついた魅力という構成要素、③他の人々を嘲笑したり、非難したりして品位を落とすようなことをしても何ら心配することなく依然として同じ状態のままという能力に具体的に示されている権力と支配という特徴、④人の意見に影響を与え、それを他の人たちに受け入れさせる能力というリーダーシップ、である。関係についても四つの構成要素の特徴から規定される。すなわち、①友情：友人を持つことによって得られる孤独からの解放、②忠誠：そうした友人関係における信頼と献身の程度、③安全：集団のメンバーであるということの身分の安定性と確実性、④集団内の役割：集団内の関係における境界的位置や周辺的位置に対して核となる中心的地位に関与すること、である。こうした地位と関係という二つの要素が結びついて、表1に示しているように、アイデンティティのヒエラルヒーに沿って集団やメンバーが層化されるのである。

アイデンティティのヒエラルヒーを理解するためには、純粋な地位のみの基準に加えて関係の基準も必要であるが、このことは象徴的相互作用論のいう過程と構造のパースペクティブを統合することが必要なことを示している。過程的アプローチは、アイデンティティを状況的、創発的、相互的と考えているので、社会的状況をアイデンティティが相互作用を通して交渉していく文脈と見なして、その社会的状況に焦点を合わせている（Becker, 1964; Blumer, 1969; Glaser and Strauss, 1965; Stone, 1962; Strauss 1978）。構造的相互作用論者は、アイデンティティを内面化された役割であること、位置や地位と関係する行動期待であること、したがって社会構造により直接的に結びつけられていることを強調する（Burke and Tully, 1977; McCall and Simmons, 1966; Stryker, 1980）。アイデンティティにとって地位要素が重要だということは、構造主義者の関心が社会的位置に基づいた、また社会構造に結びついた個人の自己像に向けられていることを具体的に示している。アイデンティティの関係要素は、個人の相互的な友人関係の出現や交渉に根ざしているが、そのために社会的状況のなかでの相互作用的基盤を呼び起こすのである。しかし子どもが自己に下す自己定義や自己評価は、構造の影響や過程の影響が組み合わさったパッチワークから生まれたものではなく、統合的な構造―関係的な基盤にしっかりと立脚しているものなのである。そしてこの構造―関係的基盤は、ジンメルが「社会を理解するためには不可欠な、重要な要素、つまり分析のレベルと考えているもの、すなわち「ソシエーション」[訳注17]に根ざしている（Simmel, 1950）。「ソシエーション」は人々の集まりを結びつけると同時に、人々を互いに見分けられるような相互作用を明確な形にしたものである。明確な形を取って繰り返される相互作用が集団内および集団間におけるる子どもの相互作用を特徴づけるのであるが、その相互作用が集団の特徴を表し、子どもたちを相互の関連ではっきりと区別し、メンバーとしてのアイデンティティを形成させるのである。これには、人気のあるクリークのメンバーによって何度も排斥されている取り巻きたち、どんな集団にも受け入れてもらえないような社会的孤立者たち、ヒエラルヒーもなく水平的でリーダーもいないことを特徴とする中間層の友人集団といったような子どもたちのパターン化された相互作用が含まれている。この構造的―関係的なアイデンティティは、過程的・構造的な相互作用論者が交渉による相互作用や社会構造を重視しているにもかかわらず、その重要な中心点からあまりにもかけ離れていることを示している。こうした理論上の緊張関係を適切に解決するためには、彼らの理論の独自性に注目するというよりも、むしろジンメル主義者たちの言う「ソシエーション」のレベルでの二つのアプローチの一致点を探ることの方が最善の解決策だと思われる。

3-4　ロマンチック・アイデンティティ

最後に前青年期の仲間文化について述べておきたい。男の子も女の子もこの前青年期の間に、お互いに関して非常に強い関心と激しい嫌悪感という両極端の間を目まぐるしく変化するという起伏の激しい体験をする。この時期に男の子も女の子も互いに文化的に承認されているやり方で、異性に対するロマンチックな追求を始めるようになる。第8章と第9章で論じたように、前青年期の異性間の関係は、おおよそ三つの段階を辿る。第一段階は、性別にかかわらず一緒に行動するという「性の統合」の段階である。この段階は、前青年期のうちでも低年齢の子どもが相当するが、一般的に言えばこの時期の子どもはロマンチックな感情を持たず、中立的な態度で互いに異性を見ている。ロマンチックな興味や秘密の男女関係といった性的なことについて空想をする子どももいれば、異性の友人をボーイフレンドやガールフレンドと呼んでいる（あるいは他の子どもたちによって呼ばれている）子どももいる。しかしこの年頃の異性間の友人関係は、一般的に言ってプラトニックである。この時期の男の子や女の子の関心は密接に重なっており、その強さや広がりの違いはなく、互いに対等な関係にある仲間として遊んでいる。この「性の統合」の時期はロマンチックな性の意識が低い期間である。

第二段階は、性を意識する「性の分離」の段階であり、この段階は高いレベルのロマンチックな緊張関係を伴っている。ロマンチックな関心があることを示すさりげないそぶりは、異性に対して棘のある言葉や苦痛を与えるようないじめ、偏見に満ちた汚名などに見られる。子どもたちは、同性関係においては気楽な心地よさを感じているが、異性関係においてはそうではない。子どもたちのなかには、年上の友人や近親者のロマンチックな関係を役割モデルにしたいと思っている者もいるが、そのことをあえておおっぴらにしようというような子どもはほとんどいない。一般的に言って、この期間は異性関係が最も低調な衰退の時期である。男の子は、まだ大きくはないけれども力をつけ始めており、彼らの関心は女の子とは全く異なる。いくつかの例外を除けば、男の子と女の子が交流するというのはごく僅かな期間であり、しかも緊張を孕んでの交流となる。

第三段階は、「性の進出」の段階［性の再結合の段階のこと］であり、ロマンチックな感情に目覚めることによって特徴づけられる時期である。この時期に前青年期の子どもたちは、異性のメンバーに対するロマンチックな感情が急激に高まっていくのを感じて、異性のメンバーのことをためらいながらも探り始めようとする。男の子と女の子とでは、レクリエーションに対する関心にまだいろいろな違いがあるものの、互いに相手に対する関心を高めていくことによって［第一段階の頃の］関係を取り戻そうとする。このような経路を他の子どもたちよりももっと早くに、そしてもっと勇気を持って踏み出していこうとする子どももいる。これは子どもたちが生活スタイルを選択することができる決定的に重要な転移点の一つであることを示している。つまり子どもたちは社会的洗練性を高めていくこともできれば、安定性を先延ばしすることもできる。フレーヌが年齢を個人の選択と解釈の問題と呼ぶのは、こうした理由による（Frønes, 1994）。このような段階を通して子どもたちは、自分がロマンチックな人間なのかロマンチックでない人間なのかという自己像を形成していくのである。

このような進行段階のパターンにとって決定的なことは、初めは異性とのロマンチックな関係を控えているが、次にはロマンチックな関係への道を先導していくという前青年期の仲間文化の役割についてである。前青年期の初期の頃はロマンスのことについてほとんど話もしないし、自覚もしていないが、それが中期になると強い規範や拘束力がロマンスを抑制するようになり、そして後期になると前青年期の子どもたちのなかには、他の子どもよりも先にロマンチックな行動に挑もうとするような子どもが現れてきて、ロマンチックな行動はいろいろな方向に分岐していくようになる。異性とのロマンスに至る経路は、このような果敢な先駆けの子どもたちの行為と、近親者や友人を含む年上の子どもたちがかつてロマンチックな分野に手を出していた名残の痕跡との組み合わせから作り上げられているのである。このようなことが、後に続いていく他の子どもたちのモデルにもなっているし、仲間文化のなかでの社会的正当性を示すものともなっている。

前青年期の初期の段階でロマンチックな行動を取るような子どもたちは、さまざまなアイデンティティを形成していくようになる。彼らは型破りのように見なされて、うらやましく思っている他の子どもたちから一目置かれ、見習うべき範とされ、それなりの成功と地位を手にすることになるかも知れないし、また自分のためにも他の子どもたちのためにも興奮を巻き起こしたことを得意に思うかも知れない。さらに彼らは、ロマンチックな関係をうまく築き上げたり、仲間の地位を獲得したり、両親や他の大人たちとの間で観察してきたさまざまな関係の恩恵や親密さをモデルにしたりして、自分で切り開いてきた新たな機会を満喫するかも知れない。だが、そうは言ってもロマンチックな行動を取る子どもたちもある程度の不安を感じながらも、そうした行動に出るのである。大勢の子どもたちを先導したり、新たなことに挑戦したり、社会規範から逸脱することによって社会を変化させていくような子どもたちには、大きな関心が集まる。子どもたちは仲間文化という、いわば金魚鉢のなかで行動しているが、彼らの視界がもっと広がれば成功したり失敗したりする公算も大きくなっていく。ロマンチックな行動に挑もうとする子どもたちは、自分たちのロマンチックな感情が報われなければ自尊心が打ち砕かれてしまうような危険を厭わずにあえてやってみるのである。だが、そのために彼らは不安でいっぱいになり、無力感を感じるようになる。子どもたちがこのような不安を克服するためには時間がかかるし、忍耐を要するが、それには友人の励ましが必要で、その励ましによって元気づけられるのである。もしこのことに失敗すれば、彼らは仲間文化のなかで大っぴらになっている地位を失いかねないから、何とかうまく対処しなければならない。このような問題でうまくいったとしても、それでもなおアイデンティティの衰退を感じるような不快な経験をする子どもたちがいることは皮肉なことである。先走りがちな一般の大勢の子どもたちは、早い内からロマンチックな行動をけしかけるだろうが、他の子どもたちはそうした行動を不快なものと見なすかも知れない。特にそうした行動に性行為的なニュアンスが含まれているとすれば、なおさらのことである。ロマンチックな行動に走った子どもたちは、自分たちが行った行為に対して、あるいはそのような行為を上回るような評判になったとしても、そうした行為や評判に対して、恥ずべきこと、不潔なこと、むかつくことだと決めつけられるだろう。特に女の子は、依然として残ったままのダブルスタンダード［以前からの、根強く残っている男女関係のあり方の基準と今日の新たな男女関係の基準のこと］のために早い内にロマンチックな行動や性行動に走ると、尻軽女などというレッテルを貼られやすい。

中間の立場を取る前青年期の子どもたちは危なげがない。このような子どもたちは、文化的規範の快適性と安全性のなかにあって、新たな行動の限界に挑むこともなく挑まれることもなく、落ち着いた状態にある。彼らは危険を冒さないために賞賛されることもなければ軽蔑されることもなく、ほとんど仲間の関心を呼び起こさないという点で、有利なこともあるが、同時に不利なこともあるという両面を持っている。また彼らはロマンチックな面で遅れているからといって不人気のそしりを受けるわけでもない。集団の社会規範が少し変わってきて、そのために今まで中間的な立場だったのが特定の方向の立場に移るようになっても、彼らはその大勢の方向に用心深く従っていくだけである。彼らは、手を出さずに傍観するだけで、先頭に立ってロマンチックな行動に走っている子どもたちや遅れている子どもたちをあれこれと評価するのである。

ロマンチックなコースに後れている後方の子どもたちには、批判と非難が降りかかる。ただ遅れている子どもたちが集団の大勢のレベルに追いつくための時間はそれぞれに違うので、コースの後方では社会規範が子どもたちの間で大きく異なってばらついているから、先頭を走っている子どもたちが非難がましく評価されるのに比べれば、多くの場合、それほど厳しくはない。第4章で述べたように、地位階層の上層の子どもたちは、中層や下層の子どもたちよりも可視性は高くなるが、同じことは進行している大勢のレベルよりも先を行ったり、後れたりしている

表2　アイデンティティと規範的経路

	性別による非難	性の分離	プラトニック	ロマンチック
初期	−	＋	＋	＋
中期	＋	＋	−	—
後期	−	＋	＋	＋／−

子どもたちにも当てはまる。後れている子どもたちは先頭に立っている子どもたちよりも気づかれることはないし、うわさになるようなこともない。そのような後れがちな子どもは魅力のない、ださい奴だというレッテルを貼られるだろう。だが、そうした子どもたちがあまりにも後れるようであれば、一般の大勢の子どもたちは、彼らに何か具合が悪いことでも起こったのではないかと考え始めるかも知れない。この後れは、前青年期の中期においては異性とのプラトニックな関係を諦めきれないという形で現れ、後期においては異性のメンバーを「ばい菌」持ちと見なすという形になって現れるというように、一段階後れた形で現れるのである。はっきりと目に見えるよう形で後れたり、規範に従った行動をしないで非難されるような、いわば妨害者は、徹底したやり方で規範を破っている子どもたちである。とくに前青年期の中期においては、ロマンチックな関係を築こうと繰り返し試みてもうまくいかない子どもたちとか、あるいは異性とのロマンチックな行動を規範として受け入れることを声高に非難したりする子どもたちである。

子どもたちの関係が、文化的に受け入れられている規範的なロマンチックな経路に向けられているとき、その子どもたちの関係に影響を及ぼすアイデンティティは、退屈よりは没入するが、不安よりは没入しないという、チクセントミハイのフロー概念に類似している (Csikszentmihaly, 1975)〔訳注18〕。規範的な文化的経路に関わる子どもたちのアイデンティティは表2に示されている。

規範的な経路と関連して子どもたちのロマンチックな行動が進行していくと、そのアイデンティティへの影響はまた、性的発達や思春期の開始とも関連してくるようになる。子どもたちのなかには、とりわけ女の子のなかには、身体的な準備ができる前に早熟な性的関心に駆り立てられる子どもたちもいる。第二次性徴が発達し始めると、女の子は男の子から性の対象として扱われるようになる。男の子からの注目に積極的に対応することによって、こうした問題を扱いやすいようにしていく女の子が仲間内での人気を高めていくのである。そしてこのようなことが性の商品として、また性の対象として女の子の自己概念を方向づけ、強化していく。まだ必要ないかも知れないが、性についての注意を早めに家族のなかで受ける女の子のように、この時期の女の子たちはセクシャリティ［広い意味での性的関心］を通して男性との関係を長続きさせるような方法を発達させていくのである。

しかし女の子たちは、思春期に入ったばかりの男の子たちを自分たちと同じように扱いはしない。女の子たちは男の子たちのしゃがれ声をからかったり、「口ひげのベン」とあだ名をつけてからかったりする。おませで、人気のある女の子たちは男の子たちにさらに関心を持つようになって、学校で男の子たちを追いかけたり、男の子たちの自宅に電話をかけたりして、男の子たちをしつこく追っかけるようになる。とはいえ、早熟な性的発達が男の子に対してどのような影響を及ぼすのかということは、女の子の場合と比較することはできない。この違いは、女性を性の商品と見なすような広範な社会の「文化的対象化［訳注19］」に根ざしているからである。

第9章で私たちは、子どもの集団のなかには、他の集団よりもメンバーがロマンチックな関心をおおっぴらに表明するような集団もあることを述べてきたが、このような早熟性は、ロマンチックな性向を帯びている集団のなかでの子どもたちのロマンチックな行動の頻度によるというよりも、ロマンチックな表現が集団に規範的に受け入れられていることとか、あるいは集団暗示の力に強く関係していると思われる。ロマンチックな関心や性的関心という前青年期の子どもたちの個人的な発達は、地位集団のメンバーであることと必ずしも結びついているわけではなく、集団の枠を越えてさらに広がっている傾向がある。このような関心は、文化的な観点から見れば、男の子や女の子のそれぞれの性別文化によって脚色されているものなのである。例えば、男の子は早い内からセクシュアリティに焦点を合わせているとか、女の子は男の子に熱を上げたり恋愛をしたりということを考えているというようにである。

以上の検討を通して私たちは、前青年期の文化的規範や価値の、それぞれの内容と時機の両方を設定して、仲間文化のパワーについて考察してきた。前青年期のサブカルチュアから子どもたちは、文化的に容認されている行動基準やそれらの基準に違反した場合の結果について学んでいく。子どもたちは肯定的サンクションや否定的サンクション、社会的地位や嘲笑の意味について理解し、それらの力、位置、態度、行動に基づいて一人ひとりに適用していく。子どもたちは、仲間文化との関連において配置された位置から生じたアイデンティティを経験し、身につけていくのである。前青年期の仲間文化は、子どもたちを区分したり、統合したりする。仲間文化は子どもたちを層化したり、互いに対立させたりすることによって区分するが、しかし仲間文化はまた、社会の年長者グループや年少者グループと関連させて子どもたちを統合していくのである。仲間文化は、成人文化のなかから（前青年期の基準から見て）文化的にふさわしいものを選び出し、それを前青年期の思考様式やコミュニケーション様式に変えていく。仲間文化は、成人文化のさまざまな要素を解体して前青年期の文化形式に再編成していく。仲間文化は、前青年期の子どもたちに大人の信念や行動規範を当てはめるという大人の基準に対抗して、年齢に関連した基準をサポートしていく。仲間文化は、子どもたちを他の年齢集団から切り離して特徴づけるような、年齢に関連した前青年期の集合的アイデンティティを確立していく。仲間文化は、子どもたちを統合したり区分したり、子どもたちを支援したり荒廃させたり、子どもたちに枠組みや方法を与えたりして、子どもたちを独自の下位単位として広範なアメリカ文化のなかに適合させていくのである。

監訳者あとがき

本書は、Patricia A. Adler, and Peter Adler, *Peer Power : Preadolescent Culture and Identity*（Rutgers University Press, 1998）の全訳である。

パトリシア・アドラー（Patricia A. Adler）は、本書執筆時はコロラド大学ボールダー校の社会学の教授だったが、現在は同大学の名誉教授であり、ピーター・アドラー（Peter Adler）もデンバー大学の社会学の教授だったが、現在は同大学の名誉教授である。いずれもカリフォルニア大学サンディエゴ校から社会学の博士号を授与している。彼らの研究は多領域にわたり、パトリシアは子ども社会学、薬物の社会学、スポーツと余暇の社会学、仕事の社会学、逸脱行動論、質的研究法、象徴的相互作用論、社会学理論などにおよび、またピーターは、犯罪学、子どもの逸脱行動、社会心理学、質的研究法、民族誌的方法、仕事の社会学、スポーツの社会学、薬物の社会学などにおよんでいる。彼らには、それぞれ代表的な著書として、

Patricia A. Adler, *Wheeling and Dealing : An Ethnography of an Upper-Level Drug Dealing and Smuggling Community*, NYU Press, 1861.

Peter Adler, *Momentum: A Theory of Social Action*（*Sociological Observations*）, SAGE Publications, Inc, 1982.

があるが、それよりも夫妻での共同著書や共同編集書が多い。他の研究者との共著書や共同編集書もある。今、夫妻の主要な共著書や共同編集書のみに限ってあげてみると、本書以外に以下のようなものがある。

Patricia A. Adler and Peter Adler, *The Social Dynamics of Financial Markets*（Contemporary Studies in Applied Behavioral Science）, JAI Press, 1984.

Patricia A. Adler and Peter Adler, *Sociological Studies of Child Development*（Sociological Studies of Children and Youth）, AI Press INC, 1986-1992.

Patricia A. Adler and Peter Adler, *Membership Roles in Field Research*（Qualitative Research Methods）, SAGE Publications, Inc, 1987.

Patricia A. Adler and Peter Adler, *Backboards and Blackboards: College Athletics and Role Engulfment,* Columbia University Press, 1990.

Patricia A. Adler and Peter Adler, *Constructions of Deviance: Social Power, Context, and Interaction,* Wadsworth Publishing. 1993.

Patricia A. Adler and Peter Adler, *Sociological Odyssey: Contemporary Readings in Introductory Sociology,* Cengage Learning, 2000.

Patricia A. Adler and Peter Adler, *Paradise Laborers: Hotel Work in the Global Economy,* Cornell University Press, 2004.

Patricia A. Adler and Peter Adler, *The Tender Cut: Inside the Hidden World of Self-Injury,* NYU Press, 2011.

Patricia A. Adler and Peter Adler, *Drugs and the American Dream: An Anthology.* Wiley-Blackwell, 2012.

特に、彼らは、子どもの社会学的研究に力を入れ、研究論文の発表の場として社会学ジャーナル『子どもの発達の社会学的研究』（*Sociological Studies of Child Development*）を刊行してきた。一九八六年に第一巻、一九八七年に第二巻が刊行されたが、第三巻は一九九〇年に刊行、そして第四巻、第五巻は一九九一年、一九九二年に刊行されたが、第六巻は一九九四年に刊行というように当初は定期的ではなかったが、以後は毎年刊行されており、二〇一七年現在、第二二巻（2017）まで刊行されている。アドラー夫妻は第一巻から第五巻まで編集者を務めていたが、第六巻（1994）から編集者はマンデル（Mandell, N.）に替わり、タイトルも、*Sociological Studies of Children,* に変更されている。さらに第八巻（2001）から編集者はキニー（Kinney, D. A.）となり、研究対象を子どもから青年にまで広げ、タイトルも、*Sociological Studies of Children and Youth,* に変更されている。そして第一五巻からはバス（Bass, L. E.）が編集者となり、今日に至っている。しかしアドラー夫妻は今日まで引き続き編集委員会のメンバーとして編集に携わっている。

アドラー夫妻は、社会学には伝統的に子どもや子どもの発達に関わる研究は少ないが、しかし子どもの発達に関わる研究は社会学理論の基本的な問題に関わる重要な研究領域であるという。ミード（Mead, G. H.）やクーリー（Cooley, C. H.）といった相互作用論者は、子どもの発達過程を研究することによって人間がどのように自己（self）を形成し、相互作用能力を発達させ、社会の正規のメンバーになっていったかを理解しようとしたし、そうした研究が相互作用や人間行動、そして人間の集団生活やさらには社会秩序や社会組織の問題を考察していくうえでの鍵になるのだと述べている。だが、主要な社会学者は子どもの発達を取り上げることは少なかったし（その意味で社会学には伝統的に子ども研究は少ないのだが）、また近年の社会学は構造機能主義が支配的で統計学的手法を用いた量的研究が優先され、質的研究法を用いることの多い子どもの研究は社会学ジャーナルのレフリー制度をパスすることは少なく、研究発表の場が十分に与えられてはこなかったというのがアドラー夫妻が『子どもの発達の社会学的研究』を刊行した理由である。実際、このジャーナルには参与観察、フィールドワーク、内容分析、さらには写真活用などの手法による多くの子ども研究論文が掲載されている。もちろん量的研究法による研究論文もある。

アドラー夫妻は、また質的研究法、特にエスノグラフィーの手法を用いて数々の研究を進めてきた。本書もエスノグラフィーの手法を用いているが、*Paradise Laborers*（2004）もエスノグラフィーの手法を用いてリゾートホテルの労働者を対象に参与観察を行って分析した代表的な研究である。こうしたフィールドワークにおける参与観察の技法については、*Membership Roles in Field Research*（1987）に詳しい。アドラー夫妻は、二〇一〇年にこれまでの研究業績に対して象徴的相互作用論学会（Society for the Study of Symbolic Interaction（SSSI））から共同でジョージ・ハーバート・ミード賞（George Herbert Mead Award for Lifetime Achievement）を授賞している。

さて、本書は、アドラー夫妻が同じ居住地域に生活している八歳から一二歳という、小学校三年生から六年生の子どもたちの仲間の世界を八年間にわたって参与観察してきた共同研究の成果である。子どもには子ども独自の仲間の世界があり、そこには独自の仲間文化があって子どもたちの生活や発達に大きな影響を与えている。本書では、そうした子どもの仲間文化を明らかにするために、仲間間での人気、友情、忠誠心、クリークの組織や階層構造、社会的地位や地位の移動、社会的孤立、性別文化、アイデンティティ、同性間の友人関係や異性関係、学校外活動組織など子どもの生活のさまざまな側面が取り上げられている。しかし大人と子どもとは、思考方法やパースペクティブが異なるから子ども独自の仲間文化の本質を理解しようとすれば、質的研究法にならざるを得ない。そのためにアドラー夫妻は、質的研究法のなかでも研究対象者の視点を基本的な特徴とするエスノグラフィーの手法によって子どもの仲間文化を解明していこうとしたのである。八歳から一二歳というわずか数年の間であっても子どもの生活のさまざまな側面の変化の過程が巧みに捉えられ、リアルに描写されているのは、こうした手法による。

この八歳から一二歳という小学生後期の段階、つまり児童期後期は前青年期（preadolescence）と呼ばれる。アメリカの著名な精神医学者であるサリヴァン（Sullivan, H. S.）は、前青年期は親密な友人関係の形成を発達課題とする重要な時期だと述べている（Sullivan, H. S., *The Interpersonal Theory of Psychiatry*, 1953. 中井久夫他訳『精神医学は対人関係論である』みすず書房、一九九〇）。サリヴァンは、人間の人格的発達は対人関係を通してのみ可能であるとして、対人関係の特徴から人格の発達段階を、幼児期（infancy）、小児期（childhood）、児童期（juvenile era）、青年期（adolescence）という四つの主要な時期に区分した。幼児期は誕生から身振りと言語を獲得するまでの時期で、母親との対人的コミュニケーションを通して人格形成が始まる時期であり、小児期は言語を獲得して対人的コミュニケーションが発達する時期から遊び友だちとの関わりに対する欲求を持つようになる時点までの時期であって、他者の人格への調整が要求され、社会的人格形成が始まる時期である。児童期は自分と同じような遊び仲間を求める欲求が高まる時期から「情欲として感得される真の性器的関心」（Sullivan, 訳、二九七頁）が頭をもたげるようになる時期、つまり性的成熟が対人関係に影響を及ぼすようになるまでの時期であって、仲間との関係によって自己調整が始まる時期であり、青年期は性的成熟が対人関係に影響を及ぼすようになる時期から「対人関係の全面的に人間的な、成熟したレパートリーが確立するまで」（Sullivan, 訳、三三二頁）の時期、つまり成人としての社会的活動を受け入れ「ありのままの社会のなかに統合されるようになる」（Sullivan, 訳、三三五頁）までの時期である。

しかしサリヴァンは、児童期と青年期の間に前青年期という一時期を挿入した。正確に言えば、青年期の直前の、児童期後期の最後の数年間である。この時期は未だ性的成熟が本格的に進んでいるわけではないが、しかし第二次性徴が現れ始めている時期である。児童期が遊び友だちを求める欲求が開花して「個々人の差異に非常なバラッキがある同年配の子との接触」(Sullivan, 訳、二五九頁) が多くなって「大量の社会的体験を通過する機会に恵まれている」(Sullivan, 訳、二七四頁) 時期であるのに対して、前青年期は同性同年輩の特定の親密な友人、つまり親友 (chum) に対する関心がぐっと深まっていく時期である。この親友との関係 (親友関係 chumship) において子どもは「親密性 (intimacy)」と呼ばれる感情を体験する。親密性とは「親友の幸福に役に立とうとする」(Sullivan, 訳、二七七頁) ほどに強い献身的な感情である。この時期の親友はあらゆる価値の領域において自分と同等に大切な人間となる。そのために子どもは相手 (親友) に非常に近づいて、その相手の目で自分を眺めるという新たな能力を持つようになり、人格の発達上、自分自身にせよ、自分以外の人々にせよ、それらについての自閉的幻想的な考えを訂正するうえで特別に重要な意義を持つようになるのである (Sullivan, 訳、二七九頁)。サリヴァンは人間が望ましい方向へと大幅に変わる機会が多いのは、前青年期のように発達段階と発達段階との境界線においてであるという。この前青年期に親友との親密性を体験できれば、社会的調整能力を発展させ、それまでの人格的な発達上の歪みや不適切を矯正することができ、後続の青年期においても成熟した対人関係を持つことができるようになるが、親友関係による親密性を体験できなければ、その後においては同性の他者を欲求不満をもたらす存在として見なすようになり、同性との対人関係においても同性と一緒に仕事をする上においても、困難を来すようになるという (Sullivan, 訳、二八〇頁)。そしてこの前青年期は、社会学者が「ギャング (gang)」と言い慣わしてきたもの、少なくともそれに近いものが発達し始める時期だと述べている (Sullivan, 訳、二八一頁)。

日本でも精神医学者の笠原は、早い時期から前青年期の見解を取り入れて、一〇歳前後から一四歳前後を「プレ青年期 (preadolesceoce)」として青年期の問題を考察していくことを提唱している (笠原嘉「今日の精神病理像」、笠原嘉他編『青年の精神病理』弘文堂、一九七六、三－二八頁)。

前青年期については、心理学では研究が進んでいるが、社会学ではまだ研究は多くはない。しかしこの時期には同年輩者関係や同年輩集団に対する子どもの欲求は強く動くし、それだけに子どもの社会化に与える影響は強烈であり、場合によっては決定的であり、また近年では児童期から青年期にかけての身体的成熟は早まっているものの人格的・精神的発達は遅滞して、その間に大きなギャップが生まれているから、児童期と青年期との間に前青年期という一時期を設定して子ども期の問題や青年期の問題を考察していくことは、研究するうえにおいても実際に教育し指導していくうえにおいても有効であり、必要だと思われる。

前青年期は、同年輩者と集団を成して、つまり仲間集団（サリヴァンの言うギャング）を構成して集団行動を取るのが特徴的な時期であるから、それが前青年期研究の中心的なテーマになるだろうが、しかし仲間との集団行動を捉え、その内部過程を捉えることは容易でない。量的研究法においては仲間関係は捉えることができるだろうが仲間集団やその内部構造を捉えることは容易ではないし、質的研究法においてはまずもって対象としての自然状態の仲間集団を捉えなければならないが、その集団自体を捉えることがはなはだ困難である。とりわけ前青年期の場合は、仲間との集団行動の範囲は広く、集団行動の都度に集まるメンバーも流動的であり、何よりも仲間との集団行動を取る場所が一定ではないから自然状態の仲間集団を捉えることは容易ではないのである。

前青年期の仲間や仲間集団、仲間文化が子どもの社会化に極めて強い影響を及ぼすと考えられているにもかかわらず、前青年期の社会学的研究は多くはない。日本でエスノグラフィーが用いられるようになったのは一九八〇年代からであるが、しかしそれも子どもの研究に限って言えば、学校の内部過程や教師生徒関係の問題に焦点を当てた研究が多く、仲間との集団行動や仲間文化の領域にまではおよんでいない。本書を翻訳したのは、こうした理由による。

翻訳は、各訳者がそれぞれの担当章を全訳したものを監訳者が一通り目を通し、若干の修正を行った。

本書の出版にあたっては、九州大学出版会の永山俊二氏のお世話になった。永山氏はすべての原稿を丹念に読んでくださり、的確な、そしてきめ細かなアドバイスをしてくださった。記して謝意を表したい。

二〇一七年六月

住田正樹

注

序章

（注１）子ども研究に対する社会学的関心は二〇世紀の終わりの一〇年間ほどの間に再び脚光を浴びることになった。この領域はこれまではもっぱら発達心理学者やソーシャルワーカーが研究してきたが、社会学者が従事するようになって数々の学術的な、組織的な研究成果を生み出してきた。例えば、子ども研究の年次研究シリーズ（Sociological Studies of Child Development, Adler and Adler 1986、参照）、一六のヨーロッパ諸国によって子どもに関する研究と出版をコーディネートする国際的組織「子どもプロジェクト」の設立（一九八七年活動開始）、子どもに関するいくつかの論文を編集したアンソロジー（Handel, 1988; Waksler, 1991, 参照）、国際社会学会における「子どもの社会学」に関するテーマ別ワーキンググループの設立（1990）、アメリカ社会学会における「子どもの社会学」に関するセクションの設立（1992）、数々の学術的モノグラフ（徹底的にレビューするためにはCorsaro, 1997を参照）など。

第１章

（注１）子ども研究の方法論的問題については、次の文献が優れている。Corsaro（1996）, Corsaro and Streeck（1986）, Fine and Glassner（1979）, Fine and Sandtrom（1988）。心理学的アプローチについては、Damon（1977）, Rizzo, Corsaro, and Bates（1992）参照。

（注２）エスノグラフィー研究者は、ほとんどが大人にとっても子どもにとっても親しみのある観察者としての立場を取っているか（Best, 1983; Corsaro, 1985; Eder, 1995; Glassner, 1976; Goodwin, 1990; Kless, 1992; Opie, 1993; Peshkin, 1982; Rizzo, 1989; Thome, 1993）、あるいは観察力のある友人という立場を取っている（Fine, 1987; Mandell, 1988）。ワクスラーは、子どもを研究するために回顧法を用いているが（Waksler, 1986, 1996）、それは大人に質問をして子ども期の経験を思い出させるというものである。ファインとサンドストロム（Fine and Sandstrom, 1988）は、大人のエスノグラフィー研究者は四つの役割を取ることができると述べている。監督者、リーダー、観察者、友人である。

（注３）こうした傾向に対する著名な、例外的な研究には、街のストリート・チルドレンの言語をテーマとしたグッドウィンの研究（Goodwin, 1990）、労働者階級の青年の文化をテーマとしたウィルの研究（Wills, 1981）、サウス・ロンドンの少女の民族性を取り上げたウルフの研究（Wulff, 1988）がある。

（注４）最近の研究書としては、Eillis（1995）、Karp（1996）、Krieger（1991）、Ouellet（1994）などの例があげられる。

（注５）エリクソン（Erik Erikson）の方法論的アプローチの論議については、Eirikson（1973）、Evans（1967）、Maier（1965）を参照。クーリー（Charles H. Cooley）については、Jandy（1942）、Reiss（1968）を参照。彼らの時代の知的雰囲気が、［厳密な］研

究方法によってよりも観察法によって生まれた理論を受け入れたことは実に興味深い。当時、観察法は非常に主観的で全く厳密な方法ではないと見なされていたにもかかわらずである。

（注6） Britsch（1995）、Carere（1987）、Daiker and Morenberg（1990）、Goswami and Stillman (1987)、Hustler, Cassidy, and Cuff（1986）、Pinnell and Matlin（1989）を参照のこと。

（注7） Cottle（1980）, Moustakas（1990）を参照。

（注8）「クールな親」という概念を提案してくれたスペンサー・ケイヒル（Spencer Cahill）に感謝したい。子どもたちが「クールな親」という言葉で私たちに近づいてきたというわけではないが、彼らは「このような調子で親と話したことがなかった」、「あなたたちは話しやすいよ」、「これについて親と話したことがなかった」などと言っていた。

（注9） 見知らぬ大人として学校現場に入り、エスノグラフィー研究者としての役割をこなそうとすると、ごく一般的な問題ではあるが、例えばその一つとして、学校の規律の遵守を要求する守衛からの指示に従わなければならないということがある。このような権威的な振る舞いのために、研究者は自分の研究主題を追究していくことが困難になる場合もある。だが、さらに指示に従わなければ大人の後援者の協力も得られないという危険に研究者は晒されることになる（Eder, 1995; Mandell, 1988; Thorne, 1993 を参照）。

（注10） しかし皮肉なことに、翌年私たちが学校でインタビューをしていたとき、この子どもの弟がインタビューに応じると自発的に申し出てくれた。そして親も私たちと話をして弟がインタビューに応じることを承諾してくれたのである。

（注11） 私たちは、前青年期の子どもたちに焦点を当てて調査をしていたが、彼らが前青年期を過ぎても観察を続け、私たちが設定していたさまざまな課題について考えた。その後、私たちはこれまでのことを再検討するために時折こうした課題をとりあげて、前青年期に始まり、さらにその後も数年間にわたって継続している傾向とパターンについて克明に追究していった。

（注12） ファイン（Gary Alan Fine）、私信。

（注13） Gusterson（1993）、Hertz and Imber（1993）、Rosaldo（1989）を参照。スタディ・ダウン（study down）については多数の文献例がある。人類学的な（植民地の）研究、犯罪のグループの調査、権利を剥奪された人々や経済的に恵まれない人々の研究、子どもたちや社会的弱者の人々を含むほぼすべての研究など広範囲に及んでいる。

（注14） 私たちは、特にこの問題について記述された文献を見いだすことはできなかったが、しかし研究者が自分の子どもを調査対象として強いることがいかに悪影響をもたらすかということについては、いくつかの分野で論じられている。特に幼児言語の自然発話データベース [Language Data Exchange System, 略称 CHILDES, 言語獲得データの国際的な共有システムのプロジェクト名：訳者注] は、研究者（一部のオブザーバーとしての親も含む）によって提供された親と子どもの会話の書き起こしたデータを編集したもので、子どもの言語獲得を研究してい

るすべての言語学者が利用できる。子どもたちの発達初期の言語についての逸話が記録され、それが無期限に保存されて、多数の研究者にとっては利用しやすくなったのであるが、しかしその後に続いて起こったのは子どもたちが深く苦々しい経験のための怒りと敵意を募らせていったということであり、この話が言語領域のなかでインフォーマルに広まっていったのである（ジェームズ・モーガン（James Morgan）、私信）。

（注15）この親と州機関の関係者との関係は、民間の調査員に与えられている広範囲な自由裁量によく反映されている。民間の調査員はさまざまな場所に入ることができて、比較的自由に質問することができるが、州政府の職員、例えば警察官は、調査に携わる際の条件や証拠を収集する際の条件というさまざまな制限に縛られている。

（注16）これに対する少数の例外の一つに、カレールが代替教育をしている間に小学校児童を対象に行った内密の調査から提供された方法論的な考察がある（Carere, 1987）。

第2章

（注1）人気を獲得する上で身体能力がいかに重要かについて他の多くの研究者も指摘している。Coleman（1961）、Eder & Parker（1987）、Eitzen（1975）、Fine（1987）、Schofield（1981）を参照。

（注2）穢れの儀式においては、それぞれ相手の異性を「バイ菌」や「間抜け」と非難するような性別を横断した活動が見られる。ソーン（Thorne, 1986, pp. 174-175）は、女の子は男の子よりもより汚い扱いを受けやすいこと、そしてこのことは文化を横断して見られる女性の従属というパターンを予想し、影響を与えていると述べている。

（注3）年上のきょうだいのいる子どもたちは、他の子どもたちよりも、ませていることが多かった。彼らは女の子に近づくことの気後れに打ち勝ち、いちゃついたり、デートしたりといった儀式を模倣するのである。

（注4）ディオンとバースケード（Dion & Berscheid, 1974）は、友情の選択は身体的な魅力に基づくことが多いと述べている。ドッジ（Dodge, 1983）、ヤングとクーパー（Young & Cooper, 1944）は、身体的な魅力が低いと社会的な拒絶を招きやすいと述べている。

（注5）Coleman（1961）、Eder & Sanford（1986）、Eder & Parker（1987）、Schofield（1981）を参照。

（注6）サイモン、エーダー、エバンズ（Simon, Eder & Evans, 1992）は、ボーイフレンドを持つと女の子の人気は上昇すると述べている。

（注7）二年生になると、人気のある女の子のグループでは、リーダーは極端にませて、日常的に男の子へ電話をかけていた。彼女たちは男の子たちにたわいない質問をし、くすくす笑いあい、留守番電話に長いメッセージを残していた。学校を出ると、リーダーの女の子は自分が好きな男の子をお金やキャンディで誘惑し、キスするようにせがんでいた。しかし、男の子がキスする

ことを拒否すると（キャンディを食べ、お金を使ってしまった後でも）、面目を失うことを避けるために、キスしてくれたと友だちに嘘をついていた。

（注８）ある女の子は、自分が人気のある男の子と付き合っているふりをして、友だちに嘘をついていた。彼女がでっち上げたストーリーが発覚したとき、友だちは彼女と絶交した。その後彼女は、地位と友だちの両方を失った。

第３章

（注１）クリークのソシオメトリックな特徴に関する議論については、Hallinan（1979）、Hubbell（1965）、Peay（1974）、Varenne（1982）を参照。

（注２）中心的なグループの中で彼らは、一人ひとりの子どもにさまざまなチャンスを与える。たとえば、彼ら自身が選び出した子どもたちから親しい友人をつくるチャンス（Elkin and Handel, 1989）、社会について学ぶ機会、集団のメンバーにふさわしい行為を実践する機会、自我やアイデンティティを深化させる機会などである。大人たちの世界からは独立して（Fine, 1981）、子どもたちは大人たちの価値観に対立する立場であることを忘れることもあり（Elkin and Handel, 1989）、大人の価値基準に反抗する文化を持っている（Corsaro, 1985）。ゆえに、子どもたちは子ども同士の仲間文化のしっかりとした枠組みに組み込まれている。その仲間文化は他に頼らず独自のものであるが、同時に将来大人になったときの振る舞いに基づいたものである。

（注３）そのなかには、子どもたちが人種によって集団が分化する方法に焦点を合わせた研究（Criswell, 1937; Schofield, 1981; Singleton and Asher, 1977）、社会階層によって集団が分化する方法に焦点を合わせた研究（Coleman, 1961; Gordon, 1957; Hollingshead, 1949）、性別によって集団が分化する方法に焦点を合わせた研究（Berentzen, 1984; Best, 1983; Goodwin, 1990; Hallinan, 1979; 1980; Lever, 1976; Thorne, 1993; Thorne and Luria, 1986）がある。その他にも、規模や組織のような、学校や学級の構造的特徴の影響に焦点を合わせた研究（Dawe, 1934; Gump and Friesen, 1964; Hallinan, 1979; Wicker, 1969）、友だち作りに関心のある生徒を共有する方法に焦点を合わせた研究（Cusik 1973）、社会的スキルの貧弱さ（社会的スキル欠陥説）が子どもの仲間集団の形成や仲間集団への加入といった才能に与える影響に焦点を合わせた研究（Asher and Renshaw, 1981; Gottman, Gonso and Rasmussen, 1975; Kinney, 1993; Oden and Asher, 1977; Putallaz and Gottman, 1981）がある。その他、この分野に関する一連の調査では友だちのつながりの特徴を明らかにするためにソシオメトリックテストが用いられている。子どもたちに同じ学校の子どもを好きな子と嫌いな子に分けてもらい、調査者は子どもそれぞれの答えをつき合わせてモデルを作成する。これらの調査からは、子どもの仲間集団の数、規模、排他性、安定性が明らかになる（Glidewell et al., 1966; Hallinan, 1979）。また、交友範囲の広さや社会的な孤立状況、そのネガティブな影響も明らかになっている（Asher, Oden and Gottman, 1977; Gronlund

1959; Hymel and Asher, 1977; Roff, Selle and Golden, 1972）。この領域の論文では頻繁に「クリーク」という用語が用いられているが、その定義はここで筆者が使用している意味合いとは異なる。これら上述の学者はクリークを基本的に仲間集団と同等の意味合いで使い、そのような集団は小学四年生から中学二年生ではどの学年でも確認できると考えている。このような用語を使用することは、次のような場合に排他性という特徴を見落とすことになる。それは、ある学年の上位層をたった一つのクリークが独占し、そのクリークがそのメンバーもメンバーでない子どももみんなから「人気のあるクリーク」として認識されている場合である。私たちは排他性という特徴を人気に関する調査で見いだしており、そこでは人気には地位の階層に関する要因が含まれている。人気のある集団として認められた集団は真正のクリークへとより近づきやすい。これらの研究は主に子どもたちの間で人気が出てくる特徴を明らかにすることに焦点を合わせている（Asher, Oden and Gottman, 1977; Young and Cooper, 1944）。

（注4） 人気のある子どものグループとそうではない子どものグループの間には、強固な境界線が存在し、集団間をしっかりと社会的に分離している（Kinney, 1993）。グループ内とグループ外との関係に関する調査では、グループ内のメンバー、グループ外のメンバーに関連する争いや敵意、強い偏見について論じている（Hamilton and Gifford, 1976; Sherif et al., 1961; Tajfel 1978; Tajfel et al., 1971）。これは付き合いに関する仮説とつながっている。つまり、グループ外の子どもとの付き合いがないことによって、グループ内の子どもたちはグループ外の子どもは変わり者で格好よくないと思うことにつながるのである（Allen and Wilder, 1979）。これに反対する二つの仮説がある。一つは親密性の原理で、好ましい状況下での交流はグループ内とグループ外の間の敵意を減じ、友好関係を形成するというものである（Homans, 1950）。もう一つは、交流することで以前よりも関係が悪化することがあるという考え方である（Perlman and Oskamp, 1971; Schofield, 1981; Triandis and Vassilou, 1967）。内部に目を向けて社会システムとして集団を見ると、競合している外集団と人気がなく孤立している子どもたちとの間で起こる交流は内集団が振舞い方の境界線を明確にして団結を強めることに役に立つことが研究から示される（Allen, 1981; Best, 1983; Sherif et al., 1961）。

（注5） コルサロ（Corsaro, 1981b, 1985）は就学前教育におけるクリークの原型を観察し、観察した子どもたちの間では、遊び場を拡大しようと試みる者とそれに抵抗する者とが争いを繰り広げていたことを記録している。その意味で共同遊びは内外を含めて友だちの集団作りの基盤をなす。ベスト（Best, 1983）は小学校でのクリークの発達を調査しているが、それは低学年の時期を通して男の子とそのリーダーから成る集団に焦点を当てたもので、人気のある子どもたちが他の子どもたちを追い出すほどに排他的な集団であるテントクラブの形成過程を観察調査している。

クリークに関連付けられた振舞い方の存在をはっきり述べた調査者もいる。エパーソン（Epperson, 1963）は、排除された子どもが拒絶を募らせる子どもと再び行動する方法を見いだしている。それは、自分たちの攻撃的な振る舞いを強めるよう仕向けるというものであり、より不人気さを増してしまうものである。エーダー（Eder, 1985）は人気のある中等学校の女子生徒たちを特徴付けている「人気の回帰」を記述している。彼女たちは人気のあるグループに入って短期間で人気の絶頂に上り詰めたが、その後以前の友だちが自暴自棄になった結果、その地位から転落したのである。他の外集団のメンバーたちの好意的な申し出にも、また他の人気のある女の子たちの友情にも応えることができなかったのである。あまりに早く賞賛を得たりそれを望んだりした他の子どもは嫌われたり軽蔑されたりするようになった。ブラウ（Blau, 1964）は、小集団の変化のサイクルの類型を提示している。そのメンバー構成の変化においては、一人ひとりの子どもが自分の弱点をあえて誇示することによって控えめな謙遜を示し、その後で、自分の適性や才能、仲間に入れてもらうための集団への貢献を誇張し、吹聴するのである。そうすることによって集団内での競合的な立場を控え、社会的な統合を促進することができる。一つには選択の結果として、また、他者の行動を通してこれらすべてのサイクルは社会的な統合を低下させるのである。

（注6）　デービス（Davies, 1982）は、ランキングよりむしろ近接性の方が子どもたちの友人関係の最も基本的な要素となりやすいことを述べている。

（注7）　地位を維持することは友人関係を継続させること――友だちとしての立場にあること――の対極にあり、最も強い忠誠心と友人関係を重要なクリークのメンバーから集まるように絶え間なく努力することが必要である。周りの子どもたちがリーダーである自分から離れて人気者になる可能性のある子どもに向かわないようにである。地位を維持することは集団の内外両方のダイナミックスに議論が波及するため、ここでは論じない。味方のメンバーを増強しようとすればスター的な子どもの人気や力が高まっていくことに対して攻撃的にならざるを得ないが、それは同時にそのスター的な子どもを集団から追い出そうとすることにもなる。これは排除の技術であるから章の後半で論じる。

（注8）　オズワルド、クラップマン、チョードハーリー、フォン・サーリッシュ（Oswald, Krappmann, Chowdhuri & von Salisch, 1987）は、他の子どもたちより優れていて、他の子どもたちから忠誠を集めるのにふさわしいことを主張する方法は「手伝え」と命じることであり、本質的なことでも社会的なことでもないという点を述べている。

（注9）　ホグとエーブラムズ（Hogg & Abrams, 1988）は、外集団の子どもを傷つける行為はグループの結束を強化し、このような嫌がらせに関与する子どもたちのグループの地位を向上させる点を発見した。この傾向は二つのグループがお互いに闘っているとか競合しているとかと感じている場合に特に強い。

（注10） エーダーとサンフォード（Eder and Sanford, 1986）およびマーテン（Merten, 1994）は中等教育学校の思春期の仲間集団の間での同じ傾向について述べている。

（注11） エーダー（Eder, 1991）でも以下の点が述べられている。クリークのメンバーが自分たちのクリークに他のメンバーを加える場合、その子どもがメンバーから好まれるような気立てのよさを持っていると感じることがある。

（注12） エーダーとサンフォード（Eder & Sanford, 1986）やエーダーとパーカー（Eder & Parker, 1987）では、容姿、特に髪型が集団内の流行をリードし人気を維持するために重要であることが議論されている。

（注13） マーテン（Merten, 1994, 1996b）は、いじめられていて、先生に問題を報告したいのだけれども、先生の介入という事態を恐れてそれができない子どもは他の子どもの怒りを招くというジレンマに直面することであると述べている。マーテンはある少年の成り行きを記録している。彼の母親は他の子どもの親に「あなたたちの子どもが私の息子をいじめているんじゃないか」と苦情を申し立てた。その翌日から他の子どもたちが学校に行ってもその少年をからかうことはもうなくなったが、彼のことをあざけり、告げ口屋と馬鹿にするようになった。

（注14） ビゲロー、テソン、ルーコー（Bigelow, Tesson, and Lewko, 1996）でもこの「滑走」現象について記述されている。

第4章

（注1） 思春期の学校経験におけるもっとも顕著な要素としての友人関係の集団に関しては、Coleman（1961）、Cusik（1973）、Everhart（1983）、Gordon（1957）、Hollingshead（1949）、Willis（1981）を参照。思春期の子どもたちの基盤を形成し、形作り、仲間文化につなげていく友人関係の集団に関しては、Everhart（1987）、Fine（1987）、Willis（1981）、Wulff（1988）を参照。

（注2） 例えば、コールマン（Coleman, 1961）では、彼が研究した思春期の子どもの構造システムにおける四つの集団に関して記述している。四つの集団とは、リーダー集団、模範者、局所的なリーダー、人気がないと彼が述べた集団である。カナーン（Canaan, 1987）、エッカート（Eckert, 1989）、エーダー（Eder, 1995）では、態度や興味に基づく中学校や中等教育学校での集団の形態が論じられている。そこでは、ジョックやプレッピー［有名私立学校に通っている金持ちの子どものこと：訳者注］、不良少年、スケーター、薬物中毒者、インテリといった人々が一緒に来て気配りのある人を見つける。研究者は思春期の子どもは集団を人気や名声によって階層的に分類することも示している（Brown and Lohr, 1987; Cohen, 1961; Cusik, 1973; Eder, 1995; Hollingshead, 1949; Ianni, 1989; Kinney, 1993; Larkin, 1979; Lesko, 1988; Lighfoot, 1983; Merten, 1996a; Schwartz and Merten, 1967; Schwendinger and Schwendinger, 1985; Snyder, 1972; Varenne, 1982; Weis, 1974）。

（注3） 小学校には存在しない中学校や高校における多様な社会

集団に関する議論についてはCanaan（1987）とEder（1995）を参照。

（注4） Epstein（1973）、Rosenberg（1979）、Turner（1968; 1976）を参照。自己概念に関する文学作品での中心的テーマはアイデンティティの内容と組織が社会の内容と組織を反映していることである（Gecas, 1982）。象徴的相互作用論の立場からは、人々が共有している社会的役割、ルール、シンボル、カテゴリーに基づいて、アイデンティティが相互作用のなかで社会的に構成される方法に焦点があてられる（Cooly, 1902; Foote, 1951; James, 1890; Mead, 1934; Stryker, 1968; Thomas, 1923）。さらにこれらのカテゴリーからの反応や応答によって、人々の反応や価値観を認識することを通してアイデンティティは表現され、維持され、協議され、修正される（Goffman, 1959; Mccall and Simmons, 1966; Stine, 1962; Weinstein, 1969）。アイデンティティは自己表現を象徴化し、自分の役割と他者、他者の反対の役割とを比較するような特定の状況において獲得される（Lindesmith and Strauss, 1956; Turner, 1956）。同時に、アイデンティティは自己肯定感の中核をなし、自己の感情的な次元を形成する。ゆえにアイデンティティは自己の内容と評価を明確に述べ、私たちの思考や感情、振る舞いを導いて調整し、個人と社会構造を相互に関連付けるように機能させるのである（Stryker, 1980）。

（注5） クレス（Kless, 1992）は三つの明快な集団についてのみ記述している。すなわち、リーダー集団、中間層、孤立者たちである。取り巻きの階層を区分することはできていない。私たちが調査した学校では、規模がより大きく、大きな差異があり、もっと多様な学級の構造があったことによるのかもしれない。（クレスが研究しているように）児童数が各学年八〇人以下の学校では、このような階層は消滅する傾向があり、その代わりにばらばらに個人が存在したり、全くなかったりする。

（注6） このような階層の類型化を複雑にしたり増やしたりすると階層間で重なる部分や変動する部分が出てくる。階層間を渡り歩く子どももおり、人気者、取り巻き、お互いが友だちである中間層の間のグレーゾーンを占めていたり、もしくは孤立者や一人二人の友だちの間をうろついている。その他の子どもたちは、十分には受け入れてはもらえないものの、そうした階層に入りたいと思い、人気のある集団の辺辺部をうろついたりするが、散発的に受け入れてもらえるに過ぎない。それでもその他の子どもは階級間の不安定な位置にあり、集団から追い出されて立場を回復させる方法を探すことになったり、一時的には当てもなく漂い前の友だちに再度受け入れられることを望むようになる。

（注7） ハリナン（Hallinan, 1976）は学級規模とクリークの配置の類型の影響について論じている。彼女の議論では、伝統的な学級では人気に基づく厳格なヒエラルヒーが形成される一方、開放制の学級では、同級生が自分の好きな子どもに引き寄せられてより大きな集団を作り、面白い関係が形成される。

（注8） マーテン（Merten, 1996a）は、思春期のチアリーダーの高い地位にある集団が地位の低い少女をメンバーとして受け入

れるとき、彼女たちは親しい集団からの人気や名声、尊敬をいくぶん失うことを示している。

（注9） リペットとゴールド（Lippett and Gold, 1959）は、子どもたちの社会的地位はその学年一年間を通して安定性を保つことを明らかにした。

（注10） ハータップ、グレーザー、チャールスワス（Hartup, Glazer and Charlesworth, 1967）は、人気のある子どもは、人気のない子どもとは対照的に、賞賛を得るためには、好意を示したり喜んで要求を受け入れたりする必要があるときにどんな風に他の子どもに注意を払えばよいのかよく知っていることを述べている。

（注11） エーダー（Eder, 1995）は、変動は男児の下位文化でも女児の下位文化でもともに一般的であることを特に明らかにしている。

（注12） しかしながら、リッツォ（Rizzo, 1989）が記録したことによると、子どもたちは同じ学級の子どもとより親しい友達になる傾向がある。

（注13） エーダー（Eder, 1995）は、自分が運動選手ではないのに、人気のある運動選手の服装を真似しようとする子どもはネガティブに見られていることが多いことも観察している。

（注14） エーダー（Eder, 1995）は、一般的にこの年齢集団においては、不安定な行動が顕著になると述べている。

（注15） ヤニシジズとスモラー（Youniss and Smollar, 1985）は、友人の選択は人気よりむしろ深い関係性や開放性に基づいており、思春期までは拡大していかないことを記録している。

（注16）エバンズとエーダー（Evans and Eder, 1993）によると、三つの主な特徴がこれらの子どもを区別するのに役立つ。その三つとは、独特の外見、ジェンダーに適切ではない振舞い方、精神的な包容力が不十分であることである。クーイは、拒絶された子どもは社会的に支持される振る舞いが減り、反社会的な振る舞いが増えることを明らかにした（Coie, Dodge and Coppatelli, 1982; Coie, Dodge and Kuperamidt, 1990; Dofge, Coie and Brakke, 1982を参照）。エーダー（Eder, 1995）によると、社会経済的階層が低かったりマイノリティの出身の人が不釣合いにこの地位を代表することがある。

（注17） この人数はハリナン（Hallinan, 1979）が小学校で観察した孤立者の相対的な人数と一致する。

（注18） エバンズとエーダー（Evans and Eder, 1993）は、少数の例外を除いて、低い地位の子どもが孤立者の循環を抜けることはほとんど不可能であることを示した。

（注19） マーテン（Merten, 1996b）は、皮肉なことに、社会的に孤立した状況にあると思春期の子どもの知名度は上がり、そのために自分が知らない相手が自分のことを知っていて、いじめたりからかったりされることを述べている。

（注20） マーテン（Merten, 1996b）は、雄蜂［序章の訳注17を参照］が受け入れられようと努力することをあきらめて、大きな冬用コートの蔭に隠れていれば自分を見えないオーラが隠してくれるんじゃないかとひそかに考えていたことを述べている。

しかしながらそれは不適切な振る舞いであり、そのために彼はもっと注目を集め、仲間からさらにいじめられたり拒絶されたりすることになった。

(注21) コルサロ(Corsaro, 1979, 1985)が述べるところによると、就学前の子どもでさえまれに一人遊びに夢中になることがある。自分が一人だと気がついた子どもはたいてい継続している仲間との相互作用に加わることができるように何度も試みる。

(注22) マーテン(Merten, 1996b)もこのような状況の下でいじめが同じく増えることを観察している。マーテンは、孤立者たちは仲間集団から互いの友人関係を隠して拒絶されることを避け、友だちがからかわれているときには知らん顔をしたり、時にはからかいに参加したりするし、またその友だちが一人で遊んでいるときにだけ一緒に遊んだりすることがよくあると述べている。

(注23) マーテン(Merten, 1996b)は、何が悪いのか明らかにするために社会的孤立者が自分の社会的な状況や振舞い方を綿密に分析している方法について述べている。

第5章

(注1) Berlage(1982)、Eitzen & Sage(1989)、Frones(1994)参照。これらの研究では、放課後活動への参加者が増大・拡張した点がより深く論じられている。

(注2) 放課後という現象は、子どもの遊びを大人が支配・統制しようという点にルーツを持つ。そうした動きは、一八八〇年代から九〇年代にかけて生起した「遊び場や男らしさへのキリスト教的介入」運動に始まるものである。公立学校の内部(the Public School Athletic League)からセツルメントやYMCA、アメリカ遊び場協会(Playground Association of America)のような私的な組織まで、大人たちは競争的な競技リーグを組織するように動き出した。そこでは、ゲットーの移民たちを退廃した仲間集団の活動からチーム・スポーツへと引き入れることが企図された(Guttman, 1988; Radar, 1990; Riess, 1989)。そうするなかで、大人たちは幼い子どもに肉体的、道徳的価値を注入しようと願ったわけである。その価値とは、親密性や我慢強さ、自己抑制、公正さ、正直さ、勇気、協力などである(Cavallo, 1981; Haley, 1978)。こうした動きは一九二〇年代には見られなくなった。改革者たちは自分たちが欲した目標に到達することを断念し、自分たちのプログラムをもともとのターゲットであるゲットーの子どもたちよりも中流階層の子どもたちにアピールすることの方に向けて考え始めたからである。そして、競争的な競技リーグは子どもたちの性格を形成するうえで有害なものかもしれないと認識し始めたからである。一九三〇年代には、子どもたちに大人がコントロールした遊びを提供する、より専門的な組織が立ち上がってきた。ポップ・ウォーナー・フットボール(Pop Warner Football)やリトルリーグ(Little League)、ソープボックス・ダービー(Soap Box Derby)などである。そうした組織は、中流階層の子どもたちを専門化された運動競技へと引き込んだ(Berryman, 1978; Guttman, 1988; Rader, 1988; Riess,

1989）。これらの組織や同様の他の組織は、数十年にわたって緩やかに成長し続けた。一九七〇年代から八〇年代にかけて、大人が監督する子どもたちの娯楽活動は広範に拡大した。そうした組織それぞれの特徴は専門化されているが、まだスポーツに排他的に制限されるということはなかった。こうした活動が学校の一日が終わった後の時間の中心を占めるようになり、週末にはイベントも開かれるようになった。

（注3） 第一に、大量の女性（特に中流階層の女性）が労働市場に参入し、放課後に子どもをケアしてほしい、あるいは子どもを監督してほしいというニーズが高まった。私たちは「かぎっ子」が増えるのを見てきたが（Rodman, 1990）、その間にも、子どもをケアし、もてなし、生活を豊かにする活動はもっと増えていった。共働き家族の普及と、教室で提供されていた伝統的な指導から切り離された子どもたちを文化的に啓発したいという社会意識の高まりのなかで、放課後の活動は補強されていった。第二に、公共の屋外で子どもが指導されないまま放置されているということに対して、関心が高まってきたという点が挙げられる（Cahill, 1990）。「脅威にさらされる子どもたち」（Best, 1990）が直面する潜在的な危険に親たちはより敏感になった。それは、現実に、そして社会的に構築された社会の移行形態に応じたものである。放課後の活動は、子どもたちが娯楽の時間を過ごすことのできる安全な場所を代表しているのだ。

（注4） 幼い子どもを対象にした放課後の活動の中には、デイケアという要素を含むものもあり、私たちが参照したいくつかの活動ではデイケアを提供しているが（ＹＭＣＡなど）、本書の焦点は特に働く親のために子どもをケアするプログラムを調べることに向けられているわけではない。むしろ、私たちの関心はカリキュラム外の活動であり、そのなかには子どものケアも含んでいる。

（注5） 教育的、経済的に有利な背景を持つ子どもたちは、コミュニティの組織に正規のメンバーとして参加することを勧められ、支援されている。低い社会階層の子どもたちと比べて、彼らは二倍放課後の活動に参加しているようなものである。

（注6） 研究者のなかには、大人が運営する娯楽の利点を称揚することで、子どもたちは大人の指示に従順になり、対応できるという目標へ向けて自然な発達の過程をたどると主張する者もいる（Leo, 1994; Micheli & Jenkins, 1994; Webb, 1969）。彼らは、子どもたちは大人が構造化した活動の生来的な特徴や価値を受け入れると考えているのだ。なぜならこうした活動は、子どもたちのなかにある成功に対する関心の高まりと、公正さに関する関心の減少と一致するからである（Mantel & Vander Velden, 1974）。彼らは、若者の世界は公平であり、公平になり得るものであるが、大人の世界はそれほど公平ではないと主張している。排他的な放課後の活動への競争的な参加者は、大人の世界に向けて子どもたちが準備することを手助けするのである（Webb, 1969）。他の研究では、子どもの娯楽における大人の役割について自信をもって述べられていない。そうした研究では、大人が加わることで、重大な社会的、心理的危害が与えられると主張

している（Devereaux, 1979; Frey, 1980; Frey & Eitzen, 1991; Kohn, 1994; McPherson, 1978; Ogilvie, 1979; Orlick & Botterill, 1975; Underwood, 1975; Wolff, 1994; Yablonsky & Brower, 1979）。自発性や道徳性が途中であきらめられて（Chissom, 1978）、成功にのみ多大な心血が注がれているのである（Fallon, 1975）。ランダーズとファイン（Landers & Fine, 1996）やリチャー（Richer, 1984）の研究では、ジェンダーや地位の役割はティーボールに参加している幼稚園児という早い段階でも再強化されると主張されている。フィグラー（Figler, 1981）は、組織化された娯楽においては、子どもと大人との間にニーズをめぐる葛藤があると述べている。子どもたちは自己表現し、自発的であり、自らの能力を試すことを望んでいる。そして、大人に比べてより程度の高い流動性やカオスを許容することができる。大人は、直線的なスキルの発達に集中するような秩序だった雰囲気を好む。また、子どもたちの目的という視点を見失っており、認識のための自らのニーズを満足させることに過剰にかかわるようになる（Lupo, 1967; Waid, 1979）。しかしながら大人は統制のなかにあるので、組織化された放課後の活動という構造や性質が彼らのニーズに合致しているのだ。結果的に、子どもたちは挫折や燃えつきといった感情を増幅させることになる（Coakley, 1992）。組織化された若者向けスポーツの長所と短所に関する公平な議論についてはニクソンとフレイ（Nixson & Frey, 1996）が参考になる。したがって、制度化され、大人が支配する放課後のプログラムの隆盛は、社会問題となり得るものなのである。

（注7） Sutton-Smith（1971）や Finnan（1982）を参照。それらの研究では、子どもの自発的な遊びに関して、完璧なレビューと定義がなされている。

（注8） ウォーレス（Wallace, 1970）は、そうした競争性は社会において子どもたちのロール・モデルとなる大人の自然な結末でありうると述べている。

（注9） ケーラー（Carere, 1987）は、大人が子どもたちを自分たちのルールや権威に従わさせようという現象は、子どもたちの学校世界の特徴と同様であると位置づけている。彼女は、教師たちは支配をめぐる継続的な戦いに巻き込まれていると指摘している。そこでは、教師たちは子どもたちの世界を漸進的に制限し、狭めている。一方、子どもたちは自由や自立の旗を得ようと探し回っている。

（注10） Landers & Fine（1996）、Richer（1984）参照。

（注11） 同様の虐待の例として、コーチが選手の体重を増やすのを助けるために薬を与えたというものもある（Kaufman & Popper, 1976）。また、「少し後押しするため」選手が試合前に食べたオレンジにアンフェタミンを注入していた例もある（Underwood, 1975, pp.95-96）。

（注12） エリート的な放課後の活動を論じるにあたって、私たちは事前に利用可能な追跡できる種類のものばかりに言及している。そして、それらは「普通の」若者たちが熱中しているものである。「スーパーエリート」的な活動の全範囲やそうした活動を実践する方法は、プロや将来を望む若者たちによって用いら

れている。たとえば、オリンピックのスターは、自分の家を離れて違う街に住み、コーチと訓練している。

（注13）　こうした決定スタイルは、子どもたちの成功に対する関心が高まり、公正さに対する関心が減少していくなかで発達してきたと、ウェブ（Webb, 1969）は述べている。

第6章

（注1）　子どもたちの相互作用の能力に関する研究については、Berndt（1989）、Corsaro（1985）、Corsaro と Eder1（1990）、Corsaro と Rizzo（1988）、Davies（1982）、そして Deegan（1992）を参照。子どもたちが教育を受け始める年齢についての議論は Damon（1983）と Davies（1982）を参照。

（注2）　ギンスバーグ、ゴットマンとパークウェブ（Ginsberg, Gottoman and Parker, 1986）は、子どもたちの友人関係は次のような機能を提供すると述べている。すなわち、励まし、心理的なサポート、自尊心のサポート／増強、社会的な仲間、親密さ／愛情である。グッドウィン（Goodwin, 1985）とミシュラー（Mishler, 1979）は、友人関係における互恵的な共有、交換、交換の重要性を指摘する。一人ひとりの子どもが対人関係の能力、感受性、理解を増し（Youniss, 1980）、認識的発達や社会的発達、そして心理的適応（Hartup, 1993; Savin-Williams and Berndt, 1990）に貢献するような親密性に対して、前青年期の親しい友人関係は寄与するということが発見されてきた。

（注3）　Bossert（1979）、DuBois and Hirsch（1990）、Grant and Sleeter（1986）、Hallinan and Smith（1985）、Hallinan and Teixeira（1987a、1987b）、Hallinan and Williams（1987）、Langworthy（1959）、Schofield（1982）、Schofield and Sagar（1977）、Troyna and Hatcher（1992）を参照。

（注4）　Foot, Chapman and Smith（1980）、Kurth（1979）、La Gaipa（1979）を参照。

（注5）　ルビン（Rubin, 1980）は友人関係の選択パターンにおける心理的適合性（意見や興味が共有されていること）の重要性について記している。

（注6）　多くの研究が、友だち同士はおおよそ同程度の、大きさ、年齢、知性のレベル、心理的成熟度を有する傾向にあることを示している（Eder and Sanford, 1986; Hallinan, 1979; Hartup, 1970; Lever, 1978; Rizzo, 1989; Schofield, 1982 を参照）。

（注7）　カーウェートとハンセル（Karweit and Hansell, 1983b）は年齢階梯、カリキュラム別学級編成、学校規模が友人関係の選択に影響することを示している。

（注8）　リッツォ（Rizo, 1989）は学級での物理的距離は、たとえば机の位置の近さといった些細なことでさえも、友人関係の選択には強い影響を持ちうることを示唆している。Bigelow（1977）, Bigelow and La Gaipa（1975, 1980）, Damon（1977）, Selman（1981）.

（注9）　リッツォ（Rizo, 1989）は学年が進むにつれて、子どもたちの遊び相手の選択はクラスメイトが優位になり、よく遊ぶ相手として近所の子どもとの関係が続く子どもは少ないことを示

している。

（注10）子どもたちがどのように友人を作っていくのかに関するその他の議論としては、リッツォ（Rizzo, 1989）第7章を参照。

（注11）相乗り関係とその社会的影響に関する議論については、アドラー夫妻（Adler, P. A. and Adler, P., 1984）を参照。

（注12）オズワルド（Oswald, 1992）によると、子どもたちは親しい友だちの間では、社会規範は保留され、テリトリーの規則も適用せず、規範を破ることに対しての忍耐度が高く、信頼は非常に強い。

（注13）年齢を越えた友人関係の構成に関してはルビン（Rubin, 1980）第8章を参照。

（注14）ルビン（Rubin, 1980）は、身体的な接触可能性がいかに友人関係のパターンに関連するかを示している。エプスタイン（Epstein, 1983）は、地理的に近くに住んでいる子どもが親友となる可能性についてデータを提供している。セルマン（Selman, 1981）は、幼い年齢での友人関係の形成における類似性の重要性について議論している。

（注15）学校での友人関係の構造とさまざまな種類の友だちの可能性についてはエプスタイン（Epstein, 1983）を参照。

（注16）同時に、女子大学生の選手の間に見られる女性同性愛者に対する偏見に注目したブリンドとタウブ（Blinde and Taub, 1992）の研究についても留意しておきたい。

（注17）近隣の異年齢の友人関係の広がりと、このことに付随するいくつかの問題についてはルビン（Rubin, 1980）を参照。

（注18）バン・ビレット（Van Vilet, 1986）は、比較的多人数の仲間が近隣に住む子どもたちは、より広範囲にわたり満足した友人関係のネットワークを有しており、友だちとより多くの活動を共有していることを発見した。

（注19）多くの前青年期の子どもたちが近隣にいると、大人数のチームでするスポーツや遊びが多くなる。また、社会的な相互作用の自発性も増大する（Medric et al., 1982）。

第7章

（注1）友だちは同じ課外活動をする仲間のなかから見つけることを示していることについてはKarweit（1973）を参照。

（注2）義務的な移動手段を共有する関係の性質に関する議論として車を相乗りする関係について述べているアドラー夫妻の文献（Adler, P. A. and Adler, P., 1984）を参照。

（注3）将来においては、徐々にこれらの関係性は電子メールによる連絡によって増強されると考えられる。

（注4）ルビン（Rubin, 1990）によると、子どもたちは引っ越す前の近隣の子どもともこうした関係を形成している。

第8章

（注1）こうした観点については、以下の文献を参照。Damico（1974）, Eder（1995）, Eisenhart and Holland（1983）, Lockheed and Harris（1984）, Oswald et al.（1987）, Pollard（1985）, Rubin（1980）, Sager, Schofield and Snyder（1983）, Thorne（1986）, Voss（1997）。

（注2）幼少期の少年少女の扱われ方の違いについては、チェイフェッツ（Chafetz, 1978）とルイス（Lewis, 1972）を参照。

（注3）両親によって形成される子どもたちの人間関係が車の相乗りという利便性に基づいていることについてはアドラー夫妻（Adler, P. A. and Adler, P., 1984）の議論を参照。

（注4）オズワルド他（Oswald et al., 1987）は、この年代の男の子や女の子の間の相互作用のほとんどが「手助け」の一種だと指摘している。

（注5）キス魔の詳細な記述については、フィナン（Finnan, 1982）、オズワルド他（Oswald et al., 1987）、ソーン（Thorne, 1993）を参照。

（注6）一九九六年に興味深いことにキスゲームのいくつかが公的に注目を集めた。中でも最も関心を集めたのはノースカロライナ州のケースで、一年生が少女にキスをしたためにセクシャルハラスメントで訴えられ停学させられた件である。その一年生への大衆の支持は高く、彼はテレビのトーク番組にいくつか出演させられた。彼は、彼と友人が喜んで少女にキスしていたと主張した。リーランド（Leland, 1996）を参照。

（注7）ルビン（Rubin, 1980）は、典型的には男の子にはより活発で身体を使った遊び、女の子には物静かな遊びというように、男の子と女の子に対して異なる種類の活動が強調されるために性の分離が強化されていると記している。

（注8）ルービンスタインとルビン（Rubinstein and Rubin, 1984）は、女の子は男の子よりも粗野な行動をしない傾向にあると報告している。

（注9）実際、調査は男の子が女の子よりも他人に迷惑をかけるほどに活発であるということを示していた。特に、他者のプライバシーを侵害したり、他者の領域を侵犯したり、口論したりする場合にである（Maccoby and Jacklin, 1980; Oswald, 1992; Oswald et al., 1987; Voss, 1997）。女の子たちは校則破りの男の子たちへの再三にわたる叱責によって、こうした違反への反応を観察していた。

（注10）オズワルド他（Oswald et al., 1987）が、一二歳の女の子は以前の年齢層よりも、時には男の子を凌駕するほどに鬼ごっこでの役割をより積極的に果たす傾向があると語っている。

第9章

（注1）ルビン（Rubin, 1980）は、この年代の男の子と女の子の相互作用が、典型的にはピリピリしたものであり、間接的あるいは偶然の出来事に左右され、からかいがなされるものであり、「浮気」がともなうことを指摘している。

（注2）オズワルド他（Oswald et al., 1987）は、より若い世代において援助行動の場で異性との接触が生じやすいことを見いだした。

（注3）サイモン、エダー、エバンズ（Simon, Eder and Evans, 1992）は、そうした感情への仲間の規範が、そのように感じることは問題ないが過度に感じてはよくないという基準を示すことによって、人びとを適切な水準に導いていると論じている。

（注４）　シュラム、チーク、ハンター（Shrum, Cheek and Hunter, 1988）は、幼児期後半の同性の小集団が、青年期後期の半ばに異性間の小集団と異性愛カップルに移行していくこと、ただし、女の子よりも男の子により遅れて生じることを見いだした。

（注５）　前青年期の男の子と女の子の愛情への対応と反応の違いについては、カーマーレナー、サーリギアニー、ペーターセン（Camarena, Sarigiani, and Petersen, 1990）を参照。

（注６）　ルビン（Rubin, 1980）とファイン（Fine, 1981）は、交際までの過程で同性の友人たちへの助言と手助けがどのように求められるようになっていくのかを論じている。

（注７）　ダイオンとバースケード（Dion and Berscheid, 1974）がこの点について詳しく論じている。

（注８）　男の子同士の身体的な接触の重要性に関する議論は、マーテン（Merten, 1996b）とファイン（Fine, 1987）を参照。

（注９）　マーテン（Merten, 1996b）とファイン（Fine, 1987）は、セックスの暗喩としての野球の使われ方と、男の子たちのセックスに関する会話の中身について詳細に論じている。

（注10）　ホランドとアイゼンハート（Holland and Eisenhart, 1990）の異性へのアプローチに関するジェンダー間の差異についての議論を参照。

（注11）　実際、マーテン（Merten, 1996b）は、「付き合っている」関係が、ほとんどの場合は表面的で空っぽの状態であると論じている。

（注12）　デートについての排他的で強固な規範に関する議論は、サイモン、エーダー、エバンズ（Simon, Ede and Evans, 1992）およびマーテン（Merten, 1996b）を参照。

第10章

（注１）　余暇活動において緊張のレベルが高くなるということをゴッフマンは主張しているが、それは退屈と不安の間にはまって、一つの活動に没入しているフロー状態についてのチクセントミハイの理論と一致している（Csikszentmihalyi, 1975）。

訳注

序章

［訳注１］　クリーク（clique）は、青少年期において形成される親密で排他的なインフォーマルな小集団のこと。仲間集団の一形態。徒党、派閥などと訳されることもあるが、本書ではそのままクリークとしている。第３章参照。

［訳注２］　アメリカの公立学校は、九月に新学期がスタートする。ただし州や地域によって異なり、八月末からスタートするところも多い。第10章［訳注１］も参照のこと。

［訳注３］　第一次集団（primary group）とは、アメリカの社会学者C・H・クーリーの創り出した集団概念で、対面的な直接的接触による親密な、それ故に成員間に一体感と連帯感が生まれてくるような集団をいう。第一次的とは、個人の社会性と理想の形成にとって基本的であるという意味であり、第一次集団のなかで子どもは共感、愛情、自由、正義、信頼、正直、公平、誠意、あるいは野心、憤慨といった第一次的態度を形成するという。クーリーは第一次集団を「人間性の養成所」と呼び、その例として家族、子どもの遊び仲間、近隣をあげている（Cooley, C. H. 1902）。これに対して第二次集団（secondary group）とは特定の目的を達成するために意識的に組織され、成員間の間接的接触を特徴とする集団をいう。学校、企業、政党、組合など。ただし第二次集団は後の社会学者によって創り出された集団概念である。同じ子どもの集団であっても、子どもの遊び仲間集団は第一次集団であるが、地域子供会やスポーツ少年団などは第二次集団となる。

［訳注４］　幼児が生物学的な性差に気付き、性についての関心を高めるという性心理的発達が最も顕著な時期をエディプス期（oedipal phase）というが、その時期を過ぎると性的関心が抑圧され、性的関心を失ったかのような時期になる。この時期を潜在期（latency period）という。ほぼ児童期に相当し、親からの自立が進む時期とされている。

［訳注５］　トレーラーパーク（トレーラーで移動できる形の家）をとめて生活できるようにした場所のこと。

［訳注６］　同じ中学校相当の学校でも地域や学区によって呼び方が異なり、ジュニアハイスクール（Junior High School、中学校）、ミドルスクール（Middle School、中間学校）、インターミディエイトスクール（Intermediate School、中級学校）がある。第10章［訳注１］参照。

［訳注７］　日本の教育制度は、小学校六年間、中学校三年間、高校三年間という六・三・三制だが、アメリカの教育制度は六・二・四制、または五・三・四制が一般的である。そのため小学校六年生（グレード六）は、州や地域によって小学校であったり中学校であったりする。この市では教育制度改革によって小学校六年生だったのが中学校一年生になったのである。つまり五・三・四制に改革されたと言うこと。第10章［訳注１］も参照のこと。

［訳注8］　臨界期（critical period）とは環境からの特定の刺激が効果的に作用する期間のことであり、その時期を過ぎると刺激の効果がなくなるとされる。乳幼児期に言語獲得の臨界期が存在する。しかし人間の発達については厳密な時間的限定が困難であるため最近では敏感期（sensitive period）、あるいは最適期（optimal period）が用いられるようになってきた。

［訳注9］　発生的認識論（genetic epistemology）とは科学的認識が発生・深化していく過程を個体発生と系統発生という二つの視点から実証的に説明していこうとする学問。

［訳注10］　ピアジェは、子どもの認知的発達段階を①感覚運動段階（〇～二歳：感覚と運動によって対象を認知する時期）、②前操作的思考段階（二～七歳：シンボル機能が生じイメージを使っての思考が可能になる時期）、③具体的操作段階（七～一一歳：論理的思考が可能になるが、抽象的思考は未熟な時期）、④形式的操作段階（一一～一五歳：形式的・抽象的思考や仮説演繹的思考が可能になる時期）に区分している。

［訳注11］　コールバーグの道徳性発達段階論は三水準六段階から成る。（Ⅰ）慣習的水準以前（単純な社会的善悪に従う）、（Ⅱ）慣習的水準以降（社会的道徳を身につけ、社会秩序に同調する）、（Ⅲ）慣習的水準以降（道徳的価値と道徳原理を定義し自律的道徳をもつ）である。そしてこの三水準はそれぞれ二つの段階に分けられる。（Ⅰ）は、①罰と服従への志向、②道具主義的な相対主義的志向、（Ⅱ）は、③対人的同調、「良い子」志向、④「法と秩序」志向、（Ⅲ）は、⑤社会契約的な法律志向、⑥普遍的な倫理的原理の志向、である（永野重史編『道徳性の発達と教育』（1975, 新曜社）二二一－二二三頁より）。著者は段階（stage）と言っているが、水準（level）のことである。

［訳注12］　タブラ・ラサ（tabula rasa）とは「白紙状態の石版」を意味するラテン語。人間は生まれたときは白紙の状態であり、知識はすべて外からの感覚経験から獲得されるという考え方。

［訳注13］　「鏡に映った自己（looking-glass self）」は、C・H・クーリーが創り出した用語で、他者という鏡に映っている自分の像を意味する。自分が他者にどのように認知され評価されているかということによって自我が形成されていくとする。

［訳注14］　パターナリズム（paternalism）とは父親の子どもに対する温情的な保護・統制という支配関係のパターンを指す。あるいはこうした父子関係に擬せられた支配的な社会関係一般をさす。家父長主義、家父長的温情主義、温情主義と訳されることもある。

［訳注15］　「隠れたカリキュラム」（hidden curriculum）とは、学校が言明することなく暗黙の内に子どもたちに教え込んでいる文化のこと。子どもたちは学校生活のなかで無意識のうちに教師の言動や態度、学校の制度や慣習、風土や伝統から価値・規範・態度を習得していく。潜在的カリキュラムとも訳されている。

［訳注16］　インターミディエイトスクール（Intermediate School、中級学校）は小学校課程の第四学年～第六学年、または第五学年・第六学年の学校のこと。第10章［訳注1］参照。またイン

フォーマル・カリキュラム（informal curriculum）とは、授業時間において意図的に教えられるカリキュラムであるフォーマル・カリキュラム（formal curriculum）に対して、授業時間以外の場面における教師生徒関係や生徒間関係を通して生徒が学んでいくという一時的な、また個別的な学習の形態のことをいう。

［訳注17］　チアリーダーは多くの場合、クイーンビー（queen bee）、つまり「女王蜂」と呼ばれ、学校社会のなかで女子の最上位に位置するが、その「取り巻き」である少年たちを女王蜂のために一生を終える「雄蜂」（mel）に喩えている。なお第4章参照。

［訳注18］　排除（exclusion）とは社会あるいは集団に不適応な人間を排除すること。例えば、非行少年や薬物依存者、失業者や貧困者など。包摂（inclusion）とは、排除の対概念であり、不適応者とされている人々をも容認して社会的適応への支援をしていくこと。

［訳注19］　社会や集団の規範的価値の共有的態度を維持し、補強するために、ある行為に対するメンバーの評価的態度を一般にサンクション（sanction）という。社会や集団の規範的価値から見て望ましい行為に対しては肯定的サンクション（報償）が、望ましくない行為に対しては否定的サンクション（制裁）が行われる。ここでは否定的サンクションの意味。

第1章

［訳注1］　トライアンギュレーション（triangulation, 三角測量的方法）とは、同じ現象を複数の異なる方法を用いて調査の信頼性を高め、妥当性の高い知見を得ようとする調査手続きのこと。人間の社会生活は複雑であり、常に変化の過程にあるからその事実を捉え、事実を確証していくためには複数の、異なった方法を複合的に用いることが必要である。複数の視点から事実の妥当性を確証し、結論を検討していくことによってより深い理解を得ることができるとする。複数の研究方法、複数の理論的視点、複数の調査技法、複数のデータ源泉、複数の研究者など。調査技法についていえば観察調査や聴取調査、文書分析といった複数の異なった方法を駆使して調査することなど。

［訳注2］　サイドベット（side-bet）とは、「首尾一貫した行動を中止したならば失われるか、無価値になるとみなされる個人が投資した価値のこと」（鈴木竜太『組織と個人』二〇〇二、白桃書房 四二頁）。例えば、信頼、金銭、努力、時間、知識や技能など。首尾一貫した行動とは組織に居続けること。ベッカーはサイドベットによって個人が組織に居続ける理由を説明しようとした。組織に居続けていると信頼を得ることができ、仕事を通じて技能を習得することができ、金銭を得ることができる。しかし組織から離脱したり別の組織へ移動すると、それまで築き上げてきた信頼を失ったり、技能を生かせなくなったり、退職金を失ったりするために、そのようなことを避けて組織に居続けるというわけである。

［訳注3］　スタディ・ダウン（studying down）とは、権力を持っているものが権力を持っていない人々を研究すること。人類学者ローラ・ネーダー（Laura Nader,1972）の言葉。

［訳注4］　著者のパトリシア・A・アドラーの勤務するコロラド大学は州立の総合大学である。なおピーター・アドラーの勤務するデンバー大学は私立大学である。

［訳注5］　ここでは「全体の自由」も「個人の自由」もいずれも「freedom and liberty」と表現されているが、日本語ではいずれも「自由」であり、同じ意味で用いられるので「自由」と訳している。なお、freedom は抑圧や束縛や制限のない自由な状態を、liberty は抑圧や束縛や制限からの解放という意味での自由を指す。

第2章

［訳注1］　リーバイスは、アメリカの「リーバイ・ストラウス」社が作っているジーンズのブランド。一八七〇年頃にアメリカ西部で金鉱堀の鉱夫たちのために作った労働着（作業着）に始まると言われている。

［訳注2］　「汚《けが》れの儀式（ritual of pollution）」は、生活秩序にとって嫌悪感をもって排除されるべきものを遠ざける特別な行為のこと。この価値がタブーと連動して社会統制のメカニズムとして作用する。ここでは、前青年期の中期になると性による分離が始まり、何事も性別に分かれて行うようになることを指している。第8章参照。ボーダーワーク（borderwork）とは、遊びを通して性別の境界を維持・強化するような営みのことを指している。

［訳注3］　第9章で取り上げている「間接的アプローチ」のこと。第9章を参照。なお異性に直接面と向かってアプローチするやり方を「直接的アプローチ」と言っている。

［訳注4］　異性との交渉段階を（主に男性が）野球になぞらえて表す若者の隠語。一塁（first base）はキスの段階、「二塁」（second base）は腰から下に触る段階、「三塁」（third base）はセックスにまではいたらないが、それに近い段階、「本塁打」（home run）はセックスをそれぞれ意味している。

［訳注5］　第4章［訳注3］および第7章［訳注9］を参照。

［訳注6］　「文化的判断喪失者（cultural dopes）」とは、エスノメソドロジーの始祖とされるガーフィンケルが、もともとは社会学者の人間像を批判するために用いた言葉である。すなわち、標準化の結果に重点を置いてきた研究によって描き出される人間像で、共通の文化によりあらかじめ規定されている正当な行為だけしか選択できず、社会をいかにも安定したものにしている人間のことである（北澤裕・西阪仰訳（一九八九）『日常性の解剖学』マルジュ社参照）。本研究では、こうした既存の社会学研究に対する批判というよりも、学業達成を重視することで学校的秩序の安定化につなげている男の子を指して使用しているのだろう。

［訳注7］　カルバン・クライン（Calvin Klein）、バナナ・リパブリック（Banana Republic）、Jクルー（J. Crew）はいずれもアメリカの有名なファッションブランドである。またギャップ（Gap）はアメリカの最大の衣料品チェーン店の一つ。

［訳注8］　「ワウウィー（wowee）」は、本来、興奮したときに発

する間投詞。驚き、感嘆、喜びを表わす。「わおー!」、「やっほー!」、「やった〜!」と言うほどの意味。「ワウ(wow)」も同じ。

[訳注9]「スウィスターズ(Swisters)」は、出生時に取り替えられた姉妹のこと。実の姉妹ではないが、本来育つべき家族とは別の家族でそれぞれが育ったために、その関係を擬制的に「姉妹」と称している。

[訳注10] Simmel, G., 居安正訳『社会学　上巻』(白水社、一九九四年)三五六頁より引用。

第3章

[訳注1]「ほくそ笑む第三者(tertius gaudens)」とは、三者関係のダイナミックスを表すす概念で、日本語では「漁夫の利」といった状況が当てはまる。

[訳注2] REM(アール・イー・エム)は、一九八〇年に結成され、二〇一一年に解散したアメリカのロックバンド。バンド名はRemember Every Momentに由来するとも言われている。

[訳注3] グミベアネックレス(gummy bear necklace)はクマの形をしたグミの首飾り。

[訳注4] 第4章[訳注5]を参照。

第4章

[訳注1] ベストは、一九七三〜一九七七年に六〜八歳の小学生を対象に、学校内での子どもの集団が子どもの行動と性役割(sex role)の発達にどのような影響を及ぼしているかを観察調査した。テントクラブ(Tent Club)はそうした子どもの集団のなかの一つであり、男の子の支配的な集団である(Best, 1983)。

[訳注2][訳注1]を参照。

[訳注3][訳注5]を参照。

[訳注4][訳注5]を参照。

[訳注5] ナード(nerd)とは、社会性のない人、無能な人、変わり者というほどの意味であるが、青少年用語としてはスクールカースト(school caste, 学校社会の階級制度)のなかの下位層に位置する子どもたちのことを指す。まじめなガリ勉「ブレイン」(Brain)、オタク集団の「ギーク」(Geek)、はみ出し者の「ゴス」(Goth)などが含まれている。アメリカのスクールカーストは四〜五層に区分されるが、その頂点に立つのが男子生徒では(I)ジョック(Jock)(運動部のリーダーなど)、女子生徒ではクイーンビー(Queen Bee)(チアリーダー、演劇部のリーダーなど)であり(I層)、次位がその取り巻きであるサイドキックス(Sidekicks)、さらにそれらジョック、クイーンビー、サイドキックスを取り巻くワナビー(Wannabe)、同じくクイーンビーやサイドキックスを取り巻く女の子やジョックの子分的立場の男の子のプリーザー(Pleaser)が位置し(II層)、その次に中間層のメッセンジャー(Messenger)(使い走り)、プレップス(Preps)(文化系部活の上位者)、スラッカー(Slacker)(間抜け、怠け者)が位置し(III層)、その下にブレイン、ギーク、ゴスなどのナードが下位層として位置する(IV層)。さらに底辺

にターゲット（Target）（被虐者、いじめの標的）がいる場合もある（V層）。また、ジョック、クイーンビーおよびサイドキックス、ワナビー、プリーザーを一軍、メッセンジャー、プレップス、スラッカーを二軍、ブレイン、ギーク、ゴスなどのナードおよびターゲットを三軍と区分する場合もある。この階層構造は、特に高校においては極めて厳密で、王道を行くジョックとそれ以外との間には大きな格差があり、とりわけジョックとナードとはしばしば対立的に捉えられ、ナードはジョックから虐げられる存在と見なされている。一九九九年に起きたコロンバイン高校銃乱射事件（重軽傷者二四名、死者一三名）はナードに属し、日常的にいじめられていた二人の高校生の、ジョックの横暴・暴力に対する、怨恨による事件とされている（ナードの復讐）。事件直後に二人の高校生は自殺した。

なお、［訳注4］の「オタク」とは、ナードに含まれるオタク集団の「ギーク」のこと。勉強はできるが、冴えないグループとされる。しかし社会に出てから成功する者が多い。ちなみにマイクロソフトの立役者ビル・ゲイツは高校時代はギークだった。第9章［訳注9］を参照。

［訳注6］　序章の［訳注17］を参照。

［訳注7］　サイドライン（sideline）はアメリカンフットボール、サッカー、テニスなどでフィールドの内側と外側を区切っている線のこと。エンドラインもしくはコールラインを縦の線とすれば横の線のこと。

［訳注8］　ライアンは、They want one more people to make teams even, と表現しているのであるが、正確には people ではなく person だろうという意味。そのため「原文のまま」としている。

第5章

［訳注1］　原文では、middle school, junior high school となっているが、いずれも日本の中学校に相当するので「中学生」とした。第10章の［訳注1］を参照。

［訳注2］　第4章の［訳注7］を参照。

［訳注3］　エンタイトル・ツー・ベース（ground rule double）は、野球の規則によって打者や走者に二つ分の進塁の権利を与えること。

［訳注4］　ティーボール（T-ball）とは幼児や小学生向けに修正した野球のゲーム。幼児がボールを打ちやすいように本塁プレートに置いたバッティングティーにボールを置き、その止まったままのボールを打者が打つという野球遊び。だから投手はいない。一九八八年にＩＢＡ（国際野球連盟）とＩＳＦ（国際ソフトボール連盟）が幼児でもできるようにと考案した。日本では一九九三年に「日本ティーボール協会」が発足している。全国各地域で「ティーボール大会」が開催され、それを勝ち抜いたチームが参加する「全国小学生ティーボール選手権大会」が毎年一回開催されている。

［訳注5］　ティーボールでは、試合は二チームが攻撃と守備に分かれて行うが、攻撃側の全打者が打撃を完了した時点で攻守を交代することになっている。

［訳注６］　アメリカの少年サッカーは五歳、あるいは六歳から始まる。初めは楽しむことが目的の娯楽的な（recreational）活動のクラブであるが、九～一〇歳になるとそのまま娯楽的なクラブに留まる子どもと本格的にサッカーをやりたい子どもを対象とした発達的な（developmental）クラブに分かれる。一一歳になるとこの発達的なクラブは競争的な（competitive）クラブになる。娯楽的なクラブはいつも同じグラウンドで同じクラブ内のチームと試合をして楽しむが、発達的なクラブと競争的なクラブは試合に勝つことを目的に本格的なトレーニングに励み、遠征やトーナメントを行ったりする。本文にあるように「娯楽的活動」、「競争的活動」、「エリート的活動」と大きく三つの発達的なカテゴリーに分類されている。

［訳注７］　７年生（グレード七）は一二～一三歳で、日本の中学生に相当する。第10章の［訳注１］を参照。

［訳注８］　アメリカの少年サッカーの試合時間はクォーター制であり、一クォーターの時間は一二分。第一と第二のクォーターが前半（first half）、第三と第四のクォーターが後半（second half）で、前半と後半の間にハーフタイムがある。また第一と第二のクォーター、第三と第四のクォーターの間に小休止があり、メンバーチェンジや監督の指示などがある。選手の交代は自由で何人でも交代できるし、また一人何回でも出入りできる。

［訳注９］　クイズ・ボウル（quiz bowl）は、歴史や文学、科学、芸術、スポーツなど多様な領域の知識を質問するクイズゲーム。二つのチームが質問を早押し形式で回答して知識を競い合う。

［訳注10］　リフト（lift）はバレエで男性ダンサーがパートナーの女性ダンサーを持ち上げること。肩などに乗せたりする。

［訳注11］　８年生（グレード八）は13～14歳で、日本の中学生に相当する。第10章の［訳注１］を参照。

第６章

［訳注１］　ローラーブレード（Rollerblade）は、アメリカのインラインスケートの製造会社の名称。インラインスケート（in-line skates）とはローラースケートの一種で靴底の車輪が一列に並んでいるもののことであるが、この会社のローラーブレードという商標のものが人気となったためインラインスケートの代名詞となった。ローラーブレードはブランド名であり、インラインスケートが正式名称である。

［訳注２］　ジェネシス（Genesis）は日本のセガが開発したゲーム機「メガドライブ」のアメリカでの呼び名。一九八八年にセガが家庭用ゲーム機として開発し、一九八九年にアメリカ・カナダで「ジェネシス」の名で発売された。

［訳注３］　ボードゲーム（board game）とは、ボード（盤）の上にコマやカード、サイコロなどを置いて、それを動かして勝敗を競うゲームのこと。盤上ゲームともいう。チェス、オセロ、将棋、碁、すごろくなど。

［訳注４］　ここでいう人口学的一致とは、年齢、性別、人種、教育レベル、家族の収入、家族の就業状況、居住地域など子どもの人口統計学的データの要因が一致していることを意味してい

る。

[訳注5] ウィアードゲーム（weird game）は、そのまま原語で使用されることもあるが、「奇妙なゲーム」と訳されていることもある。明確に定義することはできない。特にストーリー性があるわけでもなく、何らかの意味が見いだせるわけでもない。比較的単純なゲームが多いが、内容は種々雑多である。例えば、いろいろと変化していく背景のなかで次々と連続して出てくるカードを消していくだけの「Doeo!」など。

[訳注6] トロール（troll）とは、北欧の国の伝承に登場する妖精の一種。地域や国によってさまざまに描かれているが、醜悪な容姿に描かれることが多い。無料でオンラインすることができるものも多い。

[訳注7] ホームスクーリング（home schooling）とは、学校に通わずに家庭でそれぞれの子どもに合った学習を行うこと。アメリカでは各州ともに合法とされ、学校卒業と見なされている。

[訳注8] マイナーリーグ（minor league）はメジャーリーグ（major league）より下位のプロスポーツ連盟。ここでは軽い友だちとの関係を「マイナーリーグの関係」と表現している。

[訳注9] 第5章[訳注6]を参照。

[訳注10] ツリーハウス（treehouse）は樹木の上に建てられた家屋。本来は熱帯雨林地帯において樹上生活用に建てられたが、現代では個人のレクリエーションや子どもの遊びに建てられるようになった。子どもが遊ぶための樹上の家。

[訳注11] バーゲーム（bar game）は内容も多様な領域にわたり、ゲームのやり方もレベルもさまざまなので定義することは難しいが、例えば、子ども向きのゲームには、客の注文によって料理を作っていく「ファーストフードバー」ゲーム、材料を組み合わせてパンケーキを作っていく「パンケーキバー」ゲームなどがある。

第7章

[訳注1] ゼニス（Zenith）とは天文用語で「天頂」を意味するが、比喩的に「頂点」とか「絶頂」という意味で使用される。ここではそれぞれのスポーツでそのスポーツ能力の高い子どもだけをメンバーとする高いレベルのチームを指している。こうしたチームに加入するためには入団テストを受けなければならない。チームのメンバーになると一年を通してプレーをし、試合も頻繁に行われ、時には遠征試合も行う。親のチームへの貢献も要請される。

[訳注2] ブラインドデート（blind date）とは第三者の紹介による面識のない男女のデートのこと。ここでは子どもたちが直接異性の相手と会うことなく電話でのデートの相手になって擬似的なデートを経験し合うことを言っている。

[訳注3] 実際には、男女混合のチームであるが、この混合チームでサッカーをする男の子たちは「女の子のチーム」と呼ばれていた。第6章参照。

[訳注4] 「タイムシェア」（time-share）とは、リゾートマンションやコンドミニアム（集合住宅）などを一定期間のみ所有する、

いわばリゾート共有システムのこと。利用する際にはその期間の経費のみを負担する。「バケーション・オーナーシップ」とも呼ばれる。

［訳注5］ 原語は、reflectiveness であり、思慮深いこと、熟考、反射性などの意味があるが、ここでは自分の考えや行動を深く考えてみることという意味で「内省」と訳した。

［訳注6］「家族ぐるみの友人」については第6章を参照のこと。

［訳注7］ 以下については第4章「クリークの階層化」も参照のこと。

［訳注8］「中間層の子どもたち」については第4章を参照のこと。

［訳注9］ 原語は、"smart but nerdy"。アメリカのスクールカースト（school caste, 学校社会の階級制度）のなかで「ナード（nerd）」は下位層に位置する子どもたちのこと。第4章［訳注3］を参照。nerdy は nerd の形容詞形。

第8章

［訳注1］ 第6章の「近隣の子どもたち」にジミーについてタミーが述べている同じ発言がある。

第9章

［訳注1］ ジェンダージャブ（gender jab）」とは、異性を誘ったり、異性の考えを聞きたいような場合に、直接的に行動するのではなく、何気ない会話や振る舞いによって異性の反応を見たり、異性の気持ちや考えを推測しようとすることをいう。また軽くアプローチすることをいう。

［訳注2］「ウサちゃん協会」は男の子たちの仲間同士の隠語。原語は、Bunny Rabbit Association。Bunny Rabbit は若いウサギのことで「ウサちゃん」ほどの愛称の意。Bunny Rabbit Association の頭文字をとったBRAは、ブラ、つまりブラジャー（brassiere）のこと。男の子たちは女の子がブラジャーをするほどにバストが発達して女性として成熟しているかどうかの品定めをする際に「ウサちゃん協会」のメンバーになったかどうかと仲間同士で囁きあっているのである。

［訳注3］ 第2章［訳注4］参照。

［訳注4］ プレッツェル（pretzel）とは、紐を結んだようなネジ巻き形をした焼き菓子のこと。ひらがなの「め」のような形をしている。

［訳注5］「スピン・ザ・ボトル（spin the bottle）」とは、複数の男女が輪になり、中心に酒瓶（ボトル）を横に寝かせて一人の子どもがクルクルと回転させ、瓶が止まったときに瓶の先が向いている相手とキスをする遊びのこと。

［訳注6］「天国への七分（seven minutes in heaven）」とは、男女がペアになって七分間クローゼットや暗くて狭いところに入れられるパーティゲームのこと。隠れている間、ペアは何をしてもよいし、何もしなくてもよい。各人の名前を書いた紙を折りたたんで袋か箱か入れ、そこから二つ紙を取り出してペアを選び出す。

［訳注7］「真実か挑戦か（truth or dare）」は、ゲーム参加者が、真実（truth）か挑戦（dare）かを選び、「真実」と答えた場合は秘密を告白し、「挑戦」と答えた場合は実行が困難な行為を要求されるというパーティゲームのこと。「真実」の場合は、周りの人が「誰が好きか」とか「デートしたか」とか事実を答えるのが恥ずかしいようなことを質問されるし、「挑戦」の場合は「起立して歌を歌え」とか「逆立ちして歩け」とかいうような難しくてできないような行動を要求される。どちらかをやった人が今度は別の人に「真実か挑戦か」と尋ねて、同じことを繰り返すゲーム。

［訳注8］「私を信じて（trust me）」は男女のペアで行われる信頼ゲーム（trust game）。隣に並んで座った一方が相手の身体に手で触れて、相手に「私を信じるか」と尋ね、相手が「信じる」と答えると手を先に伸ばし、また「私を信じるか」と尋ねて相手が「信じる」と答えるとさらに手を伸ばしていく。相手が「信じない」というまで繰り返し続けていく。

［訳注9］フォーマルなデートは、ドレスやスーツを着て、ダンスをしたり高級レストランで食事をするといった形式のデートである。これに対してカジュアルなデートとは普段着や少し上等の服を着て、映画を見たり公園で散歩するといった形式のデートである。

［訳注10］ナード（nerds）については第4章［訳注3］を参照。ファゴット（faggot）はホモ、ゲイ、オカマ、変態などの意味があり、男性同性愛者や女性的な軟弱な男性に対する蔑称。いずれもスクールカーストの最下層に位置し、最上層のジョックやクイーンビーのいじめの対象になりやすい。特にジョックは気にくわないことがあると何かとファゴットと言って相手に罵声を浴びせ、時に暴力を振るったりしていじめることがある。

第10章

［訳注1］アメリカの義務教育は、小学校（Elementary School, Primary School）、中学校（Middle School）、高校（High School）の一二年間である。学年の数え方は小学校一年から一二年までで、中学校、高校になっても通しで数える。学年のことをグレードと呼び、日本の小学校一年生～高校三年生に相当する一二年間がグレード一～一二に当たる（七歳～一八歳）。小学校、中学校、高校の一二年間の分け方は地域や学区によって異なるが、一般的には、グレード一～五が小学校（Elementary School）、グレード六～八が中学校（Middle School）、グレード九～一二が高校（High School）となっている。だが、名称も期間も地域や学区によって異なる。例えば、日本の中学校に相当する学校も、インターミディエイトスクール（Intermediate School、中級学校）、ジュニアハイスクール（Junior High School、中学校）、ミドルスクール（Middle School、中間学校）があって、地域や学区によって呼び方は異なり、その期間もグレード六（一一～一二歳）～グレード八（一三～一四歳）の地域や学区もあれば、グレード七（一二～一三歳）～グレード八（一三～一四歳）の地域や学区もある。またグレード一、二がプライマリースクール

(Primary School)、グレード三、四がエレメンタリースクール(Elementary School)、グレード五、六がインターミディエイトスクール（Intermediate School)、グレード七、八がミドルスクール（Midd;e School)、グレード九～一二が高校（High School）に分かれている学区や地域もあるが、キンダーガーデン（Kindergarten、幼稚園児）～グレード四がエレメンタリースクール、グレード五、六がインターミディエイトスクール、グレード七、八がジュニアハイスクール（Junior High School)、グレード九～一二が高校に分かれている学区や地域もある。

[訳注2]「裏面生活（underlife）」とはゴッフマンの言葉である。ゴッフマンは、「全制的施設（total institution）」という「多数の類似の境遇にある個々人が、一緒に、相当期間にわたって包括社会から遮断されて、閉鎖的で形式的に管理された日常常生活を送る居住と仕事の場所」（ⅴ頁）において施設被収容者がいかに自己を維持していくかを問題とした。全制的施設とは刑務所、軍隊、修道院、精神病院などである。そして施設被収容者が自己を維持していく過程を第一次的調整と第二次的調整に区分した。第一次的調整とは「ある個人が特定の組織に要請された活動を、それも指定の条件の下で、協調的に寄与する場合」（二〇〇頁）であり、第二次的調整とは「特定の組織内の個人が非公認の手段を用いるか、あるいは非公認の目的を達するか、あるいは双方を同時にするかして、彼の為すべきこと、得るべきもの、かくして彼の本来の存在様態とされているものなどをめぐる組織の非明示的仮定を回避すること」（二〇一頁）である。つまり第一次的調整とはある個人が特定組織に公認の活動に協調的に寄与する場合のことであり、二次的調整とは特定組織の非公認の手段や目的を用いて「施設が個人に対して自明としている役割や自己から彼が距離を置く際に用いる様々な手立てのこと」（二〇一頁）である。この第二次的調整をゴッフマンは全制的施設での「裏面生活」と呼んだ。コルサロは、保育園（nursery school）は全制的施設ではないが、しかし他の組織と同様にメンバーにとっては目的、規則、手順、期待があり、子どもたちが規則や手順をどのように概念化し適用していくのかを理解するためには、ゴッフマンの研究はいろいろな意味合いが含まれていて極めて有用だとして、保育園を対象に分析し、子どもの社会的発達における仲間文化の重要性を指摘している（Corsaro, 1985, pp.254-270.)

[訳注3] ヤング・アダルトは若い成人の時期で、およそ二四、二五歳から三〇歳くらいまでをいう（笠原嘉『アパシー・シンドローム』（二〇〇二年、岩波現代文庫）一一頁。

[訳注4] 調査対象地域には白人の中流階層が多く居住していたことを意味する。

[訳注5] ポロは馬上遊戯のことで、打球づちで木製のボールをコールに入れる競技。

[訳注6] ミード（Mead, G. H.）は自我形成を子どもの遊びとの関連で論じたが、その際、遊びを「ごっこ遊び」と「ゲーム」の二段階に分けた。子どもは「ごっこ遊び」の段階においては個々の特定の他者の具体的な役割や態度を取得して自我を形成

するが、「ゲーム」の段階においてはゲーム参加者全員の役割や態度を組織化して取得し、つまり集団全体の役割や態度を取得し、集団のルールや規範を認識するようになって自我を形成していくとした。この集団全体の態度や規範を「一般化された他者」という。

[訳注7]　ゴッフマンの言う「出会い（encounter）」は、日本語の「初めて、あるいは偶然に顔を合わせる」といった一般的な意味とは異なる。ゴッフマンは「出会い」について次のように述べている。「出会い。ここでは、人びとが、互いに相手と身体的に直接的に居合わせる場合に起きるあるタイプの社会的配置（social arrangement）の問題だけを扱う。そのような場合の人びとの集まりのことを、ここでは『出会い』ないし『焦点の定まった集まり』と呼ぶことにする」（訳書四頁）。

[訳注8]　相互行為膜（interaction membrane）はゴッフマンが「ゲームの面白さ」を論じるときに用いた言葉。ゴッフマンは「より広い世界と焦点の定まった集まり（focused gathering）のなかにはめ込まれている相互的活動とのあいだにある境界」（訳書二三頁）について注目し、この境界を「膜」と言っている。ゲームが進行していく世界とそれを包括するより広い世界（外部環境）との間に境界があり、この境界である「膜」が外部環境からの選択を行ってゲームの世界へ通過するものと拒否するものの濾過作業を行っている。また場合によってはこの濾過作業は一部を変形してゲームの世界へ取り入れる。「生きた細胞には通常細胞壁、すなわち膜がある。この膜は細胞を外部環境に存在する諸構成要素から切り離し、それらと細胞の内部的構成物との間に選択的な関係を持てるように保証する」（訳書六二頁）のであるが、それと同様の選択的機能を「相互行為膜」が果たしているので、ゲームの世界は外部環境から保護され、「居心地の良い相互行為」（訳書六三頁）が保証されて、ゲームの面白さを経験することができるのである。

[訳注9]　社会化（socialization）が現に所属している集団内の相互作用を通してその集団の価値・規範を習得していくのに対して、予期的社会化（anticipatory socialization）は、今は所属していないが、これから所属するであろう集団の価値・規範を前もって習得していくことをいう。社会化の先取り。

[訳注10]　文化資本（cultural capital）もハビトゥス（habitus）も、いずれもフランスの社会学者ピエール・ブルデューが用いた用語。文化資本は個人または集団が所有する文化的資産を意味する。これには、身体化された文化資本（言語、知識、教養、感性、振る舞いなど日常的行動を生み出すもの）、客体化された文化資本（絵画、書物、楽器、道具など物質的なもの）、制度化された文化資本（学歴、資格など公的に承認された正当な能力）という三つの形態がある。いずれも家庭や学校において獲得される。蔵書の多い家庭の子どもは本好きになるというような例である。ハビトゥスは個人が日常生活経験に基づいてほとんど意識することなく身につけていく思考、態度、行為、能力など身体化された性向を意味する。身体化された文化資本に含まれる。幼い子どもが親から教えられると、子どもは教えられた内

容を学ぶだけでなく、その学び方を身体化させていくというような例である。

［訳注11］ トラッキング（trackng）は端的にいえば、能力（適正）別学級編成のこと。トラックシステム（track system）とも言う。アメリカの総合制ハイスクールにおいて生徒の希望進路や興味関心に従って学級編成を行い、生徒を同質的なグループに分けることを言う。しかし実際には生徒の学業成績によって学級編成されることが多い。

［訳注12］ アッシュ（Asch, A. S.）は、一本の標準線を描いたカードおよび標準線と同じ長さを含む三本の比較線を描いたカードの二枚を用意し、標準線と同じ長さの線を三本の比較線から被験者に選ばせるという同調実験を行った。七～九人の集団を作って行ったが、被験者は一人だけで他はサクラ。被験者一人だけの実験ではほとんどが正解だったが、集団実験で被験者以外のサクラが誤った回答をするのを聞かせた後（被験者は最後に回答）では被験者の正解率は三分の二に減少した。三分の一はサクラの誤回答につられて回答したのである。正解が明らかでも集団の多数派の圧力を受けて誤回答するという同調行動を示したのである。ミルグラム（Milgram, S.）実験は権威に対する服従の実験。生徒、教師、監督者（権威者）の役割人物のうち被験者は教師役。生徒と監督者（権威者）はサクラ。教師役の被験者には暗記学習課題を与えられた生徒が間違えるつどに罰として電気ショックを与えるように指示される。教師役の被験者には最初に四五ボルトの電気ショックを受けさせられて痛みの体験をする。それから隣室にいる生徒が誤答するたびに一五ボルトずつ電圧を上げていくように指示されるが、電圧が上がっていくと生徒は苦痛を訴えるようになる（演技だけ）。三一五ボルトは「非常に激しい衝撃」の段階であり、生徒は悲鳴を上げたり壁をたたいたりして抗議するので教師役の被験者は中止を申し出るが、監督者（権威者）は継続するように指示する。そして被験者四〇人のうち二五人（六二・五パーセント）が強い電気ショックでほとんど無反応になった生徒に対して最大の四五〇ボルトまでボタンを押したという。人間には自身の道徳や倫理に逆らってでも権威的な指示・命令に服従しやすいという本姓があることを明らかにした。ミルグラム実験はナチスの残党であるアドルフ・アイヒマンの裁判における彼の証言からヒントを得ていることからアイヒマン実験とも言われ、「人間は誰もがアイヒマンになり得る」可能性があることを示した。

［訳注13］ 内集団びいき（in-group favoritism）とは、自分の所属集団（内集団）のメンバーを外集団のメンバーよりも、客観的に見て優劣の差がなくても、人格や能力が優れているとして高く評価することをいう。内集団バイアス（in-group bias）とも言う。

［訳注14］ 集団帰属（group affiliation）とは、自分が所属している集団に対して自分はその一員であるという意識のこと。所属集団に対して一体感を覚えることである。集団帰属意識（group identification）と同じ。他集団と葛藤状態に陥ると集団帰属は高くなり、集団帰属は高くなると集団凝集性（group cohesiveness）

が高くなる。

[訳注15]「内集団びいき」や「内集団バイアス」[訳注13]は原因帰属にも現れ、一般に内集団のメンバーの望ましい行動は内的原因（人格や能力など）に帰属されやすく、望ましくない行動は外的原因（状況要因）に帰属されやすい傾向がある。このような傾向を「究極的帰属エラー（ultimate attribution error）」という。外集団については、この逆で、外集団メンバーの望ましい行動は外的原因に帰属されやすく、望ましくない行動は内的原因に帰属されやすい。究極的帰属エラーは偏見やステレオタイプに影響すると言われている。

[訳注16] ハリス（Harris, Judith Rich）は、集団社会化（group socialization）は人間の集団行動の視点から見て四つの固有の性質を持っているとしている。第一は内集団びいきの基盤である集団帰属であり、第二は内集団びいきと結びついている部外者に対する恐れ、または敵意であり、第三は集団内で地位を得ようと画策することであり、第四は親密な二者関係を形成することである。ここでは第三の性質、つまり乏しい資源によりいっそうアクセスできるように集団内での地位を高めていくことを指している（Harris, 1995）。

[訳注17]「ソシエーション（sociation）」は、ジンメルのVergesellschaftung（社会化）の英語訳である。ジンメルは諸個人間の相互作用が「社会（society）」を構成すると考えたが、特に社会を構成する相互作用を心的相互作用と呼び、この社会を生成する諸個人間の心的相互作用の過程、すなわち「社会化（Vergesellschaftung）」を社会学の研究課題とした（Simmel, 1950）。ジンメルは「社会概念をそのごく普通の意味でとらえれば、それは個人間の相互作用ということになる。（中略）……相互作用も表面的で一時的であるので、一応また社会化について語れなくはない。しかし社会化というこのことばを認めるためには、こうした相互作用がいっそう反復的となり、いっそう緊密となり、より多くの、概して類似したものと結びつく必要がある」と述べている（Simmel, G., Grundfragen der Soziologie : Individuum und Gesellschaft, (1917), 阿閉吉男訳『社会学の根本問題――個人と社会――』(1966) 現代教養文庫、二二一―二三頁）。

[訳注18] フロー（flow）とは、チクセントミハイによれば、「全人的に行為に没入している時に人が感ずる包括的感覚」（訳六六頁）である。その明瞭な特徴は「行為と意識の融合」（訳六八頁）である。フローの状態にあるとき「行為は行為者の意識的な仲介の必要がないかのように、内的な論理に従って次々に進んでいく」（訳六六頁）。簡単に言えば、あることに「没入している状態」、「はまりこみ、のめり込んでいる状態」とでも言える。

[訳注19] ここで言う「文化的対象化（cultural objectification）」とは、ある人間を性的快楽の対象として、あるいは性的充足の道具として取り扱い、そうした快楽や充足が高まるように表現する過程を意味している。映画、雑誌、広告、ビデオなどのメディアに表されている。一九七〇年頃から始まった概念。

Voss, Laurie Scarborough. 1997. "Teasing, Disputing, and Playing: Cross-Gender Interactions and Space and Utilization among First and Third Graders." *Gender & Society* 11: 238-256.

Vygotsky, L. S. 1978. *Mind in Society.* Cambridge: Harvard University Press.

Waid, R. 1979. "Child Abuse: Reader's Forum." *Runner's World.* September: 16.

Waksler, Frances Chaput. 1996. *The Little Trials of Childhood.* Bristol, Pa.: Falmer Press.

———. 1986. "Studying Children: Phenomennological Insights." *Human Studies* 9: 71-82.

———, ed. 1991. *Studying the Social Worlds of Children.* Bristol, Pa.: Falmer Press.

Wallace, A. F. C. 1970. *Culture and Personality.* New York: Random House.

Watson, James B. 1970. *Behaviorism.* New York: Norton.

Webb, H. 1969. "Professionalization of Attitude toward Play among Adolescents." In *Aspects of Contemporary Sport Sociology,* edited by G. Kenyon. Chicago: Athletic Institute. Pp. 161-178.

Weber, Max. 1946. "Class, Status, and Party." In *From Max Weber,* edited by H. Gerth and C. W. Mills. New York: Oxford University Press.

Weinstein, Eugene. 1969. "The Dvelopment of Interpersonal Competence." In *Handbook of Socialization Theory and Research,* edited by D. Goslin. Chicago: Rand Mc-Nally. Pp. 753-775.

Weis, Joseph G. 1974. "Styles of Middle-Class Adolescent Drug Use." *Pacific Sociological Review* 17: 251-286.

Weiss, Meira 1994. "Nonperson and Nonhome: Territorial Seclusion of Appearance Impaired Children." *Journal of Contemporary Ethnography* 22: 463-487.

Wicker, A. 1969. "Cognitive Complexity, School Size, and Participation in School Behavior Settings: A Test of the Frequency of the Interaction Hypothesis." *Journal of Educational Psychology* 60: 200-203.

Willis, Paul. 1981. *Learning to Labour.* New York: Columbia University Press. 熊沢誠・山田潤訳『ハマータウンの野郎ども』筑摩書房（1996）.

Wolf, Anthony E. 1991. *Get Out of My Life, but First Could You Drive Me and Cheryl to the Mall.* New York: Noonday. 古草秀子訳『10代の子のために、親ができる大切なこと』PHP 研究所（2004）.

Wolff, Rick. 1994. "Participating in Organized Sports Can Harm Children." In *Sports in America,* edited by W. Dudley. San Diego, Calif.: Greenhaven. Pp. 33-41.

Wulff, Helena. 1988. *Twenty Grills: Growring Up, Ethnicity, and Excitement in a South London Microculture.* Stockholm Studies in Social Anthropology, No.21. Stockholm, Sweden: University of Stockholm.

Yablonsky, Lewis, and Jonathan Brower. 1979. *The Little League Game: How Kids, Coaches, and Players Really Play It.* New York: Times Books.

Young, L. L., and D. H. Cooper. 1944. "Some Factors Associated with Popularity." *Journal of Educational Psychology* 35: 513-535.

Youniss, James, and Jacqueline Smollar. 1985. *Adolescent Relations with Mothers, Fathers, and Friends.* Chicago: University of Chicago Press.

B. Sutton-Smith. New York: Wiley. Pp. 298-307.

Sutton-Smith, Brian, and B. G. Rosenberg. 1961. "Sixty Years of Historical Change in the Games Preference of American Children." *Journal of America Folklore* 74: 17-46.

Tajfel, Henry. 1970. "Experiments in Intergroup Discrimination." *Scientific American* 223: 96-102.

————, ed. 1978. *Differentiation between Social Groups: Studies in the Social Psychology of Intergroup Relations.* London: Academic Press.

Tajfel, Henry, C. Flament, M. G. Billig, and R. F. Bundy. 1971. "Social Categorization and Intergroup Behavior." *European Journal of Social Psychology* 1: 149-177.

Thomas, W. I. 1923. *The Unadjusted Girl.* Boston: Little, Brown.

Thorne, Barrie. 1993. *Gender Play.* New Brunswick, N. J.: Rutgers University Press.

————. 1987. "Re-Visioning Women and Social Change: Where are the Children?" *Gender & Society* 1: 85-109.

————. 1986. "Girls and Boys Together, But Mostly Apart: Gender Arrangements in Elementary Schools." In *Relationships and Development,* edited by W. Hartup and Z. Rubin. Hillsdale, N. J.: Lawrence Erlbaum Pp. 167-184.

Thorne, Barrie, and Zella Luria. 1986. "Sexuality and Gender in Children's Daily Worlds." *Social Problems* 33: 176-190.

Triandis, H. C., and V. Vassilou. 1967. "Frequency of Contact and Stereotyping." *Journal of Personality and Social Psychology* 7: 316-328.

Troyner, Barry, and Richard Hatcher. 1992. *Racism in Children's Lives: A Study of Mainly-White Primary Schools.* London: Routledge.

Turner, Ralph H. 1976. "The Real Self: From Institution to Impluse." *American Journal of Sociology* 81: 989-1016,

————. 1968. "The Self-Conception in Social Interaction." In *The Self in Social Action,* edited by C. Gordon and K. Gergen. New York: Wiley. Pp. 93-106.

————. 1956. "Rolle Taking, Role Standpoint, and Reference Group Behavior." *American Journal of Sociology* 61: 316-328.

Underwood, John. 1979. *The Death of an American Game*. Boston: Little Brown.

————. 1975. "Taking the Fun Out of a Game." *Sports Illustrated* November 11: 87-98.

Valli, Linda. 1988. "Gender Identity and the Technology of Office Education." In *Class, Race, and Gender in American Education,* edited by L. Weis. Albany: SUNY Press. Pp. 87-105.

Van Vliet, William. 1986. "The Methodological and Conceptual Basis of Environmental Policies for Children." *Prevention in Human Services* 4: 59-78.

Varenne, Hervé. 1982. "Jocks and Freaks: The Symbolic Structure of the Expression of Social Interaction among American Senior High School Students." In *Doing the Ethnography of Schooling,* edited by G. Spindler. New York: Holt, Rinehart, and Winston. Pp. 210-235.

Vaz, Edmund. 1982. *The Professionalization of Young Hockey Players*. Lincoln: University of Nebraska Press.

Vidich, Arthur J., and Joseph Bensman. 1964. *Small Town in Mass Society.* Princeton, N. J.: Princeton University Press.

Oklahoma Book Exchange.
Shrum, Wesley, Neil H. Cheek, and Saundra M. Hunter. 1988. "Friendship in School: Gender and Racial Homophily." *Sociology of Education* 61: 227-239.
Simmel, Georg. 1959. *Georg Simmel, 1858-1918: A Collections of Essays, with Translations and a Bibliography,* edited by Kurt H. Wolff and translated by David Kettler. Columbus: Ohio State University Press.
———. 1959. *The Sociology Georg Simmel,* translated and edited by K. Wolff. New York: Free Press.
Simon, Robin, Donna Eder, and Cathy Evans. 1992. "The Development of Feeling Norms Underlying Romantic Love among Adolescent Females." *Social Psychology Quarterly* 55: 29-46.
Singletion, L. C., and Steven R. Asher. 1977. "Peer Preferences and Social Interaction among Third-Grade Children in an Intergrated School District." *Journal of Educationl Psychology* 69: 330-336.
Skinner, B. F. 1953. *Science and Human Behavior.* New York: Macmilan. 河合伊六他訳『科学と人間行動』二瓶社（2003).
Sluckin, Andy. 1981. *Grouwing Up in the Playground.* London: Routledge and Kegan Paul.
Smith, Mischael D. 1978. "Social Learning and Violence in Minor League Hockey." In *Psychological Perspectives in Youth Sports,* edited by F. Smoll and R. E. Smith. Washington, D.C.: Hemisphere Publishing.
Snow, David, and Leon Anderson. 1987. "Identity Work among the Homeless: The Verbal Construction and Avowal of Personal Identities." *American Journal of Sociology* 92: 1336-1371.
Snyder, Eldon E. 1972. "High School Students' Perceptions of Prestige Criteria." *Adolescence* 6: 129-136.
Speier, Matthew. 1970. "The Everyday World of the Child." In *Understanding Everyday Life,* edited by J. D. Douglas. Chicago: Aldine. Pp. 188-217.
Stone, Gregory. 1965. "The Play of Little Children." *Quest* 4: 23-31.
———. 1962. "Appearance and the Self." In *Human Behavior and Social Processes,* edited by A. Rose. Boston: Houghton Mifflin. Pp. 86-118.
Stone, Joseph L., and Joseph Church. 1984. *Childhood and Adolescence.* 5th ed. New York: Random House.
Strauss, Anselm L. 1978. *Negotiations: Varieties, Contexts, Processes, and Social Order.* San Francisco: Jossey-Bass.
Stryker, Sheldon. 1980. *Symbolic Interaction: A Social Structural Version.* Menlo Park: Cummings.
———. 1968. "Identity Salience and Role Performance." *Journal of Marriage and the Family* 4: 558-564.
Sutton-Smith, Brian. 1982. "A Performance Theory of Peer Relations." In *The Social Life of Children in a Changing Society,* edited by K. Borman. Hillsdale, J.: Lawrence Erlbaum. Pp. 65-77.
———. 1971. "A Syntax for Play and Games." In *Child's Play,* edited by R. E. Herron and

Roff, M., S. B. Sells, and M. M. Golden. 1972. *Social Adjustment and Personality Development in Children.* Minneapolis: University of Minnesota Press.

Rosaldo, Renato. 1989. *Culture and Truth: The Remaking Social Analysis*. Boston: Beacon.

Rosenberg, Morris. 1981. "The Self-Concept: Social Product and Social Force." In *Social Psychology,* edited by M. Rosenberg and R. H. Turner. New York: Basic. Pp. 591-624.

———. 1979. *Conceiving the Self.* New York: Basic.

Rubin, K. H., L. J. LaMare and S. Lollis. 1990. "Social Withdrawal in Childhood: Developmental Pathways to Peer Rejection." In *Peer Rejection in Childhood,* edited by S. R. Asher and J. D. Coie. New York: Cambridge University Press. Pp. 217-249.「児童期の社会的引っ込み思案」山崎晃・中澤潤監訳『子どもと仲間の心理学――友だちを拒否するこころ――』北大路書房（1996），214-244.

Rubin, Zick. 1980. *Children's Friendship. Cambridge:* Harvard University Press.

Rubinstein, J., and C. Rubin. 1984. "Children's Fantasies of Interactions with Same and Opposite Sex Peers." In *Friendship Formation in Normal and Handicapped Children,* edited by T. Field, M. Siegel, and J. Roopnarine. Norwood, N. J.: Ablex. Pp. 99-123.

Sagar, Andrew, Janet W. Schofield, and Howard N. Snyder.1983. "Race and Gender Barriers: Preadolescent Peer Behavior in Academic Classrooms." *Child Development* 54: 1032-1040.

Sanford, Stephanie, and Donna Eder. 1984. "Adolescent Humor During Peer Interaction." *Social Psychology Quarterly* 47: 235-243.

Savin-Williams, Richard C., and Thomas J. Berndt. 1990. "Friendship and Peer Relations." In *At the Threshold: The Developing Adolescent,* edited by S. Feldman and G. R. Elliot. Cambridge: Harvard University Press.

Schofield, Janet W. 1982. *Black and White in School.* New York: Praeger.

———. 1981. "Complementary and Conflicting Identities: Images and Interaction in an Interracial School." In *The Development of Children's Friendships,* edited by S. Asher and J. Gottman. New York: Cambridge University Press. Pp. 53-90.

Schofield, Janet W., and Andrew Sagar. 1977. "Peer Interaction Patterns in an Integrated Middle School." *Sociometry* 40: 130-138.

Schwartz, Gary. 1987. *Beyond Conformity or Rebellion: Youth and Authority in America.* Chicago: University of Chicago Press.

Schwartz, Gary, and Don Merten. 1967. "The Language of Adolescence: An Anthropological Approach to the Youth Culture." *American Journal of Sociology* 72: 453-468.

Schwendinger, Herman, and Julia Schwendiger. 1985. *Adolescent Subcltures and Delinquency.* New York: Praeger.

Selman, Robert. 1981. "The Child as a Friendship Philosopher." In *The Development of Children's Friendships*, edited by S. Asher and J. Gottman. New York: Cambridge University Press. pp. 242-272.

Sgritta, Giovanni. 1987. "Childhood: Normalization and Project." *International Journal of Sociology* 17: 38-57.

Sherif, Musafir, O. J. Harvey, B. J. White, W. E. Hood, and C. W. Sherif. 1961. *Intergroup Conflict and Cooperation: The Robber's Cave Experiment.* Norman, Okla.: University of

Pollard, Andrew. 1985. *The Social World of the Primary School.* New York: Holt, Rinehart, and Winston.

Polsky, Ned. 1967. *Hustlers, Beats, and Others.* Garden City, N. Y.: Doubleday.

Pooley, John. 1982. "The Contributions of Youth Sport Programs to the Quality of Life: Current Practices in Cross-National Perspective." *ARENA Review* 6: 31-39.

Postman, Neil. 1994. *The Disappearance of Childhood*. New York: Vintage.

Punch, Maurice. 1994. "Poltics and Ethics in Qualitative Research." In *Handbook of Qualitative Research,* edited by N. K. Denzin and Lincoln. Thousand Oaks, Calif.: Sage. Pp. 83-98.

Putallaz, Martha, and John M. Gottman. 1981. "Social Skills and Group Acceptance." In *The Development of Children's Friendships,* edited by S. Asher and J. Gottmann. New York: Cambridge University Press. Pp. 116-149.

Qvortrup, Jens. 1995. "Childhood in Europe: A New Field of Social Research." In *Growing Up in Europe,* edited by L. Chisolm, P. Büchner, H. Krüger, and M. du Bois-Reymond. Berlin: Walter de Gruyter. Pp. 7-20.

———. 1994. "Childhood Matters: An Introduction." In *Childhood Matters,* edited by J. Qvortrup, M. Bardy, G. Sgritta, and H. Wintersberger. Aldershot, England: Avebury. Pp. 1-24.

———. 1993. "Nine Theses about 'Childhood as a Social Phenomenon.'" Vienna: European Centre for Social Welfare Policy and Reaserch.

———. 1990. *Childhood as a Social Phenomenon.* Vienna: European Centre for Social Welfale Policy and Research.

———. 1987. "Introduction." *International Jounal of Sociology* 17 (3): 3-37.

Rader, Benjamin G. 1990. *American Sports.* 2d ed. Englewood Cliffs, N.J.: Prentice-Hall.

Reiss, Albert J., Jr., ed. 1968. *Cooley and Sociological Analysis.* Ann Arbor: University of Michigan Press.

Richer, S. 1984. "Sexual Inequality and Children's Play." *Canadaian Review of Sociology and Anthropology* 21: 66-80.

Riemer, Jeffrey. 1977. "Varieties of Opportunistic Research." *Urban Life* 5: 467-477.

Riess, Steven A. 1989. *City Games.* Urbana: University of Illinois Press.

Rizzo, Thomas A. 1989. *Friendship Developmet among Children in School.* Norwood, N. J.: Ablex.

Rizzo, Thomas A., William A. Corsaro, and J. E. Bates. 1992. "Ethnographic Methods and Interpretive Analysis: Expanding the Methodological Options of Psychologists." *Developmental Review* 12: 101-123.

Robinson, Dawn T., and Lynn Smith-Lovin. 1992. "Selective Interaction as a Strategy for Identity Maintenance: An Affect Control Model." *Social Psychology Quarterly* 55: 12-28.

Rochford, E. Burke. 1985. *Hare Krishna in America.* New Brunswick, N. J.: Rutgers University Press.

Rodman, Hyman. 1990. "The Social Construction of the Latchkey Children Problem." In *Sociological Studies of Child Development,* vol. 3, edited by N. Mandell. Greenwich, Conn.: JAI. Pp. 163-174.

Making." *Child Development* 48: 495-506.

Ogilvie, Bruce. 1979. "The Child Athlete: Psychological Implications of Participation in Sport." *Annals AAPSS* 445: 47-58.

Opie, Iona. 1993. *The People in the Playground.* Oxford: Oxford University Press.

Opie, Peter, and Iona Opie. 1969. *Children's Game in Street and Playground.* New York: Oxford University Press.

———. 1959. *The Love and Language of Schoolchildren.* New York: Oxford University Press.

Orlick, T., and C. Botterill. 1975. *Every Kid Can Win*. Chicago: Nelson-Hall.

Oswald, Hans. 1992. "Negotiations of Norms and Sanctions among Children." In *Sociological Studies of Child Development,* vol. 5, edited by P. A. Adler and P. Adler. Greenwich, Conn.: JAI. Pp. 99-114.

Oswald, Hans, Lothar Krappmann, Irene Chowdhuri, and Maria von Salisch. 1987. "Gaps and Bridges: Interactions between Girls and Boys in Elementary School." In *Sociological Studies of Child Development,* vol. 2, edited by P. A. Adler and P. Adler. Greenwich. Conn.: JAI. Pp. 205-223.

Ouellet, Lawrence. 1994. *Pedal to the Metal.* Philadelphia: Temple University Press.

Parker, Jeffrey G., and John. M. Gottman. 1989. "Social and Emotional Development in a Relational Context." In *Peer Relationships in Child Development,* edited by T. J. Berndt and G. W. Ladd. New York: Wiley. Pp. 95-131.

Parsons, Talcott, and Robert Bales. 1955. *Family, Socialization, and Interaction Process.* Glencoe, Ill.: Free Press.

Passuth, Patricia. 1987. "Age Hierarchies within Children's Groups." In *Sociological Studies of Child Development*, vol. 2, edited by P. A. Adler and P. Adler. Greenwich, Conn: JAI, Pp. 185-203.

Pavlov, I. P. 1927. *Conditioned Reflexes.* New York: Oxford University Press.

Peay, Edmund R. 1974. "Hierarchical Clique Structures." *Sociometry* 37: 54-65.

Pence, A. 1988. *Intervention on 2nd General Meeting of Childhood as a Social Phenomenon.* Canada: Ganonoque.

Perlman, D., and S. Oskamp. 1971. "The Effects of Picture Content and Exposure Frequency on Evaluations of Negroes and Whites." *Journal of Experimental Social Psychology* 7: 503-514.

Peshkin, Alan. 1982. "The Researcher and Subjectivity: Reflections on an Ethnography of School and Community." In *Doing the Ethnography oh Schooling,* edited by G. Spindler. New York: Holt, Rinehart, and Winston. Pp. 48-67.

Pettigrew, Thomas. 1979. "The Ultimate Attribution Error: Extending Allport's Cognitive Analysis of Prejudice." *Pesrsonality and Social Psychology Bulletin* 5: 461-476.

Piaget, Jean. 1965. *The Moral Judgment of the Child.* New York: Free Press（Originary published, 1932）. 大伴茂訳『児童道徳判断の発達』（臨床児童心理学 Ⅲ）同文書院（1957）

Pinnell, G. S., and M. L. Matlin, eds. 1989. *Teachers and Research: Language Lerning in the Classroom.* Newark, Del.: IRA.

Milieu." In *Children in Sport,* edited by M. J. Ash and F. L. Smoll. Champaign, Ill.: Human Kineties Press. Pp. 219-259.

Mead, George H. 1934. *Mind, Self, and Society.* Chicago: University of Chicago Press. 稲葉三千男・滝沢正樹・中野収訳『精神・自我・社会』青木書店（1973），河村望訳『精神・自我・社会』人間の科学社（1995）

Medrich, Elliot, Judith Roizen, Victor Rubin, and Stuart Buckley. 1982. *The Serious Business of Growing Up: A Study of Children's Lives Out of School.* Berkeley: University of California Press.

Merten, Don E. 1996a. "Burnout as Cheerleader: The Cultural Basis for Prestige and Privilidge in Junior High School." *Anthropology and Education Quarterly* 27: 51-70.

———. 1996b. "Visibility and Vulnerability: Responses to Rejection by Nonaggressive Junior High School Boys." *Journal of Early Adolescence* 16: 5-26.

———. 1996c. "Information versus Meaning: Toward a Further Understanding of Early Adolescent Rejection." *Journal of Early Adolescence* 16: 37-45.

———. 1996d. "Going-With:The Role of a Social Form in Early Romance." *Journal of Contemporary Ethnography* 24: 462-484.

———. 1994. "The Cultural Context of Aggression: The Transition to Junior High School." *Anthropology and Education Quarterly* 25: 29-43.

Merton, Robert. 1957. "The Role Set." *British Journal of Sociology* 8: 106-120.

Micheli, Lyle J., and Mark D. Jenkins. 1994. "Participating in Organized Sports Can Benefit Children." In *Sports in America,* edited by W. Dudley. San Diego, Calif.: Greenhaven. Pp. 25-32.

Milgram, Stanley. 1965. "Some Conditions of Obedience and Disobedience to Authority." *Human Relations* 18（February）: 57-76.

———. 1963. "Behavioral Study of Obedience." *Journal of Abnormal and Social Psychology* 67: 371-378.

Miller, Walter. 1958. "Lower Class Culture and Gang Delinquecy." *Journal of Social Isues* 14: 5-19.

Mishler, Elliot. 1979. "'Won't You Trade Cookies with the Popcorn? ': The Talk of Trades among Six-Year-Olds." In *Language, Children, and Society: The Effects of Social Factors on Children's Learning*, edieted by O. Garnica and M. King. Elmsford, N. Y.: Pergamon. Pp. 221-236.

Modgil, Sohan. 1976. *Piagetian Research: Compilation and Commentary.* Windsor: NFER.

Morss, J. 1990. *The Biologising of Childhood.* Hillsdale, N. J.: Lawrence Erlbaum.

Moustakas, Clark. 1990. *Heuristic Research: Design, Methodology, and Applications.* Newbury Park, Calif.: Sage.

Musolf, Gil Richard. 1996. "Interactionism and the Child: Cahill, Corsaro, and Denzin on Childhood Socialization." *Symbolic Interaction* 19: 303-322.

Nader, Laura. 1972. "Up the Anthropologist: Perspectives Gained from Studying Up." In *Reinventing Anthropology*, edited by D. Hymes. New York: Vintage. Pp. 284-311.

Nixon, Howard L. II, and James H. Frey. 1996. *A Sociology of Sport.* Belmontt, Calif.: Wadsworth.

Oden, S., and Steven R. Asher. 1977. "Coaching Children in Social Skills for Friendship

Lever, Jannet. 1978. "Sex Differences in the Complexity of Children's Play and Games." *American Sociological Review* 43: 471-483.

————. 1976. "Sex Dufferences in the Games Children Play." *Social Problems* 23: 478-487.

Lewis, M. 1972. "Sex Differences in Play Behavior of the Very Young." *Journal of Physical Education and Recreation* 43: 38-39.

Lightfoot, Sarah Lawrence. 1983. *The Good High School: Portraits of Character and Culture.* New York: Basic.

Lindesmith, Alfred R., and Anselm L. Strauss. 1956. *Social Psychology.* New York: Holt, Rinehart and Winston. 船津衛訳『社会心理学——シンボリック相互作用論の展開——』恒星社厚生閣（1981）

Lippett, R., and M. Gold. 1959. "Classroom Social Structure as a Mental Health Problem." *Journal of Social Issues* 15: 40-58.

Lockheed, Marlaine, and Abigail M. Harris. 1984. "Cross-Sex Collaborative Learning in Elementary Classrooms." *American Education Research Journal* 21: 275-294.

Lofland, John, and Lyn H. Lofland. 1995. *Analyzing Social Settings*. 3d ed. Belmont, Calif.: Wadsworth. 進藤雄三・宝月誠訳『社会状況の分析——質的観察と分析の方法——』恒星社厚生閣（1997）

Lupo, J. 1967. "Case Study of a Father of an Athlete." In *Motivations in Play, Games, and Sports*, edited by R. Slovenko and J. A. Knight. Springfield, Ill.: C. C. Thomas. Pp. 325-328.

Lyman, Stanford, and Marvin Scott. 1989. *A Sociology of the Absurd.* 2d ed. Dix Hills, N. Y.: Gencrel Hall.

Maccoby, Eleanor. 1980. *Social Development.* New York: Harcourt Brace Javanovich.

Maccoby, Eleanor, and Carol Jacklin. 1980. "Sex Differences in Aggression: A Rejoinder and Reprise." *Child Development* 51: 964-980.

Maier, Henry William. 1965. *Three Theories of Child Development: The Contributions of Erik H. Erikson, Jean Piaget, and Robert R. Sears, and Their Applications.* New York: Harper and Row. 大西誠一郎監訳『児童心理学三つの理論——エリクソン／ピアジェ／シアーズ——』黎明書房（1976）

Maltz, Daniel N., and Ruth A. Borker. 1983. "A Cultural Approach to Male-Female Miscommunication." In *Language and Social Identity,* edited by J. J. Gumperz. New York: Cambridge University Press. Pp. 195-216.

Mandell, Nancy. 1988. "The Least-Adult Role in Studying Children." *Journal of Contemporary Ethnography* 16: 433-467.

Mantel, Richard C., and Lee Vander Velden. 1974. "Relationship between the Professionalization of Attitudes toward Play of Pre-adolescent Boys and Participation in Organized Sports." In *Sport and American Society,* edited by G. Sage. Reading, Mass.: Addison-Wesley. Pp. 172-178.

McCall, George J., and Jerry L. Simmons. 1966. *Identities and Interactions.* New York: Free Press.

McPherson, Barry D. 1978. "The Child in Competitive Sports: Influence of the Social

Karweit, Nancy, and Stephen Hansell. 1983a. "Sex Differnces in Adolescent Relationships: Friendship and Status." In *Friends in School,* edited by J. L. Epstein and N. Karweit. New York: Academic. Pp. 115-130.

———. 1983b. "School Organization and Friendship Selection." In *Friends in School,* edited by J. L. Epstein and N. Karweit. New York: Academic. Pp. 29-38.

Kaufman, Michael Jay, and Joseph Popper. 1976. "Pee Wee Pill Poppers." *Sport* 63: 147-153.

Kinney, David A. 1993. "From Nerds to Normals: The Recovery of Identity among Adolescents from Middle School to High School." *Sociology of Education* 66: 21-40.

Kless, Steven J. 1992. "The Attainment of Peer Status: Gender and Power Relationships in the Elementary School." In *Sociological Studies of Child Development,* vol.5, edited by P. A. Adler and P. Adler. Greenich, Conn.: JAI. Pp. 115-148.

Kohlberg, Lawrence. 1981. *The Psychology of Moral Development.* New York: Harper and Row.

Kohn, Alfie. 1994. "Sports Create Unhealty Competition." In *Sports in America,* edited by W. Dudley. San Diego, Calif: Greenhaven. Pp. 17-20.

Kovarík, Jirí. 1994. "The Space and Time of Children at the Interface of Psychology and Sociology." In *Childhood Matters,* edited by L. Qvortrup, M. Bardy, G. Sgritta, and H. Wintersberger. Aldershot, England: Avebury. Pp. 101-122.

Krieger, Susan. 1991. *Social Science and the Self.* New Brunswick, N. J.: Rutgers University Press.

Kurth, Suzanne B. 1970. "Friendship and Friendly Relations." In *Social Relationship,* edited by G. McCall, M. McCall, N. Denzin. G. Suttles, and S. Kurth. Chicago: Adline. Pp. 136-170.

La Gaipa, John. 1979. "A Developmental Study of the Meaning of Friendship in Adolescence." *Journal of Adolescence* 2: 201-213.

Landers, Mellisa A., and Gary Alan Fine. 1996. "Learning Life's Lessons in Tee Ball: The Reinforcement of Gender and Status in Kindergarten Sport." *Sociology of Sport Journal* 13: 87-93.

Langworthy, Russell. 1959. "Community Status and Influence in a High School." *American Sociological Review* 24: 537-539.

Larkin, Ralph W. 1979. *Suburban Youth in Cultural Crisis.* New York: Oxford University Press.

Larreau, Annette. 1991. "Structured Leisure: Social Class Differences in Children's Leisure Experiences." Paper presented at the annual meeting of the American Sociological Association, Cincinnati.

Leland, John. 1996. "A Kiss isn't Just a Kiss." *Newsweek*. October 21, pp. 71-71.

Lemert, Edwin. 1972. *Human Deviance, Social Problems, and Social Control*. 2d ed., Englewood Cliffs, N. J.: Prentice Hall.

Leo, John. 1994. "Competitive Sports Are Beneficial." In *Sports in America,* edited by W. Dudley. San Diego, Calif.: Greenhaven. Pp. 21-24.

Lesko, Nancy. 1988. *Symbolizing Society: Stories, Rites, and Structure in a Catholic High School*. Philadelphia: Falmer Press.

Journal of Sociology 17: 58-80.
Hertz, Rosanna, and Jonathan B. Imber. 1993. "Fieldwork in Elite Settings: Introduction." *Journal of Contemporary Ethnography* 22: 3-6.
Hess, Robert D., and Gerald Handel. 1959. *Family Worlds: A Psychosocial Approach in Family Life.* Chicago: University of Chicago Press.
Hodge, Robert W., Paul M. Siegel, and Peter H. Rossi. 1964. "Occupational Prestige in the U. S." *American Journal of Sociology* 70: 286-302.
Hogg, Michael A., and Dominic Abrams. 1998. *Social Identifications.* New York: Routledge. 吉森護・野村泰代訳『社会的アイデンティティ理論――新しい社会心理学体系化のための一般理論――』北大路書房（1995）
Holland, Dorothy, and Margaret Eisenhart. 1990. *Educated in Romance.* Chicago: University of Chicago Press.
Hollingshead, August B. 1949. *Elmstown's Youth.* New York: Wiley.
Holt, John. 1974. *Escape from Childhood.* Harmondsworth, England: Penguin.
Homans, George. 1950. *The Human Group.* New York: Harcourt, Brace. 馬場明男・早川浩一訳『ヒューマン・グループ』誠信書房（1959）
Hubbell, Charles H. 1965. "An Input-Output Approach to Clique Identification." *Sociometry* 28: 377-399.
Hughes, Everett. 1971. *The Sociological Eye.* Boston: Little, Brown.
Hustler, D., A. Cassidy, and E. C. Cuff, eds. 1986. *Action Research in Classrooms and Schools.* London: Allen and Unwin.
Hymel, S., and Steven R. Asher. 1977. "Assessment and Training of Isolated Children's Social Skills." Paper presented at the biennial meeting of the Society for Research in Child Development. New Orleans（ERIC Document Reproduction Service No. ED 136930）.
Ianni, Francis A. J. 1989. *The Search for Structure: A Report on American Youth Today.* New York: Free Press.
Inkeles, Alex. 1966. "Social Structure and the Socialization of Competence." *Harvard Education Review* 36: 265-283.
James, William. 1980. *Principles of Psychology.* 2 Vols. New York: Henry Holt. 松浦孝作訳「心理学の根本問題」『現代思想新書 第6』三笠書房（1940）
Jandy, Edward Clarence. 1942. *Charles Horton Cooley, His Life and His Social Theory.* New York: Dryden Press.
Janis, Irving. 1972. *Victims of Groupthink.* Boston: Houghton Mifflin.
Jensen, Ann-Magritt. 1994. "The Feminization of Childhood." In *Childhood Matters,* edited by J. Qvortrup, M. Bardy, G. Sgritta, and H. Wintersberger. Aldershot, England: Avebury. Pp. 59-76.
Joffe, Carol. 1971. "Sex Role Socialization and the Nursery School: As the Twig is Bent." *Journal of Marriage and the Family* 33: 467-475.
Karp, David. 1996. *Living with Depression.* New York: Oxford University Press.
Karweit, Nancy. 1983. "Extracurricular Activities and Friendship Selection." In *Friends in School,* edited by J. L. Epstein and N. Karweit. New York: Academic. Pp. 131-140.

Department of Educational Research.

Gusterson, Hugh. 1993. "Exploding Anthropology's Canon in the World of the Bomb: Ethnographic Writing in Militarism." *Journal of Contemporary Ethnography* 22: 59-79.

Guttman, Allen. 1988. *A Whole New Ball Game.* Chapel Hill: University of North Carolina Press.

Haley, Bruce. 1978. *The Healthy Body and Victorian Culture*. Cambridge: Harvard University Press.

Hallinan, Maureen. 1980. "Patterns of Cliquing among Youth." In *Friendship and Childhood Relationships.* edited by H. Foot, T. Chapman, and J. Smith. New York: Wiley. Pp. 321-342.

———. 1979. "Structural Effects on Children's Friendships and Cliques." *Social Psychology Quarterly* 42: 43-54.

———. 1978. "The Process of Friendship Formation." *Social Networks* 1: 193-210.

———. 1976. "Friendship Patterns in Open and Traditional Classrooms." *Sociology of Education* 49: 254-265.

Hallinan, Maureen, and Stevens S. Smith. 1985. "The Effects of Classroom Racial Composition on Students' Interracial Friendliness." *Social Psychology Quarterly* 48: 3-16.

Hallinan, Maureen and Ruy A. Teixeira. 1987a. "Students' Interracial Friendships: Individual Characteristics, Structural Effects, and Racial Differences." *American Journal of Education* 95: 563-583.

———. 1987b. "Opportunities and Constraints: Black-White Differences in the Formation of Interracial Friendships." *Child Development* 58: 1358-1371.

Hallinan, Maureen, and Richard Williams. 1987. "The Stability of Students' Interracial Friendships." *American Sociological Review* 52: 653-664.

Hamilton, D. L., and R. K. Gifford. 1976. "Illusory Correlation in Interpersonal Perception: A Cognitive Basis of Stereotype Judgements." *Journal of Experimental Social Psychology* 12: 392-407.

Handel, Gerald. ed. 1988. *Childhood Socialization.* Hawthorne, N. Y.: Aldine de Gruyter.

Hansell, Stephen. 1984. "Cooperative Groups, Weak Ties, and the Integration of Peer Friendships." *Social Psychology Quarterly* 47: 316-327.

Hardman, C. 1973. "Can There Be an Anthropology of Children?" *Journal of the Anthropological Society of Oxford* 4: 85-99.

Harris, Judith Rich. 1995. "Where Is the Child's Environment? A Group Socialization Theory of Development." *Psychological Review* 102: 358-389.

Hartup, Willard W. 1993. "Adolescents and their Friends." In *Close Friendships in Adolescence*, edited by B. Laursen. San Francisco: Jossey-Bass. Pp. 3-22.

———. 1970. "Peer Interaction and Social Organization." In *Carmichael's Manual of Child Psychology,* vol. 2. edited by P. Mussen. New York: Wiley. Pp. 361-456.

Hartup, Willard W., Jane A. Glazer, and Rosalind Charlesworth. 1967. "Peer Reinforcement and Sociometric Status." *Child Development* 38: 1017-1024.

Hengst, Heinz. 1987. "The Liquiation of Childhood: An Objective Tendancy." *International*

by J. M. Gottman and J. Parker. New York: Cambridge University Press. Pp. 3-50.
Glaser, Barney G., and Anselm L. Strauss. 1967. *The Discovery of Grounded Theory.* Chicago: Aldine. 後藤隆他訳『データ対話型理論の発見——調査からいかに理論をうみだすか——』新曜社（1996）
————. 1965. *Awareness of Dying.* Chicago: Adline. 木下康仁訳『「死のアウェアネス理論」と看護——死の認識と終末期ケア——』医学書院（1988）
Glassner, Barry. 1976. "Kid Society." *Urban Education* 11: 5-22.
Glidewell, John, Mildred B. Kantor, Louis M. Smith, and Lorene S. Stringer. 1996. "Socialization and Social Structure in the Classrooms." In *Review of Child Development Research,* vol. 2, edited by L. W. Hoffman and M. L. Hoffman. New York: Russell Sage Foundation. Pp. 221-256.
Goffman, Erving. 1967. *Interaction Ritual.* New York: Anchor. 浅野敏夫訳『儀礼としての相互行為——対面行動の社会学 新訳版——』法政大学出版局（2012）
————. 1961. *Encounters*. Indianapolis: Bobbs-Merrill. 佐藤毅・折橋徹彦訳「出会い——相互行為の社会学——」『ゴッフマンの社会学 2』誠信書房（1985）
————. 1959. *The Presentation of Self in Everyday Life.* Garden City. N. Y.: Doubleday. 石黒毅訳『行為と演技——日常生活における自己呈示——』誠信書房（1974）
Good, Thomas L., and Jere E. Brophy. 1987. *Looking in Classrooms.* 4th ed. New York: Harper and Row.
Goodwin, Marjorie H. 1990. *He-Said-She-Said.* Bloomington, Ind.: Indiana University Press.
————. 1985. "The Serious Side of Jump Rope: Conversational Practices and Social Organization in the Frame of Play." *Journal of American Folklore* 98: 315-330.
————. 1980a. " 'He-Said-She-Said:' Formal Cultural Procedures for the Construction of a Gossip Dispute Activity." *American Ethnologist* 7: 674-695.
————. 1980b. "Directive/Response Speech Sequences in Girls' and Boys' Task Activities." In *Woman and Language in Literature and Society,* edited by S. McConnell-Ginet, R. Borker, and N. Furman. New York: Praeger. Pp. 157-173.
Gordon, C. Wayne. 1957. *Social System of the High School*. Glencoe, Ill.: Free Press.
Goswami, D., and P. R. Stillman, eds. 1987. *Reclaiming the Classroom: Teacher Researcher as an Agency for Change.* Portmouth, N.H.: Boynton/Cook.
Gottman, John M. 1986. "The World of Coordinated Play: Same- and Cross-Sex Friendship in Young Children." In *Conversation of Friends,* edited by J. M. Gottman and J. G. Parker. New York: Cambridege University Press. Pp. 139-191.
Gottman, John M., J. Gonso, and B. Rasmussen. 1975. "Social Interaction, Social Competence, and Friendship in Children." *Child Development* 46: 709-718.
Grant, Carl A., and Christine E. Sleeter. 1986. *After the School Bell Rings,* Philadelphia: Falmer Press.
Gronlund, N. E. 1959. *Sociometry in the Classroom.* New York: Harper and Brothers.
Gump, P. V., and W. V. Friesen. 1964. "Participation in Nonclass Settings." In *Big School, Small School: High School Size and Student Behavior,* edited by R. G. Barker and P. V. Gump. Stanford: Stanford University Press. Pp. 98-117.
Gunnarsson, L. 1978. *Children in Day Care and Family Care in Sweden.* Stockholm, Sweden:

Fine, Gary Alan. 1987. *With the Boys.* Chicago: University of Chiogo Press. 住田正樹監訳『リトルリーグの社会学――前青年期のサブカルチャー――』九州大学出版会（2009）

————. 1981. “Friends, Impression Management, and Preadolescent Behavior.” In *The Development of Children's Friendships,* edited by S. Asher and J. Gottman. New York: Cambridge University Press. Pp. 29-52.

————. 1980. “The Natural History of Preadolescent Male Friendship Groups.” In *Friendship and Childhood Relationships,* edited by H. Foot, T. Chapman, and J. Smith. New York: Wiley. Pp. 220-242.

Fine, Gary Alan, and Barry Glassner. 1979. “The Problems and Promise of Participant Observation with Children.” *Urban Life* 8: 153-174.

Fine, Gary Alan, and Kent L. Sandstorm. 1988. *Knowing Children.* Newbury Park, Calif: Sage.

Finnan Christine Robinson. 1982. “The Ethnography of Children's Spontaneous Play.” In *Doing Ethnography of Schooling,* edited by G. Spindler. New York: Holt, Rinehart and Winston. Pp. 356-381.

Foot, Hugh C., Anthony J. Chapman and Jean R. Smith, eds. 1980. *Friendship and Social Relations in Children.* New York: Wiley.

Foote, Nelson N. 1951. “Identification as the Basis for a Theory of Motivation.” *American Sociological Review* 26: 14-21.

Foucault, Michel. 1977. *Discipline and Punish*. New York: Pantheon. 田村俶訳『監獄の誕生――監視と処罰――』新潮社（1977）

Frey, James H. 1980. “Youth Sports: Who Really Benefits?” *Journal of the Nevada Association of Health, Physical Education, and Recreation* 1: 1-9.

Frey, James H., and D. Stanley Eitzen. 1991. “Sport and Society.” *Annual Review of Sociology* 17: 503-522.

Frønes, Ivar. 1995. *Among Peers.* Oslo: Scandinavian University Press.

————. 1994. “Dimensions of Childhood.” In *Childhood Matters,* edited by J. Qvortrup, M. Bardy, G. Sgritta, and H. Wintersberger. Aldershot, England: Avebury. Pp. 145-164.

Garfinkel, Harold. 1967. *Studies in Ethnomethodology.* Englewood Cliffs, N. J.: Prentice-Hall. 山田富秋・好井裕明・山崎敬翻訳『エスノメソドロジー――社会学的思考の解体――』せりか書房（1987）

Gecas, Victor. 1982. “The Self-Concept.” *Annual Review of Sociology* 8: 1-33.

Gelman, R., and R. Bailargon. 1983. “A Review of Some Piagetian Concepts.” In *Handbook of Child Psychology,* 4th ed., edited by P. H. Mussen. New York: Wiley. Pp. 167-230.

Giddens, Anthony. 1984. *The Constitution of Society.* Berkeley: University of California Press. 門田健一訳『社会の構成』勁草書房（2015）

Gilligan, Carol. 1982. *In a Different Voice.* Cambridge: Harvard University Press. 生田久美子・並木美智子共訳『もうひとつの声――男女の道徳観のちがいと女性のアイデンティティ――』川島書店（1986）

Ginsberg, Dorothy, John Gottman, and Jeffery Parker. 1986. “The Importance of Friendships.” In *Conversations of Friends: Speculations on Affective Development,* edited

Eder, Donna, and Stephen Parker. 1987. "The Cultural Production and Reproduction of Gender: The Effect of Extracurricular Activities on Peer-Group Culture." *Sociology of Education* 60: 200-213.

Eder, Donna, and Stephanie Sanford. 1986. "The Development and Maintenance of Interactional Norms Among Early Adolescents." In *Sociological Studies of Child Development,* vol. 1, edited by P. A. Adler and P. Adler. Greenwich, Conn.: JAI. Pp. 283-300.

Eisenhart, Marpret A., and Dorothy C. Holland. 1983. "Learning Gender from Peers: The Role of Peer Groups in the Cultural Transmission of Gender." *Human Organization* 42: 321-332.

Eitzen, D. Stanley. 1975. "Athletics in the Status System of Male Adolescents: A Replication of Coleman's *The Adolescent Society*." *Adolescence* 10: 267-276.

Eitzen, D. Stanley, and George Sage. 1989. *Sociology of North American Sports.* 4th ed. Dubuque, Iowa: William C. Brown.

Elkin, Frederick, and Gerald Handel. 1989. *The Child and Society.* 5th ed. New York: Random House.

Ellis, Carolyn. 1995. *Final Negotiations.* Philadelphia: Temple University Press.

Epperson, David C. 1963. "Some Interpersonal and Performance Correlates of Classroom Alienation." *School Review* 71: 360-375.

Epstein, Joyce Levy. 1983. "Friends among Students in Schools: Environmental and Developmental Factors." In *Friends in School,* edited by J. L. Epstein and N. Karweit. New York: Academic Press. Pp. 3-28.

Epstein, S. 1973. "The Self Concept Revisited or a Theory of a Theory." *American Psychologist* 28: 404-416.

Erikson, Erik H. 1973. In *Search of Common Ground: Conversations with Erik H. Erikson and Huey P. Newton.* New York: Norton. 近藤邦夫訳『エリクソン vs. ニュートン――アイデンティティーと革命をめぐる討論――』みすず書房（1975）

————. 1950. *Childhood and Society.* New York: Norton. 仁科弥生訳『幼年期と社会』1巻, 2巻, みすず書房（1977, 1980）

Erwin, Phillip. 1995. "Introduction to the Transaction Edition." In *Friendship and Social Relations in Children*（revised edition）, edited by H. C. Foot, A. J. Chapman, and J. R. Smith. New Brunswick, N. J.: Transaction. Pp. vii-xxxvi.

Evans, Cathy, and Donna Eder. 1993. "'No Exit': Processes of Social Isolation in the Middle School." *Journal of Contemporary Ethnography* 22: 139-170.

Evans, Richard Isadore. 1973. *Jean Piaget: The Man and His Ideas.* New York: E. P. Dutton. 1967. 著宇津木保訳『ピアジェとの対話』誠信書房（1975）

————. 1967. *Dialogue with Erik Erikson.* New York: Harper and Row. 岡堂哲雄・中園正身訳『エリクソンは語る――アイデンティティの心理学――』新曜社（1981）

Everhart, Robert B. 1983. *Reading, Writing, and Resistance.* Boston: Roudedge, Kegan and Paul.

Fallon, D. J. 1975. "Child's Play: A Run for the Trophy." *Quest* 24: 59-62.

Figler, Stephen K. 1981. *Sport and Play in American Life.* Philadelphia: Saunders.

———. 1977. *The Social World of the Child.* San Foncisco: Jossey-Bass.

Davies, Bronwyn. 1982. *Life in the Classroom and Playground: The Accounts of Primary School Children.* London: Routledge and Kegan Paul.

Dawe, H. C. 1934. "Analysis of Two Hundred Quarrels of Preschool Children." *Child Development* 5: 139-157.

Deaux, Kay. 1977. "Sex Differences." In *Personality Variables in Social Behavior,* edited by T. Blass. New York: Wiley. Pp. 357-377.

Deegan, James G. 1996. *Children's Friendships in Culturally Diverse Classrooms.* Bristol, Pa.: Falmer Press.

Denzin, Norman K. 1989. *The Research Act.* 3d ed. Englewood Cliffs, N. J.: Prentice-Hall.

———. 1977. *Childhood Socialization.* San Francisco: Jossey-Bass.

Devereaux, Edward. 1976. "Backyard versus Little League Baseball: The Impoverishment of Children's Games." In *Social Problems in Athletics,* edited by D. M. Landers. Urbana: University of Illinois Press. Pp. 37-56.

Diener, Edward. 1980. "Deindividuation: The Absence of Self-Awareness and Self-Regulation in Group Members." In *The Psychology of Group Influence,* edited by P. B. Paulus. Hillside, N. J.: Lawrence Erlbaum. Pp. 142-163.

Dion, Karen K. and Ellen Berscheid. 1974. "Physical Attraction and Peer Perception among Children." *Sociometry* 37: 1-12.

Dodge, Kenneth A. 1983. "Behavioral Antecedents of Peer Social Status." *Child Development* 53: 1386-1399.

Dodge, Kenneth A., John D. Coie, and N. Brakke. 1982. "Behavior Patterns of Socially Rejected and Neglected Preadolescents: The Role of Social Approach and Aggression." *Journal of Abnormal Child Psychology* 10: 389-409.

Dodge, Kenneth A., David C. Schlundt, Iris Schocken, and Judy D. Delugach. 1983. "Social Competence and Children's Sociometric Status: The Role of Peer Group Entry Strategies." *Merrill-Palmer Quarterly* 29: 309-336.

DuBois, D. L., and B. J. Hirsch. 1990. "School and Neighborhood Friendship Patterns of Blacks and Whites in Early Adolescence." *Child Development* 61: 524-536.

Dweck, Carol. 1981. "Social-Cognitive Processes in Children's Friendships." In *The Development of Children's Friendships,* edited by S. Asher and J. Gottman. New York: Cambridge University Press. Pp. 322-334.

Eckert, Penelope. 1989. *Jocks and Burnouts.* New York: Teachers College Press.

Eder, Donna (with Catherine C. Evans and Stephen Parker). 1995. *School Talk: Gender and Adolescent School Culture.* New Brunswick, N. J.: Rutgers University Press.

———. 1991. "The Role of Teasing in Adolescent Peer Group Culture." In *Sociological Studies of Child Development.* vol.4, edited by S. Cahill. Greenwich, Conn.: JAI. Pp. 181-197.

———. 1985. "The Cycle of Popularity: Interpersonal Relations among Female Adolescents." *Sociology of Education* 58: 154-165.

Eder, Donna, and Maureen T. Hallinan. 1978. "Sex Differences in Children's Friendships." *American Sociological Review* 43: 237-250.

房（1996）, 14-62.
Coleman, James. 1961. *The Adolescent Society*. Glencoe: Free Press.
Cooley, Charles H. 1902. *Human Nature and Social Order,* New York: Scribner's.
Corsaro, William A. 1997. *Sociology of Childhood.* Thousand Oaks, Calif: Pine Forge.
————. 1996. "Transitions in Early Childhood: The Promise of Comparative, Longitudinal Ethnography." In *Ethnography Human Development,* edited by R. Jessor, A. Colby, and R. A. Shweder. Chicago: University of Chicago Press. Pp. 419-458.
————. 1992. "Interpretive Reproduction in Children's Peer Culture." *Social Psychology Quarterly* 55: 160-177.
————. 1986. "Discourse Processes within Peer Culture: From a Constructivist to an Interpretive Approach to Childhood Socialization." In *Sociological Studies of Child Development,* vol.1, edited by P. A. Adler and P. Adler. Greenwich, Conn.: JAI. Pp. 81-101.
————. 1985. *Friendship and Peer Culture in the Early Years.* Norwood, N. J.: Ablex.
————. 1981a. "Entering the Child's World: Research Strategies for Field Entry and Data Collection in a Preschool Setting." In *Ethnography and Language in Educational Settings*, edited by J. Green and C. Wallat. Norwood, N, J.: Ablex. Pp. 117-146.
————. 1981b. "Friendship in the Nursery School: Social Organization in a Peer Environment." In *The Development of Children's Friendships,* edited by S. Asher and J. Gottman. New York: Cambridge University Press. Pp. 207-241.
————. 1979. "Young Children's Conceptions of Status and Role." *Sociology of Education* 52: 46-59.
Corsaro, William A., and Donna Eder. 1990. "Children's Peer Culture." *Annual Review of Sociology* 16: 197-220.
Corsaro, William A., and Thomas Rizzo. 1988. "Discussions and Friendship: Socialization Processes in the Peer Culture of Italian Nursery School Children." *American Sociological Review* 53: 879-894.
Corsaro, William A., and Jügen Streeck. 1986. "Studying Children's Worlds: Methodological Issues." In *Children's Wolrds and Children's Language,* edited by J. Cook-Gumperz, W. Corsaro, and J. Streeck. Berlin: Mouton de Gruyter. Pp. 13-36.
Cottle, Thomas J. 1980. *Children's Secrets.* Garden City, N. Y.: Anchor Press/Doubleday.
Criswell, J. H. 1937. "Racial Cleavage in Negro-White Groups." *Sociometry* 1: 81-89.
Csikszentmihalyi, Mihalyi. 1975. *Beyond Boredom and Anxiety.* San Francisco: Jossey-Bass. 今村浩明訳『楽しみの社会学』新思索社（2000）
Cusik, Phillip A. 1973. *Inside High School*. New York: Holt, Rinehart, and Winston.
Daiker, D. A., and M. Morenberg. 1990. *The Writing teacher as Researcher.* Portsmouth, N. H.: Heinemann.
Damico, Sandra Bowman. 1974. "The Relation of Clique Membership to Achievement, Self-Concept, and School Attitude." *Dissertation Abstracts International* 35: 717.
Damon, William. 1983. "The Nature of Social Cognitive Change in the Developing Child." In *the Relationship between Socil and Cognitive Development,* edited by W. F. Overton. Hillsdale, N. J.: Lawrence Erlbaum.

Books. 宇沢弘文訳『アメリカ資本主義と学校教育——教育改革と経済制度の矛盾——』Vol.1, Vol.2. 岩波書店（1986）

Brim, Orville G., Jr. 1960. "Personality Development as Role Leaning." In *Personality Development in Children,* edited by I. Iscoe and H. W. Stevenson. Austin: University of Texas Press. Pp. 127-159.

Britsch, Susan J. 1995. "The Researcher as Teacher: Constructing One's Place in the Story of Events of Preschoolers." *Qualitative Studies in Education* 8: 297-309.

Brown, B. Bradford, and Mary Jane Lohr. 1987. "Peer-Group Affiliation and Adolescent Self-Esteem: An Integration of Ego-Identity and Symbolic-Interaction Theories." *Journal of Personality and Social Psychology* 52: 47-55.

Burke, Peter J., and Judith Tully. 1977. "The Measurement of Role-Identities." *Social Forces* 55: 881-897.

Cahill, Spencer, 1994. "And a Child Shall Lead Us? Children, Gender, and Perspectives by Incongruity." *Symbolic Interaction: An Introduction to Social Psychology*, edited by N. J. Herman and L. T. Reynolds. Dix Hills, N. Y.: General Hall. Pp. 459-469.

————. 1990. "Childhood and Public Life: Reaffirming BiographicaI Divisions." *Social Problems* 37: 390-402.

Camarena, P. M., P. A. Sarigiani, and A. C. Petersen. 1990. "Gender-Specific Pathways to Intimacy in Early Adolescence." *Journal of Youth and Adolescence* 19: 19-32.

Canaan, Joyce. 1987. "A Comparative Analysis of American Suburban Middle Class, Middle School, and High School Teenage Cliques." In *Interpretive Ethnography of Educaion,* edited by G. Spindler and L. Spindler. Hillsdale, N. J.: Lawrence Erlbaum.

Carere, Sharon. 1987. "Lifeworld of Restricted Behavior." In *Sociolgical Studies of Child Development,* vol.2, edited by P. A. Adler and P. Adler. Greenwich, Conn.: JAI. Pp. 105-138.

Cavallo, Dominick. 1981. *Muscles and Morals: Organized Playgrounds and Urban Reform, 1880-1920.* Philadelphia: University of Pennsylvania Press.

Chafetz, Janet S. 1978. *Masculine, Feminine, or Human?* Itasca, Ill.: Peacock.

Chissom, B. S. 1978. "Moral Behavior of Children Participating in Competitive Athletics." In *Children in Sport: A Contemporary Anthology,* edited by R. A. Magill, M. J. Ash, and F. L. Smoll. Champaign: Human Kinetics Publishers. Pp. 193-199.

Coakley, Jay J. 1992. "Burnout among Adolescent Athletes: A Personal Failure or Social Problem?" *Sociology of Sport Journal* 9: 271-285.

————. 1990. *Sport in Society.* 4th ed. St. Louis: Mosby. 影山健他訳『現代のスポーツ——その神話と現実——』道和書院（1982）

Cohen, Jere. 1979. "High School Subcultures and the Adult World." *Adolescence* 14: 491-502.

Coie, John D., Kenneth A. Dodge, and H. Coppotelli. 1982. "Dimensions and Types of Social Status: A Cross-Age Perspective." *Developmental Psychology* 18: 557-571.

Coie, John D., Kenneth A. Dodge, and J. B. Kupersmidt. 1990. "Peer Group Behavior and Social Status." In *Peer Rejection in Childhood,* edited by S. R. Asher and J. D. Coie. New York: Cambridge University Press. Pp. 17-59.「仲間集団行動と仲間内地位」山崎晃・中澤潤監訳『子どもと仲間の心理学——友だちを拒否するこころ——』北大路書

Berrymam, Jack W. 1978. "The Rise of Organized Sports for Pre-adolescent Boys." In *Children in Sport: A Contemporary Anthology,* edited by R. A. Magill, M. J. Ash, and F. L. Smoll. Champaign: Human Kinetics Press. Pp. 3-18.

Berscheid, Ellen, Karen K. Dion, Elaine Walster, and George Walster. 1971. "Physical Attractiveness and Dating Choices: A Test of the Matching Hypothesis," *Journal of Experimental Social Psychology* 7: 173-189.

Best, Joel. 1990. *Threatened Children*. Chicago: University of Chicago Press.

Best, Raphaela. 1983. *We've All Got Scars.* Bloomington: Indiana University Press.

Biernacki, Patrick, and Dan Waldorf. 1981. "Snowball Sampling." *Sociological Research and Methods* 10: 141-163.

Bigelow, Brian J. 1977. "Children's Friendship Expectations: A Cognitive-Developmental Study." *Child Development* 48: 246-253.

Bigelow, Brian J., and John La Gaipa. 1980. "The Development of Friendship Values and Choice." In *Friendship and Social Relations in Children,* edited by H. Foot, A. Chapman, and J. Smith. New York: Wiley. Pp. 15-44.

———. 1975. "Children's Written Description of Friendship: A Multidimensional Analysis." *Developmental Psychology* 11: 857-858.

Bigelow, Brian J., Geoffrey Tesson, and John H. Lewko. 1996. *Learning the Rules.* New York: Guilford Press.

Blau, Peter M. 1964. *Exchange and Power in Social Life.* New York: Wiley.

Blinde, Elaine M., and Diane E. Taub. 1992. "Women Athletes as Falsely Accused Deviants: Managing the Lesbian Stigma." *Sociolgical Quarterly* 33: 521-533.

Blumer, Herbert. 1969. *Symbolic Interactionism: Perspective and Method*. Englewood Cliffs, N. J.: Prentice-Hall. 後藤将之訳『シンボリック相互作用論——パースペクティヴと方法——』勁草書房（1991）

Bogardus, Emory S. 1959. "Race Reactions by Sexes." *Sociology and Social Research* 43: 439-441.

Borman, Kathryn M., and J. Frankel. 1984. "Gender Inequalities in Childhood Social Life and Adult Work Life." In *Women in the Workplace,* edited by S. Gideonse. Norwood, N. J.: Ablex. Pp. 55-83.

Bossert, Steven T. 1979. *Tasks and Social Relationships in Classrooms.* New York: Cambridge University Press.

Bourdieu, Pierre. 1977a. "Cultural Reproduction and Social Reproduction." In *Power and Ideology in Education,* edited by J. Karabel and A. H. Halsey. New York: Oxford University Press. Pp. 487-511.

———. 1977b. *Ourline of a Theory of Practice.* Cambridge: Cambridge University Press.

Bourdieu, Pierre, and Jean-Claude Passeron. 1977. *Reproduction in Education, Society, and Culture.* London: Sage. 宮島喬訳『再生産——教育・社会・文化——』藤原書店（1991）

Bowerman, C., and John Kinch.1959. "Changes in Family and Peer Orientation of Children between the Fourth and Tenth Grades." *Social Forces* 37: 206-11.

Bowles, Samuel, and Herbert Gintis. 1976. *Schooling in Capitalist America.* New York: Basic

参考文献

Adler, Patricia A., and Peter Adler. 1994. "Social Reproduction and the Corporate Other: The Institutionalization of Afterschool Activities." *Sociological Quarterly* 35: 309-328.

————. 1987. *Membership Roles in Field Research.* Newbury Park, Calif.: Sage.

————. 1986. "Introduction." In *Sociological Studies of Child Development,* vol.1, edited by P. A. Adler and P. Adler. Greenwich, Conn.: JAI. Pp. 3-10.

————. 1984. "The Carpool: A Socializing Adjunct to the Educational Experience." *Sociology of Education* 57: 200-209.

Allen, Vernon L. 1981. "Self, Social Group, and Social Structure: Surmises about the Study of Children's Friendships." In *The Development of Children's Friendships,* edited by S. Asher and J. Gottman. New York: Cambridge University Press. Pp. 182-203.

Allen, Vernon L., and D. A. Wilder. 1979. "Group Categorization and Attribution of Belief Similarity." *Small Group Behavior* 10: 73-80.

Asch, Solomon. 1955. "Opinions and Social Pressure." *Scientific American* 193 (November): 31-35.

Asher, Steven, S. L. Oden, and J. M. Gottman. 1977. "Children's Friendships in School Settings." In *Current Topics in Early Childhood Education,* edited by G. Katz. Norwood, N. J.: Ablex. Pp. 203-221.

Asher, Steven R., and Peter D. Renshaw. 1981. "Children without Friends: Social Knowledge and Social Skill Training." In *The Development of Children's Friendships,* edited by S. R. Asher and J. M. Gottman. New York: Cambridge University Press. Pp. 273-296.

Bandura, Albert. 1969. "Social Learning and the Shaping of Children's Judgments." *Journal of Personality and Social Psychology* 11: 275-83.

Bandura, Albert, and R. H. Walters. 1963. *Social Leaning and Personality Development.* New York: Holt, Rinehart, and Winston.

Becker, Howard S. 1964. "Personal Change in Adult Life." *Sociometry* 27: 40-53.

————. 1960. "Notes on the Concept of Commitment." *American Journal of Sociology* 66: 32-42.

Berentzen, Sigurd. 1984. *Children's Constructing Their Social Worlds*. Bergen, Norway: University of Bergen.

Berlage, Gai. 1982. "Are Children's Competitive Team Sports Teaching Corporate Values?" *ARENA Review* 6: 15-21.

Berndt, Thomas J. 1989. "Friendships in Childhood and Adolescence." In *Child Development – Today and Tomorrow,* edited by W. Damon. San Francisco: Jossey-Bass. Pp. 323-348.

Bernstein, Basil. 1977. "Social Class, Language, and Socialization." In *Power and Ideology in Educaion,* edited by J. Karabel and A. H. Halsey. New York: Oxford University Press. Pp. 478-486.「社会階級・言語・社会化」潮木守一・天野郁夫・藤田英典編訳『教育と社会変動』(下)東京大学出版会 (1980), 237-262.

マ行

ラ・ワ行

人名索引

ア行

カ行

サ行

タ行

ハ行

ヤ行

ハ行

マ行

ラ・ワ行

サ行

タ行

ナ行

索　引

事項索引

ア行

カ行

訳者紹介

住田正樹（すみだ・まさき）……謝辞、序章、第1章、第10章

慶應義塾大学文学部卒業（社会学専攻）、東京大学大学院教育学研究科博士課程退学（教育社会学専攻）、九州大学名誉教授・放送大学名誉教授、教育学博士。

専攻：教育社会学、発達社会学

主要著書論文：『子どもの仲間集団の研究』（九州大学出版会 一九九五、第2版、二〇〇〇）、『地域社会と教育』（九州大学出版会 二〇〇一）、『子ども社会学の現在』（九州大学出版会 二〇一四）。

東野充成（ひがしの・みつなり）……第2章、第3章（共訳）、第5章

九州大学教育学部卒業（教育社会学専攻）、九州大学大学院人間環境学府博士後期課程修了（教育社会学専攻）、九州工業大学教養教育院准教授、博士（教育学）。

専攻：教育社会学、社会政策論

主要著書論文：『子ども観の社会学』（大学教育出版 二〇〇八）、『揺らぐサラリーマン生活』（共著 ミネルヴァ書房 二〇一一）、『変動社会と子どもの発達』（共著 北樹出版 二〇一五）。

佐々木正徳（ささき・まさのり）……第8章、第9章

北海道大学文学部卒業（文化人類学専攻）、九州大学大学院人間環境学府博士後期課程修了（教育人類学専攻）、長崎外国語大学外国語学部・准教授、博士（教育学）。

専攻：教育人類学、ジェンダー論、韓国社会・文化論

主要著書論文：『アジアから観る、考える――文化人類学入門』（共著 ナカニシヤ出版 二〇〇八）、『アジアのなかのジェンダー』（共著 ミネルヴァ書房 第2版、二〇一五）、「公益勤務要員からみた韓国の軍事主義」（『日本ジェンダー研究』第一八号、二〇一五）

山瀬範子（やませ・のりこ）……第3章（共訳）、第4章

九州大学教育学部卒業（教育社会学専攻）、九州大学大学院人間環境学府博士後期課程満期退学（教育社会学専攻）、國學院大學人間開発学部子ども支援学科准教授、修士（教育学）。

専攻：教育学、教育社会学

主要著書論文：「「育児」概念の捉えなおしの試み――〈父親の育児参加〉をめぐって」（『九州教育社会学会研究紀要』創刊号、二〇〇八）、「育児書にみる〈父親〉像」（『四国大学紀要』人文社会編第三九号、二〇一三）、「教職の専門職性を問う」神長美津子・湯川秀樹・鈴木みゆき・山下文一編著『専門職としての保育者――保育者の力量形成に視点をあてて――』（光生館 二〇一六）所収。

針塚瑞樹（はりづか・みずき）……第6章、第7章

西南学院大学法学部法律学科卒業、九州大学大学院人間環境学府博士後期課程退学（教育人類学専攻）、別府大学文学部講師、博士（教育学）。

専攻：文化人類学、教育人類学

主要著書論文：「子どもが路上生活を止める／続ける理由――インド、ニューデリー駅周辺の事例から――」（『子ども社会研究』第一三号、二〇〇七）、「子どもの「自己決定」に関する一考察――子どもの意見表明・参加の権利を中心に――」（『九州教育学会研究紀要』第三六号、二〇〇九）、「インドにおけるノンフォーマル教育とNGO――デリー、ストリートチルドレンを対象とした教育実践と子どもの権利――」押川文子・南出和余編著『「学校化」に向かう南アジア――教育と社会変容――』、（昭和堂 二〇一六）所収。

ピア・パワー
子どもの仲間集団の社会学

2017年 9 月25日　初版発行

著　者　パトリシア・A. アドラー
　　　　ピーター・アドラー

監訳者　住 田　正 樹

発行者　五十川　直行

発行所　一般財団法人 九州大学出版会
〒814-0001　福岡市早良区百道浜3-8-34
九州大学産学官連携イノベーションプラザ305
電話　092-833-9150
URL　http://kup.or.jp
印刷・製本／城島印刷株式会社

ISBN 978-4-7985-0203-8